Die Europäische Bankenabgabe

**Europäische Hochschulschriften Recht**

European University Studies in Law

Publications Universitaires Européennes de Droit

Band/ Volume **6068**

Fabian Pagels

# Die Europäische Bankenabgabe

## Eine rechtsdogmatische und verfassungsrechtliche Untersuchung im Kontext des einheitlichen Abwicklungsmechanismus

PETER LANG

**Bibliografische Information der Deutschen Nationalbibliothek**
Die Deutsche Nationalbibliothek verzeichnet diese Publikation in der Deutschen Nationalbibliografie; detaillierte bibliografische Daten sind im Internet über http://dnb.d-nb.de abrufbar.

Zugl.: München, Univ., Diss., 2018

D 19
ISSN 0531-7312
ISBN 978-3-631-78283-5 (Print)
E-ISBN 978-3-631-78590-4 (E-PDF)
E-ISBN 978-3-631-78591-1 (EPUB)
E-ISBN 978-3-631-78592-8 (MOBI)
DOI 10.3726/b15442


Peter Lang – Berlin · Bern · Bruxelles · New York · Oxford · Warszawa · Wien



Diese Publikation wurde begutachtet.

www.peterlang.com

# Vorwort

Die vorliegende Arbeit ist während meiner Tätigkeit als Wissenschaftlicher Mitarbeiter am Max-Planck-Institut für Steuerrecht und Öffentliche Finanzen entstanden.

Ich danke Prof. Dr. Dr. h.c. Schön herzlich für die jahrlange Förderung und die Betreuung meiner Arbeit. Weiterhin danke ich Prof. Dr. P. M. Huber für die Erstellung des Zweitgutachtens sowie Prof. Dr. Franzen für die Bereitschaft zur Übernahme des Korreferats.

Für die Zeit am Institut gilt mein Dank weiterhin allen Mitarbeitern, deren Unterstützung und Anregungen wesentlich zum Gelingen der Arbeit beigetragen haben.

Ein ganz besonderer Dank geht letztlich an meine Eltern Ulrike und Uwe Pagels für ihre fortwährende Unterstützung. Ohne sie wäre die Arbeit nicht möglich gewesen.

# Inhaltsverzeichnis

# Abkürzungsverzeichnis

| | |
|---|---|
| a.A. | andere Ansicht |
| ABl. | Amtsblatt der Europäischen Union |
| Abs. | Absatz |
| AEUV | Vertrag über die Arbeitsweise der Europäischen Union |
| a.E. | am Ende |
| a.F. | alte Fassung |
| AFA | American Finance Association |
| allg. | allgemein |
| AT1 | Additional Tier-1-Capital |
| Art. | Artikel |
| ausfl. | ausführlich |
| ähnl. | ähnlich |
| BIP | Bruttoinlandsprodukt |
| BIS | Bank for International Settlements |
| BR-Drs. | Drucksachen des deutschen Bundesrats |
| BT-Drs. | Drucksachen des deutschen Bundestags |
| BVerfGE | Amtliche Sammlung der Entscheidungen des Bundesverfassungsgerichts |
| bzgl. | bezüglich |
| bzw. | beziehungsweise |
| ca. | circa |
| CEMFI | Center for Monetary and Financial Studies |
| CEPII | Centre d'Etudes Prospectives et d'Informations Internationales |
| CEPS | Centre for European Policy Studies |
| CET1 | Common Equity Tier 1 |
| ders. | derselbe |
| d.h. | das heißt |
| dies. | dieselbe(n) |
| DNB | De nederlandsche Bank |
| Drs. | Drucksache |
| DSF | Duisenberg School of Finance |
| DVBl. | Deutsches Verwaltungsblatt |
| DÖV | Die öffentliche Verwaltung |
| EBA | European Banking Authority |
| EBOR | European Business Organization Law Review |

| | |
|---|---|
| ECFR | European Company and Financial Law Review |
| ECOFIN | Economic and Financial Affairs Council |
| EEAG | European Economic Advisory Group |
| EMIR-VO | European Market Infrastructure Regulation |
| EU | Europäische Union |
| etc. | et cetera |
| EuG | Gericht der Europäischen Union |
| EuGH | Gerichtshof der Europäischen Union |
| EuR | Europarecht (Zeitschrift) |
| EUV | Vertrag über die Europäische Union |
| EuZW | Europäische Zeitschrift für Wirtschaftsrecht |
| EWG | Europäische Wirtschaftsgemeinschaft |
| EWS | Europäisches Wirtschafts- und Steuerrecht |
| EZB | Europäische Zentralbank |
| f./ff. | folgende/fortfolgende |
| FMSA | Bundesanstalt für Finanzmarktstabilisierung |
| Fn. | Fußnote |
| FS | Festschrift |
| FSB | Financial Stability Board |
| GA | Generalanwalt |
| gem. | gemäß |
| GG | Grundgesetz für die Bundesrepublik Deutschland |
| ggf. | gegebenenfalls |
| ggü. | gegenüber |
| GRCh | Grundrechte-Charta |
| Hrsg. | Herausgeber(in) |
| IAS | International Accounting Standard |
| IDW RS BFA 3 | Institut der Wirtschaftsprüfer Stellungnahme zur Rechnungslegung: Einzelfragen der verlustfreien Bewertung von zinsbezogenen Geschäften des Bankbuchs |
| i.E. | im Ergebnis |
| IGA | Intergovernmental Agreement |
| IMF | International Monetary Fund |
| IMFS | Institute for Monetary and Financial Stability |
| IMK | Institut für Makroökonomie und Konjunkturforschung |
| ISDA MA | International Swap Dealers Association Master Agreement |
| i.V.m. | in Verbindung mit |
| JZ | Juristenzeitung |

| | |
|---|---|
| Kap. | Kapitel |
| krit. | kritisch |
| KOM | Kommission |
| KMU | Kleine und mittlere Unternehmen |
| lit. | litera |
| Mio. | Millionen |
| Mrd. | Milliarden |
| m.w.N. | mit weiteren Nachweisen |
| NBER | The National Bureau of Economic Research |
| NJW | Neue Juristische Wochenschrift |
| Nr. | Nummer |
| NVwZ | Neue Zeitschrift für Verwaltungsrecht |
| o.ä. | oder ähnliches |
| RIW | Recht der internationalen Wirtschaft |
| RL | Richtlinie |
| Rn. | Randnummer |
| Rspr. | Rechtsprechung |
| S. | Satz |
| SAFE | Sustainable Architecture for Finance in Europe |
| SEPS | School of Economics and Political Science, St. Gallen |
| s.o. | siehe oben |
| sog. | sogenannte (r,s) |
| SRB | Single Resolution Board |
| SRF | Single Resolution Fund |
| st. | ständige |
| SZW | Schweizerische Zeitschrift für Wirtschafsrecht |
| T2 | Tier-2-Capital |
| u.a. | unter anderem |
| UAbs. | Unterabsatz |
| VerwArch | Verwaltungsarchiv |
| vgl. | vergleiche |
| VO | Verordnung |
| WB | World Bank |
| WM | Zeitschrift für Wirtschafts- und Bankrecht |
| z.B. | zum Beispiel |
| ZfgK | Zeitschrift für das gesamte Kreditwesen |
| ZfPW | Zeitschrift für die gesamte Privatrechtswissenschaft |
| ZHR | Zeitschrift für das gesamte Handelsrecht und Wirtschaftsrecht |

| | |
|---|---|
| Ziff. | Ziffer |
| ZVersWiss | Zeitschrift für die gesamte Versicherungswissenschaft |
| ZVglRWiss | Zeitschrift für Vergleichende Rechtswissenschaft |
| ZWeR | Zeitschrift für Wettbewerbsrecht |
| ZZB | Zeitschrift für Bankrecht und Bankwirtschaft |

# A. Einleitung

## I. Einführung

Der Zusammenbruch „systemrelevanter" Banken[1] kostet Geld – sowohl hinsichtlich der Wertvernichtung in Bezug auf das fragliche Institut als auch in Bezug auf die drohende Instabilität der Finanzmärkte.[2] Die Problematik des „too big to fail"[3] ist im Zuge der Banken- sowie der bis heute andauernde europäische Finanzkrise (wieder) in den Fokus gerückt.[4]

Wiederholt sahen sich Staaten mit Blick auf die Finanzstabilität[5] veranlasst, derartige Institute unter Einsatz öffentlicher Mittel (*Bail-out*) vor einem solchen Zusammenbruch zu bewahren.[6] Die damit verbundenen, langfristigen Moral

---

1 Zum Begriff der Systemrelevanz ausf. Kap. F. II. 2. a. bb.; im Folgenden werden die Begriffe *Bank* sowie *Institut*, soweit nicht anders definiert, synonym im Sinn des Art. 4 Abs. 1 Nr. 3 CRR-VO gebraucht; darunter fallen sowohl klassische Kreditinstitute (vgl. Art. 4 Abs. 1 Nr. 1 CRR-VO) als auch die grundsätzlich dem Investmentbanking zugeordneten Wertpapierfirmen (vgl. Art. 4 Abs. 1 Nr. 2 CRR-VO); ähnl. in Bezug zur BRRD-RL *Adolff/Eschwey*, ZHR 2013, S. 955.

2 Vgl. *McAndrews/Morgan/Santos/Yorulmazer*, Federal Reserve Bank of New York Economic Policy Review 2014, S. 229; *Laeven*, IMF Working Paper (163) 2012, S. 24 ff.; *Rupprecht*, Bankenregulierung und Auslandsbanken, 2010, S. 38 ff.; *Papathanassiou/Zagouras*, WM 2010, S. 1584.

3 Vgl. *Stern/Feldman*, Too big to fail, 2009, S. 12 ff.

4 Vgl. *Huertas*, in: Haentjens/Wessels (Hrsg.), Research Handbook on Crisis Management in the Banking Sector, 2015, S. 6 f.; in der Geschichte des Bankenwesens sind Zusammenbrüche und Krisen eher Regelfall als Ausnahme, vgl. *Grieser/Mecklenburg-Guzmán/Schenk*, in: Grieser/Heemann (Hrsg.), Europäisches Bankaufsichtsrecht, 2016, S. 969; *Admati/Hellwig*, Des Bankers neue Kleider, 2014, S. 234 sehen die ruhige Phase von 1940 bis 1970 daher als „bemerkenswerte Ausnahme", wohingegen die Vielzahl von Krisen seit 1970 den Erfahrungen früherer Zeiten entspräche; als Erklärung für diese außergewöhnliche Phase gilt die robuste Wirtschaft, vgl. *De Bandt/Hartmann/Alcalde*, in: Berger/Molyneux/Wilson (Hrsg.), The Oxford Handbook of Banking, 2014, S. 667; mit einer umfassenden Übersicht *Reinhart/ Rogoff*, This time is different, 2009, S. 205 und S. 248 ff. (Appendix A.4); zu einer Phaseneinteilung der Banken- und Finanzkrise vgl. *Hadjiemmanuil*, in: Binder/Singh (Hrsg.), Bank Resolution, 2016, S. 177 Rn. 9.01 ff.; *Caprio/Honohan*, in: Berger/Molyneux/Wilson (Hrsg.), The Oxford Handbook of Banking, 2014, S. 713 ff.

5 Zum Begriff vgl. *Schinasi*, IMF Working Paper (187) 2004, S. 8.

6 Die Kosten allein in der Europäischen Union taxierte die Kommission im Jahr 2012 auf über 4,5 Billionen Euro, vgl. Europäische Kommission, Mitteilung der Kommission an

Hazard-Anreize durch implizite staatliche Rettungsgarantien wurden gegenüber einer unmittelbaren Instabilität der Finanzmärkte, insbesondere nach den katastrophalen Erfahrungen der Lehmann-Insolvenz 2008, in Kauf genommen.[7]

Aus europäischer Sicht offenbarte die Krise deutlich, dass einerseits zwar eine stetige Weiterentwicklung des europäischen Finanzsystems und ein höheres Wirtschaftswachstum bis 2008 zu verzeichnen waren, die damit korrelierende Bankenregulierung und -aufsicht[8] mit jeweils nationalstaatlichen Ansätzen jedoch andererseits nicht Schritt halten konnten und weder das Instrumentarium noch die informationellen Möglichkeiten boten, der Krise effektiv zu begegnen.[9]

In Verbindung mit divergierenden behördlichen Praktiken bestanden für Institute im Vorfeld vielmehr Anreize zur bewussten Ausnutzung des europäischen „Flickenteppichs".[10] Nationale Rettungsentscheidungen zementierten zudem die Abhängigkeit der jeweiligen Institute von der Finanzkraft des entsprechenden Souveräns, wobei die Stabilität des EU-Finanzsystems dabei naturgemäß keine entscheidungserhebliche Rolle spielte.[11]

Für die Europäische Union wirkte die Krise wie ein Katalysator; in ungewöhnlich hohem Tempo schuf der europäische Gesetzgeber unter dem politischen Schlagwort der „Bankenunion" im Zeitraum von knapp zwei Jahren den

---

das europäische Parlament und den Rat, Fahrplan für eine Bankenunion v. 12.9.2012, KOM(2012) 510 endgültig, S. 2, wobei staatliche Garantien den Hauptanteil ausmachten; die Summe der tatsächlich ausgezahlten Hilfen für den Zeitraum von 2008–2010 durch die Mitgliedstaaten belief sich auf ca. 1,6 Billionen Euro, vgl. *Goddard/Molyneux/Wilson*, in: Berger/Molyneux/Wilson (Hrsg.), The Oxford Handbook of Banking, 2014, S. 849.

7 Vgl. *Huertas*, in: Haentjens/Wessels (Hrsg.), Research Handbook on Crisis Management in the Banking Sector, 2015, S. 3 ff.

8 Zu den Begriffen der Bankenregulierung und Bankenaufsicht vgl. ausf. *Höfling*, Gutachten F zum 68. DJT, S. F 10 f.; *Kohtamäki*, Die Reform der Bankenaufsicht in der Europäischen Union, 2012, S. 7 ff.; *Pflock*, Europäische Bankenregulierung und das „Too big to fail-Dilemma", 2014, S. 18 jeweils m.w.N.; die vorliegende Untersuchung fokussiert sich auf die Bankenregulierung (ex-post) zur Ermöglichung eines Ausfalls, mithin auf den neuen europäischen Abwicklungsmechanismus, sowie auf die damit verbundene Abwicklungsfinanzierung durch Abgabenerhebung („Preis- oder Kostenregulierung") von den Institute.

9 *Weckler*, in: Jahn/Geier/Schmitt (Hrsg.), Handbuch der Bankenrestrukturierung, 2016, S. 5 Rn. 8.

10 *Kohtamäki*, Die Reform der Bankenaufsicht in der Europäischen Union, 2012, S. 2.

11 *Ibd.*

wesentlichen Rechtsrahmen zur einheitlichen europäischen Bankenregulierung und -aufsicht.[12] Ein grundlegendes richtlinienbasiertes Regelwerk (*single rule book*) sowie drei geplante und zwei bis dato umgesetzte, vollharmonisierende Verordnungen innerhalb der Eurozone, betreffend den *Single Supervisory Mechanism* (SSM-VO) sowie den *Single Resolution Mechanism* (SRM-VO), bilden dabei den normativen Rahmen.[13] Letzterer soll systemrelevante Institute „abwickelbar" machen, mithin einen reflexartigen staatlichen Bail-out vermeiden.

Konsequenterweise wird öffentlichen Mitteln im Rahmen der Abwicklungsfinanzierung nunmehr ausschließlich eine ultima-ratio-Funktion zugedacht, wobei im Zuge einer Haftungskaskade vorrangig Anteilseigner und Gläubiger sowie der durch die Institute über die Europäische Bankenabgabe finanzierte *Single Resolution Fond* (SRF) haften. Dabei kommt der Europäischen Bankenabgabe im Rahmen des makroprudentiellen Regulierungsansatzes[14] neben dem Finanzierungs- auch ein Lenkungszweck zur Reduzierung systemischer Risiken zu; Institute, die ein hohes systemisches Risiko bei zugleich hoher Ausfallwahrscheinlichkeit aufweisen, sollen verstärkt belastet werden.[15]

Mit Inkrafttreten der SRM-VO sowie der Durchführungsverordnung (EU) 2015/81 des Rates Anfang 2016[16] erfolgt die Berechnung der Europäischen Bankenabgabe durch das *Single Resolution Board* (SRB), während die zuständigen nationalen Abwicklungsbehörden[17] die Beiträge erheben und auf den SRF übertragen.[18] In der Aufbauphase bis Ende 2023 sollen auf diese Weise ca. 55 Mrd.

---

12 Vgl. Börsenzeitung vom 15.2.2017, Nr. 32, S. 8 („Regulierungsorgie").

13 Vgl. ausf. Kap. B. II. 3. b.

14 Vgl. *Chaudhry/Mullineux/Agarwal*, Balancing the Regulation and Taxation of Banking, 2015, S. 11 f.

15 Vgl. *Brandt/Güth*, in: Jahn/Geier/Schmitt (Hrsg.), Handbuch der Bankenrestrukturierung, 2016, S. 566 Rn. 34.

16 Vgl. Art. 99 Abs. 2 SRM-VO und Art. 9 Durchführungsverordnung (EU) 2015/81 des Rates vom 19. Dezember 2014 zur Festlegung einheitlicher Modalitäten für die Anwendung der Verordnung (EU) Nr. 806/2014 des Europäischen Parlaments und des Rates im Hinblick auf im Voraus erhobene Beiträge zum einheitlichen Abwicklungsfonds; im Folgenden VO (EU) 2015/81.

17 In Deutschland die Bundesanstalt für Finanzmarktstabilisierung (FMSA), vgl. § 1 und § 2 der Satzung der Bundesanstalt für Finanzmarktstabilisierung; zum 1. Januar 2018 wird der Aufgabenbereich der FMSA als nationale Abwicklungsbehörde bei der BaFin eingegliedert, vgl. § 18a Gesetz zur Neuordnung der Aufgaben der Bundesanstalt für Finanzmarktstabilisierung vom 23.12.2016, BGBl. I S. 3179 f.

18 Vgl. Art. 4 und Art. 5 Abs. 2 VO (EU) 2015/81; Art. 67 Abs. 4 SRM-VO i.V.m. Art. 3 IGA.

Euro erhoben werden, um eine einheitliche europäische Abwicklungsfinanzierung sicherzustellen.[19]

## II. Zielsetzung

Ziel der vorliegenden Untersuchung ist es, speziell die Europäische Bankenabgabe vor dem Hintergrund des neuen europäischen Abwicklungsmechanismus anhand mehrerer Forschungsfragen zu analysieren.

Zunächst soll das „Fundament" der Europäischen Bankenunion in seiner ökonomischen Begründung sowie seinem konzeptionellen und normativen Rahmen aufgearbeitet und anschließend in einer detaillierten Bezugnahme auf die SRM-VO Abwicklungsmechanismen und Abwicklungsfinanzierung analysiert werden.

Aufbauend auf dieser Grundlage soll die Europäische Bankenabgabe als Finanzierungsmechanismus des SRF eingehend untersucht werden, wobei ergänzend die vormaligen nationalen Bankenabgaben der größten europäischen Wirtschaftsnationen Deutschland, Frankreich und dem Vereinigten Königreich problembezogen-funktional[20] unter Einbezug empirischer Erfahrungssätze verglichen werden, um auf dieser Basis ein erweitertes Verständnis für die Synthese der Europäischen Bankenabgabe zu schaffen. Letztere soll anschließend normbezogen-deskriptiv sowie komparativ zu den nationalen Beispielen mit Blick auf die Gruppe der Abgabenschuldner sowie die Beitragsbemessung aufgearbeitet werden, bevor die Rechtmäßigkeit im Fokus steht.

Zu hinterfragen ist dabei einerseits die Kompetenz der Europäischen Union zur Einführung einer Bankenabgabe, andererseits sind primärrechtliche Grenzen, insbesondere der Europäischen Grundrechtecharta (GRCh) sowie der Grundfreiheiten, auf materiell-rechtlicher Seite zu würdigen. Diese gliedern sich auf in Zulässigkeitsvoraussetzungen an den Tatbestand einer derartigen Abgabe, mithin welche Institute als Abgabenschuldner herangezogen werden können und Ausgestaltungsvoraussetzungen auf Rechtsfolgenseite, insbesondere wie hoch die individuelle Abgabenbelastung der Abgabenschuldner ausfallen darf. Abschließend sind Rechtsschutzmöglichkeiten gegen Beitragsbescheide zur

19 Vgl. *Brandt/Güth*, in: Jahn/Geier/Schmitt (Hrsg.), Handbuch der Bankenrestrukturierung, 2016, S. 550 Rn. 4; *Wieland*, in: Everling/Goedeckemeyer (Hrsg.), Bankenrating, 2015, S. 440; *Krahnen/Moretti*, in: Faia/Hackethal/Haliassos u.a. (Hrsg.), Financial Regulation, 2015, S. 134; *Armour/Awrey/Davies u.a.*, Principles of Financial Regulation, 2016, S. 368 rechnen mit 75 Mrd. Euro.

20 Vgl. *Kischel*, Rechtsvergleichung, 2015, § 3 Rn. 1 ff.

Europäischen Bankenabgabe im Kontext der europäischen Verbundverwaltung zu untersuchen.

Übergreifend soll der Versuch unternommen werden, die bisher verstreuten sowie auf Einzelaspekte fokussierten Beiträge und Kommentare in Bezug auf die Europäische Bankenabgabe zusammenzuführen und eine durchgängige Struktur freizulegen, um für die sich stellenden Rechtsfragen eine detaillierte, rechtsdogmatische Untersuchung aus „einem Guss“ anzubieten.

## III. Forschungsstand

Blickt man auf die bisherige rechtswissenschaftliche Forschung zur Europäischen Bankenabgabe, ist die Arbeit von *Hanno Kube* zu den rechtlichen Grundlagen und Grenzen der Europäischen Bankenabgabe hervorzuheben.[21] Allerdings fokussiert sich dieses nur 66 Seiten lange Gutachten stark auf kompetenzrechtliche Fragen, namentlich auf Art. 114 Abs. 2 AEUV. In enger Anlehnung an das deutsche Recht erfolgen dabei streitige Einschätzungen, insbesondere mit Hinblick auf einen Entwurf eines auf Art. 114 Abs. 2 AEUV gestützten übergreifenden normativen Maßstabs zur Beurteilung der inhaltlichen Ausgestaltung europäischer parafiskalischer Abgaben.[22] Diese Beurteilung wird im Rahmen der Untersuchung kritisch gewürdigt und mit alternativen Überlegungen kontrastiert. Neben diesen rechtsdogmatischen Fragen bleiben jedoch insbesondere Detailtiefe sowie rechtsvergleichende Aspekte vormaliger nationaler Bankenabgaben Desiderate.

Weitere, insbesondere monografische, Beiträge konkret zur Europäischen Bankenabgabe finden sich kaum; vielmehr beschränken sich entsprechende Funde auf (knappe) deskriptive Darstellungen der gesetzlichen Ausgestaltung, ohne auf entsprechende Rechtsfragen einzugehen.[23] Ihren Schwerpunkt finden derartige Beiträge zudem häufig auf Seiten der Abwicklungsinstrumente[24] oder in grundlegenden Fragen der Abwicklungsfinanzierung, wobei der Fokus

21 *Kube*, Rechtliche Grundlagen und Grenzen der EU-Bankenabgabe, 2016.

22 *Ibd.*, S. 44 f.

23 Vgl. *Busch*, in: Busch/Ferrarini (Hrsg.), European Banking Union, 2015, S. 300 Rn. 9.46 ff.; *Brandt/Güth*, in: Jahn/Geier/Schmitt (Hrsg.), Handbuch der Bankenrestrukturierung, 2016, S. 545 ff.; *Gortsos*, in: Binder/Gortsos (Hrsg.), The European Banking Union, 2016, S. 65 f.

24 Vgl. *Binder*, in: Binder/Singh (Hrsg.), Bank Resolution, 2016, S. 25 ff.; *Schillig*, in: Haentjens/Wessels (Hrsg.), Research Handbook on Crisis Management in the Banking Sector, 2015, S. 81 ff.

oftmals auf dem Abwicklungsinstrument des Bail-in und dessen immanenter Haftungskaskade liegt; Fragen der Finanzierung des SRF werden hingegen oftmals nur gestreift.[25]

Ein anderes Bild ergibt sich mit Blick auf die Forschung zu den vormaligen nationalen Bankenabgaben. Insbesondere in Deutschland wurde die Bankenabgabe bereits frühzeitig von der Wissenschaft untersucht; im Zentrum des Interesses standen dabei verfassungsrechtliche Grundlagen, aber auch detaillierte Rechtsfragen der Ausgestaltung.[26] Auch die britische Bankenabgabe fand wissenschaftlichen Widerhall; insbesondere *Michael Devereux* befasste sich unter den Gesichtspunkten des Finanzierungs- sowie des Lenkungszwecks, dort insbesondere mit dem Verhältnis von Besteuerung und Eigenkapitalvorgaben, mit der neuartigen Steuer.[27]

Rechtsvergleichende Arbeiten lassen sich, bedingt durch die kurze Halbwertszeit der nationalen Abgaben, demgegenüber nur vereinzelt finden. Erste Ansätze liefern *Mary Dowell-Jones* und *Ross Buckley*, die vergleichend die deutsche, französische und britische Bankenabgabe analysieren sowie einen knappen Blick auf die angedachte *Financial Crisis Responsibility Fee* in den Vereinigten Staaten werfen, wobei der Schwerpunkt des Beitrags dennoch deutlich auf der britischen Bankenabgabe liegt.[28]

Ergänzend zur rechtlichen Würdigung liefern jüngere finanzwissenschaftliche Untersuchungen wichtige empirische Erkenntnisse zur Wirkungsweise der vormaligen Abgaben, woraus sich wichtige Schlüsse für die rechtliche Diskussion ziehen lassen.[29]

---

25 Vgl. *Hadjiemmanuil*, in: Binder/Singh (Hrsg.), Bank Resolution, 2016, S. 177 ff.; *Zavvos/ Kaltsouni* in: Haentjens/Wessels (Hrsg.), Research Handbook on Crisis Management in the Banking Sector, 2015, S. 145 ff.

26 Vgl. zu verfassungsrechtlichen Fragen *Schön/Hellgardt/Osterloh-Konrad*, WM 2010, S. 2145 ff.; *dies.*, WM 2010, S. 2193 ff.; *Martini*, NJW 2010, S. 2019 ff.; zu Detailfragen der Beitragsberechnung vgl. *Hanten/München*, WM 2011, S. 1928 ff.; *Waschbusch/ Rolle*, in: Jochum/Elicker/Lampert u.a. (Hrsg.), Freiheit, Gleichheit, Eigentum – Öffentliche Finanzen und Abgaben, 2015, S. 1034 ff.

27 *Devereux*, British Tax Review 2011, S. 33 ff.; zu Detailfragen der Beitragsberechnung vgl. *Fichardt*, in: Weber/Marres (Hrsg.), Taxing the Financial Sector, 2012, S. 71 ff.

28 *Dowell-Jones/Buckley*, Bank Levies: An Innovation in Post-Crisis Bank Taxation, 2015.

29 Vgl. *Buch/Hilberg/Tonzer*, Journal of Banking and Finance 2016, S. 52 ff.; *Kogler*, SEPS Working Paper (1606) 2016; *Capelle-Blancard/Havrylchyk*, CEPII Working Paper (21) 2013; vergleichend zwischen deutscher, französischer und britischer Abgabe *Schweikhard/Wahrenburg*, The Internalization of Systemic Risk: An Analysis of Bank Levy Schemes, 2015.

## IV. Gang der Untersuchung

Basierend auf diesen Ergebnissen werden die konstatierten Forschungslücken bezüglich der Europäischen Bankenabgabe entsprechend der Zielsetzung der Untersuchung aufgefüllt, wobei die einzelnen Kapitel die jeweiligen Forschungsfragen widerspiegeln.

In einem ersten Schritt werden die Grundlagen der Europäischen Bankenunion untersucht (Teil B), wobei zunächst auf die Rechtfertigung und die Anforderungen an eine Bankenregulierung eingegangen wird, um darauf aufbauend die nunmehr etablierte europarechtliche Regulierungslösung in Form der Europäischen Bankenunion zu begründen und darzustellen.

In weiterer Fokussierung auf die SRM-VO werden Abwicklungsmaßnahmen, insbesondere das juristisch „neue“ Bail-in-Instrument und die eng verknüpfte Abwicklungsfinanzierung durch den SRF analysiert (Teil C), bevor im Hauptteil der Untersuchung zunächst die Fondsfinanzierung durch die Europäische Bankenabgabe im Zentrum steht (Teil D). Anhand der einschlägigen Rechtsnormen wird zunächst die Europäische Bankenabgabe unter den Aspekten des persönlichen und sachlichen Anwendungsbereichs aufgearbeitet, wobei der Rechtsvergleich der vormaligen mitgliedstaatlichen Bankenabgaben vorangestellt wird.

In einem weiteren Schritt ist die kompetenzrechtliche Frage zur Einführung einer entsprechenden Abgabe durch die Europäische Union zu beantworten (Teil E), wobei der Fokus hierbei auf den Problembereichen der Bereichsausnahme des Art. 114 Abs. 2 AEUV sowie der Beitragsübertragung auf den SRF durch völkerrechtliche Vereinbarung liegt.

Den Schwerpunkt der Untersuchung bildet abschließend die materiell-rechtliche Würdigung der Europäischen Bankenabgabe (Teil F); erarbeitet werden sowohl tatbestandliche Zulässigkeitsanforderungen an europäische parafiskalische Abgaben als auch die entsprechenden freiheits- und gleichheitsrechtlichen Vorgaben der GRCh auf Rechtsfolgenseite. Daneben treten Anforderungen der Grundfreiheiten sowie des Rechtsstaatsgebots, bevor das Kapitel mit Fragen des Rechtsschutzes in der europäischen Verbundverwaltung beschlossen wird.

Den Abschluss bildet eine Zusammenfassung der gefundenen Antworten auf die eingangs gestellten Forschungsfragen (Teil G).

# B. Europäische Bankenunion

## I. Notwendigkeit der Bankenregulierung

### 1. Bankensektor und staatlicher Bail-out

Der Bankensektor erbringt unverzichtbare Dienstleistungen für Private, Unternehmer und die Gesamtwirtschaft. Exemplarisch werden dabei oft die Liquiditätsschaffung, die Anlagemöglichkeiten und der Betrieb und die Abwicklung des für das moderne Wirtschaftsleben elementaren Zahlungsverkehrs genannt.[1] Konsequent werden die Kosten eines Zusammenbruchs des Bankensektors aus Sicht der politischen Entscheidungsträger ex-ante als hoch eingeschätzt.[2] Es droht letztlich nichts weniger als eine gesamtwirtschaftliche Rezession, wenn in Folge des Ausfalls der Kreditbereitstellung Investitionen ausbleiben.[3]

Im Krisenfall eines systemrelevanten Instituts stehen politische Entscheidungsträger somit vor einem Zielkonflikt: Entweder sie belasten den Steuerzahler durch den Einsatz öffentlicher Finanzmittel zur Rettung (*Bail-out*)[4] oder sie nehmen die Destabilisierung des gesamten Bankensektors und seiner Finanzierungsfunktion in Kauf.[5] Auch wenn weitere Motive außer Acht gelassen

---

1 Europäische Kommission, KOM(2012) 280 endgültig/2, S. 4; vgl. ausfl. *Allen/Carletti/Gu*, in: Berger/Molyneux/Wilson (Hrsg.), The Oxford Handbook of Banking, 2014, S. 27 ff.; *Armour/Awrey/Davies u.a.*, Principles of Financial Regulation, 2016, S. 277 f.; *Burghof/Rudolph*, Bankenaufsicht, 1996, S. 1; *Gleeson/Guynn*, Bank Resolution and Crisis Management, 2016, S. 3 Rn. 1.01 ff.; *Dombret*, in: Kenadjian (Hrsg.), Too big to fail - Brauchen wir ein Sonderinsolvenzrecht für Banken?, 2012, S. 27; *Pflock*, Europäische Bankenregulierung und das „Too big to fail-Dilemma", 2014, S. 33 f. m.w.N.

2 Vgl. *Höfling*, Gutachten F zum 68. DJT, S. F 8 ff.; *Pflock*, Europäische Bankenregulierung und das „Too big to fail-Dilemma", 2014, S. 35; empirisch *Hoggarth/Reis/Saporta*, Journal of Banking & Finance 2002, S. 828 ff.

3 *Gleeson/Guynn*, Bank Resolution and Crisis Management, 2016, S. 3 Rn. 1.01 ff.; *Claussen*, in: FS Hopt, Band 2, 2010, S. 1697; *Pflock*, Europäische Bankenregulierung und das „Too big to fail-Dilemma", 2014, S. 34; *Lindner/Soemer/Theobald*, Chancen und Risiken der Europäischen Bankenunion, 2014, S. 1.

4 Konkret wird nicht „das Institut", sondern seine Anteilseigner und die Kreditgeber durch den Bail-out „gerettet".

5 Vgl. *Armour/Awrey/Davies u.a.*, Principles of Financial Regulation, 2016, S. 341 f.; *Keen*, IMF Working Paper (206) 2011, S. 3 f.; *ders.*, CESifo Economic Studies 2011, S. 5 ff.; *Lindner/Soemer/Theobald*, Chancen und Risiken der Europäischen Bankenunion,

werden[6], tendiert der Anreiz für die Entscheidung deutlich Richtung Bail-out.[7]

Mit der einhergehenden Erhöhung der Staatsverschuldung droht ein Teufelskreis.[8] Denn die stark steigende Verschuldung erhöht das Risiko des Staatsbankrotts, weshalb viele Gläubiger aus Angst vor Verlusten betroffenen Staaten die Kredite kündigen.[9] Es folgt der Wertverlust der Staatsanleihen, der wiederum die Institute in den jeweiligen Staaten belastet, welche einen Großteil nationaler Staatsschulden halten.[10] Erneut kann die Notwendigkeit der Rettung des Bankensektors bestehen.[11] Im Grundsatz gehen Krisen des Bankensektors und Finanzkrisen daher Hand in Hand, wie es auch seit 2010 in Europa zu beobachten ist.[12]

Auf der Mikroebene resultieren insbesondere Wettbewerbsverzerrungen und Fehlanreize (*moral hazard*) zum Aufbau systemischer Risiken für Institute, aber auch für Gläubiger[13], um von staatlichen Bail-out-Garantien zu profitieren.[14]

---

2014, S. 2; *Pflock*, Europäische Bankenregulierung und das „Too big to fail-Dilemma", 2014, S. 35 m.w.N.

6 Vgl. *Pflock*, Europäische Bankenregulierung und das „Too big to fail-Dilemma", 2014, S. 35 ff.

7 *Armour*, in: Moloney/Ferran/Payne (Hrsg.), The Oxford Handbook of Financial Regulation, 2015, S. 458.

8 Vgl. *Ohler*, EuR – Beiheft 2 – 2016, S. 8 f.

9 Gipfelerklärung der Mitglieder des Euro-Währungsgebiets v. 29.6.2012, S. 1; *Zimmer/Rengier*, ZWeR 2010, S. 108; *Lindner*, IMK Report (82) 2013, S. 2 ff.; in Deutschland hat sich aufgrund der Bankenrettung bis Ende 2009 die Gesamtverschuldung um knapp 98,6 Mrd. Euro erhöht, vgl. BT-Drs. 17/1522, S. 4; vgl. auch Eurostat Supplementary Table for the Financial Crisis, abrufbar unter http://ec.europa.eu/eurostat/de/web/government-finance-statistics/excessive-deficit/supplemtary-tables-financial-crisis, zuletzt abgerufen am 30.01.2019.

10 *Lindner/Soemer/Theobald*, Chancen und Risiken der Europäischen Bankenunion, 2014, S. 4; zum Problem der Risikogewichtung von Staatsanleihen gem. Art. 114 Abs. 4 CRR-VO vgl. *Haag*, ZVglRWiss 2014, S. 491.

11 Vgl. *Binder*, ZBB 2013, S. 302.

12 Vgl. *Correa*, in: Berger/Molyneux/Wilson (Hrsg.), The Oxford Handbook of Banking, 2014, S. 740 ff.

13 Gläubiger können insb. versucht sein, mangels Verlustrisikos in unmittelbarer Insolvenznähe noch finanzielle Mittel mit hohen Risikoprämien bereitzustellen.

14 Vgl. *Grieser/Mecklenburg-Guzmán/Schenk*, in: Grieser/Heemann (Hrsg.), Europäisches Bankaufsichtsrecht, 2016, S. 969; *Adolff/Eschwey*, ZHR 2013, S. 913 f.; *Acharya/Pedersen/ Philippon/Richardson* in: Acharya/Richardson (Hrsg.), Restoring Financial Stability: How to Repair a Failed System, 2009, S. 288 f.; *Binder*, ZBB 2009, S. 21 f.

## 2. Regulierungsrechtliche Lösungen

Demgegenüber fokussierte sich die Bankenregulierung von 1940 bis 1970, in einer Phase ohne größere Bankenkrisen, auf Marktstrukturen und Vorgaben an die Kreditvergabe und Zinssätze[15], bevor Finanzinnovationen, stark schwankende Wechselkurse sowie intensiver globaler Wettbewerb einen Deregulierungstrend bedingten, im Zuge dessen weltweit als kontraproduktiv empfundene Regulierungsvorschriften aus den Jahren nach der Weltwirtschaftskrise abgeschafft wurden.[16]

Viele Institute expandierten jedoch ohne entsprechendes Eigenkapital, weshalb seit 1970 eine Zunahme von Institutsinsolvenzen zu beobachten war.[17] Nach dem spektakulären Zusammenbruch der deutschen *Herstatt Bank* 1974, wurde auf Betreiben der G-10 Länder Ende der 1980er-Jahre begonnen, an einer internationalen Koordination der Bankenregulierung zu arbeiten.[18] Der Fokus lag dabei auf der Regulierung durch Eigenkapitalvorgaben, was letztlich in die bis heute fortgeführten Basler Verträge mündete.[19] Abgestimmte Abwicklungsmechanismen oder Aufsichtsstandards sowie Möglichkeiten der Abgabenerhebung spielten auf internationaler Ebene jedoch keine oder nur eine untergeordnete Rolle.[20]

---

15 Vgl. *Admati/Hellwig*, Des Bankers neue Kleider, 2014, S. 234; *De Bandt/Hartmann/Alcalde*, in: Berger/Molyneux/Wilson (Hrsg.), The Oxford Handbook of Banking, 2014, S. 667.

16 *Admati/Hellwig*, Des Bankers neue Kleider, 2014, S. 155; für die USA vgl. *Deyoung*, in: Berger/Molyneux/Wilson (Hrsg.), The Oxford Handbook of Banking, 2014, S. 830 f.; zu den begleitenden legislativen Harmonisierungsbestrebungen mit Blick auf die Niederlassungsfreiheit in Europa vgl. *Goddard/Molyneux/Wilson*, in: Berger/Molyneux/Wilson (Hrsg.), The Oxford Handbook of Banking, 2014, S. 851 ff.

17 Für die Verbindung der Liberalisierung der Finanzmärkte in der Phase nach 1970 und einhergehenden Bankenkrisen vgl. die empirische Arbeit von *Kaminsky/Reinhart*, American Economic Review 1999, S. 475 ff.

18 *Schön*, ECFR 2016, S. 436; *Schneck*, in: Everling/Goedeckemeyer (Hrsg.), Bankenrating, 2015, S. 488; *Schelo*, Bank Recovery and Resolution, 2015, S. 43 ff.

19 Vgl. *Bouwman*, in: Berger/Molyneux/Wilson (Hrsg.), The Oxford Handbook of Banking, 2014, S. 185; *Schneck*, in: Everling/Goedeckemeyer (Hrsg.), Bankenrating, 2015, S. 488 ff.; zu den konzeptionellen Schwächen vgl. *Admati/Hellwig*, Des Bankers neue Kleider, 2014, S. 155 ff.; *Hellwig*, MPI for Research in Collective Goods Working Paper (31) 2010, S. 7 ff.

20 Vgl. *Keen*, IMF Working Paper (206), 2011, S. 4; *Haag*, ZVglRWiss 2014, S. 486 ff.; *Weckler*, in: Jahn/Geier/Schmitt (Hrsg.), Handbuch der Bankenrestrukturierung, 2016, S. 4 Rn. 5 ff.; *Chaudhry/Mullineux/Agarwal*, Balancing the Regulation and Taxation of Banking, 2015, S. 13.

Dabei ist es einerseits notwendig, dass eine regulierungsrechtliche Lösung ex-ante vor einer Krise des Bankensektors ansetzt und versucht, bereits den Ausfall eines systemrelevanten Instituts zu verhindern. Gleichzeitig muss sie jedoch auch für den, stets möglichen[21], Krisenfall komplementäre Lösungen ex-post bereithalten, um einen derartigen Ausfall beherrschbar zu machen.[22] Anforderung im Krisenfall ist insbesondere, die aufgezeigte Anreizsituation zu korrigieren und den Nexus zwischen systemischen Risiken und der Bail-out-Entscheidung zu unterbrechen oder zumindest weitgehend zu eliminieren.[23] Instituten und ihren Gläubigern muss die Sicherheit einer staatlichen Rettung genommen werden, um das durch die Bail-out-Entscheidung ausgelöste Moral Hazard-Risiko zu senken.[24]

Für den Krisenfall bieten sich zwei Lösungsansätze an: Auf der einen Seite eine zwingende Regelung in Form eines Bail-out-Verbots; auf der anderen Seite können dem politischen Entscheidungsträger Instrumente an die Hand gegeben werden, die eine geordnete Abwicklung zulassen und dabei systemische Ansteckungsrisiken grundsätzlich ausschließen, ohne dass dabei zwingend auf öffentliche Mittel zurückgegriffen werden muss.[25]

Gegen ein striktes Verbot sprechen nicht unbedingt rechtliche Argumente[26], zum Tragen kommen vielmehr politische Bedenken.[27] Weder ließe sich ein wirklich striktes Verbot ohne Ausnahmetatbestände formulieren noch wäre die Legislative in der Krisensituation daran gehindert, neue Gesetze zu erlassen oder bestehende Gesetze zu ändern.[28] Da die finanzielle Belastung grundsätzlich zukünftige Entscheidungsträger treffen würde, ist ein derartiges Szenario bereits

---

21 Vgl. *Ohler*, EuR – Beiheft 2 – 2016, S. 10; *Caprio/Honohan*, in: Berger/Molyneux/Wilson (Hrsg.), The Oxford Handbook of Banking, 2014, S. 711; *Hellwig*, MPI for Research in Collective Goods Working Paper (31) 2010, S. 11.

22 Vgl. *Anabtawi/Schwarcz*, Texas Law Review 2013, S. 91 ff.; *Armour/Awrey/Davies u.a.*, Principles of Financial Regulation, 2016, S. 77 f.; *Brunetti*, SZW 2016, S. 586; *Keen*, CESifo Economic Studies 2011, S. 3.

23 *Keen*, CESifo Economic Studies 2011, S. 7; *Zimmer/Fuchs*, ZGR 2010, S. 604.

24 Vgl. Europäische Kommission, KOM(2010) 579 endgültig, S. 2.; *Möslein*, JZ 2012, S. 249 („bailout externality").

25 Vgl. *Pflock*, Europäische Bankenregulierung und das „Too big to fail-Dilemma", 2014, S. 36 ff.

26 Vgl. bereits zur fiskalischen Schuldenbremse *Seiler*, JZ 2009, S. 721 ff.; zu beihilferechtlichen Beschränkungen *Franke/Krahnen*, ZBB 2012, S. 402.

27 *Stern/Feldman*, Too big to fail, 2009, S. 3 und 13; *Zimmer/Rengier*, ZWeR 2010, S. 110; allg. *Armour/Awrey/Davies u.a.*, Principles of Financial Regulation, 2016, S. 91 ff.

28 *Pflock*, Europäische Bankenregulierung und das „Too big to fail-Dilemma", 2014, S. 37.

dann überwiegend wahrscheinlich, wenn (nur) eine kurzfristige Beeinträchtigung der Gesamtwirtschaft durch den Bankensektor droht.[29]

Überzeugen kann daher nur die zweite regulatorische Möglichkeit; dem politischen Entscheidungsträger müssen Instrumente zur Verfügung stehen, die eine Bewältigung von Bankenkrisen ermöglichen, ohne eine systemische Krise zu verursachen, wobei zeitgleich ein Rückgriff auf öffentliche Mittel weitgehend vermieden wird.

Dabei kann eine Rettung von systemrelevanten Instituten unter Einsatz öffentlicher Mittel nicht vollständig ausgeschlossen werden, da oftmals nur Staaten über die Finanzmittel verfügen, um eine etwaige Systemkrise abzuwehren; vielmehr sollten derartige Rettungseingriffe als ultima ratio einbezogen werden.[30] Dem Ansatz des „*least cost to the society at large*" ist somit im Grundsatz der Vorzug gegenüber dem strikten „*no cost for the taxpayer*" zu geben, insbesondere da Krisen unvorhersehbar sind und ein mögliches Versagen von Rettungsmechanismen nicht ausgeblendet werden sollte.[31]

Festzuhalten ist, dass das übergeordnete Ziel von Regulierungsinstrumenten sein muss, systemische Risiken innerhalb des Bankensektors zu reduzieren. Dies kann u.a. erreicht werden durch ex-ante höhere Eigenkapitalvorgaben[32] und verbesserte Aufsichtsstandards sowie ex-post Abwicklungsinstrumente mit korrespondierend sichergestellter Finanzierung, insbesondere durch Abgabenerhebung von den Instituten, um kritische Funktionen zu erhalten sowie die Anreize politischer Entscheidungsträger für einen Bail-out zu senken.[33]

---

29 Vgl. *Doluca/Klüh/Wagner/Weder di Mauro*, German Council of Economic Experts Working Paper (4) 2010, S. 2; *Weder di Mauro/Klüh*, Reshaping Systemic Risk Regulation in Europe, 2010, S. 1 ff.

30 *Franke/Krahnen*, ZBB 2012, S. 401; *Heun*, JZ 2010, S. 59; *Krahnen/Siekmann*, IMFS Working Paper (38) 2010, S. 8 ff.; *Pflock*, Europäische Bankenregulierung und das „Too big to fail-Dilemma", 2014, S. 38.

31 *Pflock*, Europäische Bankenregulierung und das „Too big to fail-Dilemma", 2014, S. 38.

32 Vgl. *Admati/Hellwig*, Des Bankers neue Kleider, 2014, S. 276 ff.; *Hellwig*, MPI for Research in Collective Goods Working Paper (31) 2010, S. 11, welche zur Sicherheit des Finanzsystems als Ganzes eine drastische Steigerung der Eigenkapitalquote von Banken auf 20 % bis 30 % fordern; empirisch zu sinkenden negativen Externalitäten in Folge erhöhter Eigenkapitalvorgaben *Angkinand*, Journal of International Financial Markets, Institutions and Money 2009, S. 252.

33 International Monetary Fund (IMF), A Fair and Substantial Contribution by the Financial Sector: Final Report for the G-20, June 2010, S. 13 Rn. 19 ff., abrufbar unter https://www.imf.org/external/np/g20/pdf/062710b.pdf, zuletzt abgerufen am 30.01.2019; *Hellwig*, MPI for Research in Collective Goods, Working Paper (31) 2010, S. 11 m.w.N.; zum Verhältnis der Instrumente zueinander vgl. *Hellgardt*, in: Ringe/Huber (Hrsg.),

Im Verhältnis der Instrumente zueinander kann von einer Ergänzung gesprochen werden[34]; insbesondere Eigenmittelvorgaben und Abgabenerhebung stehen nicht konträr zueinander; vielmehr können erstere als primärer Verlustpuffer gesehen werden, bevor letztere weitere Mittel zur Schonung öffentlicher Haushalte im Krisenfall generiert.[35]

## 3. Regulierung systemrelevanter Institute

Mit Blick auf regulierungsrechtliche Abwicklungsmechanismen rechtfertigt sich die bisher aufgezeigte Argumentationslinie jedoch stets nur vor dem Hintergrund der Vermeidung des Ausfalls des Bankensektors als Ganzes. Ist hingegen ein einzelnes Institut zahlungsunfähig oder überschuldet, muss es grundsätzlich den Markt verlassen.[36] In den Fokus rückt somit das bereits angeklungene Schlagwort der „Systemrelevanz" einzelner Institute.[37]

Eine „Systemrelevanz" setzt ein ökonomisches „Systemrisiko" immanent voraus.[38] Dieses besteht, wenn ein einzelnes Unternehmen, wie zum Beispiel ein Institut, wirtschaftlich so bedeutend ist, dass ein Ausscheiden zu einer Kettenreaktion im Bankensektor und somit zu erheblichen negativen Konsequenzen für die gesamte Volkswirtschaft eines Staates führen würde.[39]

Im Rahmen der Referenz kann differenziert werden zwischen der (weiteren) horizontalen Beziehung zur Realwirtschaft und der (engeren) vertikalen

---

Legal Challenges In The Global Financial Crisis, 2014, S. 166 ff.; mit einem Überblick über die ökonomische Literatur *Chaudhry/ Mullineux/Agarwal,* Balancing the Regulation and Taxation of Banking, 2015, S. 11 ff.

34 *Keen,* CESifo Economic Studies 2011, S. 21; *Shackelford/Shaviro/Slemrod,* National Tax Journal 2010, S. 793 f.

35 Vgl. *Sachverständigenrat zur Begutachtung der gesamtwirtschaftlichen Entwicklung,* Jahresgutachten 2014/15, S. 189 Rn. 344; *Schön,* ECFR 2016, S. 441; *Chaudhry/Mullineux/Agarwal,* Balancing the Regulation and Taxation of Banking, 2015, S. 110.

36 *Zimmer/Rengier,* ZWeR 2010, S. 106.

37 Vgl. *Campbell,* in: Haentjens/Wessels (Hrsg.), Research Handbook on Crisis Management in the Banking Sector, 2015, S. 57 f.; *Adolff/Eschwey,* ZHR 2013, S. 914 ff.; *Eidenmüller,* in: FS Hopt, Band 2, 2010, S. 1716 ff.; *Coffee,* Columbia University Law School Working Paper (380) 2010, S. 1.

38 *Mülbert,* in: FS Schneider, 2011, S. 858.

39 Vgl. *Acharya/Pedersen/ Philippon/ Richardson,* in: Acharya/Richardson (Hrsg.), Restoring Financial Stability: How to Repair a Failed System, 2009, S. 284 ff.; *Admati/Hellwig,* Des Bankers neue Kleider, 2014, S. 105 ff.; *Hellwig,* MPI for Research in Collective Goods Working Paper (31) 2010, S. 2; ausfl. *Kleinow,* Systemrelevante Finanzinstitute, 2016, S. 17 ff.

Beziehung zu anderen Instituten. Die horizontale Sichtweise knüpft dabei an die eingangs erwähnte Finanzierungsfunktion an, wohingegen im vertikalen Bereich vor allem die enge Verknüpfung der Institute untereinander zu einer gegenseitigen Gefährdung führen kann. Letztere kann wiederum als Zwischenschritt zu einer Beeinträchtigung der Finanzierungsfunktion des Bankensektors führen.[40]

Finales Ziel der regulatorischen Lösungen ist jedoch stets die Verhinderung der Gefährdung des gesamten Bankensektors bzw. der gesamten Volkswirtschaft.[41] Auch eine staatliche Bail-out-Entscheidung verfolgt nicht den Erhalt eines Instituts als Selbstzweck, sondern möchte volkswirtschaftliche Gefährdungen verhindern, weshalb aus normativer Sicht eine feinsinnige Differenzierung auf Tatbestandsebene weder angebracht noch konturscharf möglich ist; vielmehr ist im Grundsatz von einem umfassenden Begriff der Systemrelevanz auszugehen.[42]

Sind Institute als systemrelevant zu qualifizieren, können sie nicht ohne weiteres klassischen Insolvenzverfahren unterzogen werden, ohne systemische Risiken zu begründen.[43] Primäres Ziel einer Regulierungslösung muss daher die Fortführung der kritischen Funktionen zur Vermeidung von systemischen

---

40 *Schneider*, ZRP 2009, S. 119 ff.; *Mülbert*, in: FS Schneider, 2011, S. 855; *ders.*, in: Moloney/Ferran/Payne (Hrsg.), The Oxford Handbook of Financial Regulation, 2015, S. 381; vgl. bereits IMF, Group of Ten, Report on Consolidation in the Financial Sector, 2001, S. 126, abrufbar unter https://www.imf.org/external/np/g10/2001/01/Eng/pdf/file1.pdf, zuletzt abgerufen am 30.01.2019.

41 Vgl. IMF/World Bank Report, An Overview of the Legal, Institutional and Regulatory Framework for Bank Insolvency, S. 16, abrufbar unter https://www.imf.org/external/np/pp/eng/2009/041709.pdf, zuletzt abgerufen am 30.01.2019.

42 Konsequenterweise stellt die SRM-VO im Rahmen ihres Anwendungsbereichs nicht auf die Systemrelevanz ab; diese spielt erst im Rahmen der konkreten Abwicklungsvoraussetzungen gem. Art. 18 Abs. 1 lit. c) SRM-VO („öffentliches Interesse") eine Rolle; Erwägungsgrund [46] SRM-VO spricht insoweit von der „potenziell systemischen Wesenart sämtlicher Institute", wonach zur Aufrechterhaltung der Finanzstabilität die Möglichkeit bestehen muss, jedes Institut abzuwickeln; vgl. *Adolff/Eschwey*, ZHR 2013, S. 914 f.; *Schneider*, ZRP 2009, S. 120; *Mülbert*, in: FS Schneider 2011, S. 857 f.; *Zimmer/Rengier*, ZWeR 2010, S. 107.

43 *Gleeson/Guynn*, Bank Resolution and Crisis Management, 2016, S. 4 Rn. 1.05.; *Binder*, ZHR 2015, S. 95; *ders.*, ZBB 2012, S. 421; *Hopt/Fleckner/Kumpan u.a.*, WM 2009, S. 821 f.; *Cihak/Nier*, IMF Working Paper (200) 2009, S. 27.

Ansteckungseffekten sein.[44] Auf der anderen Seite müssen staatliche Garantien für Institute und ihre Gläubiger in Form von Bail-out-Entscheidungen abgebaut werden.[45] Diese Interessenlage rechtfertigt einen Regulierungseingriff in Form eines „Sonderinsolvenzrechts" für systemrelevante Institute.[46]

## II. Europäische Bankenregulierung

### 1. Unzulänglichkeit nationaler Lösungen

Eine Regulierungslösung kann jedoch nicht auf die nationale Verbandsebene beschränkt bleiben. Souveräne nationale Entscheidungen stehen vermehrt im Spannungsverhältnis zur Globalisierung der Finanzmärkte, die zu einer zunehmenden grenzüberschreitenden Vernetzung im Bankensektor geführt hat.[47] Infolge der fortschreitenden Flexibilisierung der Wechselkurse, des Abbaus von Kapitalverkehrsbeschränkungen und der Entwicklung von immer neuen Finanzinnovationen kann heute von weltweit „gestreuten" Risiken gesprochen werden.[48] Auf der einen Seite resultiert daraus ein Diversifizierungseffekt, während auf der anderen Seite die Drohkulisse grenzüberschreitender Ansteckungsgefahren entsteht.

Problem der Bankenregulierung ist in diesem Zusammenhang, dass international kein Universalprinzip gilt, also keine umfassende Zuständigkeit des Herkunftsstaats etabliert ist.[49] So unterfallen die im jeweiligen Staat tätigen Institute dem Recht des Sitzstaats, Töchter und Niederlassungen hingegen demjenigen des

---

44 *Campbell*, in: Haentjen/Wessels (Hrsg.), Research Handbook on Crisis Management in the Banking Sector, 2015, S. 58; *Sjöberg*, in: Ringe/Huber (Hrsg.), Legal Challenges In The Global Financial Crisis, 2014, S. 194.

45 Vgl. *Gleeson/Guynn*, Bank Resolution and Crisis Management, 2016, S. 4 Rn. 1.12.; *Adolff/ Eschwey*, ZHR 2013, S. 907; *Cooley/Philippon*, in: Acharya/Richardson (Hrsg.), Restoring Financial Stability: How to Repair a Failed System, 2009, S. 323; krit. zur Schonung der öffentlichen Mittel *Sjöberg*, in: Ringe/Huber (Hrsg.), Legal Challenges In The Global Financial Crisis, 2014, S. 195.

46 Vgl. *Armour/Awrey/Davies u.a.*, Principles of Financial Regulation, 2016, S. 343; *Eidenmüller*, in: FS Hopt, Band 2, 2010, S. 1731; *Hellwig*, Stellungnahme für den Finanzausschuss des Deutschen Bundestags zum Entwurf eines Gesetzes zur Umsetzung der Richtlinie 2014/59/EU des Europäischen Parlaments und des Rates vom 15. Mai 2014 zur Festlegung eines Rahmens für die Sanierung und Abwicklung von Kreditinstituten und Wertpapierfirmen (BRRD-Umsetzungsgesetz), 2014, S. 10.

47 *Pflock*, Europäische Bankenregulierung und das „Too big to fail-Dilemma", 2014, S. 50.

48 Vgl. *Angelkort/Noack*, Ist die Bankenunion nur ein Placebo?, 2014, S. 7.

49 Vgl. *Poelzig*, ZBB 2012, S. 414.

Aufnahmestaats.[50] Diese Grundausrichtung kollidiert in vielfältiger Weise mit den aufgezeigten Risiken der grenzüberschreitenden Ansteckungsgefahr: erstens droht regulierungsrechtlich ein *„race to the bottom"*, zweitens kann es zu erheblichen Zuständigkeitskonflikten und Ineffizienzen kommen und drittens resultieren zwischenstaatlich negative Externalitäten durch das Auseinanderfallen von Kompetenz und Konsequenz.[51]

Grundlegend ist, dass zwischen den Staaten ein natürlicher Wettbewerb um die Ansiedlung finanzstarker Institute herrscht, die ein erhöhtes Steueraufkommen sowie die Schaffung von Arbeitsplätzen versprechen.[52] Empirisch lässt sich dabei beobachten, dass Effizienzgesichtspunkte des regulatorischen Umfelds für die Marktteilnehmer nur eine untergeordnete Rolle spielen. So waren beispielsweise zur Zeit der Lehmann-Insolvenz im Jahr 2008 12 % der Töchter und Niederlassungen der dreißig weltweit größten Institute in Offshore-Zentren mit niedrigen Regulierungsstandards etabliert.[53] Die Auswahl der Marktteilnehmer fußt mithin auf möglichst niedrigen Regulierungsstandards, um Kosten zu sparen und Profite zu maximieren (*regulatory arbitrage*).[54] Aus regulierungsrechtlicher Sicht droht dabei eine Deregulierungsspirale (*competition in laxity*).[55] Insbesondere für Staaten, in denen der Bankensektor einen hohen Anteil der Gesamtwirtschaft ausmacht, erscheint die Reduzierung der Regulierungskosten attraktiv, um von den aufgezeigten Vorteilen zu profitieren.[56]

---

50 *Pflock*, Europäische Bankenregulierung und das „Too big to fail-Dilemma", 2014, S. 52.

51 Vgl. *Pflock*, Europäische Bankenregulierung und das „Too big to fail-Dilemma", 2014, S. 53 ff.; *Gordon/Ringe*, Columbia Law Review 2015, S. 1336 ff.; *Sachverständigenrat zur Begutachtung der gesamtwirtschaftlichen Entwicklung*, Jahresgutachten 2010/11, S. 175 Rn. 323.

52 Vgl. *Armour/Awrey/Davies u.a.*, Principles of Financial Regulation, 2016, S. 95.

53 *Classens/Herring/Schoenmaker*, A Safer World Financial System: Improving the Resolution of Systemic Institutions, S. 16; *Pflock*, Europäische Bankenregulierung und das „Too big to fail-Dilemma", 2014, S. 53.

54 Vgl. *Armour/Awrey/Davies u.a.*, Principles of Financial Regulation, 2016, S. 84 ff.; *Kane*, in: Berger/Molyneux/Wilson (Hrsg.), The Oxford Handbook of Banking, 2014, S. 512; *Kaminsky/Reinhart*, American Economic Review 1999, S. 282; *Kohtamäki*, Die Reform der Bankenaufsicht in der Europäischen Union, 2012, S. 64.

55 Vgl. *Wörner*, Europäische Bankenregulierung im Spannungsverhältnis zwischen Regulierungsbewerb und Harmonisierungsbemühung, 2000, S. 102 ff.; *Kube/Reimer/Spengel*, EC Tax Review 2016, S. 251; *Gordy/Heitfield/Wu*, in: Berger/Molyneux/Wilson (Hrsg.), The Oxford Handbook of Banking, 2014, S. 551.

56 Vgl. *Armour/Awrey/Davies u.a.*, Principles of Financial Regulation, 2016, S. 95 und S. 565 f.

Durch konkurrierenden Jurisdiktionen wird zudem die Effizienz der Bankenregulierung aufgrund von Zuständigkeitskonflikten in Frage gestellt.[57] Im Rahmen einer Abwicklung ist ein Gesamtzugriff auf ein Institut, insbesondere auf das Vermögen, unter Einbezug aller Töchter und Niederlassungen zur gleichen Zeit international kaum durchsetzbar, was jedoch notwendig wäre, da Institute zunehmend nach Tätigkeitsbereichen organisiert sind und auf ein zentralisiertes Liquiditätsmanagement zurückgreifen.[58] Die relevanten Bereiche, auf welche die nationalen Abwicklungsbehörden zugreifen müssten, sind ihnen in der Regel entzogen.[59]

Blickt man abschließend auf den Aspekt der drohenden negativen Externalitäten, ist grundsätzlich festzustellen, dass die Rettungsverantwortung und damit auch die Finanzierungsverantwortlichkeit für niedergelassene systemrelevante Institute ebenfalls auf nationalstaatlicher Ebene liegt.[60] Hieraus resultieren im Wesentlichen zwei Anreize für die nationalen (Aufnahme-)Staaten: Erstens wird vermutet, dass Risiken in fremden Rechtsordnungen zu verorten sind und auch dort finanziert werden sollten. Zweitens wird versucht, die eigenen Kosten möglichst gering zu halten und bei Krisenresolutionen von den Aufwendungen anderer Staaten zu profitieren.[61]

Speziell politische Entscheidungsträger haben kein Interesse daran, Steuerzahler oder nationale Anteilseigner und Gläubiger für angeblich in fremden Jurisdiktionen begründete Risiken haften zu lassen.[62] Konsequenz ist einerseits das späte Eingreifen in der Hoffnung, negative Folgen einer Insolvenz mögen einen „anderen“ treffen (*regulatory forbearance*)[63] sowie andererseits im Krisenfall ein Wettlauf um die jeweiligen Vermögenswerte zur Befriedigung der national ansässigen Gläubiger (*regulator's run on the bank*) oder der Versuch,

---

57 Vgl. *Grieser/Mecklenburg-Guzmán/Schenk*, in: Grieser/Heemann (Hrsg.), Europäisches Bankaufsichtsrecht, 2016, S. 969; *Kohtamäki*, Die Reform der Bankenaufsicht in der Europäischen Union, 2012, S. 28.

58 *Hellwig*, Stellungnahme für den Finanzausschuss des Deutschen Bundestags zum Entwurf eines Gesetzes zur Umsetzung der Richtlinie 2014/59/EU des Europäischen Parlaments und des Rates vom 15. Mai 2014 zur Festlegung eines Rahmens für die Sanierung und Abwicklung von Kreditinstituten und Wertpapierfirmen (BRRD-Umsetzungsgesetz), 2014, S. 3; *Winter*, ZfgK 2013, S. 248.

59 Vgl. *Poelzig*, ZBB 2012, S. 414.

60 Vgl. *Kane*, in: Berger/Molyneux/Wilson (Hrsg.), The Oxford Handbook of Banking, 2014, S. 505 ff.

61 Vgl. *Armour/Awrey/Davies u.a.*, Principles of Financial Regulation, 2016, S. 95 f.

62 *Pflock*, Europäische Bankenregulierung und das „Too big to fail-Dilemma“, 2014, S. 55.

63 Vgl. *Armour/Awrey/Davies u.a.*, Principles of Financial Regulation, 2016, S. 563 ff.

nationale Teile der Institute zu erhalten (*home bias*), während der Gesamtwert vernachlässigt wird.[64]

Nationale Rechtsordnungen und Behörden reagieren bereits im Vorfeld misstrauisch und installieren Abschirmmechanismen (*ring-fencing*)[65], beispielsweise durch Regelungen zur Bindung von Vermögenswerten im Krisenfall oder besonderen Anforderungen an die Kapitalisierung der innerhalb der Jurisdiktion tätigen Töchter oder Niederlassungen, was einer effizienten Krisenresolution unter Allokationsgesichtspunkten jedoch abträglich ist und die Widerstandskraft des internationalen Finanzsystems verringert.[66] Die grundsätzlich erstrebte Kostenexternalisierung auf andere Staaten ist in der Regel ohnehin nur ein kurzfristige; im Zuge des Zusammenbruchs systemrelevanter Institute drohen negative Rückkopplungseffekte, die auch den kurzfristigen Profiteur langfristig treffen.[67]

Als Fazit ist festzuhalten, dass sich die Existenz systemrelevanter global tätiger Institute und der Grundsatz nationaler Bankenregulierung nicht mit dem Ziel der Stabilität des Finanzsystems in Übereinstimmung bringen lassen, weshalb eine Regulierungslösung auf internationaler- oder supranationaler Ebene zu suchen ist, indem dort rechtliche Zugriffsmöglichkeiten geschaffen werden.[68]

---

64 Vgl. *Gros/Schoenmaker*, Journal of Common Market Studies 2014, S. 529 f. und S. 532 f.; *Manger-Nestler*, in: Blanke/Pilz (Hrsg.), Die „Fiskalunion", 2014, S. 304.

65 Vgl. *Schillig*, in: Haentjens/Wessels (Hrsg.), Research Handbook on Crisis Management in the Banking Sector, 2015, S. 81.

66 2012 verbot beispielsweise die deutsche Bankenaufsicht der UniCredit Bank AG (HVB), dem italienischen Mutterunternehmen UniCredit S.p.A. liquide Mittel zur Verfügung zu stellen, vgl. *Hellwig*, Stellungnahme für den Finanzausschuss des Deutschen Bundestags zum Entwurf eines Gesetzes zur Umsetzung der Richtlinie 2014/59/EU des Europäischen Parlaments und des Rates vom 15. Mai 2014 zur Festlegung eines Rahmens für die Sanierung und Abwicklung von Kreditinstituten und Wertpapierfirmen (BRRD-Umsetzungsgesetz), 2014, S. 4.

67 *Pflock*, Europäische Bankenregulierung und das „Too big to fail-Dilemma", 2014, S. 56 mit dem Verweis auf das „Paradebeispiel des internationalen Kooperationsversagens im Fall Lehmann Brothers" sowie das Auseinanderbrechen der Fortis Bankenggruppe und den isländischen Banken, welche den angesprochenen Rückkopplungseffekt zeitigten.

68 Vgl. *Schoenmaker*, Economic Letters 2011, S. 58 f.; *Espinosa-Vega/Kahn/Matta/Solé*, IMF Working Paper (193) 2011, S. 3.

## 2. Unwahrscheinlichkeit internationaler Lösungen

Dem Bedürfnis nach stärkerer internationaler Kooperation und Harmonisierung stehen zwei wesentliche Hürden gegenüber.[69] Zunächst ließe sich auf Foren wie beispielsweise den G-20-Verhandlungen oder dem Basler Ausschuss durchaus über internationale Lösungen diskutieren; die Möglichkeit der gemeinsamen Regelsetzung ist dabei jedoch beschränkt auf nicht zwingendes Recht.[70] Hoffnungen auf eine multinationale Lastenausgleichsvereinbarung steht zudem entgegen, dass eine flächendeckende politische Bereitschaft, derartige Maßnahmen durchzusetzen, (nahezu) ausgeschlossen ist.[71]

Speziell hinsichtlich der ersteren Bedenken erscheinen die Basel II- und Basel III-Regeln symptomatisch. Bevor überhaupt die Frage nach einer verbindlichen Normdurchsetzung diskutiert werden kann, mangelt es in Schlüsselnationen wie den USA bereits an der konsequenten Umsetzung in nationales Recht.[72]

Lässt man diese Bedenken außer Betracht, bleibt weiterhin fraglich, welche Kontrollinstitution einen Überblick über grenzüberschreitende Risiken haben soll. Auf den IMF scheint dies, gerade im Rückblick auf die Bankenkrise, nicht zuzutreffen.[73]

Auch im Rahmen bilateraler Abkommen stellen sich erhebliche Probleme. Weder können derartige Abkommen eine entsprechende Durchschlagskraft entfalten noch kann augenscheinlich das gegenseitige Misstrauen und somit eine fortbestehende Fragmentierung abgebaut werden.[74]

Anstelle einer stärkeren internationalen Kooperation und Harmonisierung ist derzeit vielmehr die gegenteilige Entwicklung zu konstatieren; unter einem

---

69 Vgl. *Classens/Herring/Schoenmaker*, A Safer World Financial System: Improving the Resolution of Systemic Institutions, S. 96 f.

70 *Alexander*, ZBB 2011, S. 339.

71 Vgl. *Pflock*, Europäische Bankenregulierung und das „Too big to fail-Dilemma", 2014, S. 57 m.w.N.

72 Vgl. *Alexander*, ZBB 2011, S. 341.

73 Vgl. The High-Level Group on Financial Supervision in the EU (de Larosiére Group), Report 2009, S. 11 Rn. 31, abrufbar unter https://ec.europa.eu/info/system/files/de_larosiere_report_en.pdf, zuletzt abgerufen am 30.01.2019.

74 *Classens/Herring/Schoenmaker*, A Safer World Financial System: Improving the Resolution of Systemic Institutions, S. 38 f.; *Kohtamäki*, Die Reform der Bankenaufsicht in der Europäischen Union, 2012, S. 81 ff.; im Rahmen der (ruhenden) TTIP-Verhandlungen zwischen Europa und den USA ist insbesondere der Bereich der Bankenregulierung von den Öffnungsgesprächen ausgenommen.

*„increased financial nationalism“*[75] kommt es zu einer Betonung des nationalen Regulierungsprimats.[76] Desillusioniert fasst das Schrifttum die derzeitige Lage der internationalen Regulation als „non-system“[77] oder als „Wunschdenken“[78] zusammen.[79] Bezeichnend ist insoweit auch, dass die Implementierung des Bail-in-Instruments in den Vereinigten Staaten und in Europa zwar zeitgleich, aber weitgehend unabhängig voneinander vorangetrieben wird. Selbst in der Literatur wird der Blick auf die andere Seite des Atlantiks oftmals vermieden.[80]

## 3. Europäische Lösung

Festzuhalten bleibt, dass nationale Lösungen nicht zielführend sind, internationale Lösungen jedoch höchst unwahrscheinlich bleiben. In den Fokus rückt daher die supranationale Regulierungsebene.

### *a. Normatives Regulierungsgebot*

Bereits der organisatorische Rahmen offenbart dabei zwei entscheidende Vorteile. Zum einen kann hier ein Rechtsrahmen gesetzt werden, der sowohl für die einzelnen Mitgliedstaaten, als auch für Private verbindliche Regelungen in Form von Verordnungen gem. Art. 288 Abs. 3 AEUV trifft. Zum anderen kann die stärkere demokratische Legitimation der Organe und Ausschüsse der EU zu einer erhöhten praktischen Akzeptanz des jeweiligen Rechtsrahmens führen.[81]

Darüber hinaus kann argumentiert werden, dass die Schaffung eines gemeinsamen Finanzbinnenmarktes, als elementarer Bestandteil des zu errichtenden europäischen Binnenmarktes (Art. 26 AEUV), ein normatives Gebot für die Umsetzung der grenzüberschreitenden Bankenregulierung enthält.[82]

---

75 *Classens/Herring/Schoenmaker*, A Safer World Financial System: Improving the Resolution of Systemic Institutions, S. 91.

76 Vgl. *Pflock*, Europäische Bankenregulierung und das „Too big to fail-Dilemma“, 2014, S. 61.

77 *Weber/Arner*, University of Pennsylvania Journal of International Law 2007, S. 427.

78 *Schmieszek*, in: Kempf/Lüderssen/Volk (Hrsg.), Ökonomie versus Recht im Finanzmarkt?, 2011, S. 189.

79 Vgl. *Binder*, in: Binder/Singh (Hrsg.), Bank Resolution, 2016, S. 27 Rn. 2.05; *Kotz*, ZBB 2012, S. 327.

80 *Goodhart/Avgouleas*, Journal of Financial Regulation 2015, S. 3 m.w.N.

81 Vgl. *Pflock*, Europäische Bankenregulierung und das „Too big to fail-Dilemma“, 2014, S. 62 ff.

82 Vgl. *Kohtamäki*, Die Reform der Bankenaufsicht in der Europäischen Union, 2012, S. 35.

Diesem Gebot ist ein gesetzgeberischer Auftrag zu entnehmen, von den vertraglichen Ermächtigungsgrundlagen Gebrauch zu machen, um die Grundlagen für einen einheitlichen Binnenmarkt zu schaffen und zu sichern.[83] Eine gemeinsame Bankenregulierung kann dabei als ein notwendiges Korrelat zu der Forderung nach einem gemeinsamen Finanzbinnenmarkt gesehen werden, welcher die dargelegten grenzüberschreitenden Systemrisiken schafft.[84] Ein Zugewinn an Integration ist ohne die gleichzeitige Zunahme an systemischen Risiken nicht zu erreichen.[85] Dass dabei Beeinträchtigungen vermieden werden müssen, ist nichts anderes als ein Ausdruck des europarechtlichen Vorsorgeprinzips.[86]

Weiterhin sind durch die EU einheitliche Wettbewerbsstandards, mithin ein „*level playing field*" zu sichern.[87] Im regulierungsrechtlichen Kontext zeigen sich dahingehend zwei negative Konsequenzen hinsichtlich verschiedener Rettungswahrscheinlichkeiten von Instituten durch staatliche Bail-outs.[88] Zum einen erhalten Institute, deren Heimatstaaten mit höherer Wahrscheinlichkeit gewillt oder in der Lage sind, einen Bail-out durchzuführen, die Möglichkeit einer verbilligten Refinanzierung, was speziell die bereits mit heimischen Staatspapieren belasteten südeuropäischen Banken benachteiligt.[89] Auf der anderen Seite hat ein funktionierender Abwicklungsmechanismus im Heimatstaat die bizarre Folge, dass Institute in Staaten ohne einen solchen bevorteilt werden, da dort a priori keine Alternative zur staatlichen Rettung besteht.[90]

Zur Eindämmung dieses Problems helfen auch die europarechtlichen Beihilferegelungen nicht.[91] Faktisch stellen staatliche Bail-outs zwar ohne Zweifel wettbewerbsverzerrende Beihilfen im Sinn des Art. 107 AEUV dar, allerdings schaffen politische Unwägbarkeiten, speziell die mögliche Verlagerung negativer Folgen auf künftige Regierungen, in Verbindung mit den möglichen

---

83 *Pflock*, Europäische Bankenregulierung und das „Too big to fail-Dilemma", 2014, S. 63.

84 Europäische Kommission, KOM(2012) 510 endgültig, S. 2; *Gros/Schoenmaker*, Journal of Common Market Studies 2014, S. 529; prägnant F.A.Z. vom 18.8.2016, S. 6, wonach es darum gehen muss, „…europäische Probleme auch europäisch zu lösen."

85 Europäische Kommission, KOM(2012) 280 endgültig, S. 2.

86 *Pflock*, Europäische Bankenregulierung und das „Too big to fail-Dilemma", 2014, S. 65.

87 *Schäfer/Rolker*, in: Grieser/Heemann (Hrsg.), Bankenaufsicht nach der Finanzmarktkrise, 2011, S. 8 ff.

88 Vgl. *Gros/Schoenmaker*, Journal of Common Market Studies 2014, S. 530.

89 *Schäfer/Rolker*, in: Grieser/Heemann (Hrsg.), Bankenaufsicht nach der Finanzmarktkrise, 2011, S. 20; *Kleinow*, Systemrelevante Finanzinstitute, 2016, S. 197.

90 *Pflock*, Europäische Bankenregulierung und das „Too big to fail-Dilemma", 2014, S. 66.

91 *Grieser/Mecklenburg-Guzmán/Schenk*, in: Grieser/Heemann (Hrsg.), Europäisches Bankaufsichtsrecht, 2016, S. 970.

Ausnahmetatbeständen, vor allem Art. 107 Abs. 3 lit. b) AEUV, leichte Umgehungsvarianten.[92]

### b. *Schaffung der Europäischen Bankenunion*

#### aa. *Konzeptionelle Entwicklung*

Während die Währungsunion von ersten Initiativen bis zu ihrer Einführung mehrere Jahrzehnte in Anspruch nahm[93], erfüllte der europäische Gesetzgeber das Regulierungsgebot in Form der sog. „Europäischen Bankenunion" im Wesentlichen in zwei Jahren.[94] Die Banken- und Finanzkrise wirkte dahingehend als Anstoß zum Aufbruch nationaler Beharrungstendenzen und zur Verwirklichung einer europäischen Regulierungslösung.[95] *Grundmann* spricht diesbezüglich vom „größten ordnungspolitischen Regelpaket der unmittelbaren Gegenwart".[96]

Nach ersten Schritten im Sommer 2012[97] konkretisierte die Kommission am 12. September 2012 zunächst die Ziele für einen „einheitlichen

92 Vgl. Europäische Kommission, Die Anwendung der Vorschriften für staatliche Beihilfen ab dem 1. August 2013 auf Maßnahmen zur Stützung von Banken im Kontext der Finanzkrise („Bankenmitteilung"), 2013/C 216/01, ABl. Nr. C 216, S. 1, wobei in allen wesentlichen Fällen, aufgrund des politischen Handlungsbedarfs, Genehmigungen nach Art. 107 Abs. 3 lit. b) AEUV erteilt wurden.

93 Vgl. Report on Economic and Monetary Union in the European Community (Delors Report), 1989, S. 7 Ziff. 1 ff., abrufbar unter aei.pitt.edu/1007/1/monetary_delors.pdf, zuletzt abgerufen am 30.01.2019.

94 Vgl. die Übersicht der Europäischen Kommission: Banking Union: Restoring Financial Stability in the Eurozone, 24. November 2015, unter http://europa.eu/rapid/press-release_MEMO-15-6164_de.htm?locale=en, zuletzt abgerufen am 30.01.2019; vgl. auch *Grundmann*, ZHR 2015, S. 566; zur ungeklärten Herkunft des Terminus „Bankenunion" vgl. *Binder*, in *Binder/Gortsos* (Hrsg.), The European Banking Union, 2016, S. 2; *Binder*, ZBB 2013, S. 298.

95 *Angeloni/Lenihan*, in: Faia/Hackethal/Haliassos u.a. (Hrsg.), Financial Regulation, 2015, S. 89; *Pflock*, Europäische Bankenregulierung und das „Too big to fail-Dilemma", 2014, S. 57; mit Blick auf eine weitergehende Harmonisierung vor der Banken- und Finanzkrise noch skeptisch *Binder*, Bankeninsolvenzen im Spannungsfeld zwischen Bankaufsichts- und Insolvenzrecht, 2005, S. 710 f.

96 *Grundmann*, ZHR 2015, S. 566; vgl. auch *Haag*, ZVglRWiss 2014, S. 495, der in der Europäischen Bankenunion einen möglichen „Meilenstein bei der Schaffung eines originär europäischen Rechts- und Verwaltungssystems" sieht.

97 Vorschläge des Präsidenten des Europäischen Rates, *van Rompuy*, Towards a Genuine Economic and Monetary Union, 26.6.2012, EUCO 120/12, Presse 296, PR PCE 102;

Aufsichtsmechanismus".[98] Zeitgleich formulierte sie den „Fahrplan" für die Europäische Bankenunion mit Richtlinienvorschlägen für ein „einheitliches Regelwerk" (*single rule book*)[99] sowie den darauf aufbauenden, vollharmonisierenden „Säulen" für die Eurostaaten, die neben dem einheitlichen Aufsichtsmechanismus einen einheitlichen Abwicklungsmechanismus sowie eine Absicherung von Kundeneinlagen vorsahen.[100]

Nach aktuellem Stand wurden im Rahmen des einheitlichen Regelwerks das CRD IV-Paket, bestehend aus CRD IV-RL[101] sowie der CRR-VO[102], die DGSD-RL[103] sowie die BRRD-RL[104] verabschiedet.

---

vgl. auch *Goddard/Molyneux/Wilson*, in: Berger/Molyneux/Wilson (Hrsg.), The Oxford Handbook of Banking, 2014, S. 864; *Binder*, ZBB 2013, S. 299 m.w.N.

98 Europäische Kommission, Vorschlag für eine Verordnung des Rates zur Übertragung besonderer Aufgaben im Zusammenhang mit der Aufsicht über Kreditinstitute auf die Europäische Zentralbank v. 12.9.2012, KOM(2012) 511 endgültig.

99 Europäische Kommission, Mitteilung der Kommission an das europäische Parlament und den Rat, Fahrplan für eine Bankenunion v. 12.9.2012, KOM(2012) 510 endgültig, S. 3 f.; vgl. *Ohler*, EuR – Beiheft 2 – 2016, S. 28 ff.

100 Europäische Kommission, Mitteilung der Kommission an das europäische Parlament und den Rat, Fahrplan für eine Bankenunion v. 12.9.2012, KOM(2012) 510 endgültig, S. 6 ff.; vgl. *Kemper*, Die Europäische Bankenunion und die Sparkassen, 2017, S. 20 ff.

101 Richtlinie 2013/36/EU des Europäischen Parlaments und des Rates vom 26. Juni 2013 über den Zugang zur Tätigkeit von Kreditinstituten und die Beaufsichtigung von Kreditinstituten und Wertpapierfirmen, zur Änderung der Richtlinie 2002/87/EG und zur Aufhebung der Richtlinie 2006/48/EG und 2006/49/EG (*Capital Requirements Directive*, CRD-IV-RL).

102 Verordnung (EU) Nr. 575/2013 des Europäischen Parlaments und des Rates vom 26. Juni 2013 über Aufsichtsanforderungen an Kreditinstitute und Wertpapierfirmen und zur Änderung der Verordnung (EU) Nr. 646/2012 (*Capital Requirements Regulation*, CRR-VO).

103 Richtlinie 2014/49/EU des Europäischen Parlaments und des Rates vom 16. April 2014 über Einlagensicherungssysteme (*Deposit Guarantee Schemes Directive*, DGSD-RL).

104 Richtlinie 2014/59/EU des Europäischen Parlaments und des Rates vom 15. Mai 2014 zur Festlegung eines Rahmens für die Sanierung und Abwicklung von Kreditinstituten und Wertpapierfirmen und zur Änderung der Richtlinie 82/891/EWG des Rates, der Richtlinien 2001/24/EG, 2002/47/EG, 2004/25/EG, 2005/56/EG, 2007/36/EG, 2011/35/EU, 2012/30/EU und 2013/36/EU sowie der Verordnungen (EU) Nr. 1093/2010 und (EU) Nr. 648/2012 des Europäischen Parlaments und des Rates (*Bank Recovery and Resolution Directive*, BRRD-RL).

Die „Säulen“ der Bankenunion stellen bis dato die SSM-VO[105] sowie die SRM-VO[106] dar, wohingegen die Vorschläge zum Aufbau eines europäischen Einlagensicherungssystems bis 2024 aufgrund erheblicher Bedenken hinsichtlich der Haftungsvergemeinschaftung noch keine Mehrheit finden.[107]

### *bb. Normativer Rahmen*

Zur systematischen Darstellung des normativen Rahmens ist, aufgrund des unterschiedlichen räumlichen Anwendungsbereichs, zu differenzieren zwischen dem einheitlichen Regelwerk sowie den „Säulen“ der Bankenunion.[108]

#### (1) Single Rule Book

Das CRD IV-Paket setzt im Wesentlichen Vorgaben von Basel III auf europäischer Ebene zur weiteren Anhebung der Mindestausstattung mit Eigenkapital um und markiert den Abschluss der „ersten“ Reformwelle der europäischen Bankenregulierung seit 2011.[109]

---

105 Verordnung (EU) Nr. 1024/2013 des Rates vom 15. Oktober 2013 zur Übertragung besonderer Aufgaben im Zusammenhang mit der Aufsicht über Kreditinstitute auf die Europäische Zentralbank (*Single Supervisory Mechanism*, SSM-VO).

106 Verordnung (EU) Nr. 806/2014 des Europäischen Parlaments und des Rates vom 15. Juli 2014 zur Festlegung einheitlicher Vorschriften und eines einheitlichen Verfahrens für die Abwicklung von Kreditinstituten und bestimmten Wertpapierfirmen im Rahmen eines einheitlichen Abwicklungsmechanismus und eines einheitlichen Abwicklungsfonds sowie zur Änderung der Verordnung (EU) Nr. 1093/2010 (*Single Resolution Mechanism*, SRM-VO).

107 Vgl. Europäische Kommission, Die Wirtschafts- und Währungsunion Europas vollenden, vorgelegt von Jean Claude Junker in enger Zusammenarbeit mit Donald Tusk, Jeroen Dijsselbloem, Mario Draghi und Martin Schulz, Brüssel, 22. Juni 2015, abrufbar unter https://www.ecb.europa.eu/pub/pdf/other/5presidentsreport.de.pdf, zuletzt abgerufen am 30.01.2019; Europäische Kommission, Vorschlag für eine Verordnung zur Änderung der Verordnung (EU) Nr. 806/2014 im Hinblick auf die Schaffung eines europäischen Einlagenversicherungssystems v. 24.11.2015, KOM(2015) 586 endgültig; vgl. auch *Schäuble*, FAZ v. 25.1.2016, S. 6; *Ferran*, European Banking Union: Imperfect, But It Can Work, 2014, S. 3; zweifelnd *Gordon/Ringe*, Columbia Law Review 2015, S. 1309 f.; detailliert zum Vorschlag *Herdegen*, WM 2016, S. 1857 ff.; *ders.*, WM 2016, S. 1905 ff.

108 Vgl. *Grundmann*, ZHR 2015, S. 566; *Armour/Awrey/Davies u.a.*, Principles of Financial Regulation, 2016, S. 543 f.; zum Opt-in-Modell für Mitgliedstaaten außerhalb der Währungsunion vgl. Art. 7 SSM-VO.

109 *Grundmann*, ZHR 2015, S. 566.

Mit einer „zweiten" Reformwelle seit Oktober 2013 folgten dann u.a. die DGSD-RL sowie die BRRD-RL als originäre Schritte der Europäischen Union. Insgesamt wurde die Bankenregulierung mit einheitlichen Regelungen und verwaltungsmäßiger Durchsetzung auf die europäische Ebene gehoben, was im Übrigen nur noch auf das Teilgebiet des Wettbewerbsrechts zutrifft.[110]

Die Rahmenrichtlinien stellen, ergänzt durch technische Regulierungs- und Durchführungsstandards der Kommission sowie Leitlinien der EBA, das wesentliche, unionsweit gültige Fundament für die Bankenunion dar.[111]

### (2) Säulen der Bankenunion

Hinsichtlich der Bankenaufsicht und -abwicklung sowie der geplanten Einlagensicherung ist jedoch ein über die Mindestharmonisierung hinausgehender Vereinheitlichungsgrad angestrebt.[112] Die drei Säulen der Bankenunion betreffen dabei (i) die laufende Aufsicht (SSM), (ii) die Abwicklung (SRM) und (iii) die Einlagensicherung.

#### (a) Einheitlicher Aufsichtsmechanismus

Den ersten Schritt stellt der einheitliche Aufsichtsmechanismus vom 15. Oktober 2013 dar, im Zuge dessen die EZB seit dem 4. November 2014[113] die Aufsicht über 127 systemrelevante Kreditinstitute der Eurozone übernimmt.[114] Für alle weiteren Kreditinstitute trägt die EZB die Gesamtverantwortung in Form einer

---

110 *Grundmann*, ZHR 2015, S. 566.

111 Vgl. *Ibd.*, S. 564.

112 Vgl. *Armour/Awrey/Davies u.a.*, Principles of Financial Regulation, 2016, S. 543.

113 Vgl. Art. 33 der SSM-VO.

114 Vgl. Art. 4 Abs. 1 und Art. 6 SSM-VO; für eine Beaufsichtigung durch die EZB muss demnach eine der folgenden Bedingungen erfüllt sein: (i) Gesamtwert der Aktiva über 30 Mrd. EUR; (ii) das Verhältnis der gesamten Aktiva zum BIP des teilnehmenden Mitgliedstaats der Niederlassung übersteigt 20 %, es sei denn, der Gesamtwert der Aktiva liegt unter 5 Mrd. EUR oder (iii) auf Anzeige einer national zuständigen Behörde, wobei die EZB einen bestätigenden Beschluss treffen muss, vgl. *Oebbecke*, ZBB 2016, S. 337; *Ceyssens*, NJW 2013, S. 3707 f.; vgl. auch *Goddard/Molyneux/Wilson*, in: Berger/Molyneux/Wilson (Hrsg.), The Oxford Handbook of Banking, 2014, S. 864; hinzu kommen die drei größten Institute des Sitzlandes sowie Institute, die durch den ESM finanziell unterstützt werden; auch bei national beaufsichtigten Instituten kann die EZB die Aufsicht an sich ziehen, wenn dies für die Anwendung einheitlicher Aufsichtsstandards erforderlich ist (SSM-Rahmenverordnung EZB/2014/17, ABl. L 141 vom 14.5.2014, S. 51), vgl. *Haag*, ZVglRWiss 2014, S. 490; eine Liste der überwachten Institute ist abrufbar unter https://www.bankingsupervision.europa.eu/ecb/pub/pdf/intro_list_sse_201611.en.pdf, zuletzt abgerufen am 30.01.2019; mit einer Auflistung

Leitkompetenz; im Übrigen bleiben die nationalen Behörden zuständig.[115] Flankiert wird die SSM-VO zusätzlich durch die „Geschäftsordnung" der EZB als Bankaufsichtsbehörde und die Regelung der Zusammenarbeit mit der European Banking Authority.[116]

(b) Einheitlicher Abwicklungsmechanismus
In weiten Teilen wortgleich mit der nunmehr ergänzend wirkenden BRRD-RL folgte am 12. Juli 2014 die Verordnung zu einem einheitlichen Abwicklungsmechanismus, welche am 1. Januar 2016 vollständig in Kraft getreten ist.[117]

Vor der Verabschiedung dieser Rechtsakte existierte kein harmonisiertes Regime der Bankenabwicklung.[118] Für die Aufgaben der SRM-VO wurde speziell das Single Resolution Board als EU-Agentur mit Sitz in Brüssel gegründet, welches korrespondierend mit der Aufsichtstätigkeit der EZB für Abwicklungspläne und -entschlüsse für systemrelevante Institute sowie grenzüberschreitende Gruppen zuständig ist, während im Übrigen grundsätzlich die nationalen Abwicklungsbehörden zuständig bleiben.[119]

Angegliedert an das SRB ist der, ebenfalls neu geschaffene und durch die Europäische Bankenabgabe finanzierte, Single Resolution Fund, welcher im Rahmen der Abwicklungsfinanzierung die effektive Anwendung der Abwicklungsinstrumente sicherstellen soll.[120]

(c) Europäisches Einlagensicherungssystem
Die dritte Säule der Bankenunion, ein europäisches Einlagensicherungssystem, scheiterte indes vorerst an den Bedenken hinsichtlich einer Haftungsvergemeinschaftung. Bis auf Weiteres werden Einlagen somit auf Basis der DGSD-RL geschützt.[121] Kernstruktur der jetzigen Regelung ist eine Absicherung durch nationale Einlagensicherungsfonds, die Einlagen von Verbrauchern und KMU

der global systemrelevanten Institute *Herring/Carmassi*, in: Berger/Molyneux/Wilson (Hrsg.), The Oxford Handbook of Banking, 2014, S. 81 f.

115 *Grundmann*, ZHR 2015, S. 569; *Krahnen/Moretti*, in: Faia/Hackethal/Haliassos u.a. (Hrsg.), Financial Regulation, 2015, S. 132 f.

116 *Ibd.*; ausfl. zur SSM-VO *Kemper*, Die Europäische Bankenunion und die Sparkassen, 2017, S. 22 ff.

117 Vgl. Art. 99 Abs. 2 SRM-VO.

118 *Grundmann*, ZHR 2015, S. 570.

119 Vgl. Art. 7 Abs. 2, 3 SRM-VO; „Abwicklungsbehörde" meint im Folgenden das SRB, soweit nicht explizit die nationale Abwicklungsbehörde bezeichnet wird.

120 Vgl. Art. 76 Abs. 1 SRM-VO.

121 Vgl. Kap. B. Fn. 103.

bis zu einer Höhe von 100.000 Euro während einer Institutsinsolvenz schützt bzw. bis zu dieser Summe eine Heranziehung in einem möglichen Bail-in nach der SRM-VO ausschließt.[122]

Demgegenüber sieht der Vorschlag der Kommission eine Vollendung der Bankenunion durch ein europäisches Einlagensicherungssystem nach der Struktur der SSM- und SRM-VO vor.[123] Bis zum 3. Juli 2024 soll schrittweise ein europäischer Einlagensicherungsfonds in drei Phasen aufgebaut werden, um den verschiedenen Finanzierungsniveaus in den nationalen Systemen sowie Moral Hazard-Problemen im Rahmen der Haftungsvergemeinschaftung Rechnung zu tragen.[124]

Von einem Rückversicherungsmechanismus über ein Mitversicherungssystem soll sich ein vollständiges Versicherungssystem entwickeln.[125] Der räumliche Anwendungsbereich orientiert sich dabei an der SSM- sowie SRM-VO: Die Teilnahme soll für die Eurostaaten verpflichtend sein und darüber hinaus allen Mitgliedstaaten in einem Opt-in-Modell offenstehen.

Verwaltet werden soll der Einlagensicherungsfonds durch das SRB in Zusammenarbeit mit den teilnehmenden Einlagensicherungssystemen.[126] Die Finanzierung des Fonds soll durch Beiträge, welche die Institute direkt an den Ausschuss zu entrichten haben, erfolgen.[127] Letztlich würde mit diesem Schritt die dritte Säule der Bankenunion verwirklicht, indem auch die Einlagensicherung eine europäische Verwaltungs- und Fondstruktur erhält.

## III. Zusammenfassung

Aufgezeigt werden konnte, dass ein Sonderinsolvenzrecht für systemrelevante Institute eine Lösung bietet, um reflexartige Bail-out-Entscheidungen politischer Entscheidungsträger mangels passendem Insolvenzrecht zu vermeiden. Ein derartiges Abwicklungsregime soll dabei die Bewältigung einer Krisensituation

---

122 *Grundmann*, ZHR 2015, S. 571.

123 Zu einem alternativen Vorschlag vgl. *Gros/Schoenmaker*, Journal of Common Market Studies 2014, S. 536 ff.

124 Europäische Kommission, Vorschlag der Kommission für eine Verordnung zur Änderung der Verordnung (EU) Nr. 806/2014 im Hinblick auf die Schaffung eines europäischen Einlagenversicherungssystems v. 24.11.2015, S. 3 (Kap. B. Fn. 107).

125 *Ibd.*, Art. 2 Abs. 2.

126 Europäische Kommission, Vorschlag der Kommission für eine Verordnung zur Änderung der Verordnung (EU) Nr. 806/2014 im Hinblick auf die Schaffung eines europäischen Einlagenversicherungssystems v. 24.11.2015, S. 15 ff. (Kap. B. Fn. 107).

127 *Ibd.*, Art. 74a Abs. 1.

eines systemrelevanten Instituts ermöglichen, mithin dessen kritische Funktionen erhalten, ohne zwingend auf öffentliche Mittel zurückgreifen zu müssen.

Mit Blick auf das zentrale Merkmal der „Systemrelevanz" und dessen nicht unproblematische Definition muss zur Aufrechterhaltung der Stabilität des Finanzsystems potenziell jedes Institut abgewickelt werden können, weshalb auf Tatbestandsebene von einem weiten Begriff der Systemrelevanz auszugehen ist.

Ein wesentliches Element zur Sicherstellung der Abwicklungsfinanzierung kann dabei eine Abgabenerhebung im Bereich der Kreditwirtschaft sein, wobei in Anknüpfung an die jeweilige systemische Relevanz der Institute zeitgleich lenkend negative Externalitäten internalisiert werden können, um der übergeordneten Zielsetzung einer anreizorientierten Reduzierung des systemischen Risikos im Bankensektor Rechnung zu tragen.

Während die Verwirklichung einer derartigen Regulierungslösung auf nationaler Ebene angesichts globaler Finanzmärkte zu verwerfen ist, scheitert eine internationale Lösung sowohl an der fehlenden Möglichkeit zwingender Rechtsetzung als auch an der politischen Bereitschaft; Betonung findet gegenteilig der nationale Regulierungsprimat.

Die sich anbietende supranationale Regulierungslösung kann demgegenüber, in Anbetracht eines einheitlichen europäischen Finanzbinnenmarktes, als zwingendes Korrelat zur Sicherung einheitlicher Wettbewerbsbedingungen verstanden werden.

Unter dem Einfluss der Banken- und Finanzkrise erfüllte der europäische Gesetzgeber dieses Regulierungsgebot in Form der Europäischen Bankenunion; eine bis dato zeitlich einzigartig komprimierte legislative Anstrengung. Unionsweit geltende Regeln zur Eigenkapitalausstattung von Instituten sowie ihrer Abwicklung und Sanierung bilden mit einer harmonisierten Einlagensicherung das grundlegende einheitliche Regelwerk, während in Form einer einheitlichen Aufsicht und eines einheitlichen Abwicklungsmechanismus eine vertiefte Harmonisierung für die Eurozone verwirklicht wurde.

Letzterer greift die formulierten Anforderungen an eine Regulierungslösung zur Bewältigung eine Krisensituation eines systemrelevanten Instituts auf; insbesondere wird ein, über die Europäische Bankenabgabe finanzierte, einheitliche Abwicklungsfonds normiert, um eine effektive Abwicklungsfinanzierung sicherzustellen.

Final noch nicht absehbar ist die Verwirklichung der dritten Säule der Europäischen Bankenunion, die einheitliche Einlagensicherung, die aufgrund des sensiblen Themas der Haftungsvergemeinschaftung vorerst keine Zustimmung der Mitgliedstaaten fand.

# C. Abwicklung und Abwicklungsfinanzierung im Rahmen der SRM-VO

Nach Darlegung der Regulierungsnotwendigkeit auf Ebene der EU und des normativen Rahmens der Europäischen Bankenunion, soll in diesem Abschnitt die Untersuchung auf die SRM-VO fokussiert werden.[1] Im Vorfeld der Untersuchung der Abwicklungsfinanzierung durch den SRF sowie dessen Finanzierung durch die Europäische Bankenabgabe sollen zunächst die grundsätzlich möglichen Abwicklungsmaßnahmen nach der SRM-VO, mithin der „Werkzeugkasten“[2], unter kritischer Würdigung des neuen Instruments des Bail-in, dargelegt und aufgearbeitet werden.

## I. Regulierungsziele

„Abwicklung“ im Sinne der SRM-VO darf nicht gleichverstanden werden mit einer vollständigen Liquidation.[3] Tatsächlich normiert die SRM-VO ein „Sonderinsolvenzrecht“[4] für die in ihren Anwendungsbereich fallenden Unternehmen.[5] Unter Anwendung der in Art. 22 Abs. 2 SRM-VO genannten Abwicklungsinstrumente ist es übergeordnetes Ziel, eine „Systemgefährdung“ zu verhindern, mithin Gefährdungen für das Finanzsystem als Ganzes abzuwehren.[6]

---

1 Die Umsetzung der BRRD durch nationale Parlamente sowie die Umsetzung von Abwicklungsentscheidungen des SRB durch die nationalen Abwicklungsbehörden (Art. 29 SRM-VO) muss hier, um den Rahmen der Arbeit nicht zu sprengen, ausgeklammert werden, vgl. dazu *Thole*, ZBB 2016, S. 61 ff.

2 Vgl. *Grundmann*, in: Canaris/Habersack/Schäfer (Hrsg.), Staub HGB, 2016, S. 93 Rn. 87.

3 Arg. e. Art. 18 Abs. 8 SRM-VO, vgl. *Kämmerer*, WM 2016, S. 1 ff., S. 9; *Binder*, in: Binder/Singh (Hrsg.), Bank Resolution, 2016, S. 38 Rn. 2.23; *Schelo*, Bank Recovery and Resolution, 2015, S. 79; *Gordon/Ringe*, Columbia Law Review 2015, S. 1313.

4 Vgl. *Grundmann*, in: Canaris/Habersack/Schäfer (Hrsg.), Staub HGB, 2016, S. 92 Rn. 86; *Ferran*, European Banking Union: Imperfect, But It Can Work, 2014, S. 11; *Eidenmüller*, in: FS Hopt, Band 2, 2010, S. 1715.

5 Vgl. Art. 2 SRM-VO; die Systemrelevanz spielt für die Anwendbarkeit der SRM-VO, im Gegensatz zur Zuständigkeit für Abwicklungspläne und -beschlüsse (Art. 7 Abs. 2 SRM-VO), keine Rolle, vgl. *Busch*, in: Busch/Ferrarini (Hrsg.), European Banking Union, 2015, S. 285 Rn. 9.08.

6 Vgl. Art. 10 Abs. 5 und 18 Abs. 6 lit. b) SRM-VO; Erwägungsgrund [47] und [73] SRM-VO; *Schillig*, in: Haentjens/Wessels (Hrsg.), Research Handbook on Crisis Management in the Banking Sector, 2015, S. 86.

Oberstes Gebot der Abwicklungsziele im engeren Sinn ist daher die Sicherstellung der Kontinuität der kritischen Funktionen des jeweiligen Unternehmens, um negative Auswirkungen auf die Finanzstabilität zu verhindern[7], indem die als systemrelevant identifizierten Teile eines Unternehmens erhalten bleiben.[8]

Angesichts der vergangenen Banken- und Finanzkrise soll dies jedoch, soweit möglich, ohne außerordentliche finanzielle Unterstützung aus öffentlichen Mitteln erfolgen[9]; diese sollen im Rahmen der Abwicklung nur als ultima ratio herangezogen werden.[10]

Kein Ziel der Abwicklung ist es hingegen, die Bestandsgefährdung zu beseitigen.[11] Mit anderen Worten: Die Kontinuität des Unternehmens ist, mit Ausnahme seiner systemrelevanten Teile, irrelevant.[12] Dessen Schicksal steht und fällt mit der Verwirklichung der Abwicklungsziele.[13]

Komplementär ist es Auftrag des SRF, Abwicklungsmaßnahmen insoweit zu finanzieren, als es für deren wirksame Anwendung erforderlich ist und den in Art. 14 und 15 SRM-VO genannten Abwicklungszielen und -grundsätzen dient.[14]

---

7 Vgl. Art. 14 Abs. 2 lit. a) und b) SRM-VO.

8 Vgl. *Binder*, in: Binder/Singh (Hrsg.), Bank Resolution, 2016, S. 41 Rn. 2.28 ff.; *Geier*, in: Jahn/Geier/Schmitt (Hrsg.), Handbuch der Bankenrestrukturierung, 2016, S. 192 Rn. 146; *Chattopadhyay*, WM 2013, S. 410; *Dohrn*, WM 2012, S. 2035.

9 Vgl. Art. 14 Abs. 2 lit. c) SRM-VO.

10 Konkret spricht Art. 14 Abs. 2 lit. c) SRM-VO von einer „geringere(n) Inanspruchnahme", vgl. *Grundmann*, in: Canaris/Habersack/Schäfer (Hrsg.), Staub HGB, 2016, S. 93 Rn. 87; *Busch*, in: Busch/Ferrarini (Hrsg.), European Banking Union, 2015, S. 313 Rn. 9.76; krit. *Binder*, in: Binder/Singh (Hrsg.), Bank Resolution, 2016, S. 41 Rn. 2.34 ff.

11 Vgl. *Binder*, ZBB 2015, S. 155 und S. 162 f.; *Pflock*, Europäische Bankenregulierung und das „Too big to fail-Dilemma", 2014, S. 299 ff.

12 Der Abwicklung wohnen demnach Elemente der Sanierung als auch der Liquidation inne, soweit systemrelevante Teile erhalten, nicht systemrelevante Teile liquidiert werden sollen, vgl. *Weckler*, in: Jahn/Geier/Schmitt (Hrsg.), Handbuch der Bankenrestrukturierung, 2016, S. 3 Fn. 6.

13 Vgl. Art. 22 Abs. 4 S. 1 SRM-VO; *Thole*, ZBB 2016, S. 58; wenn die Kontinuität kritischer Funktionen durch eine Unternehmensveräußerung oder eine Übertragung auf ein Brückeninstitut sichergestellt wird, bleibt das nationale Insolvenzrecht für die verbleibende Rumpfgesellschaft anwendbar (Art. 22 Abs. 5 SRM-VO), vgl. *Schillig*, in: Haentjens/Wessels (Hrsg.), Research Handbook on Crisis Management in the Banking Sector, 2015, S. 85.

14 Vgl. Art. 67 Abs. 2 S. 1, Art. 76 Abs. 1 SRM-VO.

Über den SRF soll insbesondere eine einheitliche, von den Mitgliedstaaten unabhängige, Abwicklungsfinanzierung sichergestellt und eine divergierende, ineffiziente nationale Vorgehensweise verhindert werden.[15] Wettbewerbsverzerrungen dergestalt, dass sich Marktbedingungen nach dem Standort der Institute und somit der jeweiligen Bail-out-Wahrscheinlichkeit orientieren, sollen verhindert werden.[16] Neben den Eigenmittelvorgaben kann der SRF somit als weiteres finanzielles Auffangnetz zur Verwirklichung der Abwicklungsziele, insbesondere dem Schutz öffentlicher Mittel, gesehen werden.[17]

Nach der gesetzlichen Konzeption darf der SRF jedoch nicht als Bail-out-Fonds missverstanden werden.[18] Er dient grundsätzlich nicht dazu, die Verluste eines Unternehmens zu tragen oder dieses direkt zu rekapitalisieren.[19] Führt die Inanspruchnahme gem. Art. 76 Abs. 1 SRM-VO dennoch indirekt dazu, dass ein Teil der Verluste an den Fonds weitergegeben werden, kann dieser seinen Beitrag nur unter Beachtung der in Art. 27 Abs. 7 SRM-VO genannten (Bail-in-)Voraussetzungen leisten; d.h. Anteilseigner und Gläubiger müssen zunächst mind. einen Beitrag in Höhe von 8 % der Gesamtverbindlichkeiten einschließlich Eigenmittel geleistet haben und der Fondsbeitrag darf 5 % der Gesamtverbindlichkeiten einschließlich Eigenmittel grundsätzlich nicht übersteigen.[20]

---

15 Vgl. EZB, Stellungnahme vom 11.4.2014, C 109/8 Rn 2.7.

16 Vgl. Erwägungsgrund [19] SRM-VO.

17 Vgl. Kap. B. I. 2.

18 *Busch,* in: Busch/Ferrarini (Hrsg.), European Banking Union, 2015, S. 298 Rn. 9.42.; *Armour/Awrey/Davies u.a.*, Principles of Financial Regulation, 2016, S. 368.

19 *Armour/Awrey/Davies u.a.*, Principles of Financial Regulation, 2016, S. 368; ungenau *Henkel/Schneider/Tüns*, WPg 2017, S. 22.

20 Vgl. Art. 76 Abs. 3 S. 2 SRM-VO; *Götz/Burkert*, in: Everling/Goedeckemeyer (Hrsg.), Bankenrating, 2015, S. 414; eine ausnahmsweise weitergehende Beteiligung aus zur Verfügung stehenden Jahresbeiträgen ermöglicht Art. 27 Abs. 10 SRM-VO, soweit „außergewöhnliche Umstände“ im Sinn des Art. 27 Abs. 9 SRM-VO vorliegen, vgl. *Sachverständigenrat zur Begutachtung der gesamtwirtschaftlichen Entwicklung*, Jahresgutachten 2013/14, S. 176 Rn. 308.

## II. Abwicklungsmaßnahmen

### 1. Abwicklungsvoraussetzungen

Bevor Abwicklungsmaßnahmen durch das SRB angewandt werden können, muss das Unternehmen in seinem Bestand gefährdet sein; es muss ausfallen oder wahrscheinlich ausfallen, wobei keine Aussicht auf eine alternative (private) Lösung besteht und die Anwendung von Abwicklungsmaßnahmen im öffentlichen Interesse ist.[21]

Letztere Voraussetzung greift erneut die Abwicklungsziele des Art. 14 Abs. 2 SRM-VO auf; Abwicklungsmaßnahmen sind nur dann als im öffentlichen Interesse liegend zu betrachten, wenn sie für das Erreichen der Abwicklungsziele notwendig und verhältnismäßig sind und ein reguläres Insolvenzverfahren dies nicht im selben Umfang garantieren kann.[22]

Äußerst schwer zu beurteilen ist, wann ein Institut als wahrscheinlich ausfallend einzustufen ist.[23] Gem. Art. 18 Abs. 4 UAbs. 1 SRM-VO ist von einer Bestandsgefährdung auszugehen, wenn es zu einem gerechtfertigten Entzug der Zulassung durch die EZB kommt, Zahlungsunfähigkeit bzw. Überschuldung vorliegt oder wenn die Notwendigkeit einer außerordentlichen finanziellen Unterstützung aus öffentlichen Mitteln besteht.

Mit Ausnahme der letzteren genügt für den wahrscheinlichen Ausfall bereits, dass „objektive Anhaltspunkte" dafür vorliegen, dass einer der genannten Fälle „in naher Zukunft" eintritt.[24] Da der Gesetzeswortlaut eine Ermessensentscheidung der EZB nach Anhörung des SRB vorsieht, sind die konkreten Bewertungsmaßstäbe, wann „objektive Anhaltspunkte" für die „nahe Zukunft" vorliegen, kaum vorhersehbar.[25]

---

21 Vgl. Art. 18 Abs. 1 SRM-VO; damit greifen die Abwicklungsvoraussetzungen vor den klassischen Insolvenzgründen ein, vgl. *Campbell*, in: Haentjens/Wessels (Hrsg.), Research Handbook on Crisis Management in the Banking Sector, 2015, S. 57.

22 Vgl. Art. 18 Abs. 5 SRM-VO; die Systemrelevanz eines Instituts spielt demnach nur eine Rolle im Rahmen der Ermessensentscheidung, ob die Anwendung von Abwicklungsmaßnahmen im öffentlichen Interesse liegt, vgl. *Adolff/Eschwey*, ZHR 2013, S. 957; *Binder*, ZHR 2015, S. 89 Fn. 25 spricht insoweit von einer faktischen Reduzierung des Anwendungsbereichs auf systemrelevante Institute.

23 Vgl. *Krahnen/Moretti*, in: Faia/Hackethal/Haliassos u.a. (Hrsg.), Financial Regulation, 2015, S. 131; *Adolff/Eschwey*, ZHR 2013, S. 956.

24 Der Tatbestand der Zahlungsunfähigkeit beschränkt sich zudem nicht auf bestehende Verbindlichkeiten, sondern nennt schlicht „sonstige Verbindlichkeiten", vgl. Art. 18 Abs. 4 UAbs. 1 lit. c) SRM-VO; krit. *Thole*, ZBB 2016, S. 59.

25 Vgl. Art. 18 Abs. 1 UAbs. 2 und 3 SRM-VO.

Übergreifend stellt sich die Entscheidung über das Vorliegen der Abwicklungsvoraussetzungen bereits als äußerst anspruchsvoll dar, da komplexe, mit vielen ex-ante Annahmen arbeitende Parameter vorgegeben werden, die dennoch wesentliche Auswirkungen auf die fortlaufende Abwicklung haben.[26]

Während eine zu späte Auslösung der Abwicklung die Gefahr birgt, dass noch vorhandenes Kapital vernichtet oder abgezogen wird, droht eine – nach der SRM-VO intendierte – zu frühe Intervention ggf. nicht alle Verluste zu erfassen, was ein erneutes Eingreifen erforderlich machen kann.[27]

## 2. Abwicklungsinstrumente

Die SRM-VO enthält, aufbauend auf der BRRD-RL, verschiedene Abwicklungsinstrumente, die je nach Situation des abzuwickelnden Unternehmens auch in Kombination angewendet werden können.[28]

Differenziert werden kann zwischen „klassischen" Abwicklungsinstrumenten in Form der Übertragungsanordnung wie (i) der Unternehmensveräußerung, (ii) der Übertragung von Vermögenswerten auf ein Brückeninstitut sowie (iii) der Ausgliederung von Vermögenswerten und (iv) dem konzeptionell neuen Instrument des Bail-in.[29]

### *a. Unternehmensveräußerung*

Mit dem Entschluss zur Unternehmensveräußerung können, unter Suspendierung von sonstigen gesellschafts- oder wertpapierrechtlichen Vorgaben,

---

26 Vgl. *Ohler*, EuR – Beiheft 2 – 2016, S. 27; *Deutsche Bundesbank*, Die neuen europäischen Regeln zur Sanierung und Abwicklung von Kreditinstituten, 2014, S. 36 f.; *Zech/Rudolph*, ifo Schnelldienst 2015, S. 27 m.w.N.; zu den Bewertungsproblemen vgl. *Hellwig*, Stellungnahme für den Finanzausschuss des Deutschen Bundestags zum Entwurf eines Gesetzes zur Umsetzung der Richtlinie 2014/59/EU des Europäischen Parlaments und des Rates vom 15. Mai 2014 zur Festlegung eines Rahmens für die Sanierung und Abwicklung von Kreditinstituten und Wertpapierfirmen (BRRD-Umsetzungsgesetz), 2014, S. 6 f.

27 Vgl. *Thole*, ZBB 2016, S. 61; *Goodhart/Avgouleas*, Journal of Financial Regulation 2015, S. 11.

28 Vgl. Art. 22 Abs. 4 S. 2 SRM-VO; *Conlon/Cotter*, Journal of Financial Stability 2014, S. 258; *Wieland*, in: Everling/Goedeckemeyer (Hrsg.), Bankenrating, 2015, S. 437 f.

29 Vgl. Art. 24 ff. SRM-VO; *Binder*, in: Binder/Singh (Hrsg.), Bank Resolution, 2016, S. 50 Rn. 2.47 ff.; *Thole*, ZBB 2016, S. 66 f.; *Schelo*, Bank Recovery and Resolution, 2015, S. 116 ff.; zu den entsprechenden Instrumenten der BRRD-RL vgl. *Adolff/Eschwey*, ZHR 2013, S. 959 ff.

ausgegebene Eigentumstitel (share deal) sowie Teile oder der gesamte Geschäftsbetrieb (asset deal) veräußert werden.[30] Einschränkend kann nur zu marktüblichen Bedingungen an einen externen Erwerber und nicht an ein Brückeninstitut veräußert werden.[31]

### *b. Brückeninstitut*

Alternativ zu einer Unternehmensveräußerung kann ein (teilweise) staatliches Brückeninstitut (*Good-Bank)*[32] errichtet werden, auf welches die ausgegebenen Eigentumstitel und Vermögenspositionen übertragen werden können, wobei eine Überschuldung durch das SRB auszuschließen ist.[33]

Hauptaufgabe des Brückeninstituts ist es, die Fortführung der kritischen Funktionen des in Abwicklung befindlichen Unternehmens sicherzustellen[34], wobei das Brückeninstitut nur vorübergehend tätig ist; innerhalb von zwei Jahren[35] nach der letzten Übertragung müssen die Eigentumstitel und Vermögenswerte an einen oder mehrere private Erwerber veräußert oder das Brückeninstitut mit einem anderen Unternehmen verschmolzen werden. Gelingt dies nicht, ist der Betrieb einzustellen und das Brückeninstitut vollständig zu liquidieren.[36]

### *c. Ausgliederung von Vermögenswerten*

Das dem Brückeninstitut nicht unähnliche Instrument der Ausgliederung von Vermögenswerten unterscheidet sich durch den abweichenden Ausgliederungsgegenstand sowie die Aufgabenbestimmung der Zweckgesellschaft.

Ausgegliedert werden können insbesondere Vermögenswerte, deren Liquidation im Rahmen des regulären Insolvenzverfahrens negative Auswirkungen auf

---

30 Vgl. Art. 24 SRM-VO.

31 Detailliert *Geier*, in: Jahn/Geier/Schmitt (Hrsg.), Handbuch der Bankenrestrukturierung, 2016, S. 196 Rn. 158 ff.; *Binder*, ZHR 2015, S. 95 ff.

32 *Chattopadhyay*, WM 2013, S. 410 f.; *Pflock*, Europäische Bankenregulierung und das „Too big to fail-Dilemma“, 2014, S. 318.

33 Vgl. Art. 25 Abs. 3 SRM-VO; *Geier*, in: Jahn/Geier/Schmitt (Hrsg.), Handbuch der Bankenrestrukturierung, 2016, S. 197 Rn. 162 ff.; *Busch*, in: Busch/Ferrarini (Hrsg.), European Banking Union, 2015, S. 317 Rn. 9.85.

34 Vgl. Art. 25 Abs. 2 lit. a) SRM-VO i.V.m. Art. 40 Abs. 2 und 9 BRRD-RL).

35 Vgl. die (grds. unbegrenzte) Verlängerungsmöglichkeit gem. Art. 41 Abs. 6 BRRD-RL.

36 Vgl. Art. 25 Abs. 2 lit. b) SRM-VO i.V.m. Art. 41 Abs. 3 und 5 BRRD-RL; *Völkl/Vertneg*, in: Braumüller/Ennöckl/Gruber u.a. (Hrsg.), Europäisches Finanzmarktrecht vor neuen Herausforderungen, 2013, S. 49.

einen oder mehrere Finanzmärkte haben könnte. Ein Einsatz des Instruments ist zudem dann möglich, wenn eine solche Übertragung erforderlich ist, um das ordnungsgemäße Funktionieren des in Abwicklung befindlichen Unternehmens oder eines Brückeninstituts sicherzustellen oder um höchstmögliche Liquidationserlöse zu erzielen.[37]

Im Kern werden somit im Wert geminderte Vermögenswerte ausgegliedert.[38] Dergestalt ist das Ziel der Zweckgesellschaft auch nicht die Kontinuität bestimmter Funktionen des in Abwicklung befindlichen Unternehmens, sondern ausschließlich die Wertmaximierung der Vermögenswerte bis zur späteren Veräußerung oder geordneten Liquidation.[39]

Mit dieser Möglichkeit stellt das Instrument der Ausgliederung von Vermögenswerten einen problematischen Türöffner für eine *Bad-Bank*-Lösung dar[40], dessen Brisanz zwar durch eine zwingende Kombination mit anderen Abwicklungsinstrumenten gemindert wird[41], aber den grundsätzlichen Moral Hazard-Anreiz nicht völlig ausschließen kann.[42]

### *d. Bail-in*

Im Gegensatz zu den bisher genannten und bereits durch nationale Regelungen bekannten Instrumenten stellt das Bail-in-Instrument juristisches Neuland dar.[43] Mit Blick auf die Eigentumsrechte der Anteilseigner und Gläubiger repräsentiert es den Eingriff höchster Intensitätsstufe.[44]

---

37 Vgl. Art. 26 Abs. 2 lit. a) SRM-VO i.V.m. Art. 42 Abs. 5 BRRD-RL.

38 Vgl. *Geier*, in: Jahn/Geier/Schmitt (Hrsg.), Handbuch der Bankenrestrukturierung, 2016, S. 199 Rn. 168.

39 Vgl. Art. 42 Abs. 3 BRRD-RL; *Busch*, in: Busch/Ferrarini (Hrsg.), European Banking Union, 2015, S. 317 Rn. 9.86.

40 Vgl. *Pflock*, Europäische Bankenregulierung und das „Too big to fail-Dilemma", 2014, S. 305 f.

41 Vgl. Art. 22 Abs. 4 SRM-VO; Erwägungsgrund [73] SRM-VO; *Adolff/Eschwey*, ZHR 2013, S. 962.

42 *Pflock*, Europäische Bankenregulierung und das „Too big to fail-Dilemma", 2014, S. 319.

43 Vgl. *Binder*, ZHR 2015, S. 92; *Adolff/Eschwey*, ZHR 2013, S. 962 sprechen vom „innovativen Herzstück".

44 Vgl. *Völkl/Vertneg*, in: Braumüller/Ennöckl/Gruber, u.a. (Hrsg.), Europäisches Finanzmarktrecht vor neuen Herausforderungen, 2013, S. 48.

### aa. *Abgrenzung zur Herabschreibung und Umwandlung von Kapitalinstrumenten*

Zunächst ist die Herabschreibung und Umwandlung von Kapitalinstrumenten gem. Art. 21 SRM-VO vom Instrument des Bail-in abzugrenzen.

Inhaltlich besteht im Rahmen der Herabschreibung und Umwandlung von Kapitalinstrumenten die Möglichkeit, zunächst Instrumente des harten Kernkapitals (CET1) proportional zu den Verlusten in seinem Nennbetrag zu verringern. Ist dies zur Verlustdeckung unzureichend, können in einem weiteren Schritt Instrumente des zusätzlichen Kernkapitals (AT1), beispielsweise unbesicherte unbefristete nachrangige Schuldverschreibungen mit Herabschreibungs- bzw. Umwandlungsklausel, herabgeschrieben oder in hartes Kernkapital umgewandelt werden. Final können Instrumente des Ergänzungskapitals (T2), beispielsweise nachrangige Darlehen, ebenfalls herabgeschrieben oder in hartes Kernkapital umgewandelt werden.[45]

Diese Möglichkeit ist hingegen kein Abwicklungsinstrument im engeren Sinn, da sie in ihren Voraussetzungen den Abwicklungsinstrumenten und somit dem Bail-in über Art. 21 Abs. 1 lit. a) SRM-VO („…, bevor eine Abwicklungsmaßnahme eingeleitet wurde") strukturell vorgeschaltet ist.[46] Zumal, trotz der strukturellen Ähnlichkeit zum Bail-in, die betroffenen Passiva bereits von Anfang an mit der Maßgabe der Nachrangigkeit und Verlustabsorption emittiert werden.[47]

### bb. *Gesetzliche Ausgestaltung*

#### (1) Regulierungsziel

Dass Anteilseigner und Gläubiger grundsätzlich die Kosten einer gescheiterten Investition zu tragen haben, ist ein wesentliches marktwirtschaftliches Prinzip.[48] Im Fall der Bankenrettung wurde diese Haftungsidee jedoch typischerweise

---

45 Vgl. Art. 21 Abs. 8 und 10 SRM-VO; *Deutsche Bundesbank*, Die neuen europäischen Regeln zur Sanierung und Abwicklung von Kreditinstituten, 2014, S. 39 Fn. 8; zu den Eigenmitteln nach der CRR-VO vgl. *Konesny/Glaser*, in: Boos/Fischer/Schulte-Mattler (Hrsg.), KWG, CRR-VO, 2016, Vorb. Art. 25 CRR-VO Rn. 1 ff.

46 Vgl. Erwägungsgrund [86] SRM-VO; *Geier*, in: Jahn/Geier/Schmitt (Hrsg.), Handbuch der Bankenrestrukturierung, 2016, S. 193 Rn. 150; *Deutsche Bundesbank*, Die neuen europäischen Regeln zur Sanierung und Abwicklung von Kreditinstituten, 2014, S. 39; *Schelo*, Bank Recovery and Resolution, 2015, S. 117.

47 *Deutsche Bundesbank*, Die neuen europäischen Regeln zur Sanierung und Abwicklung von Kreditinstituten, 2014, S. 39.

48 *Goodhart/Avgouleas*, Journal of Financial Regulation 2015, S. 3.

negiert und staatliche Rettungshilfen mit der Systemrelevanz der jeweiligen Unternehmen gerechtfertigt.[49]

Das Abwicklungsinstrument des Bail-in soll eine Abkehr von diesem Denken darstellen und den traditionellen Grundgedanken, wer Verluste primär zu tragen hat, (wieder) aufgreifen.[50]

Im Nachgang der Banken- und Finanzkrise ist ein globaler Trend zur Implementierung eines Bail-in-Instruments nach einer Empfehlung des Financial Stability Boards aus dem Oktober 2011 zu beobachten.[51] Auch außerhalb Europas planen mehrere Länder ihre Abwicklungsverfahren, um Bail-in-Instrumente anzureichern oder haben dies bereits getan. Hierzu zählen die Schweiz, die Vereinigten Staaten, Kanada, Japan, Brasilien, Australien und Neuseeland.[52]

Der regulatorische Ansatz des Bail-in-Instruments verfolgt dabei zwei wesentliche Ziele; erstens soll Regierungen eine alternative Option an die Hand geben werden, um systemisch relevante Institute ohne den Einsatz von Steuergeldern zu retten, indem im Abwicklungsverfahren eine Kapitalquelle – als eine finanzielle Auffanglinie – zur Verlustdeckung zur Verfügung steht, wenn eine Marktfinanzierung nicht mehr in Betracht kommt.[53] Zweitens soll der Moral Hazard-Problematik begegnet werden, indem das Szenario eines Bail-out so weit wie möglich ausgeschlossen wird, um damit das Risikoverhalten der Marktteilnehmer zu minimieren.[54]

Anteilseigner und Gläubiger sollen einen angemessenen Anteil der Verluste des ausfallenden Unternehmens und der Kosten, die durch den Ausfall entstehen, tragen.[55] Durch die Neujustierung der Haftungsverteilung sollen diese Gruppen einem signifikanten Verlustrisiko ausgesetzt werden, selbst wenn das Unternehmen final nicht liquidiert wird.[56] Neben der Lenkung des Risikoverhaltens der

---

49 *Goodhart/Avgouleas*, Journal of Financial Regulation 2015, S. 16 ff.

50 *Gardella*, in: Busch/Ferrarini (Hrsg.), European Banking Union, 2015, S. 392 Rn. 11.33.

51 Financial Stability Board (FSB), Key Attributes of Effective Resolution Regimes, S. 9 Rn. 3.5, abrufbar unter http://www.fsb.org/wp-content/uploads/r_111104cc.pdf?page_moved=1, zuletzt abgerufen am 30.01.2019.

52 *Duve/Wilmalasena*, Law and Financial Markets Review 2015, S. 179 m.w.N.

53 *Gleeson*, LSE Financial Markets Group Paper Series (205) 2012, S. 1; *D'Souza/Gravelle/Orsi u.a.*, Bank of Canada Financial System Review 2010, S. 51; *Goodhart/Avgouleas*, Journal of Financial Regulation 2015, S. 4.

54 Vgl. *D'Souza/Gravelle/Orsi u.a.*, Bank of Canada Financial System Review 2010, S. 53; *Geier*, in: Jahn/Geier/Schmitt (Hrsg.), Handbuch der Bankenrestrukturierung, 2016, S. 200 Rn. 172.

55 Vgl. Erwägungsgrund [73] SRM-VO.

56 Vgl. *D'Souza/Gravelle/Orsi u.a.*, Bank of Canada Financial System Review 2010, S. 53.

Marktteilnehmer soll Anteilseignern und Gläubigern ein Anreiz zur Überwachung des finanziellen Zustands ihres Unternehmens gegeben werden.[57] Diese Ausrichtung wird als essenziell für die Wiederherstellung von Marktdisziplin und den Abbau impliziter Subventionen für Fremdkapital gesehen.[58]

### (2) Anwendungsmöglichkeiten

Für die Anwendung des Bail-in-Instruments sieht Art. 27 Abs. 1 SRM-VO zwei Szenarien vor.[59]

Einerseits kann es zur Rekapitalisierung eines die Voraussetzungen für eine Abwicklung erfüllenden Unternehmens in einem Umfang eingesetzt werden, der ausreichend ist, um es wieder in die Lage zu versetzen, den Zulassungsbedingungen zu genügen sowie genügend Vertrauen des Marktes in dasselbe aufrechtzuerhalten. Andererseits kann es zur Umwandlung oder Herabsetzung derjenigen Forderungen oder Schuldtitel eingesetzt werden, die auf ein Brückeninstitut, im Rahmen des Instruments der Unternehmensveräußerung oder des Instruments der Ausgliederung von Vermögenswerten übertragen werden.[60]

Dabei darf das Bail-in-Instrument im Zuge einer Rekapitalisierung nur angewendet werden, wenn über die Verwirklichung der Abwicklungsziele hinaus die finanzielle Solidität und langfristige Überlebensfähigkeit des jeweiligen Unternehmens im Sinn des Art. 2 SRM-VO wiederhergestellt wird.[61] Unabhängig davon ist die Anwendung auch dann möglich, wenn das Bail-in-Instrument kumulativ neben weitere Abwicklungsinstrumente tritt und deren Anwendung angezeigt ist.[62]

---

57 Vgl. Erwägungsgrund [73] SRM-VO; *Duve/Wilmalasen,* Law and Financial Markets Review 2015, S. 179.

58 *Sachverständigenrat zur Begutachtung der gesamtwirtschaftlichen Entwicklung,* Jahresgutachten 2014/15, S. 186 Rn. 336.

59 Vgl. *Geier,* in: Jahn/Geier/Schmitt (Hrsg.), Handbuch der Bankenrestrukturierung, 2016, S. 200 Rn. 173.

60 Vgl. *Armour,* in: Moloney/Ferran/Payne (Hrsg.), The Oxford Handbook of Financial Regulation, 2015, S. 475 f.; *Joosen,* in: Haentjens/Wessels (Hrsg.), Research Handbook on Crisis Management in the Banking Sector, 2015, S. 223; *Thole,* ZBB 2016, S. 62; *Engelbach/Friedrich,* WM 2015, S. 666; *Busch,* in: Busch/Ferrarini (Hrsg.), European Banking Union, 2015, S. 318 Rn. 9.87; *Völkl/Vertneg,* in: Braumüller/Ennöckl/Gruber u.a. (Hrsg.), Europäisches Finanzmarktrecht vor neuen Herausforderungen, 2013, S. 50.

61 Vgl. Art. 27 Abs. 2 UAbs. 1 SRM-VO.

62 Vgl. Art. 27 Abs. 2 UAbs. 2 SRM-VO; *Schillig,* in: Haentjens/Wessels (Hrsg.), Research Handbook on Crisis Management in the Banking Sector, 2015, S. 96.

#### (3) Durchführung

##### (a) Ermittlung des aggregierten Verlustausgleichsbetrags

Die konkrete Durchführung des Bail-in gliedert sich in zwei Verfahrensschritte. Zunächst wird durch das SRB der aggregierte Verlustausgleichsbetrags ermittelt, der zur Absorption der aufgelaufenen Verluste notwendig ist, damit der Nettovermögenswert des in Abwicklung befindlichen Instituts gleich null ist. Hingegen kann der Betrag auch höher als die entstandenen Verluste angesetzt werden, wenn über die Absorption hinaus die harte Kernkapitalquote des in Abwicklung befindlichen Instituts oder eines Brückeninstituts (wieder-)hergestellt werden soll.[63]

##### (b) Haftungsreihenfolge

Der so ermittelte Verlustausgleichsbetrag wird nach einer zwingend vorgegebenen Haftungsreihenfolge („Haftungskaskade“) verteilt, wobei im Grundsatz alle Verbindlichkeiten eines Unternehmens herangezogen werden.[64]

Primär werden, orientiert am Verlustausgleichsbetrag, die gewinnerzielungsberechtigten Anteilseigner herangezogen. Konkret werden die Posten des harten Kernkapitals[65] bis zur ihrer Kapazitätsgrenze herabgesetzt und die betroffenen Anteile entweder annulliert, auf am Bail-in beteiligte Gläubiger übertragen oder verwässert.[66]

Genügt dies nicht, um den Verlustausgleichsbetrag zu erreichen, werden anschließend die Instrumente des zusätzlichen Kernkapitals[67] und folgend diejenigen des Ergänzungskapitals[68] herangezogen.[69]

---

63 Vgl. Art. 27 Abs. 13 UAbs. 1 lit. a) und b) SRM-VO; *Koller/Kotzur*, Recht der Finanzinstrumente 2014, S. 123 f.; *Deutsche Bundesbank*, Die neuen europäischen Regeln zur Sanierung und Abwicklung von Kreditinstituten, 2014, S. 39; detailliert zur Bewertungsfrage vgl. *Adolff/Eschwey*, ZHR 2013, S. 966 ff.

64 Vgl. Art. 27 Abs. 15 i.V.m. 17 Abs. 1 SRM-VO i.V.m. Art. 48 Abs. 1 BRRD-RL; *Gardella*, in: Busch/Ferrarini (Hrsg.), European Banking Union, 2015, S. 394 Rn. 11.39.

65 Z.B. Aktien, Anteile an GmbH, KG oder Genossenschaft, vgl. Art. 28 CRR-VO.

66 Vgl. Art. 47 Abs. 1 BRRD-RL; *Schillig*, in: Haentjens/Wessels (Hrsg.), Research Handbook on Crisis Management in the Banking Sector, 2015, S. 97; *Koller/Kotzur*, Recht der Finanzinstrumente 2014, S. 123 f.; *Deutsche Bundesbank*, Die neuen europäischen Regeln zur Sanierung und Abwicklung von Kreditinstituten, 2014, S. 41.

67 Z.B. unbesicherte unbefristete nachrangige Schuldverschreibungen oder stille Einlagen mit Umwandlungs- bzw. Herabschreibungsklausel, vgl. Art. 52 CRR-VO.

68 Z.B. nachrangige Darlehen, Inhaberschuldverschreibungen oder Genussrechte, vgl. Art. 63 CRR-VO.

69 Vgl. *Deutsche Bundesbank*, Die neuen europäischen Regeln zur Sanierung und Abwicklung von Kreditinstituten, 2014, S. 40; *Zech/Rudolph*, ifo Schnelldienst 2015, S. 28.

Anders als im Fall der Herabsetzung und Umwandlung von Kapitalinstrumenten gem. Art. 21 SRM-VO erweitert das Bail-in-Instrument die Haftungshierarchie für den Fall der Aufzehrung der regulatorisch anerkannten Kapitalinstrumente. Wird der Verlustausgleichsbetrag nicht erreicht, erfolgt eine weitergehende Gläubigerbeteiligung durch Herabschreibung bzw. Umwandlung in Instrumente des harten Kernkapitals. Herangezogen werden, entsprechend den Vorgaben der Art. 47 und 48 BRRD-RL, zunächst sonstige nachrangige Verbindlichkeiten[70], bevor alle sonstigen, auch vorrangigen, Verbindlichkeiten betroffen sind.[71]

Auch innerhalb der Gläubigergruppen wird abgestuft; in umgekehrter Rangfolge, die durch das nationale Insolvenzrecht festgelegt ist, werden insbesondere vorrangig nicht gesicherte Einlagen über 100.000 Euro von natürlichen Personen oder kleinen und mittleren Unternehmen beteiligt[72], bevor stellvertretend die nationalen Einlagensicherungssysteme einen Beitrag für die gem. Art. 27 Abs. 3 lit. a) SRM-VO ausgenommenen gedeckten Einlagen bis 100.000 Euro leisten.[73]

Diese Abstufung widerspricht grundsätzlich dem in Art. 15 Abs. 1 lit. f) SRM-VO normierten Gleichbehandlungsgrundsatz, findet seine sachliche Rechtfertigung allerdings in der Einhaltung des komplementierenden Grundsatzes, dass die von Kapitalgebern zu tragenden Verluste im Rahmen der Abwicklung nicht höher sein dürfen, als sie nach der Rangfolge im regulären Insolvenzverfahren wären (*no creditor worse off*)[74] sowie in der Zielsetzung der Aufrechterhaltung der Systemstabilität; Gläubigerforderungen, deren Ausfall

---

70 Z.B. nachrangige Darlehen, Inhaberschuldverschreibungen oder Genussrechte, die nicht die Anforderungen der Art. 52 ff. oder 63 f. CRR-VO erfüllen.

71 Vgl. Art. 48 Abs. 1 lit. d) und e) BRRD-RL; *Deutsche Bundesbank*, Die neuen europäischen Regeln zur Sanierung und Abwicklung von Kreditinstituten, 2014, S. 39.

72 Vgl. Art. 17 Abs. 1 SRM-VO i.V.m. Art. 48 Abs. 1 lit. e) i.V.m. Art. 108 BRRD-RL.

73 Vgl. Art. 17 Abs. 2 UAbs. 2 i.V.m. 79 Abs. 1 SRM-VO i.V.m. Art. 109 Abs. 1 BRRD-RL; *Deutsche Bundesbank*, Die neuen europäischen Regeln zur Sanierung und Abwicklung von Kreditinstituten, 2014, S. 41; die Heranziehung der nationalen Einlagensicherungssysteme soll sicherstellen, dass es nicht zu einer de facto-Haftungsfreistellung durch die Harmonisierung kommt, vgl. Erwägungsgrund [81] SRM-VO; *Sachverständigenrat zur Begutachtung der gesamtwirtschaftlichen Entwicklung*, Jahresgutachten 2012/13, S. 176 Rn. 309.

74 Vgl. Art. 15 Abs. 1 lit. g) SRM-VO; *Schelo*, Bank Recovery and Resolution, 2015, S. 82 ff.

eine Destabilisierung der Finanzmärkte zur Folge haben könnte, sollen – wenn überhaupt – nur spät in Anspruch genommen werden.[75] Gleichzeitig soll die gestufte Inanspruchnahme verhindern, dass – wie in der Vergangenheit geschehen – präventiv Gläubigergruppen von der Haftung ausgeschlossen werden und der Staat im Wege des Bail-out die Verluste auffangen muss.[76]

(c) Ausnahmen und Modifizierung der Haftungsreihenfolge

Neben den bereits angesprochenen gedeckten Einlagen sind weiterhin besicherte Verbindlichkeiten, Verbindlichkeiten aus der Verwaltung von Kundenvermögen und -geldern oder Treuhandverhältnissen vom Bail-in ebenso ausgenommen, wie (Interbank-)Verbindlichkeiten mit einer Restlaufzeit von weniger als sieben Tagen[77] sowie Verbindlichkeiten des täglichen Geschäftsbetriebs und Steuer- und Sozialverbindlichkeiten.[78] Besicherte Verbindlichkeiten können hingegen insoweit in den Bail-in mit einbezogen werden, als dass sie den Wert der Sicherheit übersteigen.[79]

Bestimmte Verbindlichkeiten können in Ausnahmefällen zudem vollständig oder teilweise ausgeschlossen werden, insbesondere sofern dies zwingend erforderlich und angemessen ist, um die Kontinuität der kritischen Funktionen und Kerngeschäftsbereiche sicherzustellen oder um die Gefahr einer ausgedehnten Ansteckung abzuwenden, die das Funktionieren der Finanzmärkte derart stören würde, dass dies die Wirtschaft eines Mitgliedstaats erheblich beeinträchtigen könnte.[80] Wird im vom SRB angenommen Abwicklungskonzept der Ausschluss bestimmter Verbindlichkeiten vorgesehen, kann die Kommission ihn jedoch mit angemessener Begründung verbieten, soweit die Integrität des Binnenmarktes gefährdet ist.[81]

Werden im Rahmen der Ermessensentscheidung bestimmte Verbindlichkeiten ausgenommen, wird der auf die befreiten Gläubiger entfallende

---

75 *Binder*, ZHR 2015, S. 119; *Zech/Rudolph*, ifo Schnelldienst 2015, S. 27.

76 *Ibd.*

77 Aufgrund der gesetzten Anreize zu einer kurzfristigen und weniger stabilen Refinanzierung krit. *Deutsche Bundesbank*, Die neuen europäischen Regeln zur Sanierung und Abwicklung von Kreditinstituten, 2014, S. 41.

78 Vgl. Art. 27 Abs. 3 SRM-VO; *Gleeson/Guynn*, Bank Resolution and Crisis Management, 2016, S. 5 Rn. 1.07.

79 Vgl. Art. 27 Abs. 4 UAbs. 1 SRM-VO.

80 Vgl. Art. 27 Abs. 5 lit. b) und c) SRM-VO.

81 Vgl. Art. 18 Abs. 7 UAbs. 8 SRM-VO; wobei die deutsche Sprachfassung fälschlicherweise auf Art. 24 Abs. 5 anstelle von Art. 27 Abs. 5 SRM-VO verweist; *Gardella*, in: Busch/Ferrarini (Hrsg.), European Banking Union, 2015, S. 395 Rn. 11.41.

Anteil entweder auf die übrigen Gläubiger verteilt oder durch den SRF übernommen[82], letzteres nur, soweit eine Kostentragung durch Anteilseigner und Gläubiger von insgesamt mindestens 8 % der Bilanzsumme stattgefunden hat und der Ausgleichsbeitrag des SRF auf 5 % der Bilanzsumme beschränkt bleibt.[83]

(d) Mindestanforderung an Verlustabsorptionskapazität
Um im Abwicklungsfall dennoch eine ausreichende Verlustabsorptionskapazität sicherzustellen, normiert Art. 12 SRM-VO Mindestanforderungen an Eigenmittel und berücksichtigungsfähige Verbindlichkeiten[84], welche die Unternehmen grundsätzlich jederzeit erfüllen müssen.[85]

Ermöglicht werden soll nicht nur die Durchführung eines vorab vereinbarten Abwicklungsplans, sondern auch grundlegend die Glaubwürdigkeit der Abwicklung gefördert werden.[86] Die Mindestanforderungen an Eigenmittel und berücksichtigungsfähige Verbindlichkeiten werden zusammengefasst als Betrag und ausgedrückt als Prozentanteil an den Gesamtverbindlichkeiten und Eigenmittel eines Instituts[87], wobei die Gesamtverbindlichkeiten solche aus Derivaten dergestalt erfassen, dass Nettingvereinbarungen uneingeschränkt anerkannt werden und somit die Summe des Nenners verringern.[88]

Berücksichtigungsfähige Verbindlichkeiten dürfen als solche zudem nur dann anerkannt werden, wenn sie werthaltig im Sinn des Art. 12 Abs. 16 SRM-VO sind; insbesondere dürfen sie weder gegenüber dem Institut selbst bestehen

82 Vgl. Art. 27 Abs. 5 UAbs. 2 und Abs. 6 SRM-VO.

83 Vgl. Art. 27 Abs. 7 SRM-VO; *Geier*, in: Jahn/Geier/Schmitt (Hrsg.), Handbuch der Bankenrestrukturierung, 2016, S. 204 Rn. 179; *Busch*, in: Busch/Ferrarini (Hrsg.), European Banking Union, 2015, S. 321 Rn. 9.95 ff.

84 Sog. minimum requirements for own funds and eligible liabilities (MREL).

85 Vgl. *Binder*, ZHR 2015, S. 115 f.; *Gardella*, in: Busch/Ferrarini (Hrsg.), European Banking Union, 2015, S. 396 Rn. 11.42; die einzuhaltende Höhe wird für jedes Institut individuell festgelegt, vgl. *Deutsche Bundesbank*, Die neuen europäischen Regeln zur Sanierung und Abwicklung von Kreditinstituten, 2014, S. 42, die diese Vorschrift zu Recht als strenger als diejenigen der CRR-VO einordnet, da für die MREL-Quote keine Risikogewichtung der Bilanzwerte stattfindet und die verbindlichen Kennzahlen des Art. 12 Abs. 1 SRM-VO jederzeit zu erfüllen sind.

86 Vgl. Erwägungsgründe [79] und [80] BRRD-RL; *Deutsche Bundesbank*, Die neuen europäischen Regeln zur Sanierung und Abwicklung von Kreditinstituten, 2014, S. 41.

87 Vgl. Art. 12 Abs. 4 UAbs. 1 SRM-VO.

88 Vgl. Art. 12 Abs. 4 UAbs. 2 SRM-VO.

noch von diesem abgesichert oder garantiert sein und müssen eine Restlaufzeit von mindestens einem Jahr aufweisen.[89]

### *cc. Kritische Würdigung*

Zahlreiche wissenschaftliche Publikationen[90] tendieren in ihrer Bewertung dazu, die nunmehr normierte Beteiligung von Anteilseignern und Gläubigern als wirksames Mittel zu sehen, um problematischen Moral Hazard-Anreizen des Bail-out zu begegnen und die finanzielle Verlusttragung öffentlicher Mittel zu minimieren.[91]

Betont wird jedoch auch, dass mögliche Folgen der Anwendung des Bail-in, wie Ansteckungseffekte und prozyklische Effekte, im Konflikt mit den Abwicklungszielen stehen können[92], weshalb bereits die SRM-VO in Art. 27 Abs. 3, 5 und 7 lit. a) SRM-VO punktuell einen Ausgleich in Form der „Schonung" der Anteilseigner und Gläubiger vorsehe.[93] Dabei weise die konkrete Ausgestaltung Schwächen auf, die das Potenzial haben, Effektivität und Glaubwürdigkeit des Bail-in-Instruments in Frage zu stellen.[94]

In diesem Kontext sollen im Rahmen einer kritischen Würdigung die wesentlichen Kritikpunkte aufgegriffen werden. Zunächst wird (i) auf abstrakte Überlegungen zur Verhältnismäßigkeit eingegangen, bevor (ii) Aspekte des Gläubigerverhaltens und (iii) mögliche Auswirkungen auf die Finanzierungskosten der Institute untersucht werden, um letztlich (iv) die im Gesetzestext

---

89 Zu den genauen Kriterien der Festlegung der MREL vgl. die Delegierte Verordnung (EU) 2016/1450 der Kommission vom 23. Mai 2016 zur Ergänzung der Richtlinie 2014/59/EU des Europäischen Parlaments und des Rates durch technische Regulierungsstandards zur Präzisierung der Kriterien im Zusammenhang mit der Methode zur Festlegung der Mindestanforderung an Eigenmittel und berücksichtigungsfähige Verbindlichkeiten.

90 Überblick bei *Grundmann*, in: Canaris/Habersack/Schäfer (Hrsg.), Staub HGB, 2016, S. 93 Rn. 87.

91 Vgl. *Goodhart/Avgouleas*, Journal of Financial Regulation 2015, S. 27 ff.; *Sachverständigenrat zur Begutachtung der gesamtwirtschaftlichen Entwicklung*, Jahresgutachten 2012/13, S. 169 Rn. 289.

92 *Schillig*, in: Haentjens/Wessels (Hrsg.), Research Handbook on Crisis Management in the Banking Sector, 2015, S. 98; *Goodhart/Avgouleas*, Journal of Financial Regulation 2015, S. 14 ff.

93 Vgl. *Grundmann*, in: Canaris/Habersack/Schäfer (Hrsg.), Staub HGB, 2016, S. 93 Rn. 87.

94 Vgl. *Deutsche Bundesbank*, Finanzstabilitätsbericht 2014, S. 87.

angelegten Unsicherheiten im Rahmen der konkreten Anwendung des Bail-in aufzuzeigen.

#### (1) Verhältnismäßigkeit

Die unfreiwillige Haftungsheranziehung müsste neben den konkreten Anwendungsfragen insbesondere den grundlegenden Voraussetzungen der GRCh genügen.[95] In Frage steht hierbei der Eingriff in das Eigentum gem. Art. 17 GRCh[96] sowie die negative Koalitionsfreiheit gem. Art. 12 GRCh im Fall der Umwandlung der Gläubigerforderung in Eigenkapital.[97]

Die Heranziehung der Gläubiger zur Verlusttragung im Krisenfall zur Wahrung der Finanzstabilität und der Begrenzung von Moral Hazard-Anreizen ist ein legitimes Ziel, zu dessen Verfolgung ein verpflichtender Bail-in geeignet und erforderlich ist[98], weshalb im Kern die Angemessenheit der gesetzlichen Regelung in Frage steht.

##### (a) Verlusttragung der Gläubiger

Parallel zum Regelinsolvenzverfahren geht das Schutzinteresse der Gläubiger nicht über denjenigen Gegenwert hinaus, den diese im Insolvenzfall realisieren könnten; der rechtliche Schutz erlischt bei einem Forderungswert gleich Null. Dahingehend stellt die europäische Regelung über die allgemeinen Abwicklungsvoraussetzungen zunächst eine hinreichende Insolvenznähe sicher.

Gleichzeitig werden die Schutzinteressen der Gläubiger über den Grundsatz des *no creditor worse off* gewahrt. Sollten Gläubiger bei der Anwendung des Bail-in-Instruments größere Verluste erlitten haben, als dies im Regelinsolvenzverfahren der Fall gewesen wäre, besteht eine Entschädigungsmöglichkeit aus Mitteln des SRF[99], womit ein Zurücktreten der Gläubigerinteressen gerechtfertigt werden kann.[100]

##### (b) Bail-in aufgrund von Staatsanleihen

Die Heranziehung der Gläubiger ist jedoch dann problematisch, wenn die Krisensituation des Instituts auf den Ausfall von Staatsanleihen, mithin auf

95 Vgl. Art. 51 Abs. 1 S. 1 GRCh.

96 *Heuer/Gosejacob*, ZfgK 2011, S. 722.

97 *Pflock*, Europäische Bankenregulierung und das „Too big to fail-Dilemma“, 2014, S. 336.

98 Vgl. *Ibd.*, S. 337.

99 Vgl. Art. 76 Abs. 1 lit. e) SRM-VO.

100 Vgl. *Thole*, ZBB 2016, S. 60.

Staatsschulden, zurückzuführen ist.[101] Hier wäre der Steuerzahler als grundsätzlicher Profiteur bei der Ausgabe von staatlichen Schuldtiteln vorrangig heranzuziehen.

Ist ein drohender Ausfall eines Instituts auf den Ausfall von Staatschuldtiteln zurückzuführen, ist ein konkreter Bail-in daher als unverhältnismäßig einzustufen, um Gläubiger nicht für überhöhte Staatsschulden aufkommen zu lassen.[102] Denn Bezugspunkt ist dabei nicht die Begrenzung des Moral Hazard-Anreizes der Gläubiger bzw. das Festhalten an ihrem Insolvenzverlust, sondern die Auslösung der Bestandsgefährdung eines Instituts durch den Ausfall staatlicher Schuldtitel.

Die Heranziehung von Anteilseignern und Gläubigern kann in dieser Fallkonstellation nur dann als verhältnismäßig im engeren Sinn angesehen werden, wenn Institute gezwungen werden, Staatsschulden mit ausreichendem Eigenkapital zu unterlegen, deren Ausfallrisiko also „neutralisiert" wird, was aktuell nicht der Fall ist. Vielmehr werden in einer, nach den Erfahrungen der Griechenland-Krise nicht nachvollziehbaren[103], Fiktion der steten Bonität der Mitgliedstaaten Staatsanleihen von jeder Eigenkapitalunterlegung befreit.[104] Dem günstigen Zugriff von Mitgliedstaaten auf Finanzmittel der Institute wird de facto Vorrang gegenüber einer risikogerechten Eigenmittelausstattung der Institute eingeräumt.[105]

### (2) Gläubigerverhalten

Erheblich beeinflusst werden durch den Bail-in auch die Anreizstrukturen für Gläubiger; diese könnten im Fall eines drohenden Bail-in dem Anreiz erliegen, ihre Forderungen zu verkaufen oder Einlagen abzuziehen. Dabei droht eine

101 Vgl. *Hirdina*, Die neuen europäischen Regeln zur Sanierung und Abwicklung von Kreditinstituten, 2014, S. 17.

102 *Ibd.*

103 Vgl. *Haag*, ZVglRWiss 2014, S. 491 f.; *Lüttringhaus*, EuZW 2012, S. 322; *Schulte-Mattler/Manns*, WM 2011, S. 2078.

104 Vgl. *Schroeter*, Ratings – Bonitätsbeurteilungen durch Dritte im System des Finanzmarkt-, Gesellschafts- und Vertragsrechts, 2014, S. 134; *Kersting*, Texas International Law Journal, S. 302; *Goddard/Molyneux/Wilson*, in: Berger/Molyneux/Wilson (Hrsg.), The Oxford Handbook of Banking, 2014, S. 867; *Admati/Hellwig*, Des Bankers neue Kleider, 2014, S. 313; *Keuschnigg/Kogler*, Besteuerung und Regulierung der Banken, 2014, S. 9.

105 *Schroeter*, Ratings – Bonitätsbeurteilungen durch Dritte im System des Finanzmarkt-, Gesellschafts- und Vertragsrechts, 2014, S. 135.

forcierte Abwanderung von Kapital in den unregulierten Sektor, wohingegen den betroffenen Instituten Haftungsmasse im Abwicklungsfall entzogen wird.[106] Diese Problematik betrifft in erster Linie zwar nicht die Glaubwürdigkeit des Bail-in-Instruments, da Institute dennoch jederzeit die Mindestanforderungen an die Verlustabsorptionsfähigkeit einzuhalten haben; dennoch wäre es wünschenswert gewesen, wenn der europäische Gesetzgeber zusätzlich ein Minimum von Langzeitverbindlichkeiten definiert hätte, die gerade im Krisenfall durch Gläubiger nicht aus der Bank abgezogen werden können, um eine garantierte Verlustabsorptionskapazität zu signalisieren, die auch kurzfristigen Einlegern den Anreiz nimmt, Mittel aus der Bank abzuziehen.[107] Die Haftungskaskade trägt dem Anreiz zwar mit der nur subsidiären Inanspruchnahme der Einlagen über 100.000 Euro Rechnung, kann aber die möglichen negativen Effekte für die Solvenz der Bank nicht völlig ausschließen.[108]

Für den Fall der Veräußerung der Forderungen durch Gläubiger ist weiterhin klärungsbedürftig, an wen diese Veräußerung stattfindet. Häufig werden sich für diesen Fall spezialisierte Hedgefonds als Käufer anbieten, um die Kontrolle über das Unternehmen zu erlangen.[109] Eine Obergrenze, zur Abwendung dieses Szenarios, für den Umfang an bail-in-fähigen Forderungen, die ein Gläubiger halten kann, ist unter der GRCh angesichts der Eigentumsgarantie und des Gleichheitsgrundsatzes, aber auch der Vertragsfreiheit, nicht durchsetzbar. Auch aus regulatorischer Sicht wäre eine solche Obergrenze mit der negativen

---

106 Vgl. *McAndrews/Morgan/Santos/Yorulmazer*, Federal Reserve Bank of New York Economic Policy Review 2014, S. 231 f.; *Goodhart/Avgouleas*, Journal of Financial Regulation 2015, S. 12; relativierend *Thole*, ZBB 2016, S. 65 mit Hinweis auf die ebenfalls unkalkulierbare Alternative des Bail-out oder des Totalverlustes.

107 *Dewatripont*, International Journal of Industrial Organization 2014, S. 42; dahingehend auch die Vorschläge für Halterestriktionen der Liikanen-Kommission, um im Krisenfall eine glaubwürdige Haftungsmasse neben dem Eigenkapital zu generieren, vgl. *Sachverständigenrat zur Begutachtung der gesamtwirtschaftlichen Entwicklung*, Jahresgutachten 2014/15, S. 189 Rn. 341; die Anforderungen des Art. 12 SRM-VO gelten parallel zu den vom FSB für global systemrelevante Institute angestrebten Mindestanforderungen an die Verlustabsorpitonsmasse (Total Loss-Absorbing Capacity, TLAC), welche insgesamt ausreichend haftendes Fremd- und Eigenkapital im Abwicklungsfall sicherstellen soll, vgl. *Zech/Rudolph*, ifo Schnelldienst 2015, S. 30.

108 *Zech/Rudolph*, ifo Schnelldienst 2015, S. 30.

109 *Goodhart/Avgouleas*, Journal of Financial Regulation 2015, S. 18 mit Verweis auf die zypriotische Bankenkrise.

Folge behaftet, dass die Verlustabsorptionsfähigkeit der Institute abnimmt und ein Bail-out-Szenario wieder wahrscheinlicher wird.[110]

Ohne einen wirksamen Kontrollmechanismus für die Abwicklungsbehörde wird die Ausrichtung und Unternehmenskultur eines Instituts für die Zukunft wesentlich von den Anteilseignern, dann beispielsweise Hedgefonds, abhängen. Eine risikoreiche Gewinnmaximierung ist im Fall von systemrelevanten Instituten jedoch zu vermeiden bzw. mit den Zielen des Bail-in-Instruments bereits im Grundsatz nicht vereinbar. Es sollte daher in Betracht gezogen werden, bei entsprechenden Bail-in Ereignissen einen Mechanismus zu installieren, der es der Abwicklungsbehörde erlaubt, als „Treuhänder" zu fungieren und in einem zeitlich begrenzten Rahmen zu dirigieren und zu spezifizieren, wer die laufenden Geschäfte der geretteten Bank übernimmt und mit welcher Ausrichtung sie langfristig fortgeführt werden sollen.[111]

### (3) Finanzierungskosten der Institute

Eine erzwungene Rückkehr zur Marktdisziplin durch die Verlustbeteiligung von Gläubigern wirft ebenfalls die Frage auf, ob sich die Finanzierungskosten der Institute durch die zunehmende Auflösung der Grenze zwischen Eigen- und Fremdkapital signifikant erhöhen und dadurch zu einer geringeren Kreditvergabe führen.[112]

Widmet man sich zunächst den langfristigen Folgen, scheint das Gegenteil, nämlich sinkende Finanzierungskosten, wahrscheinlicher. Aufgrund des Anreizes zur langfristigen Konsolidierung der Portfoliostruktur in Verbindung mit einer Erhöhung der harten Kernkapitalquote durch die Eigenmittelvorgaben der CRR-VO sind sinkende Finanzierungskosten zu erwarten.[113]

Auf der anderen Seite wird in der Debatte betont, dass durch die Bail-in-Möglichkeit die Finanzierungskosten initial exponentiell steigen und dabei instabile Institute Schwierigkeiten haben werden, sich in der nach Art. 12 SRM-VO

---

110 *Goodhart/Avgouleas*, Journal of Financial Regulation 2015, S. 18.

111 Die Möglichkeit der nationalen Abwicklungsbehörde gem. Art. 23 Abs. 5 SRM-VO i.V.m. Art. 35 BRRD-RL einen Sonderverwalter zu bestellen, ist dahingehend auf ein Jahr beschränkt (Art. 35 Abs. 6 S. 1 BRRD-RL) und kann die langfristige Geschäftsausrichtung nicht entscheidend beeinflussen.

112 Vgl. *Wulfken*, Kreditwesen 2012, S. 31; nach dem *Modigliani-Miller*-Theorem ist dies unter Annahme perfekter Kapitalmärkte und der Abwesenheit von Steuern und Subventionen – unbestritten – nicht der Fall, vgl. *Armour/Awrey/Davies u.a.*, Principles of Financial Regulation, 2016, S. 310; *Brunetti*, SZW 2016, S. 589.

113 Vgl. *Goodhart/Avgouleas*, Journal of Financial Regulation 2015, S. 19 ff.

geforderten Höhe zu finanzieren bzw. dass sie dies nur zu höheren Kosten bewerkstelligen können.[114] Insbesondere Rating-Herabstufungen, aufgrund des Wegfalls staatlicher Garantien, und die Unsicherheit der Gläubiger und Kreditgeber über Anwendung und Umfang des Bail-in, können zu erhöhten Finanzierungskosten beitragen.[115]

Empirisch nachweisbar ist, speziell nach einem Bail-in-Ereignis, dass Institute höhere Risikoprämien für ihre Schuldtitel an Investoren zahlen müssen, was sich an höheren Preisen für Kreditausfallversicherungen (CDS-Spreads) ablesen lässt.[116] Als jüngstes Vergleichsmodell wird vor allem der Zeitraum nach der Bankenrettung in Zypern herangezogen; hier stiegen die CDS-Spreads im Euroraum signifikant an, da eine erhöhte Wahrscheinlichkeit für künftige Bail-ins signalisiert wurde. Speziell in Krisenländern stieg der CDS-Spread zum Teil bis zu 30 Basispunkte an, da die jeweiligen Staaten auf Finanzhilfen im erneuten Krisenfall angewiesen sind und die Mitgliedstaaten der EU auf der anderen Seite erneute Finanzhilfen von einer vorherigen Gläubigerbeteiligung abhängig gemacht haben.[117] Im Rahmen des legislativen Prozesses der SRM-VO stiegen die CDS-Spreads allerdings deutlich weniger an, was jedoch sowohl auf Schwierigkeiten der Informationsbewertung im legislativen Prozess als auch auf eine schrittweise Einpreisung durch den Markt zurückgeführt werden kann.[118]

Dass die Finanzierungskosten der Institute durch die Einführung eines Bail-in-Instruments steigen, ist demnach nicht völlig von der Hand zu weisen und letztlich ein normaler Marktprozess. Gerade im Hinblick auf die Auswirkungen der legislativen Tätigkeit spielen diese Kosten jedoch nur eine untergeordnete Rolle; signifikantere Auswirkungen können nur in Verbindung bzw. unmittelbar nach einem Bail-in Ereignis festgestellt werden.

Darüber hinaus ist die weitere ordnungspolitische Perspektive des Bail-in-Instruments, Institute dazu anzuhalten, sich in geringerem Maße über kurzfristiges unbesichertes Fremdkapital zu finanzieren und langfristig höheren

---

114 *Goodhart/Avgouleas*, Journal of Financial Regulation 2015, S. 20.

115 Vgl. Europäische Kommission, KOM (2012) 280 endgültig/2, S. 4; *Pflock*, Europäische Bankenregulierung und das „Too big to fail-Dilemma“, 2014, S. 338; *Alexander*, Butterworths Journal of International Banking in Financial Law 2017, S. 29.

116 Vgl. *Schäfer/Schnabel/Weder di Mauro*, Getting to Bail-in: Effects of Creditor Particiaption in European Bank Restructuring, 2014, S. 8 ff.; *Conlon/Cotter*, Journal of Financial Stability 2014, S. 262.

117 *Sachverständigenrat zur Begutachtung der gesamtwirtschaftlichen Entwicklung*, Jahresgutachten 2014/15, S. 186 f. Kasten 17.

118 *Ibd.*

Eigenkapital- und Liquiditätsanforderungen zu genügen, um Gefährdungen für die Finanzmarktstabilität unwahrscheinlicher zu machen, zu betonen.[119] Dieser Aspekt geht einem staatlichen Bail-out völlig ab, weshalb unter der Prämisse der Finanzstabilität und der Schonung öffentlicher Mittel das Bail-in-Instrument, trotz der für die Institute prozyklisch steigenden Finanzierungskosten, zu präferieren ist.[120]

#### (4) Unsicherheiten im Rahmen der Anwendung des Bail-in

Grundlegendes Problem der Glaubwürdigkeit des Bail-in-Instruments in der Verfolgung speziell des Abwicklungsziels der Schonung öffentlicher Mittel sind die, teilweise bereits gesetzlich angelegten, Umgehungs- und Modifizierungsmöglichkeiten der Haftungskaskade. Anzusprechen sind (i) die vorbeugende Rekapitalisierung; (ii) die gesetzliche und (iii) die diskretionäre Ausnahme von Verbindlichkeiten.

##### (a) Vorbeugende Rekapitalisierung

Ein Unternehmen erfüllt bereits die Abwicklungsvoraussetzungen nicht, mithin ist es als nicht ausfallend anzusehen, wenn eine außerordentliche finanzielle Unterstützung aus öffentlichen Mitteln gewährt wird, um eine schwere Störung der Volkswirtschaft eines Mitgliedstaats abzuwenden sowie die Finanzstabilität zu wahren (sog. vorbeugende Rekapitalisierung).[121]

Dies kann in Form einer staatlichen Garantie für Liquiditätsfazilitäten von Zentralbanken oder einer staatlichen Garantie aus neu emittierten Verbindlichkeiten geschehen. Möglich ist auch eine direkte Zufuhr von Eigenmitteln oder der Kauf von Kapitalinstrumenten zu marktüblichen Bedingungen, sofern das Unternehmen zu diesem Zeitpunkt nicht bereits die Abwicklungsvoraussetzungen des Art. 18 Abs. 1 SRM-VO oder diejenigen einer Herabschreibung und Umwandlung von Kapitalinstrumenten gem. Art. 21 Abs. 1 SRM-VO erfüllt.

Der Vorbehalt für grundsätzlich (noch) solvente Unternehmen und die Betonung der Vorsorglich- und Zeitweiligkeit der Maßnahme gem. Art. 18 Abs. 4 UAbs. 2 S. 1 SRM-VO offenbart, dass das Unternehmen mittelfristig auch ohne die staatliche Hilfe überlebensfähig sein muss.

---

119 Vgl. *McAndrews/Morgan/Santos/Yorulmazer*, Federal Reserve Bank of New York Economic Policy Review 2014, S. 229 ff.

120 Europäische Kommission, KOM (2012) 280 endgültig/2, S. 4; *Pflock*, Europäische Bankenregulierung und das „Too big to fail-Dilemma", 2014, S. 338.

121 Vgl. Art. 18 Abs. 4 UAbs. 1 lit. d) HS. 2 SRM-VO.

Zudem eröffnet sich die Möglichkeit der direkten Unterstützung nur zum Schließen von Kapitallücken, die in Stresstest, bei der Bewertung der Qualität der Vermögenswerte oder vergleichbaren Prüfungen durch die EZB, die EBA oder nationale Behörden festgestellt wurden.[122]

Ergänzend müssen die Maßnahmen dem Grundsatz der Verhältnismäßigkeit entsprechen und dürfen nicht zum Ausgleich von Verlusten verwendet werden, die das Unternehmen erlitten hat oder in naher Zukunft voraussichtlich erleiden wird.[123] Zudem stehen jegliche Maßnahmen unter dem Vorbehalt der beihilferechtlichen Genehmigung.[124]

Diese Möglichkeit kam in Italien bereits zum Einsatz. Als eine geplante Kapitalerhöhung in Höhe von 5 Mrd. Euro der Monte dei Paschi di Siena (MdP) Ende des Jahres 2016 scheiterte, drohte eines der fünf als systemrelevant eingestuften Institute Italiens[125] in die Insolvenz abzurutschen.[126]

In der Frage der staatlichen Unterstützung sah sich die italienische Regierung im Interessenkonflikt zwischen der Glaubwürdigkeit der Europäischen Bankenunion und des Bail-in-Instruments sowie der Gefahr der politischen Instabilität und dem Protest der zu „enteignenden Sparer".[127] Zwischenzeitlich galt eine vorbeugende Rekapitalisierung zwar als unwahrscheinlich[128], dennoch entschied die italienische Regierung am 23. Dezember 2016, nach dem Rücktritt von Matteo Renzi am 5. Dezember 2016 und vor drohenden Neuwahlen, 20 Mrd. Euro staatlicher Gelder für die einheimischen Institute bereitzustellen.[129] Im konkreten Fall der MdP zeichnete der italienische Staat 5,4 Mrd. Euro und damit einen Großteil des festgestellten Kapitalbedarfs.[130]

---

122 Vgl. Art. 18 Abs. 4 UAbs. 3 SRM-VO.

123 Vgl. Art. 18 Abs. 4 UAbs. 2 S. 2 SRM-VO.

124 Vgl. Art. 18 Abs. 4 UAbs. 2 S. 1 SRM-VO.

125 Vgl. Wirtschaftswoche vom 12.10.2012, abrufbar unter http://www.wiwo.de/finanzen/geldanlage/banken-die-aeltesten-geldhaeuser-der-welt/6327344.html?p=10&a=false&slp=false#image, zuletzt abgerufen am 30.01.2019.

126 Vgl. Börsen-Zeitung vom 23.12.2016, Nr. 248, S. 3.

127 Vgl. F.A.Z. vom 23.7.2016, Nr. 170, S. 25.

128 Vgl. F.A.Z. vom 29.7.2016, Nr. 175, S. 17.

129 Neben der MdP sind insbesondere die Veneto Banca sowie die Banca Popolare di Vecenza betroffen, vgl. Börsen-Zeitung vom 18.02.2017, Nr. 35, S. 4.

130 Börsen-Zeitung vom 30.12.2016, Nr. 252, S. 4, eine vorläufige positive beihilferechtliche Entscheidung der Kommission über die vorbeugende Rekapitalisierung fiel am 1.6.2017, vgl. Pressemitteilung der EU-Kommission vom 1.6.2017, Statement/17/1502; die vollständige Genehmigung erfolgte am 4.7.2017, vgl. F.A.Z. vom 5.7.2017, Nr. 153, S. 21.

Deutlich wird, dass den rechtlich vorgesehenen Voraussetzungen des Art. 18 Abs. 4 SRM-VO kaum begrenzende Funktion zukommt, was auch in den weiten Formulierungen wie „schwere Störung der Volkswirtschaft eines Mitgliedstaats" und „Wahrung der Finanzstabilität" begründet ist. Zu konstatieren ist, dass, wenn der politische Wille gegeben ist, systemrelevante Unternehmen stets auf eine vorbeugende Rekapitalisierung vertrauen können.[131]

Anders gewendet stellt die Möglichkeit des Art. 18 UAbs. 4 SRM-VO trotz der Einschränkungen nichts anderes dar, als einen „vorbeugenden Bail-out".[132] Im Rahmen der beihilferechtlichen Genehmigung verbleiben der Kommission zwar Einflussmöglichkeiten und auch die zeitliche Beschränkung der Unterstützungsmaßnahmen setzt Grenzen, jedoch kann eine Rückzahlung der öffentlichen Mittel nicht sichergestellt werden. Für die Glaubwürdigkeit des Bail-in-Instruments ist diese Art der politischen Einflussmöglichkeit in jedem Fall fatal.[133]

Letztlich ist darauf hinzuweisen, dass eine Umgehungsgefahr auch dann droht, wenn die Haftungskaskade angewandt wird. Der italienische Staat könnte Anteilseigner und Gläubiger für ihren Anteil am Bail-in entschädigen, denn dass der Staat seinen Bürgern Geld schenkt, ist nach den europäischen Abwicklungsregeln nicht ausgeschlossen.[134] Die Kommission betont, dass eine solche Entschädigung an einzelne Personen nicht unter die Beihilfe- und Abwicklungsregeln

131 Auch im Fall der Deutschen Bank, dem europäischen Institut mit der höchsten Systemrelevanz, wäre es angesichts der problematischen Lage aufgrund zahlreicher Rechtsstreitigkeiten wahrscheinlich, dass die deutsche Regierung im Zweifelsfall auf die Möglichkeit des Art. 18 Abs. 4 SRM-VO zurückgreifen würde, vgl. Die Zeit vom 29.9.2016, Nr. 41, S. 24; Börsen-Zeitung vom 24.12.2016, Nr. 249, S. 1 und 3; als im Streit um US-Hypothekengeschäfte eine Strafzahlung i.H.v. 14 Mrd. US-Dollar im Raum stand, entwarf die Bundesregierung bereits Pläne zur Rettung der Deutschen Bank, wonach auch direkte Staatsbeteiligungen i.H.v. 25 % im Gespräch waren; bezeichnend ist, dass „in Teilen der Bundesregierung der europäische Abwicklungsmechanismus favorisiert" wurde, vgl. Zeit Online, 28.9.2016, abrufbar unter http://www.zeit.de/wirtschaft/2016-09/deutsche-bank-rettungsplan-finanzaufsichtsbehoerde, zuletzt abgerufen am 30.01.2019.

132 *Adolff/Eschwey*, ZHR 2013, S. 956 sprechen von einem „eklatanten Widerspruch" zur rechtspolitischen Zielsetzung.

133 Optimistisch insofern SRB-Vorsitzende *König* in der Börsen-Zeitung vom 12.1.2017, Nr. 8, S. 1; die Börsen-Zeitung vom 15.2.2017, Nr. 32, S. 8 spricht auch vom „Sündenfall".

134 Vgl. F.A.Z. vom 20.7.2016, Nr. 167, S. 16.

fällt, speziell wenn die Unternehmen vom Bail-in betroffene Gläubiger falsch über die Risiken der verkauften Produkte informiert haben.[135]

### (b) Gesetzlich ausgenommene Forderungen

Mit Blick auf die herangezogenen Verbindlichkeiten ist ein Dilemma zu konstatieren. Im Ausgangspunkt steht die Bestrebung, das Bail-in Instrument soweit wie möglich auf nicht besicherte Verbindlichkeiten eines ausfallenden Instituts anzuwenden, um eine Moral Hazard-senkende Inanspruchnahme der Gläubiger zu garantieren und hinreichende Mittel zur Anwendung von Abwicklungsmaßnahmen zur Verfügung zu haben.[136] Demgegenüber können Abschreibung und Umwandlung von Verbindlichkeiten weiter krisenverschärfend wirken sowie Ansteckungseffekte, insbesondere auf dem Interbankenmarkt, zeitigen.[137]

Soweit die Anwendung des Bail-in-Instruments mit den Abwicklungszielen dergestalt konfligiert, findet die Differenzierung zwischen den Gläubigern ihren sachlichen Rechtfertigungsgrund in der Wahrung der Finanzstabilität, weshalb entsprechende Ausnahmen geboten sind.[138]

Um Institute in Krisennähe nicht von einer kurzfristigen Interbankenfinanzierung auszuschließen, fallen unter diese Art der Ausnahme Verbindlichkeiten gegenüber Instituten mit einer Ursprungslaufzeit von weniger als sieben Tagen. Ebenso von der Ausnahme erfasst sind besicherte Verbindlichkeiten und Verbindlichkeiten, die zur Wahrung der kritischen Funktion unabdingbar sind, wie diejenigen gegenüber Beschäftigten oder aus dem alltäglichen Geschäftsbetrieb.[139] Um das Abrufrisiko zu minimieren, sind gleichfalls die bereits angesprochenen gedeckten Einlagen bis 100.000 Euro ausgenommen.[140]

---

135 Vgl. Pressemitteilung der EU-Kommission vom 1.6.2017, Statement/17/1502; F.A.Z. vom 29.7.2016, Nr. 175, S. 17.

136 Erwägungsgrund [76] SRM-VO; *Pflock*, Europäische Bankenregulierung und das „Too big to fail-Dilemma", 2014, S. 331.

137 *Schillig*, in: Haentjens/Wessels (Hrsg.), Research Handbook on Crisis Management in the Banking Sector, 2015, S. 98; *Pflock*, Europäische Bankenregulierung und das „Too big to fail-Dilemma", 2014, S. 332.

138 Vgl. Erwägungrund [76] SRM-VO; Europäische Kommission, KOM(2012) 280 endgültig/2, S. 13; *Thole*, ZBB 2016, S. 62; *Schelo*, Bank Recovery and Resolution, 2015, S. 86 ff.

139 Vgl. Art. 14 Abs. 2 lit. a) SRM-VO; *Gleeson*, LSE Financial Markets Group Paper Series (205) 2012, S. 19.

140 Vgl. Art. 27 Abs. 3 lit. a) und Art. 3 Abs. 1 Nr. 11 SRM-VO i.V.m. Art. 2 Abs. 1 Nr. 5 und Art. 6 DGSD-RL.

Bezüglich letzterer erfolgt die stellvertretende Heranziehung der nationalen Einlagensicherungssysteme; auf diese Weise soll sichergestellt werden, dass diese in gleichem Ausmaß beteiligt werden, als wenn anstelle der Abwicklung ein Regelinsolvenzverfahren mit einer dann notwendigen Entschädigung der Einleger durchgeführt worden wäre.[141]

Nicht unproblematisch ist zunächst die Ausnahme der kurzfristigen Verbindlichkeiten, da somit Anreize für eine entsprechend kurzfristige Fristen- und Finanzierungsstruktur für Institute bestehen.[142] Aus der Perspektive des Regulierers besteht insoweit ein Spannungsverhältnis, als dass die Ausnahme in Krisennähe geboten erscheint, andererseits jedoch die kurzfristige Refinanzierung verbilligt wird und über eine verstärkte kurzfristige Finanzierung die Zunahme von Liquiditätsrisiken droht.[143]

Auch bezüglich der Ausnahme von besicherten Verbindlichkeiten gem. Art. 27 Abs. 3 lit. b) SRM-VO bestehen Bedenken, da vielfältige Formen der Besicherung Anlass zu Missbrauch geben (*financial engineering*).[144] Zumal bereits die Raison d'Être der Ausnahme in Frage zu stellen ist.

Wenn ein Gläubiger einer besicherten Verbindlichkeit im Insolvenzverfahren grundsätzlich absonderungsberechtigt wäre, ist eine Ausnahme der besicherten Verbindlichkeiten nicht stimmig, da diese unproblematisch herabgeschrieben oder umgewandelt werden könnten, soweit dem Gläubiger die Möglichkeit verbliebe, aufgrund der Nominalforderung auf die Sicherheit zurückzugreifen.[145]

Gleichzeitig erweist sich die Feststellung der Höhe der Besicherung als problematisch, da diese nicht nach dem Buchwert, sondern systematisch nur nach dem Liquidationswert, der in einem Insolvenzverfahren zu erzielen wäre, bestimmt werden kann. Dies könnte dazu führen, dass die Abwicklungsbehörde entsprechende Forderungen im Rahmen der Abwicklungsentscheidung, solange nur eine Sicherheit besteht, im Zweifelsfall über Art. 27 Abs. 5 SRM-VO

141 *Deutsche Bundesbank*, Die neuen europäischen Regeln zur Sanierung und Abwicklung von Kreditinstituten, 2014, S. 41.

142 Vgl. *Hellwig*, Stellungnahme für den Finanzausschuss des Deutschen Bundestags zum Entwurf eines Gesetzes zur Umsetzung der Richtlinie 2014/59/EU des Europäischen Parlaments und des Rates vom 15. Mai 2014 zur Festlegung eines Rahmens für die Sanierung und Abwicklung von Kreditinstituten und Wertpapierfirmen (BRRD-Umsetzungsgesetz), 2014, S. 11.

143 *Goodhart/Avgouleas*, Journal of Financial Regulation 2015, S. 21; *Heuer/Gosejacob*, ZfgK 2011, S. 722.

144 *Zech/Rudolph*, ifo Schnelldienst 2015, S. 30 m.w.N.

145 *Thole*, ZBB 2016, S. 62.

ausklammert und nicht den die Sicherheit übersteigenden Teil der Verbindlichkeit gemäß ihrem diskretionären Spielraum gem. Art. 27 Abs. 4 UAbs. 1 SRM-VO heranzieht.[146]

Weiterhin bestehen Unsicherheiten hinsichtlich etwaiger Verbindlichkeiten aus einem Treuhandverhältnis, da Art. 27 Abs. 3 UAbs. 1 lit.d) SRM-VO explizit darauf abstellt, ob der Begünstigte nach dem geltenden nationalen Insolvenz- oder Zivilrecht geschützt ist. Durch diese Öffnung werden komplexe Fragen, beispielsweise aus dem deutschen Insolvenzrecht zu der Aussonderungsberechtigung des Begünstigten einer Treuhand, in die europarechtliche Regelung „importiert".[147]

(c) Modifizierung der Haftungsreihenfolge

Über die gesetzlich festgeschriebenen Ausnahmen hinaus eröffnet Art. 27 Abs. 5 SRM-VO einen diskretionären Spielraum der Abwicklungsbehörde zum teilweisen oder vollständigen Ausschluss von weiteren Verbindlichkeiten untern den genannten Voraussetzungen.[148]

Im Grundsatz ist diese Ausnahmeregelung, wie bereits aus dem Wortlaut ersichtlich, restriktiv auszulegen und auf Fälle der Abwehr systemischer Ansteckungsrisiken zu begrenzen.[149]

Kritisch bleibt dennoch die Schaffung einer Ermessensnorm im Rahmen des Bail-in-Instruments, welche, vergleichbar mit der vorbeugenden Rekapitalisierung, Umgehungs- und politische Einflussmöglichkeiten bietet.[150] Korrespondierend mangelt es den Tatbestandsvoraussetzungen des Art. 27 Abs. 5 UAbs. 1 lit. a) bis d) SRM-VO an Präzision, um eine transparente Entscheidung zu garantieren.[151] Bereits auf Tatbestandsebene werden der Abwicklungsbehörde Beurteilungsspielräume eingeräumt[152], welche nur einer eingeschränkten gerichtlichen Kontrolle unterliegen. Ist gem. Art. 7 Abs. 3 SRM-VO die nationale

---

146 *Thole*, ZBB 2016, S. 62.

147 *Ibd.*; zur deutschen Insolvenzordnung vgl. *Ganter*, in: Kirchhof/Stürner/Eidenmüller (Hrsg.), MüKo InsO, 2013, § 47 InsO Rn. 386 ff.

148 Vgl. Erwägungsgründe [77] und [78] SRM-VO; zur Notwendigkeit von Ermessensspielräumen *Anabtawi/Schwarcz*, Texas Law Review 2013, S. 117.

149 *Gardella*, in: Busch/Ferrarini (Hrsg.), European Banking Union, 2015, S. 394 Rn. 11.40; *Binder*, ZHR 2015, S. 111.

150 *Deutsche Bundesbank*, Finanzstabilitätsbericht 2014, S. 87.

151 Krit. mit Blick auf die identische Norm im Rahmen der BRRD-RL *Adolff/Eschwey*, ZHR 2013, S. 964 ff.

152 Vgl. Art. 27 Abs. 4 UAbs. 1 lit. b) und c) SRM-VO.

Abwicklungsbehörde für die Entscheidung zuständig, droht zudem eine Ausdehnung der Ausnahme zugunsten nationaler Gläubiger.[153]

Darüber hinaus stellt sich die Frage der Bestimmtheit, mithin der Rechtsstaatlichkeit, wenn Investoren ihre Verlustbeteiligung ex-ante nicht bestimmen können. Auch aus der Perspektive der Glaubwürdigkeit des Bail-in-Instruments ist es essenziell, dass Gläubiger klar erkennen können, ob sie an einem Bail-in partizipieren oder nicht. Abseits von Art. 27 Abs. 3 SRM-VO ist eine Einbindung in die Haftungskaskade hingegen nicht absehbar. Dies wäre jedoch notwendig, um adverse Anreize zu vermeiden und im Ernstfall genügend Haftungsmasse generieren zu können.[154] Gleichzeitig erschwert der Ausnahmetatbestand die Bepreisung von Verbindlichkeiten und kann, speziell in Krisenphasen, zu einer erhöhten Volatilität führen.[155] Um entsprechende Intransparenz und Unsicherheiten zu vermeiden, müssen Entscheidungen im Rahmen von Art. 27 Abs. 5 SRM-VO „mechanisch" auf klar begrenzte Einzelfälle limitiert bleiben.[156]

Einen ersten Schritt zur Auflösung des Spannungsfelds zwischen der gewünschten Flexibilität des SRB und der notwendigen Transparenz der Ermessensentscheidung stellt die Delegierte Verordnung (EU) 2016/860 der Kommission vom 4. Februar 2016 dar.[157] In dem Rechtsakt unternimmt die Kommission den Versuch, die Voraussetzungen eines Ausschlusses, auch mit Wirkung für die SRM-VO[158], näher zu bestimmen.[159]

---

153 *Alexander*, Butterworths Journal of International Banking in Financial Law 2017, S. 29; Börsen-Zeitung vom 4.3.2016, Nr. 44, S. 7; vgl. auch *Stanghellini*, Journal of Financial Regulation 2016, S. 159 f. mit einem Beispiel aus Italien aus dem November 2015; die dortige politische Vorgabe war, vor Inkraftreten der SRM-VO zum 1. Januar 2016 eine Lösung zu finden, um eine Beteiligung des SRB sowie einen zwingenden Bail-in unbedingt zu vermeiden.

154 *Zech/Rudolph*, ifo Schnelldienst 2015, S. 30.

155 *Deutsche Bundesbank*, Finanzstabilitätsbericht 2014, S. 87.

156 Vgl. *Chattopadhyay*, WM 2013, S. 412; *Gleeson*, LSE Financial Markets Group Paper Series (205) 2012, S. 19.

157 Delegierte Verordnung (EU) 2016/860 der Kommission vom 4. Februar 2016 zur Präzisierung der Umstände, unter denen ein Ausschluss aus dem Anwendungsbereich der Herabschreibungs- oder Umwandlungsbefugnisse gemäß Artikel 44 Abs. 3 der Richtlinie 2014/59/EU des Europäischen Parlaments und des Rates zur Festlegung eines Rahmens für die Sanierung und Abwicklung von Kreditinstituten und Wertpapierfirmen erforderlich ist; im Folgenden VO (EU) 2016/860.

158 Vgl. Art. 1 Abs. 2 Verordnung (EU) 2016/860.

159 Vgl. Art. 5 bis Art. 9 Verordnung (EU) 2016/860.

Dieser, dem Grunde nach zu begrüßende Schritt formuliert jedoch allein Leitlinien. Gem. Art. 7 Abs. 3 lit. a) VO (EU) 2016/860 dürfen Verbindlichkeiten für die Zwecke der Erhaltung einer Finanzierungsbeziehung u.a. nur ausgeschlossen werden, wenn die Abwicklungsbehörde zu der Einschätzung gelangt, dass die Finanzierung von entscheidender Bedeutung ist, um eine kritische Funktion zu erhalten. Eine angedeutete, klar begrenzte Einzelfallentscheidung ist aus der Perspektive der Gläubiger auf diese Weise weiterhin nicht zu erkennen. Insoweit ist die Verordnung als erster Schritt in die richtige Richtung zu sehen; allerdings müssen sich konkrete Fallgruppen, auch bedingt durch den grundlegenden Konflikt zwischen Flexibilität und Transparenz, erst noch herausbilden.

## III. Abwicklungsfinanzierung durch den SRF

### 1. Auftrag

Komplementär soll der SRF die Finanzierung und somit die wirksame Anwendung der Abwicklungsinstrumente sicherstellen. Zu diesem Zweck kommen gesetzlich verschiedene Einsatzmöglichkeiten in Betracht:

(i) die Besicherung der Vermögenswerte oder Verbindlichkeiten eines sich in der Abwicklung befindlichen Instituts, seiner Tochterunternehmen, eines Brückeninstituts oder einer für die Vermögensverwaltung gegründeten Zweckgesellschaft;
(ii) die Gewährung von Darlehen an das in Abwicklung befindliche Institut, seiner Tochterunternehmen, eines Brückeninstituts oder einer für die Vermögensverwaltung gegründeten Zweckgesellschaft;
(iii) der Erwerb von Vermögenswerten des in Abwicklung befindlichen Instituts;
(iv) die Bereitstellung von Kapital für ein Brückeninstitut und eine für die Vermögensverwaltung gegründete Zweckgesellschaft;
(v) Entschädigungszahlungen an Anteilseigner oder Gläubiger, falls sie durch die Abwicklung größere Verluste erlitten haben, als sie bei einer Liquidation im Rahmen eines regulären Insolvenzverfahrens erlitten hätten;
(vi) Beitragsleistungen an das in Abwicklung befindliche Institut anstelle der Herabschreibung oder Umwandlung der Verbindlichkeiten bestimmter Gläubiger, wenn das Bail-in-Instrument angewandt und die Entscheidung getroffen wird, bestimmte Gläubiger vom Anwendungsbereich des Bail-in gemäß Art. 27 Abs. 5 auszuschließen oder
(vii) beliebige Kombinationen der genannten Maßnahmen.[160]

160 Vgl. Art. 76 Abs. 1 SRM-VO.

Im Zuge der Unternehmensveräußerung kann der SRF für entsprechende Maßnahmen auch im Hinblick auf den Erwerber in Anspruch genommen werden.[161]

## 2. Zielausstattung

### *a. Festlegung der Zielausstattung*

Zur Erfüllung seines Auftrags soll der SRF bis 2024 Mittel in Höhe von mindestens 1 % der gedeckten Einlagen in allen teilnehmenden Mitgliedstaaten aufbauen.[162]

Die Anknüpfung an die gedeckten Einlagen wird in einer Stellungnahme der EZB jedoch kritisiert, da sie nicht die eventuellen Finanzierungskosten einer Abwicklung widerspiegele. Gedeckte Einlagen und Verbindlichkeiten der Institute könnten sich unterschiedlich entwickeln, weshalb den potenziellen Belastungen des Abwicklungsfonds mit der Ausgestaltung in Art. 69 Abs. 1 SRM-VO nicht ausreichend Rechnung getragen werden könne. Darüber hinaus seien gedeckte Einlagen bereits über das Einlagensicherungssystem für den Verlustfall im Rahmen der Abwicklung versichert.[163] Allerdings sei der Maßstab auch nicht als völlig ungeeignet zu verwerfen, wie die EZB betont.[164] Empfohlen wird, die Gesamtverbindlichkeiten als ergänzende Leitlinie heranzuziehen und den Wert von 1 % der gedeckten Einlagen als Untergrenze beizubehalten.[165]

Der Unionsgesetzgeber trägt dieser Empfehlung insoweit Rechnung, als dass er die EU-Kommission auffordert, unter Berücksichtigung der Funktion des SRF zu überprüfen, ob die Gesamtverbindlichkeiten ein besser geeigneter Richtwert und demnach vorzuziehen wären.[166] Die EU-Kommission veröffentlicht die Ergebnisse der Überprüfung bis zum 31. Dezember 2018, wobei auch gesetzlich explizit normiert wird, dass evaluiert werden soll, ob der Referenzpunkt für die Festlegung der Zielausstattung des Fonds angemessen ist und ob insbesondere gedeckte Einlagen oder die Gesamtverbindlichkeiten eine besser geeignete Grundlage darstellen.[167]

---

161 Vgl. Art. 76 Abs. 2 SRM-VO.

162 Vgl. *Busch*, in: Busch/Ferrarini (Hrsg.), European Banking Union, 2015, S. 298 Rn. 9.43.

163 EZB, Stellungnahme vom 11.4.2014, C 109/8 Rn 2.7.

164 *Ibd.*

165 *Ibd.*, Änderungsvorschlag 19.

166 Vgl. Erwägungsgrund [105] SRM-VO; *Gordon/Ringe*, Columbia Law Review 2015, S. 1346 Fn. 206.

167 Vgl. Art. 94 Abs. 1 lit. a) (vi) SRM-VO; *Brandt/Güth*, in: Jahn/Geier/Schmitt (Hrsg.), Handbuch der Bankenrestrukturierung, 2016, S. 579 Rn. 59 f.

Die Orientierung der Zielausstattung an den gedeckten Einlagen ist vom Unionsgesetzgeber somit zumindest unter den Vorbehalt der positiven Beurteilung durch die EU-Kommission gestellt und keinesfalls final zu verstehen. Gleichfalls offengehalten wird die Option, einen absoluten Mindestbeitrag festzulegen, um Schwankungen beim Zufluss der Finanzmittel vorzubeugen sowie eine grundsätzliche Änderung der Höhe der festgelegten Zielausstattung.[168]

### *b. Höhe der Zielausstattung*

Neben der Anknüpfung an die gedeckten Einlagen steht, insbesondere bei der Frage nach der Rolle, die der SRF im Rahmen einer Abwicklung unter Einsatz des Bail-in-Instruments spielen kann, auch die angestrebte Zielausstattung in der Kritik.[169]

Wie dargelegt, soll diese bis zum Ende der Aufbauphase im Jahr 2024 mindestens 1 % der gedeckten Einlagen aller in allen teilnehmenden Mitgliedstaaten zugelassenen Kreditinstitute erreichen. Die jährlichen Beiträge gem. Art. 70 SRM-VO sollen dabei möglichst gleichmäßig gestaffelt werden, wobei Konjunkturphasen und etwaige Auswirkungen prozyklischer Beiträge auf die Finanzlage der beitragenden Institute Berücksichtigung finden.[170]

Im Euroraum entspricht das Zielvolumen einer Summe von ca. 55 Mrd. Euro, was relativ zur Größe des Bankensektors als gering erscheinen muss, unterschreitet dieses Volumen doch sogar die Zielgröße des deutschen Restrukturierungsfonds, der ursprünglich 70 Mrd. Euro erreichen sollte.[171]

Sollten die Barmittel im Abwicklungsfall nicht ausreichen, stehen dem Fonds zwei weitere Möglichkeiten zur Verfügung, um Mittel zu generieren; zunächst können nachträglich außerordentliche Beiträge bis zur Höhe der dreifachen Summe der jährlichen Regelbeiträge erhoben werden[172], womit der Fonds im

---

168 Vgl. Art. 94 Abs. 1 lit. a) (vi) und (vii) SRM-VO.

169 Vgl. *Gordon/Ringe*, Columbia Law Review 2015, S. 1347 f. und S. 1358 ff.; *Hadjiemmanuil*, in: Binder/Singh (Hrsg.), Bank Resolution, 2016, S. 207 Rn. 9.67; *Baglioni*, The European Banking Union, 2016, S. 100 f.; *Ohler*, EuR – Beiheft 2 – 2016, S. 11; *Sachverständigenrat zur Begutachtung der gesamtwirtschaftlichen Entwicklung*, Jahresgutachten 2014/15, S. 190 Rn. 346; *Hellwig*, Stellungnahme für den Finanzausschuss des Deutschen Bundestags zum Entwurf eines Gesetzes zur Umsetzung der Richtlinie 2014/59/EU des Europäischen Parlaments und des Rates vom 15. Mai 2014 zur Festlegung eines Rahmens für die Sanierung und Abwicklung von Kreditinstituten und Wertpapierfirmen (BRRD-Umsetzungsgesetz), 2014, S. 9 f.

170 Vgl. Art. 69 Abs. 2 SRM-VO.

171 Vgl. § 12 Abs. 10 S. 1 RStruktFG a.F. (Kap. D. Fn. 13).

172 Art. 71 Abs. 1 SRM-VO.

Bedarfsfall auf maximal 76 Mrd. Euro anwachsen könnte.[173] Als weitere Möglichkeit kann das SRB für den SRF Kredite aufnehmen oder auf sonstige Finanzierungsfazilitäten zurückgreifen, welche dann aus Jahres- und Sonderbeiträgen zurückzuzahlen sind.[174]

Für eine Bewertung der angestrebten Zielausstattung ist (i) zunächst herauszuarbeiten, in welchem Umfang der Fonds im Rahmen einer Abwicklung unter Einsatz des Bail-in-Instruments in der vergangenen Banken- und Finanzkrise in Anspruch genommen worden wäre, um daraus (ii) Rückschlüsse bezüglich der nun angestrebten Höhe der Zielausstattung zuziehen. Abschließend soll (iii) die Sondersituation der Deckung in der Aufbauphase aufgezeigt und (iv) eine kritische Würdigung vorgenommen werden.

#### *aa. Bedarf an Mitteln am Beispiel der vergangenen Banken- und Finanzkrise*

*De Groen* und *Gros* haben in einer umfassenden Studie für das Europäische Parlament u.a. untersucht, welche Mittelausstattung der SRF in der Banken- und Finanzkrise von 2007 bis 2014 hätte aufweisen müssen, um diejenigen Institute, die öffentliche Mittel in Anspruch genommen haben, nach dem nun gültigen Bail-in-Regime abzuwickeln.[175]

Betrachtet man die angesprochene Zeitperiode, haben insgesamt (nur) 72 Banken in der Eurozone überhaupt staatliche Unterstützung erfahren. Ein Großteil dieser Fälle hätte durch einen Beitrag von Anteilseignern und Gläubigern in Höhe von 8 % der gesamten Verbindlichkeiten einschließlich Eigenmittel im Rahmen des Bail-in-Instruments gelöst werden können.[176]

Nur 31 Banken, deren Anteil am Bankensektor im Euroraum sich insgesamt auf (nur) 1,9 Billionen Euro oder 6 % beläuft, hätten den SRF gem. Art. 27 Abs. 7 SRM-VO überhaupt in Anspruch nehmen können, wenn berücksichtigungsfähige Verbindlichkeiten ganz oder teilweise vom Bail-in ausgeschlossen worden wären.[177]

Zudem ist die Obergrenze gem. Art. 27 Abs. 7 lit. b) SRM-VO zu beachten, wonach der Fonds grundsätzlich maximal 5 % der gesamten Verbindlichkeiten

---

173 *De Groen/Gros*, CEPS Special Report (122) 2015, S. 14; vgl. auch *Schoenmaker*, DSF Policy Paper (44) 2014, S. 10, wonach das Zielvolumen des SRF 0,6 % des BIP der Eurozone entspricht, wohingegen die Kosten für die öffentlichen Haushalte in der vergangenen Krise bei 4,7 % des BIP lagen.

174 Art. 73 und 74 SRM-VO.

175 *De Groen/Gros*, CEPS Special Report (122) 2015.

176 *De Groen/Gros*, CEPS Special Report (122) 2015, S. 7.

177 *Ibd.*

einschließlich Eigenmittel hätte beitragen können. Im Fall der berechtigten 31 Banken hätte dies einer Summe von 72 Mrd. Euro entsprochen, wohingegen Anteilseigner und Gläubiger zuvor 153 Mrd. Euro beigetragen hätten.[178]

### *bb. Deckung mittels der angestrebten Zielausstattung*

Legt man, unter Einbezug von Sonderbeiträgen, eine Summe von 76 Mrd. Euro zugrunde, ist daher festzuhalten, dass die Mittel des SRF in einer vergleichbaren Krisensituation ausreichen würden. Einschränkend muss jedoch festgehalten werden, dass es sich hierbei, speziell bei den nachträglich erhobenen Beiträgen, um eine Modellrechnung handelt. Realistischer ist die Annahme, dass im Krisenfall, der zeitlich konzentriert auf einzelne teilnehmende Mitgliedstaaten zutrifft, außerordentliche Beiträge nur schwierig, insbesondere in einer zeitlich komprimierten Periode, zu erheben sind. Erschwerend kommt hinzu, dass sich dann drohende prozyklische Effekte krisenverstärkend niederschlagen können.[179]

Auf der anderen Seite wird mit der jüngsten Krise ein vergleichsweise hoher Maßstab angelegt, wonach im „normalen“ Krisenfall durchaus von einer ausreichenden Mittelausstattung des SRF ausgegangen werden kann.[180]

### *cc. Deckung während der Aufbauphase*

Diese Feststellungen gelten jedoch nur für den Fall, dass der SRF sein angestrebtes Zielvolumen auch tatsächlich erreicht und vollständig einsetzen kann. Während der Aufbau- bzw. Übergangsphase bis 2024 müssen die Annahmen modifiziert werden.

Im ersten Jahr der Haftungsvergemeinschaftung 2016 verfügte der Fonds nur über eine Gesamtsumme von 10,8 Mrd. Euro.[181] Demgegenüber stand im gleichen Jahr ein „worst case scenario“ von 1,55 Billionen an Verbindlichkeiten, die entsprechend der Vorgaben des Art. 27 Abs. 7 SRM-VO durch den SRF

---

178 *De Groen/Gros*, CEPS Special Report (122) 2015, S. 7.

179 *Sachverständigenrat zur Begutachtung der gesamtwirtschaftlichen Entwicklung*, Jahresgutachten 2014/15, S. 190 Rn. 346.

180 *Hadjiemmanuil*, in: Binder/Singh (Hrsg.), Bank Resolution, 2016, S. 207 Rn. 9.68.

181 Vgl. *Löyttyniemi*, Fourth Industry Dialogue, Ex-ante Contributions to the Fund 2017, S. 3, abrufbar unter https://srb.europa.eu/sites/srbsite/files/20161128_industry_dialogue_single_resolution_fund_0.pdf, zuletzt abgerufen am 30.01.2019; diese Summe setzt sich zusammen aus den im Jahr 2015 auf nationaler Ebene erhobenen Jahresbeiträgen nach Vorgaben der BRRD-RL sowie den erstmals nach Vorgaben der SRM-VO erhobenen Jahresbeiträgen 2016, welche zum 31.1. bzw. 30.6.2016 auf den SRF übertragen wurden, vgl. Art. 3 Abs. 2 und 3 IGA.

aufgefangen werden müssten.[182] Sollte sich eine Krisensituation auf die Aufbauphase konzentrieren, wird deutlich, dass die Mittel des Fonds kaum ausreichen werden und alternative Finanzierungsfazilitäten in Betracht gezogen werden müssten.[183]

Im Gegenzug kann argumentiert werden, dass eine solche Konzentration ein unwahrscheinliches Szenario darstellt. Weder werden alle Institute gleichzeitig und kumuliert in die Abwicklung eintreten müssen noch wird der SRF direkt in Anspruch genommen, vielmehr wirkt die Heranziehung von Anteilseignern und Gläubigern als erster Verlustpuffer.[184]

Die Situation, dass der Beitrag in Höhe von 5 % der Gesamtverbindlichkeiten einschließlich der Eigenmittel das Fondsvolumen übersteigt, ist somit als Ausnahme zu bewerten.[185]

### *dd. Kritische Würdigung*

Wie dargestellt, hätte der SRF im Fall der letzten Finanz- und Eurokrise ca. 72 Mrd. Euro beitragen müssen. Unter Annahme der optimalen Ausstattung des Fonds, auch durch nachträglich erhobene Beiträge, sind seine Mittel als ausreichend anzusehen. Nicht ausreichen würden diese hingegen, um in der Aufbauphase eine Systemkrise aufzufangen.

Da sowohl positives als auch negatives Szenario Modellbetrachtungen darstellen, müssen für den „Normalfall" weitere Parameter berücksichtigt werden. Zu nennen sind dabei einerseits die Einbeziehung der Anteilseigner und Gläubiger als erste finanzielle Auffanglinie, andererseits die jeweilige Beitragsbegrenzung des SRF auf 5 %, die es gemeinsam unwahrscheinlich machen, dass die Mittel des Fonds nicht ausreichen.[186]

Ohnehin ist die Zielausstattung des Fonds nicht absolut zu verstehen, sondern muss in Relation zu den weiteren Elementen der Europäischen Bankenunion gesetzt werden.

Eine wesentliche Rolle spielt insbesondere die Neuregelung der Bankenaufsicht in der Eurozone. Diese soll es der EZB ermöglichen, systemische Risiken

---

182 *De Groen/Gros*, CEPS Special Report (122) 2015, S. 2.

183 Vgl. Kap. D. I. 2. c.; *Gordon/Ringe*, Columbia Law Review 2015, S. 1348.

184 Vgl. *Manger-Nestler*, in: Blanke/Pilz (Hrsg.), Die „Fiskalunion", 2014, S. 337 f.

185 *De Groen/Gros*, CEPS Special Report (122) 2015, S. 2.

186 *Ibd.*, S. 23.

frühzeitig zu identifizieren und aufzulösen, um die Inanspruchnahme des Fonds präventiv unwahrscheinlich zu machen.[187]

Insbesondere ist die konkrete Abwicklung durch EZB und SRB so früh wie möglich einzuleiten sowie effizient durchzuführen, um einen möglichst hohen Beitrag durch den privaten Sektor im Rahmen des Bail-in zu generieren.[188] Zu diesem Zweck muss ergänzend die durch das SRB festgelegte Mindestanforderung an Eigenmittel und berücksichtigungsfähige Verbindlichkeiten gem. Art. 12 SRM-VO durch die Institute jederzeit eingehalten werden.

Dahingehend darf auch die 8 %-ige Mindestbeteiligung der Anteilseigner und Gläubiger nicht fehlinterpretiert werden; diese ist nur als Voraussetzung einer Beteiligung des SRF zu sehen, nicht hingegen als eine Obergrenze, ab welcher keine Gläubigerforderungen mehr einbezogen werden können.[189]

Es erscheint demnach realistisch, dem SRF, als weiteres finanzielles Auffangnetz neben den Eigenkapitalvorgaben, zwei wesentliche Rollen für die Zukunft zuzuschreiben; erstens kann der Fonds bei der Abwicklung kleinerer Institute einen wesentlichen Beitrag zur Abwicklungsfinanzierung leisten und zweitens kann die kurzfristige und initiale Handlungsfähigkeit des SRB in Krisensituationen gesichert werden.[190]

Eine unmittelbare, vollständige Verlusttragung im Fall einer systemischen Krise, auch nur die theoretische Möglichkeit dazu, ist bereits regulatorisch nicht vorgesehen[191] und auch nicht sinnvoll.[192]

Denn über die notwendigen Finanzmittel, um eine Systemkrise abzuwehren, verfügen letztlich nur die Mitgliedstaaten, weshalb die finale Verantwortung für die Rekapitalisierung von Instituten nach wie vor bei den Mitgliedstaaten anzusiedeln ist, in deren Hoheitsgebiet ein Institut niedergelassen ist.[193]

---

187 *Deutsche Bundesbank*, Die neuen europäischen Regeln zur Sanierung und Abwicklung von Kreditinstituten, 2014, S. 56; *Sachverständigenrat zur Begutachtung der gesamtwirtschaftlichen Entwicklung*, Jahresgutachten 2015/16, Anhang S. 29 Rn. 76.

188 Vgl. Art. 18 Abs. 1 lit. a) Alt. 2 SRM-VO.

189 Vgl. *Sachverständigenrat zur Begutachtung der gesamtwirtschaftlichen Entwicklung*, Jahresgutachten 2015/16, Anhang S. 29 Rn. 76.

190 Vgl. *Krahnen/Moretti*, in: Faia/Hackethal/Haliassos u.a. (Hrsg.), Financial Regulation, 2015, S. 134.

191 Vgl. Art. 76 Abs. 3 S. 1 SRM-VO.

192 Vgl. *Sjöberg*, in: Ringe/Huber (Hrsg.), Legal Challenges In The Global Financial Crisis, 2014, S. 206; mit einem Vorschlag in diese Richtung hingegen *Gordon/Ringe*, Columbia Law Review 2015, S. 1358 ff.

193 Vgl. *Ohler*, EuR – Beiheft 2 – 2016, S. 11; *Binder*, ZHR 2015, S. 105; zur Notwendigkeit eines „fiscal backstop" im Rahmen der Haftungskaskade (vgl. Art. 27 Abs. 9

### 3. Inanspruchnahme während der Aufbauphase

Während der Aufbauphase ist die Inanspruchnahme des SRF an die einschränkenden Regelungen des Übereinkommens über die Übertragung von Beiträgen auf den einheitlichen Abwicklungsfonds und über die gemeinsame Nutzung dieser Beiträge vom 14. Mai 2014 (IGA)[194] gebunden, in dem die teilnehmenden Mitgliedstaaten die Modalitäten festgelegt haben, wie die national erhobenen Jahres- und Sonderbeiträge auf den SRF übertragen und vergemeinschaftet werden.[195]

Um das Zielvolumen des SRF zu erreichen, werden pro Jahr, beginnend Januar 2016, die national erhobenen Beiträge gem, Art. 3 IGA auf den SRF übertragen, wobei zusätzlich normiert wurde, dass die von den Mitgliedstaaten gem. der Art. 103 und 104 BRRD-RL erhobenen Beiträge für das Jahr 2015 ebenfalls dem SRF zufließen sollen.[196] Für das Jahr 2015 wurden dahingehend 4,3 Mrd. Euro, im ersten Beitragsjahr der Europäischen Bankenabgabe 2016 demgegenüber 6,5 Mrd. Euro auf den SRF übertragen.[197]

---

SRM-VO) und der nunmehr (ergänzend) möglichen direkten Bankenrekapitalisierung durch ESM-Mittel vgl. ausführlich *Schoenmaker*, in: Haentjens/Wessels (Hrsg.), Research Handbook on Crisis Management in the Banking Sector, 2015, S. 47 ff.; *Baglioni*, The European Banking Union, 2016, S. 101 ff.; *Hadjiemmanuil*, in: Binder/Singh (Hrsg.), Bank Resolution, 2016, S. 188 Rn. 9.26 ff. und S. 199 Rn. 9.45 ff.; *Calliess/Schoenfleisch*, JZ 2015, S. 114 ff.; krit. *Hellwig*, Stellungnahme für den Finanzausschuss des Deutschen Bundestags zum Entwurf eines Gesetzes zur Umsetzung der Richtlinie 2014/59/EU des Europäischen Parlaments und des Rates vom 15. Mai 2014 zur Festlegung eines Rahmens für die Sanierung und Abwicklung von Kreditinstituten und Wertpapierfirmen (BRRD-Umsetzungsgesetz), 2014, S. 12 f.

194 Übereinkommen über die Übertragung von Beiträgen auf den einheitlichen Abwicklungsfonds und über die gemeinsame Nutzung dieser Beiträge, 8457/14, 14. Mai 2014 (IGA), abrufbar unter http://register.consilium.europa.eu/doc/srv?l=DE&f=ST%20 8457%202014%20INIT, zuletzt abgerufen am 30.01.2019.

195 Vgl. Art. 77 UAbs. 1 SRM-VO; *Busch*, in: Busch/Ferrarini (Hrsg.), European Banking Union, 2015, S. 321 Rn. 9.93.

196 Vgl. Art. 3 Abs. 3 IGA.

197 Vgl. *Löyttyniemi*, Fourth Industry Dialogue (Fn. 181), S. 3; *Löyttyniemi*, Third Industry Dialogue, Contributions to the SRF, S. 4, abrufbar unter http://srb.europa.eu/sites/srbsite/files/srf_23_may_industry_dialogue_timo_loyttyniemi.pdf, zuletzt abgerufen am 30.01.2019; dort noch 10,7 Mrd. Euro; *De Groen/Gros*, CEPS Special Report (122) 2015, S. 13, die für das Jahr 2015 mit einer Gesamtsumme von ca. 5,5 Mrd. Euro rechneten.

Die Übertragung der Beiträge erfolgt jedoch gem. Art. 3 Abs. 1 IGA nur unter den Bedingungen der Artikel 4 bis 10 IGA. Demnach werden die nationalen Beiträge während der Aufbauphase bis 2024 nationalen Kammern beim SRF zugewiesen.[198]

Um Moral Hazard-Anreize der Haftungsvergemeinschaftung zu begrenzen[199], ist die Inanspruchnahme des SRF während der Aufbauphase in Art. 5 IGA wie folgt geregelt: Ist ein Institut in einem teilnehmenden Mitgliedstaat abzuwickeln, sind die Kosten der Abwicklung zunächst von der Kammer des jeweiligen Mitgliedstaats zu tragen. Handelt es sich um den Regelfall einer grenzüberschreitenden Gruppe, erfolgt eine proportionale Aufteilung.[200]

Dabei erfolgt im Rahmen der Haftungsvergemeinschaftung eine schrittweise Zusammenführung der nationalen Kammern.[201] Während des ersten Jahres des Übergangszeitraums kann auf sämtliche Finanzmittel der nationalen Kammern zur Abwicklungsfinanzierung zugegriffen werden.[202] Diese Zugriffsgröße verringert sich im zweiten Jahr der Aufbauphase auf 60 % und in den darauf folgenden Jahren jeweils um 6 2/3 Prozentpunkte und somit schrittweise auf 33,3 %, 26,6 %, 19,9 %, 13,2 %, 6,5 % und schließlich 0 %, dem Zeitpunkt der vollständigen Haftungsvergemeinschaftung.[203]

Genügen die Mittel der nationalen Kammern aus diesem ersten Zugriff nicht, wird gem. Art. 5 Abs. 1 lit. b) UAbs. 1 IGA zunächst auf die verfügbaren vergemeinschafteten Finanzmittel des Fonds zurückgegriffen. Sollten auch diese Mittel nicht ausreichen, werden die verbleibenden Finanzmittel in den nationalen Kammern beansprucht.[204]

Liegt weiter ein finanzielles Defizit vor, sind ex-post Beiträge in den betroffenen Sitz- bzw. Niederlassungsstaaten zu erheben und auf den SRF zu

---

198 Vgl. Art. 4 Abs. 1 IGA; *Geier*, in: Jahn/Geier/Schmitt (Hrsg.), Handbuch der Bankenrestrukturierung, 2016, S. 210 Rn. 199; *Engelbach/Friedrich*, WM 2015, S. 669.

199 Nationale Regierungen können zu einer riskanten Wirtschafts- und Finanzpolitik verleitet werden, wenn Vorteile auf Seiten der nationalen Staaten verbleiben, auf der anderen Seite die Kosten teilweise gemeinschaftlich getragen werden, vgl. *Deutsche Bundesbank*, Die neuen europäischen Regeln zur Sanierung und Abwicklung von Kreditinstituten, 2014, S. 56.

200 Vgl. Art. 5 Abs. 1 lit. a) IGA.

201 Vgl. Art. 5 Abs. 3 IGA.

202 Vgl. Art. 5 Abs. 1 lit. a) UAbs. 3 Ziff. 1 IGA.

203 Vgl. *Zavvos/Kaltsouni*, in: Haentjens/Wessels (Hrsg.), Research Handbook on Crisis Management in the Banking Sector, 2015, S. 141; *Götz/Burkert* in: Everling/Goedeckemeyer (Hrsg.), Bankenrating, 2015, S. 414.

204 Vgl. Art. 5 Abs. 1 lit. c) IGA.

übertragen.[205] Können ex-post Beiträge nicht erhoben werden, ohne die Stabilität der betroffenen Institute zu gefährden, besteht für den SRB die Möglichkeit, gem. Art. 72 und 73 der SRM-VO Darlehen für den Fonds aufzunehmen oder andere Formen der Unterstützung vertraglich zu vereinbaren[206], wobei diese Unterstützung durch ex-post Beiträge aus den betroffenen Sitz- bzw. Niederlassungsstaaten zurückgezahlt wird.[207]

## IV. Zusammenfassung

Ziel des durch den Unionsgesetzgeber geschaffenen Abwicklungsmechanismus ist es, systemische Risiken abzuwehren, indem als systemrelevant identifizierte Teile eines fallierenden Unternehmens erhalten bleiben, wobei Bail-out-Garantien versagt und öffentliche Mittel weitgehend geschont werden sollen.[208]

Zu diesem Zweck etabliert das neue Abwicklungsinstrument des Bail-in eine zwingende Haftungshierarchie, um primär Anteilseigner und Gläubiger zur Verlusttragung heranzuziehen und ihnen das Risiko ihrer Investition, unter Aufhebung impliziter staatlicher Garantien, wiederaufzuerlegen. Dabei ist das Bail-in-Instrument grundsätzlich als verhältnismäßig einzustufen, soweit der Grundsatz des *no creditor worse off*, insbesondere durch Entschädigungsmöglichkeiten, gewahrt bleibt und die Bestandsgefährdung des Instituts nicht auf den Ausfall von Staatsschuldtiteln zurückzuführen ist.

Im Rahmen der konkreten Anwendung kann das Bail-in-Instrument hingegen nur dann effektiv sein, wenn es vom Markt als rechtssicher anerkannt wird.[209] Denn im Kern ist das Bail-in-Instrument nur ein bilanzieller Mechanismus, der auf existierende Verbindlichkeiten angewandt werden kann.[210] Institute können auf diese Weise nicht mit frischem Kapital ausgestattet, sondern nur von ihren Schulden befreit und somit wieder kreditwürdig gemacht werden.[211]

---

205 Vgl. Art. 5 Abs. 1 lit. d) IGA.

206 Vgl. Art. 5 Abs. 1 lit. e) UAbs. 1 IGA; vgl. *Gordon/Ringe*, Columbia Law Review 2015, S. 1348; *Zavvos/Kaltsouni*, in: Haentjens/Wessels (Hrsg.), Research Handbook on Crisis Management in the Banking Sector, 2015, S. 139 ff.

207 Vgl. Art. 5 Abs. 1 lit. e) UAbs. 2 IGA.

208 *Kemper*, Die Europäische Bankenunion und die Sparkassen, 2017, S. 68 ff.

209 Krit. *Binder*, ZHR 2015, S. 122 („…weit von Berechenbarkeit entfernt.").

210 *Schillig*, in: Haentjens/Wessels (Hrsg.), Research Handbook on Crisis Management in the Banking Sector, 2015, S. 98.

211 *Gleeson*, LSE Financial Markets Group Paper Series (205) 2012, S. 16; *D'Souza/Gravelle/Orsi u.a.*, Bank of Canada Financial System Review 2010, S. 53; *Thole*, ZBB 2016, S. 61.

Künftige Kreditgeber dürfen dabei keinen Grund haben, Anwendung und Umfang des Bail-in anzuzweifeln. Vorbeugende Rekapitalisierung und die diskretionäre Modifizierung der Haftungsreihenfolge bedingen hingegen Rechtsunsicherheiten.[212]

Dennoch zeigt die Einbindung von Gläubigern in die Haftung bereits Wirkung, was sich an steigenden Renditeforderungen von Investoren ablesen lässt, wobei Institute ihre Risikoübernahme begrenzen, um die Eigenkapitalkosten und Risikoprämien für die Investoren im Rahmen zu halten.[213] Mit anderen Worten: der Markt akzeptiert die neuen Regeln und preist diese ein.[214]

Trotz rechtlicher Unsicherheiten ist der Bail-in als regulatorisches Instrument gegenüber einem direkten, staatlich garantierten Bail-out, welcher die Sozialkosten einer Krise exponentiell erhöht, vorzugswürdig.[215] Für die Glaubwürdigkeit und die Rechtssicherheit ist es jedoch essentiell, dass Möglichkeiten wie die vorbeugende Rekapitalisierung sowie die Modifizierung der Haftungsreihenfolge nur beschränkt zum Einsatz kommen bzw. durch eine Fallgruppenbildung konkretisiert werden.[216]

Als weiteres subsidiäres Sicherungsnetz tritt der SRF hinzu, um die wirksame Anwendung der Abwicklungsinstrumente sicherzustellen. Trotz vielfacher

---

212 Vgl. *Conlon/Cotter*, Journal of Financial Stability 2014, S. 262 f.; *Gleeson*, LSE Financial Markets Group Paper Series (205) 2012, S. 24; krit. *Sachverständigenrat zur Begutachtung der gesamtwirtschaftlichen Entwicklung*, Jahresgutachten 2013/14, S. 177 Rn. 310 ff.

213 *Zech/Rudolph*, ifo Schnelldienst 2015, S. 33.

214 Vgl. *D'Souza/Gravelle/Orsi u.a.*, Bank of Canada Financial System Review 2010, S. 55.

215 *Zech/Rudolph*, ifo Schnelldienst 2015, S. 33; a.A. *Levitin*, Georgetown Law Journal 2011, S. 478 ff.; *Binder*, ZHR 2015, S. 133, wonach staatliche Rettungsbeihilfen ordnungspolitisch problematisch, gesamtwirtschaftlich hingegen eine vorzugswürdige Alternative darstellen können.

216 Ein Positivbeispiel stellt dahingehend die Abwicklung der spanischen Banco Popular dar, welche durch vollständigen Bail-in der Anteilseigner und Gläubiger am 7. Juni 2017 ohne Inanspruchnahme des SRF oder gar staatliche Garantien an die Banco Santander verkauft werden konnte, vgl. die gem. Art. 29 Abs. 5 SRM-VO veröffentlichte Bekanntmachung des SRB vom 7. Juni 2017, abrufbar unter https://srb.europa.eu/sites/srbsite/files/note_summarising_effects_07062017.pdf, zuletzt abgerufen am 30.01.2019; sowie die durch die spanische Abwicklungsbehörde (Autoridad de Resolución Ejecutiva) ergriffenen Maßnahmen zur Umsetzung des Abwicklungskonzepts gem. Art. 29 Abs. 1 SRM-VO, abrufbar unter http://www.frob.es/en/Lists/Contenidos/Attachments/419/ProyectodeAcuerdoreducido_EN_v1.pdf, zuletzt abgerufen am 30.01.2019; vgl. dazu auch die Börsen-Zeitung vom 9.6.2017, Nr. 109, S. 8 und vom 17.6.2017, Nr. 114, S. 4.

Kritik an der Zielausstattung zeigen ökonomische (Modell-)Berechnungen, dass die Mittel des SRF für die vorgesehenen Einsatzzwecke ausreichen, insbesondere da es nicht gesetzgeberisches Ziel war, einen „Bail-out“-Fonds zu schaffen. Eine unmittelbare Heranziehung, um die Verluste eines Instituts auszugleichen oder dieses zu rekapitalisieren, ist nicht möglich; führt die Inanspruchnahme dennoch zu einer mittelbaren Verlusttragung, gelten die einschränkenden Voraussetzungen des Bail-in-Instruments.[217]

Im Zuge der schrittweisen Haftungsvergemeinschaftung erscheint es realistisch, dass der SRF eine einheitliche, unabhängige Abwicklungsfinanzierung gewährleistet. Dabei kann der Fonds bei kleineren Instituten einen wesentlichen Finanzierungsbeitrag leisten und darüber hinaus die kurzfristige und initiale Handlungsfähigkeit des SRB in systemischen Krisensituationen sichern, um eine Abwicklung unter Schonung öffentlicher Mittel zu ermöglichen.

217 Vgl. Art. 76 Abs. 3 SRM-VO.

# D. Fondsfinanzierung durch die Europäische Bankenabgabe

Während der Bail-in somit eine tatsächliche europäische Innovation darstellt, gilt dies für den SRF und insbesondere die ihn finanzierende Europäische Bankenabgabe nur bedingt. Denn bereits 2009 stellten die G-20 Mitglieder, in Reaktion auf die enormen Kosten für die öffentlichen Haushalte und die folgende öffentliche Debatte im Zuge der bis dato beispiellosen Banken- und Finanzkrise, eine Anfrage an den International Monetary Fund (IMF), wie die Unternehmen der Kreditwirtschaft an den Kosten der Krise beteiligt werden könnten (*fair and substantial contribution*).[1] Die Finanzminister der G20 und die Zentralbankdirektoren reformulierten anschließend diese rückwärtsgewandte Anfrage, wonach vorzuschlagende Maßnahmen auch exzessive Risikostrukturen adressieren und einheitliche Wettbewerbsbedingungen für staatliche Interventionsmaßnahmen garantieren sollten.[2]

In seinem Report schlug der IMF im Sommer 2010 drei Arten von Abgaben vor: eine Bankenabgabe, wie sie bis dato bereits durch verschiedene Staaten eingeführt oder angekündigt wurde[3], eine Finanzaktivitätssteuer sowie eine Finanztransaktionssteuer.[4]

Während Finanzaktivitäts- und Finanztransaktionssteuer der politische, letzterer auch der wissenschaftliche[5] Rückhalt fehlte[6], veröffentlichten die britische,

---

1 Vgl. G20 Leaders Statement: The Pittsburgh Summit, September 24–25, 2009, Pittsburgh, A Framework for Strong, Sustainable and Balanced Growth, Rn. 16; *Claessens/Keen/Pazarbasioglu*, Financial Sector Taxation, S. 2; *Shackelford/Shaviro/Slemrod*, National Tax Journal 2010, S. 782; *Wieland*, in: Everling/Goedeckemeyer (Hrsg.), Bankenrating, 2015, S. 427 f.

2 Meeting of Finance Ministers and Central Bank Governors, 23. April 2010, Communiqué, Rn. 4; *Schön*, ECFR 2016, S. 426; *Page*, Tulane Law Review 2010, S. 192 f.

3 Übersichten bei *Devereux/Vella/Johannesen*, Oxford Working Paper Series (13/25) 2013, Table 1; *Paul/Neumann*, Finanzmarktregulierung: Einführung einer Bankenabgabe und Finanztransaktionsteuer auf deutscher und europäischer Ebene, 2011, S. 44 ff.

4 IMF, A Fair and Substantial Contribution by the Financial Sector: Final Report for the G-20, June 2010, S. 13 Rn. 19 ff. (Kap. B. Fn. 33); *Claessens/Keen/Pazarbasioglu*, Financial Sector Taxation, S. 3; mit einem Überblick *Hemmelgarn*, Steuern und Abgaben im Finanzsektor, 2011, S. 17 ff.

5 Vgl. *Shackelford/Shaviro/Slemrod*, National Tax Journal 2010, S. 796 f.; *Hemmelgarn*, Steuern und Abgaben im Finanzsektor, 2011, S. 74 f.

6 Vgl. *Schön*, ECFR 2016, S. 427; *Vella*, in: Ringe/Huber (Hrsg.), Legal Challenges In The Global Financial Crisis, 2014, S. 182 ff.

französische und deutsche Regierung am 22. Juni 2010 eine gemeinsame Erklärung, mit dem Vorschlag der Einführung einer jeweils nationalen Bankenabgabe. Ziel sei es einerseits, das systemische Risiko der Banken in Bezug auf künftige Krisen widerzuspiegeln und sie zur Schonung öffentlicher Mittel zu einer Finanzierung anzuhalten, andererseits sollen Anreize für Bilanzmaßnahmen hin zu einer nachhaltigeren Geschäftspolitik gesetzt werden.[7] Angestrebt war demnach nicht nur ein Finanzierungs-, sondern auch ein Lenkungszweck im Sinne einer Pigou-Abgabe, um negative Externalitäten aufgrund der Systemrelevanz der Institute zu internalisieren.[8]

Zum 31. Dezember 2010 (Deutschland) bzw. 01. Januar 2011 (Frankreich, Vereinigtes Königreich) traten die jeweiligen Regelungen in Kraft.[9] Im Detail wiesen die Modelle erhebliche Unterschiede in Zielsetzung, Ausgestaltung und Anwendungsbereich auf, womit sich offensichtlich nationale Rechtsgegebenheiten und politischer Einfluss gegen die ursprünglich angestrebten einheitlichen Wettbewerbsbedingungen durchgesetzt hatten.[10] Mit dem Ziel der Rechtsangleichung reagierte der Unionsgesetzgeber zunächst in Form der Mindestharmonisierung[11], bevor er in einem zweiten Schritt vollharmonisierend eine

---

7 Vgl. Gemeinsame Erklärung der französischen, deutschen und britischen Regierung, abrufbar unter http://www.bundesfinanzministerium.de/Content/DE/Standardartikel/Themen/Internationales_Finanzmarkt/Finanzmarktpolitik/Bankenabgabe/2010-06-22-Erklaerung.html;jsessionid=2F7774DD9F400379BC01ECA0D9CB7638, zuletzt abgerufen am 30.01.2019; vgl. auch *Projet de loi finances rectificative pour 2012: rapport*, S. 138, abrufbar unter http://www.senat.fr/rap/l11-689-1/l11-689-11.pdf, zuletzt abgerufen am 30.01.2019; *Vella*, in: Ringe/Huber, (Hrsg.), Legal Challenges In The Global Financial Crisis, 2014, S. 179; *Devereux*, British Tax Review 2011, S. 33.

8 Vgl. *Armour/Awrey/Davies u.a.*, Principles of Financial Regulation, 2016, S. 59; *Schön*, ECFR 2016, S. 428 Fn. 24 m.w.N.; *Hemmelgarn*, Steuern und Abgaben im Finanzsektor, 2011, S. 31 ff.; *Keen*, CESifo Economic Studies 2011, S. 11 ff.

9 Vgl. *Gordon/Ringe*, Columbia Law Review 2015, S. 1333 ff.

10 Vgl. *Dowell-Jones/Buckley*, Bank Levies: An Innovation in Post-Crisis Bank Taxation, 2015, S. 2 ff.

11 Vgl. Art. 103 f. BRRD-RL; Umsetzungsfrist 31.12.2014, vgl. Art. 130 Abs. 1 UAbs. 2 BRRD-RL; mit einer Übersicht zur Umsetzung der BRRD-RL in den Mitgliedstaaten *Grundmann*, in: Canaris/Habersack/Schäfer (Hrsg.), Staub HGB, 2016, S. 83 ff.; bereits im Oktober 2015 entschloss sich die EU-Kommission zur Klage gegen die Tschechische Republik, Luxemburg, die Niederlande, Polen, Rumänien und Schweden vor dem EuGH wegen Nichtumsetzung der BRRD-RL, vgl. Pressemitteilung der EU-Kommission vom 22.10.2015 (IP/15/5827); zum 28.4.2016 hatten Polen, Belgien

Europäische Bankenabgabe zum 1. Januar 2016 zur Finanzierung des SRF innerhalb der Eurozone schuf.[12]

Vor diesem Hintergrund soll die inhaltliche Ausgestaltung (i) der genannten nationalen Bankenabgaben in ihrer ursprünglichen Form und (ii) der Europäischen Bankenabgabe untersucht werden.

Im nationalen Rahmen wird zunächst dargelegt, ob die Form einer Steuer zur Haushaltsfinanzierung oder eine Fondslösung gewählt wurde und ob eine der Lösungen ökonomisch vorzugswürdig ist.

Kernpunkt soll anschließend die Aufarbeitung des persönlichen und sachlichen Anwendungsbereichs sein, welcher rechtsvergleichend für die nationalen Bankenabgaben problembezogen-funktional analysiert wird, um auf dieser Basis eine normbezogen-deskriptive sowie komparative Untersuchung der gesetzlichen Ausgestaltung der Europäischen Bankenabgabe anzuschließen.

# I. Inhaltliche Ausgestaltung

## 1. Ausgestaltungsbeispiele nationaler Bankenabgaben

### *a. Steuer- versus Fondslösung*

In Deutschland wurde mit § 1 Restrukturierungsfondsgesetz (RStruktFG)[13] der Restrukturierungsfonds als Sondervermögen des Bundes eingerichtet, welcher sich durch die Bankenabgabe der herangezogenen Unternehmen speisen sollte. Vorrangig sollten die Mittel dazu dienen, Maßnahmen zur Überwindung von Bestands- und Systemgefährdungen zu finanzieren, um die Stabilisierung des Finanzmarktes zu gewährleisten.[14]

Die Verwaltung oblag dabei der FMSA als nationaler Abwicklungsbehörde, mit Sitz in Frankfurt am Main. Bei der Finanzierung entsprechender Abwicklungsmaßnahmen hatte die FMSA nach „pflichtgemäßem Ermessen unter Berücksichtigung der Systemrelevanz der Kreditinstitute" über den Einsatz

---

und Slowenien die Umsetzung in nationales Recht noch nicht vorgenommen, vgl. EU-Kommission vom 28.4.2016 (MEMO/16/1452).

12 Vgl. Art. 70 f. SRM-VO.

13 Gesetz zur Errichtung eines Resturkturierungsfonds für Kreditinstitute in der Fassung der Bekanntmachung vom 09.12.2010, BGBl. 2010 I S. 1921; auf diese Fassung beziehen sich auch alle weiteren Aufführungen des RStruktFG, soweit nicht anderes gekennzeichnet.

14 Vgl. § 3 Abs. 1 RStruktFG.

der Mittel des Fonds, dessen Zielgröße gem. § 12 Abs. 10 S. 1 RStruktFG mit 70 Mrd. Euro gesetzlich festgelegt war, zu entscheiden.[15] Der deutsche Gesetzgeber bediente sich mithin der Ausgestaltung als parafiskalische Abgabe zur Finanzierung zukünftiger Krisen.[16]

Die äquivalenten Abgaben in Frankreich und im Vereinigten Königreich waren hingegen als Steuer ausgestaltet.[17] Nach ihrer jeweiligen Erhebung flossen beide direkt in den jeweiligen Staatshaushalt, womit beide Staaten den Finanzsektor zur Sanierung des Staatshaushalts heranzogen und ihren Abgaben damit ein Sanktionscharakter zukam.[18]

Blickt man auf die Ausgestaltungsvarianten, hat speziell im Krisenfall eine Fondslösung den Vorteil, dass keine Notwendigkeit besteht, erst zu diesem Zeitpunkt Mittel aus dem allgemeinen Haushalt bereitzustellen. Es kann auf diesem Weg eine Unabhängigkeit von der Haushaltslage und diskretionären, politischen Entscheidungen erreicht werden.[19] Gleichzeitig kann ein Fonds, der einen gewissen Umfang erreicht hat, aufgrund der sofortigen Verfügbarkeit der Mittel auch marktberuhigende Wirkung zeitigen.[20]

Im Gegenzug favorisierte der Bericht von Jean-François Lepetit an den französischen Wirtschafts- und Finanzminister eine Steuer, um Moral Hazard-Effekte zu vermeiden, die durch die Einführung eines eigenen Abwicklungsfonds drohen würden:

> *„Le rapport privilégie l'affectation du produit de cette taxe du budget général des États plutôt qu'à un fonds de résolution car cette solution apparaît mieux à même de limiter l'aléa moral."*[21]

---

15 Vgl. § 4 Abs. 1 S. 1 RStruktFG.

16 Vgl. zur Einordnung der deutschen Bankenabgabe als parafiskalische Abgabe *Pflock*, Europäische Bankenregulierung und das „Too big to fail-Dilemma", 2014, S. 183 Fn. 1166 m.w.N.

17 Vgl. *Trötscher/Weber*, in: Grieser/Heemann (Hrsg.), Bankenaufsicht nach der Finanzmarktkrise, 2011, S. 299 und 301; *Schweikhard/Wahrenburg*, The Internalization of Systemic Risk: An Analysis of Bank Levy Schemes, 2015, S. 6.

18 Vgl. *Schaap/van Dülme*, Die Bank 2011, S. 10.

19 Vgl. *Armour*, in: Moloney/Ferran/Payne (Hrsg.), The Oxford Handbook of Financial Regulation, 2015, S. 479; *Schön*, ECFR 2016, S. 438.

20 Vgl. *Claessens/Keen/Pazarbasioglu*, Financial Sector Taxation, S. 2.

21 *Lepetit*, Rapport sur le risque systémique, Avril 2010, S. 5, abrufbar unter http://www.ladocumentationfrancaise.fr/var/storage/rapports-publics/104000185.pdf, zuletzt abgerufen am 30.10.2019.

Angeführt wurde im Detail, dass durch eine Fondslösung ex-ante eine Milliardensumme allein für die Rettung des Finanzmarktes bereitgehalten würde. In dieser Gewissheit wäre für die individuellen Banken jedoch kein Anreiz gegeben, riskante Geschäftspraktiken aufzugeben. Im Krisenfall könnten sie sich auf die Fondsmittel fest verlassen, zumal die Mittel dergestalt fest gebunden seien und nicht mehr flexibel eingesetzt werden könnten.[22] Im Fall der Zuweisung an den allgemeinen Haushalt könnte zudem eine Unterstützungspflicht des Staates im Fall der systemischen Krise festgeschrieben werden, die jedoch Abweichungen im Einzelfall, speziell bezüglich der Höhe zulasse.[23] Auch der IMF führte an, dass die Gefahr der fiskalischen „Zweckentfremdung" der Mittel im Fall der formalen Zuweisung an einen Rettungsfonds nicht gebannt sei.[24]

Gerade das Argument der drohenden Moral Hazard-Effekte kann indes nicht überzeugen, da bei einer Fondslösung nach deutschem Modell die Mittel des Fonds nicht als eine Versicherung im Krisenfall fungieren, sondern nur zur finanziellen Unterstützung solcher Restrukturierungs- und Abwicklungsmaßnahmen herangezogen werden, die notwendig sind, die Finanzstabilität zu wahren.[25] Ein Vertrauen auf eine vollständige „Rettung" der einzelnen Institute ist, auch durch die Limitierung der Größe des Fonds, ausgeschlossen.[26]

Nach Einschätzungen des IMF bietet keines der beiden Lösungsmodelle substanzielle ökonomische Vorteile.[27] Rechtspolitisch bot die Einführung einer Steuer für England und Frankreich hingegen die Möglichkeit der Haushaltskonsolidierung im Nachgang der Bankenkrise.[28] Zumal somit in der öffentlichen Debatte medienwirksam darauf verwiesen werden konnte, dass die durch einen Bail-out verursachten Kosten ersetzt, mithin die Steuerzahler für ihre Verluste entschädigt und der Bankensektor sanktioniert wird.[29]

---

22 Vgl. *Lepetit*, Rapport sur le risque systémique, Avril 2010, S. 98 f. (Fn. 21).

23 Vgl. *Ibd.*, S. 81.

24 Vgl. *Claessens/Keen/Pazarbasioglu*, Financial Sector Taxation, S. 18 (Box 4); *Waschbusch/Rolle*, in: Jochum/Elicker/Lampert u.a. (Hrsg.), Freiheit, Gleichheit, Eigentum – Öffentliche Finanzen und Abgaben, 2015, S. 1042 ff.

25 *Schweikhard/Wahrenburg*, The Internalization of Systemic Risk: An Analysis of Bank Levy Schemes, 2015, S. 6.

26 Vgl. *Kleinow*, Systemrelevante Finanzinstitute, 2016, S. 196 f.

27 *Claessens/Keen/Pazarbasioglu*, Financial Sector Taxation, S. 15.

28 *Dowell-Jones/Buckley*, Bank Levies: An Innovation in Post-Crisis Bank Taxation, 2015, S. 36 f.

29 Dieser Gedanke einer tatsächlichen „Sanktion" für die vorangegangene Krise wurde durch den amerikanischen Vorschlag der „Financial Crisis Responsibility Fee"

### *b. Anwendungsbereich*

#### *aa. Deutsche Bankenabgabe*

##### (1) Abgabenschuldner

Die deutsche Bankenabgabe wurde gem. § 2 Satz 1 RStruktFG von Kreditinstituten im Sinn des § 1 Abs. 1 Kreditwesengesetz (KWG)[30] mit einer Erlaubnis nach dem KWG, welche die Vorgaben der Verordnung über die Rechnungslegung der Kreditinstitute und Finanzdienstleistungsinstitute (RechKredV)[31] erfüllten, erhoben.[32]

Die RechKredV wiederum fand gem. § 1 Satz 1 RechKredV Anwendung auf alle Kreditinstitute, für die § 340 Abs. 1 S. 1 HGB galt, was grundsätzlich auf alle Kreditinstitute nach § 1 Abs. 1 KWG zutraf, solange sie nicht nach § 2 Abs. 1, 4 oder 5 KWG ausgenommen waren, sowie auf inländische Zweigstellen von Unternehmen mit Sitz in einem Staat, der nicht Mitglied der EU/EWR ist, sofern die Zweigstelle gem. § 53 Abs. 1 KWG als Kreditinstitut galt (sog. Institutsfiktion).[33]

Ausgenommen von der Abgabepflicht waren insbesondere die Deutsche Bundesbank, die Kreditanstalt für Wiederaufbau sowie Förderinstitute.[34] Weitere Ausnahmen bestanden im Umkehrschluss zu § 2 Satz 1 RStruktFG für Finanzdienstleistungsunternehmen gem. § 1 Abs. 1a KWG, Finanzunternehmen gem.

---

verfolgt; krit. dazu *Giancarlo u.a.*, Taxation and Regulation of the Financial Sector, 2011, S. 158.

30 Kreditwesengesetz in der Fassung vom 20.3.2009, BGBl. I S. 607, auf diese Fassung beziehen sich auch alle weiteren Aufführungen des KWG soweit nicht anderes gekennzeichnet.

31 Verordnung über die Rechnungslegung der Kreditinstitute und Finanzdienstleistungsinstitute in der Fassung vom 18.12.2009, BGB I S. 3934, auf diese Fassung beziehen sich auch alle weiteren Aufführungen der RechKredV soweit nicht anderes gekennzeichnet.

32 *Trötscher/Weber*, in: Grieser/Heemann (Hrsg.), Bankenaufsicht nach der Finanzmarktkrise, 2011, S. 294.

33 Da Zweigstellen selbst nur Teil eines ausländischen Kreditinstituts sind, gelten sie per se nicht als Unternehmen; die Fiktion knüpft daher an das Betreiben von Bankgeschäften bzw. die Erbringung von Finanzdienstleistungen an, vgl. *Höche*, WM 2011, S. 57; a.A. *Hanten/München*, WM 2011, S. 1927 f.

34 Vgl. § 2 Satz 2 RStruktFG i.V.m. § 5 Abs. 1 Nr. 2 KStG; letzteres war im Entwurf für das RStruktFG noch nicht vorgesehen, vgl. *Schön/Hellgardt/Osterloh-Konrad*, WM 2010, S. 2153 Fn. 53a.

§ 1 Abs. 3 KWG, Unternehmen, die gänzlich außerhalb des Anwendungsbereichs des KWG standen wie Hedgefonds, Versicherungen und Kapitalanlagegesellschaften, ausländische Tochtergesellschaften inländischer Banken sowie inländische Zweigniederlassungen ausländischer Banken mit Sitz in der EU/EWR.[35]

Eine konkrete Anknüpfung an die Systemrelevanz fand dabei nicht statt, vielmehr wurden sämtliche Institute unabhängig von einer tatsächlichen Systemrelevanz herangezogen, soweit sie in den persönlichen Anwendungsbereich fielen.[36]

### (2) Beitragsbemessung

Im Rahmen der Beitragsbemessung differenzierte der deutsche Gesetzgeber gem. § 1 und 2 Restrukturierungsfonds-Verordnung (RStruktFV)[37] im Grundsatz zwischen Jahres- und Sonderbeiträgen.

Die institutsspezifische Höhe der Abgabe bestimmte sich grundlegend nach dem systemischen Risiko, welches anhand der Faktoren des Geschäftsvolumens, der Größe der Bank und dem Grad ihrer Verflechtung zu beurteilen war.[38]

Als Indikatoren der Systemrisiko-Faktoren wurde die Summe der eingegangenen Verbindlichkeiten sowie der Umfang der noch nicht abgewickelten Termingeschäfte herangezogen, womit sich der Jahresbeitrag aus den Komponenten der „beitragsrelevanten Passiva" sowie den „Derivaten" zusammensetzte.[39]

Die konkrete Berechnung erfolgte in mehreren Schritten: Ausgehend von den bilanzierten Verbindlichkeiten wurden, unter Berücksichtigung bestimmter Abzugsposten, zunächst die beitragsrelevanten Passiva ermittelt.[40]

---

35 Vgl. § 53b Abs. 1 KWG; *Trötscher/Weber*, in: Grieser/Heemann (Hrsg.), Bankenaufsicht nach der Finanzmarktkrise, 2011, S. 295.

36 Vgl. *Schön/Hellgardt/Osterloh-Konrad*, WM 2010, S. 2150.

37 Verordnung über die Erhebung der Beiträge zum Restrukturierungsfonds für Kreditinstitute in der Fassung der Bekanntmachung vom 20.7.2011, BGBl. 2011 I S. 1406, auf diese Fassung beziehen sich auch alle weiteren Aufführungen der RStruktFV soweit nicht anderes gekennzeichnet.

38 Vgl. *Trötscher/Weber* in: Grieser/Heemann (Hrsg.), Bankenaufsicht nach der Finanzmarktkrise, 2011, S. 295.

39 Vgl. § 1 Abs. 2 S. 2 Nr. 1 und 2 RStruktFV; zum Ansatz, die Verbindlichkeiten zur Basis der Bemessungsgrundlage zu machen, vgl. *Claessens/Keen/Pazarbasioglu* Financial Sector Taxation, S. 13, da insbesondere Überschneidungen mit den Basel-Regularien befürchtet wurden, die ebenfalls auf das Risiko der Aktivposten abstellen.

40 Vgl. § 1 Abs. 2 S. 2 Nr. 1 S. 1 RStruktFV, Abzugsposten insb. „Eigenkapital"; die relevanten Passiva machten 90 % der Beitragssumme aus, vgl. *Buch/Hilberg/Tonzer*, Journal of Banking and Finance 2016, S. 56.

Anschließend wurden die jeweiligen Verbindlichkeitspositionen einem progressiv steigenden Beitragssatz von 0,02 % bis 0,06 % zugeordnet, wobei gem. § 1 Abs. 2 S. 2 Nr. 1 S. 2 und 3 RStruktFV bis zu 300 Mio. Euro ein Freibetrag bestand.[41] Die einzelnen Beträge waren nach der Multiplikation miteinander zu addieren.[42]

Die Komponente der Derivate wurde demgegenüber aus dem Nominalvolumen der zum zuletzt festgestellten Jahresabschluss aufgenommenen Termingeschäfte ermittelt und gem. § 1 Abs. 2 S. 2 Nr. 2 RStruktFV mit dem einheitlichen Beitragssatz von 0,0003 % multipliziert.[43]

§ 3 Abs. 1 S. 1 RStruktFV definierte als Zumutbarkeitsgrenze 20 % des Jahresüberschusses, wobei zeitgleich § 3 Abs. 2 RStruktFV einen Mindestbetrag in Höhe von 5 % der ermittelten Bemessungsgrundlage vorsah, auch wenn diese Beitragshöhe über der Zumutbarkeitsgrenze lag, womit letztlich der höhere der beiden Beträge als Jahresbeitrag zu entrichten war.[44]

Genügten die im Fonds angesammelten Mittel nicht, um Abwicklungsmaßnahmen und laufende Kosten zu bestreiten, erlaubte es § 12 Abs. 2 S. 2 RStruktFG der FMSA Sonderbeiträge zu erheben. Dabei durften die in einem Kalenderjahr erhobenen Sonderbeiträge das Dreifache des Durchschnitts der in den letzten drei Jahren fällig gewordenen Jahresbeiträge des Kreditinstituts nicht übersteigen.[45] Führten weder die vorhanden noch die nachträglich erhobenen Mittel zu einer zeitgerechten Deckung des Mittelbedarfs, konnte die FMSA gem. § 12 Abs. 3 S. 3 und Abs. 6 RStruktFG für den Restrukturierungsfonds Kredite aufnehmen. Im Rahmen einer Finanzierungshierarchie wurde durch den Gesetzgeber somit eine nachrangige Kreditaufnahme angestrebt.[46]

41 Vgl. *Bornemann*, in: Haentjens/Wessels (Hrsg.), Research Handbook on Crisis Management in the Banking Sector, 2015, S. 475 ff.; den Freibetrag konnten 77 % aller Institute nutzen, vgl. *Buch/Hilberg/Tonzer*, Journal of Banking and Finance 2016, S. 56.

42 Vgl. § 1 Abs. 2 S. 2 Nr. 1 S. 4 RStruktFV.

43 Detailliert zur Berechnung *Ferstl*, Die Auswirkungen der „Bankenabgabe“ auf die Unternehmensberichterstattung deutscher Kreditinstitute, 2014, S. 123 ff.; *Göbel/Henkel/Lantzius-Benninga*, WPg 2012, S. 28 ff.

44 *Trötscher/Weber*, in: Grieser/Heemann (Hrsg.), Bankenaufsicht nach der Finanzmarktkrise, 2011, S. 297; *Buch/Hilberg/Tonzer*, Journal of Banking and Finance 2016, S. 54; *Schweikhard/Wahrenburg*, The Internalization of Systemic Risk: An Analysis of Bank Levy Schemes, 2015, S. 6 f.

45 Vgl. § 12 Abs. 4 S. 3 RStruktFG.

46 Vgl. BT-Drs. 17/3024, S. 74.

### *bb. Französische Bankenabgabe*

#### (1) Abgabenschuldner

Die französische Bankenabgabe (*tax sur le risque systemique,* TRS) wurde demgegenüber von Banken und Finanzinstituten erhoben, die der französischen Bankenaufsicht unterlagen.[47] Durch die Anknüpfung an die französische Bankenaufsicht waren u.a. auch inländische Tochtergesellschaften ausländischer Banken, Börsenmakler (Broker), zentrale Gegenparteien (Verrechnungsstellen) sowie Bankholdinggesellschaften abgabepflichtig.[48]

Ausnahmen waren nur vorgesehen für inländische Zweigniederlassungen ausländischer Banken mit Sitz in der EU/EWR, Asset-Management-Unternehmen, Versicherungen, nicht regulierte Investmentfonds sowie die französische Förderbank L'Agence française de développement.[49]

#### (2) Beitragsbemessung

Die Beitragsbemessung durch die französische TRS erfolgte stark abweichend zur deutschen Bankenabgabe; der Abgabensatz von 0,25 % wurde in Abhängigkeit vom regulatorischen Mindesteigenkapital[50] erhoben, womit die Höhe der Steuer direkt durch regulatorische Änderungen des Baseler Akkords beeinflusst werden konnte.[51]

Befreit waren Gesellschaften, deren regulatorisches Mindesteigenkapital unter 500 Mio. Euro lag, wodurch insbesondere dem weiten Zuschnitt im Rahmen des persönlichen Anwendungsbereichs Rechnung getragen werden sollte.[52]

---

47 Vgl. Article 235 ter ZE, Paragraph I n° 1, Code général des impôts in der Fassung vom 1. Januar 2011 bis zum 12. Juni 2011 sowie Article L. 612-2, Code monétaire et financier.

48 Vgl. *Ferstl*, Die Auswirkungen der „Bankenabgabe" auf die Unternehmensberichterstattung deutscher Kreditinstitute, 2014, S. 146.

49 Vgl. Article 235 ter ZE, Paragraph I n° 2, Code général des impôts.

50 Sog. Gesamtkapitalquote von (mind.) 8 % als Anteil der Eigenmittel an den risikogewichteten Aktiva, vgl. Art. 92 Abs. 1 c) CRR-VO.

51 Vgl. Art. 235 ter ZE, Paragraphes II-III, Code général des impôts; *Trötscher/Weber,* in: Grieser/Heemann (Hrsg.), Bankenaufsicht nach der Finanzmarktkrise, 2011, S. 301; *Devereux/Vella/Johannesen*, Oxford Working Paper Series (13/25) 2013, S. 7; *Ferstl*, Die Auswirkungen der „Bankenabgabe" auf die Unternehmensberichterstattung deutscher Kreditinstitute, 2014, S. 146.

52 Art. 235 ter ZE, Paragraphes II, Code général des impôts; vgl. Projet de loi finances rectificative pour 2012: rapport, S. 140 (Fn. 7).

Im direkten Vergleich mit der deutschen Bankenabgabe sah die französische Steuer weder eine Zumutbarkeitsgrenze noch einen Mindestbeitrag vor.

#### cc. *Britische Bankenabgabe*

##### (1) Abgabenschuldner

Der persönliche Anwendungsbereich der britischen Bankenabgabe (*bank levy*) umfasste gem. Finance Act 2011, Schedule 19 Part 1, Paragraph 1 und Part 2, Paragraph 4 ausschließlich in- und ausländische Kreditinstitute, Bausparkassen sowie sonstige relevante Nicht-Banken. Zu letzteren zählten Gesellschaften dann, wenn in ihrer Konzernstruktur mindestens eine inländische oder ausländische Bank gehört, welche jedoch selbst nicht als Kreditinstitut im Sinn des Schedule 19 Part 2 Paragraph 1 klassifiziert werden kann.[53]

##### (2) Beitragsbemessung

Die Höhe der britischen Bankenabgabe bestimmte sich durch eine Orientierung am Eigenkapital sowie den Verbindlichkeitspositionen.[54]

Vergleichbar mit der deutschen Bankenabgabe modifiziert auch diese Ausgestaltung das herangezogene Eigenkapital sowie die Verbindlichkeiten unter Abzug bestimmter Positionen.

So entfiel Kernkapital[55] auf Seiten des Eigenkapitals[56], wohingegen in Bezug auf die Verbindlichkeiten durch den Einlagensicherungsfonds gesicherte Depositen, Verbindlichkeiten aus bestimmten Repo- und Wertpapierleihegeschäften, bestimmte Versicherungsverbindlichkeiten, Neubewertungsrücklagen für bestimmte Sachanlagen, Verbindlichkeiten aus laufenden und latenten Steuern sowie Verbindlichkeiten für die Bankenabgabe selbst, Verbindlichkeiten aus Leistungen der betrieblichen Altersvorsorge, Verbindlichkeiten gegenüber dem Einlagensicherungsfonds, Verbindlichkeiten aus getrennt geführten Kundengeldern sowie Währungsverbindlichkeiten ausgenommen wurden.[57]

---

53 Vgl. Finance Act 2011, Schedule 19 Part 3, Paragraph 11; *Fichardt*, in: Weber/Marres (Hrsg.), Taxing the Financial Sector, 2012, S. 73 ff.

54 Vgl. *Fichardt*, in: Weber/Marres (Hrsg.), Taxing the Financial Sector, 2012, S. 75 ff.

55 Sog. Tier-1 Kapital als Zusammensetzung aus hartem Kernkapital (CET1) und zusätzlichem Kernkapital (AT1) gem. Art. 25, 51 CRR-VO, vgl. bereits Kap. C. II. 2. d. aa.

56 Vgl. Finance Act 2011, Schedule 19, Part 4, Paragraph 30.

57 Vgl. Finance Act 2011, Schedule 19, Part 4, Paragraphs 29 und 31 ff.

Bestreben des britischen Gesetzgebers war es, Anreize zu geben, in qualitativ hochwertiges Eigenkapital zu investieren sowie gesicherte Verbindlichkeiten von der Berechnung auszunehmen.[58]

Neben diesem Lenkungszweck sollten pro Jahr festgeschriebene 2,5 Mrd. Pfund an Finanzmitteln durch die *bank levy* eingenommen werden (*revenue target*).[59]

Der Abgabensatz auf die ermittelte Bemessungsgrundlage betrug ab Mai 2011 0,075 %, wobei langfristig laufende (ein Jahr und mehr) sowie besicherte Verbindlichkeiten in Form eines halben Abgabensatzes begünstigt wurden.[60] Zusätzlich wurde ein pauschaler Freibetrag in Höhe von 20 Mrd. Pfund gewährt, der proportional zwischen den begünstigten Verbindlichkeiten und der übrigen Bemessungsgrundlage aufzuteilen war.[61]

### *dd. Rechtsvergleichende Würdigung*

Rechtsvergleichend wies die französische Abgabe den weitesten persönlichen Anwendungsbereich auf, während die deutsche und speziell die britische Abgabe deutlicher auf den Bankensektor zugeschnitten waren. Im Kontext der französischen Abgabe war im Ausgangspunkt vielmehr von einer grundsätzlichen Besteuerung der Kreditwirtschaft zu sprechen, die sich besonders im Fall von Brokern und zentralen Gegenparteien nur schwer mit dem Gedanken einer Verantwortlichkeit für systemische Risiken in Einklang bringen ließ.

Vergleichbare Einwände konnten zwar auch gegen die deutsche Abgabe erhoben werden, die im Rahmen der Rechtfertigung durch eine besondere Sachnähe der Abgabenschuldner zum angestrebten Finanzierungszweck nicht

---

58 Vgl. *Dowell-Jones/Buckley*, Bank Levies: An Innovation in Post-Crisis Bank Taxation, 2015, S. 5; *Schweikhard/Wahrenburg*, The Internalization of Systemic Risk: An Analysis of Bank Levy Schemes, 2015, S. 7; *Vella*, in: Ringe/Huber (Hrsg.), Legal Challenges In The Global Financial Crisis, 2014, S. 179 f.; *Giancarlo u.a.*, Taxation and Regulation of the Financial Sector, 2011, S. 160.

59 Vgl. *Osborne*, Treasury Committee, June 2010 Budget, First Report of Session 2010–11, HC 350 2010/11, S. 40 Frage 272, abrufbar unter https://www.publications.parliament.uk/pa/cm201011/cmselect/cmtreasy/350/350.pdf, zuletzt abgerufen am 30.01.2019; *Dowell-Jones/Buckley*, Bank Levies: An Innovation in Post-Crisis Bank Taxation, 2015, S. 5.

60 Januar/Februar 2011 wurden mit 0,05 %, März/April 2011 mit 0,1 % besteuert, vgl. Finance Act 2011, Schedule 19, Part 2, Paragraph 7.

61 Vgl. Finance Act 2011, Schedule 19, Part 2, Paragraph 6; *Trötscher/Weber*, in: Grieser/Heemann (Hrsg.), Bankenaufsicht nach der Finanzmarktkrise, 2011, S. 300.

auf das Kriterium des systemischen Risikos zurückgriff, sondern grundsätzlich alle Kreditinstitute zur Zahlung heranzog. Dies begründete sich jedoch darin, dass Kreditinstitute als Gruppe eine gegenüber der Allgemeinheit erhöhte Nähe zum Sachzweck aufwiesen, weshalb es dem Gesetzgeber freistand, diese auch unabhängig von ihrer Systemrelevanz für eine Abgabe heranzuziehen.[62] Zumal sich die konkrete Höhe der Abgabe auf der Rechtsfolgenseite im Grundsatz nach dem tatsächlichen systemischen Risiko bemaß.

Blickt man dahingehend auf die konkreten Abgabensummen, so ist zunächst festzuhalten, dass alle Abgaben versuchten, sich im Kern am systemischen Risiko der Institute zu orientieren, um bei der Festlegung der konkreten Abgabenhöhe zutreffend zu differenzieren und von risikoreicheren Instituten einen höheren Beitrag zu verlangen.[63]

Vergleicht man das britische und französische Modell wird deutlich, dass die regulatorischen Eigenkapitalvorgaben nur geringen Einfluss auf die Bemessungsgrundlage der britischen Abgabe haben konnten, da diese um das Kernkapital gekürzt wurde.[64] Die Nichtberücksichtigung des Kernkapitals rückt die britische Bankenabgabe vielmehr in die Nähe der deutschen Abgabe[65]; mithin stellt sie im Kern eine am Fremdkapital orientierte Steuer dar.[66]

Der vergleichbare Ansatz zur Bestimmung der Bemessungsgrundlage der britischen und deutschen Lösung schlägt sich auch in der empirischen Forschung nieder. Unter Modellierung einer idealen, auf vollständige Internalisierung systemischer Risiken ausgerichteten, Bankenabgabe konnte in einer Vergleichsstudie nachgewiesen werden, dass der britische und deutsche Regulierungsansatz dazu führte, dass die jeweilige Abgabenhöhe unmittelbar auf Änderungen der Systemrelevanz der einzelnen Institute reagierte und insoweit das systemische

---

62 Vgl. *Schön/Hellgardt/Osterloh-Konrad*, WM 2010, S. 2150.

63 *Schweikhard/Wahrenburg*, The Internalization of Systemic Risk: An Analysis of Bank Levy Schemes, 2015, S. 24, vgl. auch Projet de loi finances rectificative pour 2012: rapport, S. 139 (Fn. 7) („La TRS est in fine assise sur les risques des établissements systémiques, dont elle vient augmenter le coût.").

64 Vgl. *Trötscher/Weber*, in: Grieser/Heemann (Hrsg.), Bankenaufsicht nach der Finanzmarktkrise, 2011, S. 301.

65 Vgl. *Vella*, in: Ringe/Huber (Hrsg.), Legal Challenges In The Global Financial Crisis, 2014, S. 180.

66 *Devereux*, British Tax Review 2011, S. 36.

Risiko wesentlich genauer abbildete, als das nur auf das Mindesteigenkapital abstellende französische Modell.[67]

Die Abzugsposten für das Eigenkapital ermöglichten es, Banken mit höherem Haftungspuffer nicht mittelbar zu sanktionieren, wohingegen die Ausnahme der durch Einlagenversicherung geschützten Verbindlichkeiten einen doppelten Ansatz der gleichen Verbindlichkeiten vermeiden sollte.[68] Unmittelbare Folge davon war auch, zumindest im deutschen Modell, die gesteigerte Vorhersehbarkeit der Abgabenhöhe für die Institute.[69] Kritisch zu sehen ist jedoch, dass allein die Bilanzsumme als Bemessungsgrundlage das Risiko birgt, Anreize zur Disintermediation und Auslagerung von Aktivitäten aus der Bilanz zu setzen.[70]

Der französische Gesetzgeber wollte hingegen, aufgrund der hohen Bilanzsummen der heimischen Banken, kein Modell wählen, welches an die Passivseite der Bilanz anknüpft.[71]

Angeführt wurde insbesondere, dass die Größe der Institute nicht der einzige Faktor des systemischen Risikos sei[72], zumal dadurch französische Banken sanktioniert würden, die vor der Bankenkrise nur in geringem Ausmaß Kreditforderungen verbrieft hätten. Ausländische Banken hätten auf diesem Weg risikoreiche Kreditforderungen aus ihrer Bilanzierung genommen, um Spielraum für die Vergabe von neuen Krediten zu schaffen, ohne gleichzeitig die Bilanzsumme der Passiva erhöhen zu müssen.[73] Gefolgert wurde, dass wenn man an die Passivseite der Bilanz anknüpfe, französische Banken benachteiligt würden,

---

67 *Schweikhard/Wahrenburg*, The Internalization of Systemic Risk: An Analysis of Bank Levy Schemes, 2015, S. 24; *Cannas u.a.*, European Commission Working Paper (43) 2014, S. 15.

68 *Pflock*, Europäische Bankenregulierung und das „Too big to fail-Dilemma", 2014, S. 178 m.w.N.; *Buch/Hilberg/Tonzer*, Journal of Banking and Finance 2016, S. 54.

69 *Schweikhard/Wahrenburg*, The Internalization of Systemic Risk: An Analysis of Bank Levy Schemes, 2015, S. 27; die Vorhersehbarkeit der britischen Abgabe litt hingegen unter dem fixen jährlichen Zielbetrag und dem entsprechend stark schwankenden Abgabensatz.

70 *Pflock*, Europäische Bankenregulierung und das „Too big to fail-Dilemma", 2014, S. 178 m.w.N.

71 International fiel Frankreich als einer der schärfsten Gegner einer verstärken Bankenregulierung auf, vgl. *Admati/Hellwig*, Des Bankers neue Kleider, 2014, S. 24.

72 Vgl. *Claessens/Keen/Pazarbasioglu* Financial Sector Taxation, S. 13; krit. auch *Devereux*, British Tax Review 2011, S. 36.

73 Projet de loi finances rectificative pour 2012: rapport, S. 139 (Fn. 7).

obwohl diese von derart risikoreichen Geschäftspraktiken, die als Mitauslöser der Banken- und Finanzkrise zu sehen seien, abgesehen hätten.[74]

Die Begründung für die Abweichung stellte dahingehend protektionistische Motive zugunsten der einheimischen Banken in den Vordergrund, was dem Gedanken des europäischen „*level playing field*" diametral zuwiderlief.

Mit der gewählten Beschränkung auf das Mindesteigenkapital konnte zudem kein positiver Anreiz zum Aufbau von weiterem Eigenkapital gesetzt werden.[75] Anders als die deutsche und britische Abgabe zielte die TRS somit nicht darauf ab, bestimmte risikoreiche Verbindlichkeiten ab- bzw. weiteres Eigenkapital aufzubauen.[76]

In Bezug auf die Höhe des Abgabensatzes ähnelten sich wiederum die britische und deutsche Abgabe, wobei die französische Ausgestaltung mit einem Viertel Prozent an der Spitze lag. Letzteres relativiert sich jedoch mit Blick auf die begrenzte Bemessungsgrundlage, zumal eine vollständige Befreiung bei Gesellschaften mit einem regulatorischen Mindestkapital unter 500 Mio. Euro vorgesehen war. Trotz des vergleichbar hohen Abgabensatzes war die französische Abgabe tatsächlich die am wenigsten ertragreiche[77], was unter anderem auch daran lag, dass durch die Befreiung nur 16 Unternehmen tatsächlich zu einer Zahlung herangezogen wurden.[78]

Ein vergleichbares Problem traf jedoch die deutsche Abgabe. Im Hinblick auf die Tatsache, dass im Rahmen der beitragsrelevanten Passiva 77 % der Abgabenschuldner den Freibetrag in Anspruch nehmen konnten und auf der anderen Seite die Großbanken vermehrt auf die Zumutbarkeitsgrenze pochten, erklären

---

74 Projet de loi finances rectificative pour 2012: rapport, S. 139 (Fn. 7); mit einem Überblick zum Einfluss der CDOs auf die Entwicklung der Finanzkrise vgl. *Krassin/Tran/Lieven*, in: Elschen/Lieven (Hrsg.), Der Werdegang der Krise, 2009, S. 91 ff.

75 Vgl. *Claessens/Keen/Pazarbasioglu*, Financial Sector Taxation, S. 13.

76 Vgl. *Devereux/Vella/Johannesen*, Oxford Working Paper Series (13/25) 2013, S. 7 („It is not […] clear how we should expect these three levies [French, Hungarian, Slovenian] to affect banks' funding and portfolio choices"); *Keuschnigg/Kogler*, Besteuerung und Regulierung der Banken, 2014, S. 15.

77 Frankreich 2011: 504 Mio. Euro, vgl. Projet de loi finances rectificative pour 2012: rapport, S. 140 f. (Fn. 7); Vereinigtes Königreich 2011: 1, 612 Mrd. Pfund, vgl. *HMRC bank levy reveipts 2018*, abrufbar unter https://www.statista.com/statistics/284320/united-kingdom-hmrc-tax-receipts-bank-levy/, zuletzt abgerufen am 30.01.2019; Deutschland 2011: 590 Mio. Euro, vgl. FMSA, Pressenotiz vom 14.05.2012, S. 1, abrufbar unter https://www.fmsa.de/fileadmin/user_upload_fmsa/Pressemitteilungen/deutsch/20120514_PM_FMSA.pdf, zuletzt abgerufen am 30.01.2019.

78 Vgl. Projet de loi finances rectificative pour 2012: rapport, S. 140 (Fn. 7).

sich, in Verbindung mit den geringen Gewinnen nach der Banken- und Finanzkrise, die vergleichsweise niedrigen Einnahmen des Fonds.[79]

Dass die britische Abgabe im Vergleich zur deutschen und französischen Abgabe einen hohen Ertrag hatte, lässt sich durch die politisch motivierte Ausgestaltung erklären; angestrebt wurde eine fixe Ertragssumme von 2,5 Mrd. Pfund.[80]

Kritisiert wurde an diesem ungewöhnlichen Ansatz vor allem, dass der gewünschte Ertrag (vor-)formuliert und erst anschließend die Berechnungsmethodik implementiert wurde, wobei diese keine Relation zu ersterem aufwies.[81] Je mehr Banken in der Folgezeit in langfristige und somit begünstigte Verbindlichkeiten investierten, desto schwieriger wurde es, die angestrebte Jahressumme zu erreichen, weshalb der Abgabensatz zwischen 2011 und 2015 neun Mal (!) erhöhte wurde.[82] Insbesondere wurden keine Details im Gesetzgebungsprozess preisgegeben, wie und warum 2,5 Mrd. Pfund pro Jahr die „richtige" Jahressumme für die Bankenabgabe sein sollten.[83] Die Summe an sich konnte weder als adäquate Reflexion zum systemischen Risiko der Banken gesehen werden noch konnte ein zwingender Konnex zwischen den impliziten staatlichen Subventionen während der Krise, die die britische Regierung mit 1,162 Billionen Pfund angibt[84], und der Jahressumme von 2,5 Mrd. Pfund gesehen werden.[85]

Spekuliert wurde, dass die Fixierung auf 2,5 Mrd. Pfund auch daher rührte, dass die konservativ-liberale Regierung nicht nachsichtiger erscheinen wollte als

79 *Buch/Hilberg/Tonzer,* Journal of Banking and Finance 2016, S. 65.

80 Vgl. *Osborne*, Treasury Committee, June 2010 Budget, First Report of Session 2010–11, HC 350 2010/11, S. 40 Frage 272 (Fn. 59); *Vella*, in: Ringe/Huber, (Hrsg.), Legal Challenges In The Global Financial Crisis, 2014, S. 181; *Dowell-Jones/Buckley,* Bank Levies: An Innovation in Post-Crisis Bank Taxation, 2015, S. 9.

81 *Vella*, in: Ringe/Huber (Hrsg.), Legal Challenges In The Global Financial Crisis, 2014, S. 181 ("...the rates were set by working backwards from the revenue target..."); *Dowell-Jones/Buckley,* Bank Levies: An Innovation in Post-Crisis Bank Taxation, 2015, S. 9.

82 Vgl. *Dowell-Jones/Buckley,* Bank Levies: An Innovation in Post-Crisis Bank Taxation, 2015, S. 10 ff. mit einem Überblick über die Volatilität des Abgabensatzes.

83 *Ibd.*, S. 18.

84 National Audit Office, Taxpayer Support for UK Banks: FAQs, Question three "How much support did the Government provide to UK banks?", abrufbar unter https://www.nao.org.uk/highlights/taxpayer-support-for-uk-banks-faqs/, zuletzt abgerufen am 30.01.2019.

85 Vgl. *Dowell-Jones/Buckley,* Bank Levies: An Innovation in Post-Crisis Bank Taxation, 2015, S. 21.

die vormalige sozialdemokratische Regierung und daher eine Summe wählte, die knapp über der (einmaligen) Bonussteuer (*bank payroll tax*) der Labour-Regierung lag.[86]

Konträr zu ursprünglichen Ankündigungen stellte die britische Bankenabgabe daher kein Beispiel für Vorhersehbarkeit und Stabilität dar, u.a. mit dem Effekt, dass zwei der größten britischen Banken (HSBC, Standard Chartered) ernsthaft erwogen, ihren Verwaltungssitz zu verlegen.[87]

In Verbindung mit der Ausgestaltung als Steuer ist für die britische sowie die französische Bankenabgabe zu konstatieren, dass sie vorrangig einen Sanktionszweck verfolgten.[88]

Der vom britischen Gesetzgeber verfolgte Lenkungszweck, durch den Abzug des Kernkapitals von der Bemessungsgrundlage eine Erhöhung der Kernkapitalquote zu erreichen, spielte demgegenüber nur eine nachrangige Rolle.[89]

Zumal der Anstieg der Kernkapitalquote, mithin ein sinkendes Bilanzrisiko der Institute, keine zwingende Konsequenz der gesetzlichen Ausgestaltung war. Legt man die Erfahrungen der vergangenen Finanzkrise zugrunde, wonach Banken risikoreiche Vermögenswerte bei einer zeitgleich hohen Verschuldung bevorzugen, drohte vielmehr eine Risikoverschiebung im nicht abgestimmten Zusammenspiel mit den Eigenkapitalvorschriften.

Diese Überlegung lässt sich anhand zweier praktischer Reaktionsmöglichkeiten der Abgabenschuldner darlegen. Banken könnten zunächst ihre Gesamtbilanz verkleinern und damit ihre Abgabenbelastung verringern, indem sie beispielsweise europäische Staatsanleihen verkaufen, um damit Verbindlichkeiten, mithin Fremdkapital, aufzulösen, wobei das Kernkapital unberührt bleibt.

---

86 *Vella*, in: Ringe/Huber (Hrsg.), Legal Challenges In The Global Financial Crisis, 2014, S. 181, vgl. zur Ausgestaltung auch *Giancarlo u.a.*, Taxation and Regulation of the Financial Sector, 2011, S. 156.

87 Vgl. The Guardian vom 20.4.2015, abrufbar unter https://www.theguardian.com/business/2015/apr/20/hsbc-could-move-headquarters-banks-chairman, zuletzt abgerufen am 30.01.2019; 2015 wurde die bank levy erstmals nach den (Mindest-)Vorgaben der BRRD-RL erhoben, wobei das Vereinigte Königreich seinen gem. Art. 100 Abs. 6 BRRD-RL eingeräumten Ermessensspielraum zur Strukturierung der Bankenabgabe nutzt.

88 *Vella*, in: Ringe/Huber (Hrsg.), Legal Challenges In The Global Financial Crisis, 2014, S. 182; *Chaudhry/Mullineux/Agarwal*, Balancing the Regulation and Taxation of Banking, 2015, S. 23.

89 Vgl. *Devereux*, British Tax Review 2011, S. 38.

Gleichfalls unverändert bliebe auch die Kernkapitalquote, da europäischen Staatsanleihen ein Risikogewicht von null zugewiesen wird.[90] Theoretisch würde das Gesamtrisiko der Bilanz somit sogar steigen, wobei praktisch dennoch von einer Risikoreduktion auszugehen wäre, da Staatsanleihen nicht risikofrei sind.[91] Auch ohne den eigentlichen Lenkungszweck der Erhöhung der Kernkapitalquote zu erreichen, hätte die britische Bankenabgabe in diesem Szenario zumindest das Bilanzrisiko positiv beeinflusst.[92]

Alternativ könnten Banken jedoch auch risikogewichtete Vermögenswerte veräußern, um anschließend erneut Verbindlichkeiten aufzulösen; die Kernkapitalquote würde steigen. Um diese dennoch auf Mindestebene zu halten, könnten Banken versuchen, mit einer Risikoerhöhung ihrer Vermögenswerte, beispielsweise der Ausgabe risikoreicher Kredite, bis zu dem unter den Basel-Vorgaben möglichen Mindestwert gegenzusteuern.[93] Die Kernkapitalquote könnte auf diese Weise identisch gehalten werden und die Bank würde dennoch in geringerem Maße durch die Bankenabgabe belastet, wohingegen das Bilanzrisiko potenziell sogar steigen könnte.[94]

Divergierend vom Ziel der Risikominimierung drohte somit vielmehr ein Risikotransfer von der Passiv- zur Aktivseite der Bilanz.[95]

---

90 Vgl. Art. 114 Abs. 4 CRR-VO; *Devereux*, British Tax Review 2011, S. 38; *Vella*, in: Ringe/Huber (Hrsg.), Legal Challenges In The Global Financial Crisis, 2014, S. 180; *Admati/Hellwig*, Des Bankers neue Kleider, 2014, S. 313 Fn. 35.

91 Vgl. *Admati/Hellwig*, Des Bankers neue Kleider, 2014, S. 313 Fn. 36 zum Beispiel der Dexia-Bank, die durch den griechischen Schuldenschnitt in die Insolvenz rutschte.

92 *Devereux*, British Tax Review 2011, S. 38.

93 *Vella*, in: Ringe/Huber (Hrsg.), Legal Challenges In The Global Financial Crisis, 2014, S. 180.

94 Vgl. *Devereux/Vella/Johannesen*, Oxford Working Paper Series (13/25) 2013, S. 23 f.; *Devereux*, British Tax Review 2011, S. 38.

95 Der Effekt des Risikotransfers droht für alle Bankenabgaben, die das Eigenkapital von der Berechnung ausnehmen, unabhängig davon, ob der Gesetzgeber eine Erhöhung der Kernkapitalquote anstrebt oder nicht, d.h. die Überlegungen gelten auch für die deutsche Abgabe; *Devereux/Vella/Johannesen*, Oxford Working Paper Series (13/25) 2013, S. 19 ff. konnten anhand empirischer Daten beweisen, dass das Bilanzrisiko nach der Einführung der nationalen Bankenabgaben um durchschnittlich 3 % stieg, im Vereinigten Königreich sogar um 3,7 %; ein Risikotransfer findet bezeichnenderweise ausschließlich bei Banken mit geringer Kernkapitalquote statt; einschränkend wird festgehalten, dass mit Blick auf eine durchschnittliche Bank die Gesamtrisikominimierung durch die Bankenabgabe(n) dennoch positiv zu bewerten ist.

Kontrastiert man die deutschen Abgabe, fällt auf, dass diese zwar keinen Sanktionscharakter aufwies, der Lenkungszweck jedoch ebenfalls nicht konsequent verfolgt wurde.[96]

Grundlegendes Ziel des deutschen Gesetzgebers war es, die Fremdkapitalfinanzierung für Banken unattraktiver zu machen. Vielmehr sollten Anreize gesetzt werden, risikoreiche Geschäfte abzubauen bzw. vermehrt über Eigenkapital zu finanzieren.[97]

Eine systemrisikospezifische Abstufung der Bemessungsgrundlage wurde hingegen nicht umgesetzt, sondern lediglich eine progressive, an die Bilanzgröße anknüpfende Abgabenpflicht.[98]

Darüber hinaus war die Anknüpfung an verschiedene Bilanzpositionen wie Treuhandverbindlichkeiten oder Rechnungsabgrenzungsposten als verfehlt anzusehen, da diese kein Risiko indizierten.[99] Zumal für die erstmalige Erhebung der Abgabe 2011 die Jahresabschlüsse von 2010 zugrunde gelegt wurden, eine Anpassung an den Lenkungszweck für die Institute mithin nicht möglich war.[100]

Zeitgleich war die deutsche Bankenabgabe mit der Fixierung auf 70 Mrd. Euro selbst erledigend.[101] Mit der Erreichung des Finanzierungszwecks wäre auch der

---

96 Vgl. BT-Drs. 17/3024, S. 4, wonach eine „risikoadäquate Unternehmensführung" der Kreditinstitute angeregt werden sollte.

97 Vgl. *Keuschnigg/Kogler*, Besteuerung und Regulierung der Banken, 2014, S. 14; vgl. *Devereux/Vella/Johannesen*, Oxford Working Paper Series (13/25) 2013, S. 3 ff., die unter Auswertung der Daten von 5087 Banken der ehemals 27 europäischen Mitgliedstaaten nachweisen konnten, dass in den 11 Mitgliedstaaten, die eine Bankenabgabe eingeführt haben, das Kernkapital der Institute tatsächlich um 1 % bis 1,5 % gestiegen ist.

98 Vgl. § 1 Abs. 2 Nr. 1 RestruktFV; *Sachverständigenrat zur Begutachtung der gesamtwirtschaftlichen Entwicklung*, Jahresgutachten 2010/11, S. 168 Rn. 312; anders die Empfehlung des Bundesrats, vgl. BR-Drs. 534/1/10 und 681/1/10.

99 Die RStruktFV wurde später geändert durch Art. 7 des Gesetzes zur Umsetzung der Richtlinie 2010/73/EU in der Fassung der Bekanntmachung vom 26.06.2012, BGBl. 2012 I S. 1375, anschließend waren diese Verbindlichkeiten gem. § 1 Abs. 2 Nr. 1 lit. a) RStruktFV auszunehmen.

100 Krit. *Hanten/München*, WM 2011, S. 1932, die für das Beitragsjahr 2011 die Verfassungswidrigkeit aufgrund der Verfehlung des Lenkungszwecks der Abgabe konstatieren, jedoch auch auf den praktisch kompensierenden Effekt des Freibetrags hinweisen; vgl. aus ökonomischer Sicht *Buch/Hilberg/Tonzer*, Journal of Banking and Finance 2016, S. 53, die zumindest kurzfristig keine strukturellen Unterschiede im Geschäftsmodell der Banken feststellen konnten ("…cannot identify […] structural shifts in banks' business models…").

101 Vgl. § 12 Abs. 10 RStruktFG.

Lenkungszweck entfallen, da ab diesem Zeitpunkt keine weiteren Mittel mehr erhoben werden sollten.[102]

Unproblematisch war dahingehend die französische TRS; durch das Abstellen auf die Bemessungsgrundlage des Mindesteigenkapitals und den Einsatz eines einheitlichen Abgabensatzes (flat tax) gingen von ihr keinerlei Lenkungsanreize, wie sie die alternativen Modelle aus Deutschland und dem Vereinigten Königreich verfolgten, aus. Auf diesem Weg wurde eine simple Abgabe normiert, was zumindest die praktische Umsetzung vereinfachte.

## 2. Europäische Bankenabgabe

### *a. Abgabenschuldner*

Blickt man auf dieser rechtsvergleichenden Basis zunächst auf den persönlichen Anwendungsbereich der Europäischen Bankenabgabe, sind gem. Art. 70 Abs. 1 SRM-VO „Institute" beitragspflichtig, worunter nach der Begriffsbestimmung des Art. 3 Abs. 1 Nr. 13 SRM-VO ein Kreditinstitut oder eine Wertpapierfirma, die der Beaufsichtigung auf konsolidierter Basis gemäß Artikel 2 lit. c) SRM-VO unterliegt, zu verstehen sind.[103]

Räumliche Begrenzung erfährt die Abgabenpflicht durch Art. 2 SRM-VO, wonach die Verordnung sich gem. Art. 4 Abs. 1 SRM-VO nur auf in teilnehmenden Mitgliedstaaten niedergelassene selbständige Kreditinstitute und gruppenangehörige Wertpapierfirmen bezieht.[104]

---

102 Vgl. *Pflock*, Europäische Bankenregulierung und das „Too big to fail-Dilemma", 2014, S. 180 f.

103 Ungenau *Kube*, Rechtliche Grundlagen und Grenzen der EU-Bankenabgabe, 2016, S. 14, der sich für den persönlichen Anwendungsbereich der Abgabe auf Art. 2 SRM-VO bezieht; ähnlich *Busch*, in: Busch /Ferrarini (Hrsg.), European Banking Union, 2015, S. 301 Rn. 9.47; wie hier *Brandt/Güth*, in: Jahn/Geier/Schmitt (Hrsg.), Handbuch der Bankenrestrukturierung, 2016, S. 551 Rn. 8; zu den historischen Hintergründen der europäischen Begriffsbildung vgl. *Schieber*, Die Aufsicht über Finanzkonglomerate, 1998, S. 73 f.

104 Vgl. Art. 67 Abs. 1, 70 Abs. 4 SRM-VO; § 2 S. 1 Nr. 1 und 2 sowie § 11a Abs. 1 des deutschen RStruktFG in der Fassung vom 23. Dezember 2016, BGBl. 2016 I S. 3171 (RStruktFG n.F.).

### *aa. CRR-Kreditinstitut*

Die Begriffsbestimmung der SRM-VO für Kreditinstitute, rekurriert dabei, ebenso wie für Wertpapierfirmen, auf die CRR-VO.[105] Ein Kreditinstitut ist demnach „ein Unternehmen, dessen Tätigkeit darin besteht, Einlagen oder andere rückzahlbare Gelder des Publikums entgegenzunehmen und Kredite für eigene Rechnung zu gewähren" (sog. CRR-Kreditinstitut).

Speziell im Vergleich zum deutschen KWG, welchem das Universalbanksystem zugrunde liegt, handelt es sich um eine stark verengende, angelsächsisch geprägte Definition, welche in Orientierung am Trennbanksystem nur das Einlagen- und Kreditgeschäft erfasst.[106] Mit Blick auf den konkreten Kreis der Abgabenschuldner bedeutet dies, dass z.B. die ursprünglich von der deutschen Bankenabgabe erfassten Bürgschaftsbanken aus dem Anwendungsbereich herausfallen. Zeitgleich sieht die SRM-VO keine Ausnahmen für Landesförder- und Investitionsbanken vor und auch die staatliche Kreditanstalt für Wiederaufbau bleibt nur aufgrund der nachträglich eingefügten Ausnahmeregelung gem. Art. 3 Abs. 2 SRM-VO i.V.m. Art. 2 Abs. 1 Nr. 2 BRRD-RL i.V.m. Art. 2 Abs. 5 Nr. 6 CRD-IV von der Abgabe befreit.[107]

### *bb. Gruppenangehörige CRR-Wertpapierfirmen*

Wertpapierfirmen werden hingegen nur erfasst, wenn sie gem. Art. 4 Abs. 1 lit. g) der SSM-VO in die Beaufsichtigung ihres Mutterunternehmens auf konsolidierter Basis durch die EZB einbezogen, mithin gruppenangehörig sind.

Als Wertpapierfirma definiert das europäische Recht eine „juristische Person, die im Rahmen ihrer üblichen beruflichen oder gewerblichen Tätigkeit gewerbsmäßig eine oder mehrere Wertpapierdienstleistungen für Dritte erbringt und/ oder eine oder mehrere Anlagetätigkeiten ausübt" (sog. CRR-Wertpapierfirma), wobei sie für die Zwecke der Europäischen Bankenabgabe die Erheblichkeitsschwelle eines Anfangskapitals in Höhe von 730.000 Euro erreichen muss.[108]

---

105 Vgl. Art. 3 Abs. 2 SRM-VO i.V.m. Art. 2 Abs. 1 Nr. 2 BRRD-RL i.V.m. Art. 4 Abs. 1 Nr. 1 CRR-VO.

106 Vgl. *Schlimbach*, Leerverkäufe, 2015, S. 141; *Mugler*, Das deutsche Bankensystem im internationalen Vergleich, 2014, S. 30; *Schieber*, Die Aufsicht über Finanzkonglomerate, 1998, S. 76.

107 Vgl. *Brandt/Güth*, in: Jahn/Geier /Schmitt (Hrsg.), Handbuch der Bankenrestrukturierung, 2016, S. 551 Rn. 7; zu weiteren Ausnahmen vgl. Art. 2 Abs. 5 CRD-IV.

108 Vgl. Art. 3 Abs. 2 SRM-VO i.V.m. Art. 2 Abs. 1 Nr. 3 BRRD-RL i.V.m. Art. 4 Abs. 1 Nr. 2 CRR-VO i.V.m. Art. Art. 4 Abs. 1 Nr. 1 RL 2004/39/EG bzw. Art. 2 Abs. 1 Nr. 3 BRRD-RL i.V.m. Art. 28 Abs. 2 CRD-IV; das Anfangskapital stellt dabei einen Verlustpuffer dar, dessen genaue Grenze im Ermessensspielraum des Gesetzgebers steht;

Als Wertpapierdienstleistungen oder Anlagetätigkeiten sind gem. Anhang I Abschnitt A der RL 2004/39/EG definiert: (i) die Annahme und Übermittlung von Aufträgen, die ein oder mehrere Finanzinstrumente zum Gegenstand haben; (ii) Ausführung von Aufträgen im Namen von Kunden; (iii) Handel für eigene Rechnung; (iv) Portfolioverwaltung; (v) Anlageberatung; (vi) Übernahme der Emission von Finanzinstrumenten und/oder Platzierung von Finanzinstrumenten mit fester Übernahmeverpflichtung; (vii) Platzierung von Finanzinstrumenten ohne feste Übernahmeverpflichtung sowie (viii) der Betrieb eines multilateralen Handelssystems (MTF).

Kreditinstitute, lokale Firmen sowie Firmen, die nur Portfolioverwaltungsdienstleistungen erbringen und keine Kundengelder halten, werden von dieser Definition ausgenommen.[109]

### cc. *Zwischenergebnis*

Mit der Beschränkung des persönlichen Anwendungsbereichs auf CRR-Kreditinstitute und CRR-Wertpapierfirmen (sog. CRR-Institute) wird eine dem deutschen und britischen Modell vergleichbare Fokussierung auf den Bankensektor vorgenommen, zumal die enge aufsichtsrechtliche Definition des Kreditinstituts angelsächsischer Prägung zugrunde gelegt wurde und Wertpapierfirmen nur dann erfasst werden, wenn sie in die Beaufsichtigung ihres Mutterunternehmen auf konsolidierter Basis durch die EZB einbezogen sind und ein Anfangskapital von mindestens 730.000 Euro aufweisen. Nach diesen Vorgaben waren im Jahr 2016 3762 CRR-Institute im Sinn des Art. 70 Abs. 1 SRM-VO in den 19 teilnehmenden Mitgliedstaaten beitragspflichtig.[110]

Mit Blick auf den Kreis der Abgabenschuldner der BRRD-RL ergeben sich geringfügige Diskrepanzen aufgrund der Anlehnung des Anwendungsbereichs

---

dem Grunde nach steigern sich die entsprechenden Kapitalanforderungen nach der Bandbreite der den Wertpapierfirmen gestatteten Tätigkeiten, vgl. Erwägungsgrund [4] RL 93/6/EWG.

109 Vgl. Art. 4 Abs. 1 Nr. 2 a) bis c) CRR-VO; vgl. *Schieber*, Die Aufsicht über Finanzkonglomerate, 1998, S. 78 f. zur teilweise problematischen Abgrenzung zu Finanzinstituten.

110 Vgl. *Löyttyniemi*, Third Industry Dialogue, Contributions to the SRF, S. 2 (Kap. C. Fn. 197); die Zahl der beitragspflichtigen deutschen Institute betrug im Jahr 2016 1719, vgl. Handelsblatt vom 27.4.2017, abrufbar unter http://www.handelsblatt.com/my/finanzen/banken-versicherungen/abwicklungsfonds-die-bankenabgabe-steigt/19727500.html?ticket=ST-393118-cYxocfq3ZYeyAXkVUvL0-ap2, zuletzt abgerufen am 30.01.2019.

der SRM-VO an den gemeinsamen Aufsichtsmechanismus.[111] Wertpapierfirmen unter (nationaler) Einzelaufsicht sowie Unionszweigstellen[112] bleiben von der Europäischen Bankenabgabe ausgenommen und zahlen nach den Vorgaben der BRRD-RL in die jeweiligen nationalen Abwicklungsfonds.[113]

### *b. Beitragsbemessung*

Im Rahmen des sachlichen Anwendungsbereichs differenziert die Europäische Bankenabgabe, in deutlicher Anlehnung an das deutsche Modell, zwischen Jahres- und Sonderbeiträgen. Darauf aufbauend widmet sich die Untersuchung zunächst den Jahresbeiträgen, um anschließend auf die gesetzlichen Möglichkeiten zur Erhebung von Sonderbeiträgen einzugehen.

#### *aa. Jahresbeiträge*

Anknüpfend an die gesetzliche Zweiteilung des Jahresbeitrags greift die Darstellung zunächst (i) den Grundbeitrag sowie (ii) die Risikoanpassung auf, bevor (iii) auf die Möglichkeit von Pauschalbeiträgen und (iv) die Besonderheit der jährlichen Zielausstattung eingegangen wird, um (v) abschließend eine Überblick über die Berechnungsmethodik und ihre besondere Anpassung in der Aufbauphase zu geben.

##### (1) Grundbeitrag

##### (a) Grundsätzliche Anknüpfung an die Verbindlichkeiten

Der einzelbilanzorientierte Berechnungsschlüssel des Art. 70 Abs. 1 SRM-VO bestimmt grundlegend, dass sich die im Voraus erhobenen Beträge anteilig zur Gesamthöhe der Verbindlichkeiten (ohne Eigenmittel) abzüglich gedeckter Einlagen im Verhältnis zu den aggregierten Verbindlichkeiten (ohne Eigenmittel) abzüglich gedeckter Einlagen aller im Hoheitsgebiet aller teilnehmenden Mitgliedstaaten zugelassenen Institute berechnen. Art. 70 Abs. 2 UAbs. 2 SRM-VO schlüsselt weitergehend auf, dass die Bemessung der Jahresbeiträge neben diesem Grundbeitrag auf einer Risikoanpassung beruht.

---

111 Vgl. *Brandt/Güth*, in: Jahn/Geier/Schmitt (Hrsg.), Handbuch der Bankenrestrukturierung, 2016, S. 551 Rn. 8 ff.

112 Vgl. Art. 2 Abs. 1 Nr. 89 BRRD-RL, d.h. Zweigstelle eines Drittlandinstituts.

113 Vgl. §§ 11a Abs. 1 Nr. 1, 12a RStruktFG n.F.; Leitungsausschuss der FMSA vom 14.12.2015 zur Erhebung der Bankenabgabe 2016, S. 1; *Geier*, in: Jahn/Geier/Schmitt (Hrsg.), Handbuch der Bankenrestrukturierung, 2016, S. 212 Rn. 208 f.; unzutreffend *Henkel/Schneider/Tüns*, WPg 2017, S. 22 Fn. 4.

Detailliertere Vorgaben macht die SRM-VO nicht, weshalb für die Methodik der Berechnung die Delegierte Verordnung (EU) 2015/63 der Kommission vom 21. Oktober 2014 eine zentrale Rolle spielt.[114] Sie normiert insbesondere Regelungen zum Ausschluss gesicherter bzw. doppelt erfasster Verbindlichkeiten aus dem Grundbeitrag, die Ansetzung von Verbindlichkeiten aus Derivatkontrakten entsprechend ihres aufsichtsrechtlichen Werts[115] sowie die Pflichten der Institute hinsichtlich der für die Beitragsberechnung bereitzustellenden Informationen.[116]

Der europäische Gesetzgeber orientiert sich im Rahmen des Grundbeitrags somit am Fremdkapital der Institute. Diese Vorgehensweise entspricht den Empfehlungen des IMF[117] und ist im Grundsatz mit dem deutschen und britischen Abgabenmodell vergleichbar.[118]

(b) Abzug gesicherter Verbindlichkeiten

Zur Bestimmung des Grundbeitrags werden gem. Art. 5 Abs. 1 VO (EU) 2015/63 konkret folgende Verbindlichkeiten ausgeschlossen:

(i) gruppeninterne Verbindlichkeiten aus Transaktionen zwischen zwei Instituten, die derselben Gruppe angehören, sofern die Rückzahlung der Verbindlichkeiten gesichert ist und die Institute in der Union ansässig sind und beaufsichtigt werden;

(ii) Verbindlichkeiten, die aus einer Vereinbarung mit einem Institut erwachsen, wobei beide Institute demselben institutsbezogenen Sicherungssystem angeschlossen sind;

(iii) Verbindlichkeiten, die einem Institut aus der Clearing-Tätigkeit als zentrale Gegenpartei gem. Art. 2 Abs. 3 der Verordnung Nr. 648/2012 erwachsen, einschließlich etwaiger Verbindlichkeiten aus Maßnahmen, die getroffen werden, um Einschussanforderungen zu erfüllen, einen Ausfallfonds einzurichten und ausreichende vorfinanzierte Finanzmittel zur Deckung

114 Im Folgenden VO (EU) 2015/63; zur Anwendbarkeit auf die SRM-VO vgl. Art. 70 Abs. 6 SRM-VO.

115 Vgl. Art. 5 VO (EU) 2015/63, vgl. *Henkel/Schneider/Tüns*, WPg 2017, S. 25.

116 Vgl. Art. 14 VO (EU) 2015/63.

117 Vgl. IMF, A Fair and Substantial Contribution by the Financial Sector: Final Report for the G-20, June 2010, S. 17 Box. 3 (Kap. B. Fn. 33).

118 Allerdings verzichtet die Europäische Bankenabgabe, anders als vormals das deutsche Modell, im Rahmen des Grundbeitrags auf eine Verbindung zum Nominalvolumen der Derivate, welche erst im Rahmen der Risikoadjustierung eine Rolle spielen, vgl. *Löw/Borgmann*, Recht der Finanzinstrumente 2017, S. 156.

potenzieller Verluste vorzuhalten sowie Finanzmittel im Einklang mit Art. 47 der VO (EU) Nr. 648/2012 anzulegen;

(iv) Verbindlichkeiten, die einem Institut aus der Tätigkeit als Zentralverwahrer erwachsen, inklusive solcher Verbindlichkeiten mit einer Laufzeit von weniger als sieben Tagen, wenn diese aus Tätigkeiten erwachsen, für die eine Genehmigung zur Erbringung von bankartigen Nebendienstleistungen erteilt wurde (andere Verbindlichkeiten sind von dieser Privilegierung nicht erfasst);

(v) Verbindlichkeiten, die einem Institut aus der Tätigkeit als Wertpapierfirma erwachsen, bei der Verwaltung von Kundenvermögen oder Kundengeldern, sofern der betreffende Kunde nach dem geltenden Insolvenzrecht geschützt ist sowie

(vi) Verbindlichkeiten eines Institut, welches Förderdarlehen vergibt, gegenüber der ursprünglichen oder einer anderen Förderbank oder einem anderen vermittelnden Institut sowie die Verbindlichkeiten eines Instituts als ursprünglicher Förderbank gegenüber ihren Finanzgebern, soweit dem Betrag dieser Verbindlichkeit entsprechende Förderdarlehen des betreffenden Instituts gegenüberstehen.

### (2) Risikoanpassungsmultiplikator

Wie bereits angeklungen, ist die Europäische Bankenabgabe im Gegensatz zu den vormaligen nationalen Modellen nicht nur bilanz-, sondern auch risikoorientiert. Neben dem Grundbeitrag ist das individuelle Risikoprofil der Institute die zweite wesentliche Säule zur Berechnung der institutsspezifischen Bankenabgabe.[119]

Gesetzgeberisches Ziel ist es, über den größenabhängigen Grundbeitrag hinaus, dem institutsspezifischen systemischen Risiko und der damit verbundenen Wahrscheinlichkeit einer Abwicklung unter Einsatz der Fondsmittel Rechnung zu tragen.[120] In verstärkter Anlehnung an das Pigou-Modell soll demnach das systemische Risiko als negative Externalität treffgenauer berücksichtigt und internalisiert werden, um ein angemessenes und faires Gleichgewicht bei der Beitragsbelastung zu erreichen.[121]

---

119 Vgl. *Kleinow*, Systemrelevante Finanzinstitute, 2016, S. 196.

120 Vgl. *Brandt/Güth*, in: Jahn/Geier/Schmitt (Hrsg.), Handbuch der Bankenrestrukturierung, 2016, S. 566 Rn. 34; *Henkel/Schneider/Tüns*, WPg 2017, S. 25.

121 Erwägungsgrund [14] VO (EU) 2015/63.

Technisch wird der Grundbeitrag auf Basis eines indikatorenbasierten Scoringmodells gewichtet.[122] Art. 6 Abs. 1 lit. a) bis d) VO (EU) 2015/63 normiert dabei vier Risikofelder; die Risikoexponierung, die Stabilität und Diversifizierung der Finanzierungsquellen, die Relevanz eines Instituts für die Stabilität des Finanzsystems oder der Wirtschaft sowie ein Risikofeld für zusätzliche, vom SRB zu bestimmende Risikoindikatoren. Jedes Risikofeld setzt sich, vor allem unter Anknüpfung an Kennzahlen der CRR-VO[123], wiederum aus thematisch ähnlichen Risikoindikatoren zusammen.[124]

Final wird ein institutsspezifischer Risikoindikator aggregiert, welcher anschließend auf eine Bandbreite von 0,8 bis 1,5 skaliert wird, um den Grad der Systemrelevanz eines Instituts widerzuspiegeln und folglich den jährlichen Beitrag zu erhöhen (>1) oder zu verringern (<1).[125]

Eine am Gesetzeswortlaut orientierte Übersicht soll in der Folge die Grundzüge der Bildung des Risikomultiplikators darstellen.

### (a) Risikofelder und korrelierende Risikoindikatoren

#### (aa) Risikoexponierung

Mit einer hälftigen Gewichtung hat das Risikofeld I, Risikoexponierung, den größten Anteil aller Risikofelder.[126] Die korrelierenden Indikatoren fokussieren sich auf die Ausfallwahrscheinlichkeit und die Schockresistenz der Institute. Eine Rolle spielen, je zu einem Viertel, der MREL-Indikator[127], die Verschuldens- und harte Kernkapitalquote sowie die Gesamtrisikoexponierung.[128]

---

122 Vgl. Art. 6 VO (EU) 2015/63; *Schneck*, in: Everling/Goedeckemeyer (Hrsg.), Bankenrating, 2015, S. 487; *Pflock*, Europäische Bankenregulierung und das „Too big to fail-Dilemma“, 2014, S. 145 f.

123 Vgl. Erwägungsgrund [21] VO (EU) 2015/63.

124 Vgl. *Brandt/Güth*, in: Jahn/Geier/Schmitt (Hrsg.), Handbuch der Bankenrestrukturierung, 2016, S. 566 Rn. 35.

125 Aufgrund der Abhängigkeit von der jährlichen Zielausstattung lässt der Wert des Risikofaktors keine konkrete Aussage darüber zu, um welchen Faktor der individuelle Jahresbeitrag durch die Risikoadjustierung steigt oder fällt, vgl. *Brandt/Güth*, in: Jahn/Geier/Schmitt (Hrsg.), Handbuch der Bankenrestrukturierung, 2016, S. 567 Rn. 36.

126 Vgl. Art. 7 Abs. 1 lit. a) VO (EU) 2015/63.

127 Vgl. bereits Kap. C. II. 2. d. bb. (3) (d).

128 Vgl. Art. 7 Abs. 2 VO (EU) 2015/63.

Der MREL-Indikator erfasst dabei die vom Institut gehaltenen Eigenmittel und berücksichtigungsfähigen Verbindlichkeiten, die über die Mindestanforderung gem. Art. 12 SRM-VO hinausgehen.[129]

Die Verschuldungsquote bestimmt sich nach Art. 429 CRR-VO[130], wohingegen sich die harte Kernkapitalquote auf Art. 92 Abs. 2 lit. a) der CRR-VO bezieht und sich somit als Prozentsatz des harten Kernkapitals (CET1) an den risikogewichteten Vermögenswerten des Instituts ausdrückt. Beide Kennzahlen messen, unter Anknüpfung an die adjustierte Bilanzsumme bzw. die risikogewichteten Aktiva, die Eigenkapitalausstattung.[131]

Der Risikoindikator der Gesamtrisikoexponierung umschreibt abschließend den Quotient des Gesamtforderungsbetrags gem. Art. 92 Abs. 3 CRR-VO, d.h. die Summe der risikogewichteten Aktiva, und der Summe der Vermögenswerte, womit der Risikogehalt der durch das Institut betriebenen Geschäfte und somit dessen Ausfallwahrscheinlichkeit messbar gemacht werden soll.[132]

#### (bb) Stabilität und Diversifizierung der Finanzierungsquellen

Liquiditätsdeckungsquote und strukturelle Liquiditätsquote bilden die zwei, jeweils hälftig gewichteten, Risikoindikatoren für das Risikofeld II der Stabilität und Diversifizierung der Finanzierungsquellen, welches innerhalb der Risikofelder einen Anteil von 20 % einnimmt.[133] Konkret wird hier das „Ob" und das „Wie" der Zahlungsfähigkeit der Institute ermittelt.

Die Liquiditätsdeckungsquote definiert sich über Art. 412 Abs. 1 CRR-VO.[134] Danach müssen Institute im Kern über ausreichend liquide Aktiva verfügen, deren Gesamtwert die Liquiditätsabflüsse abzüglich der Liquiditätszuflüsse

---

129 Vgl. Art. 6 Abs. 2 lit. a) VO (EU) 2015/63; solange das SRB und die nationalen Abwicklungsbehörden noch keine individuellen Festlegungen bzgl. der zu erfüllenden MREL-Anforderungen getroffen haben, wird dieser Risikoindikator nicht angewandt, womit gem. Art. 20 Abs. 1 S. 1 VO (EU) 2015/63 das Gewicht der übrigen Indikatoren auf jeweils 33,3 % steigt, vgl. *Brandt/Güth*, in: Jahn/Geier/Schmitt (Hrsg.), Handbuch der Bankenrestrukturierung, 2016, S. 569 Rn. 40.

130 Vgl. Art. 3 Nr. 18 VO (EU) 2015/63.

131 Vgl. *Brandt/Güth*, in: Jahn/Geier/Schmitt (Hrsg.), Handbuch der Bankenrestrukturierung, 2016, S. 569 Rn. 40; krit. zum steten Quotenbezug zu den risikogewichteten Aktiva *Admati/Hellwig*, Des Bankers neue Kleider, 2014, S. 272 ff.; *Sinn*, Casino Capitalism, 2010, S. 137 ff.

132 Vgl. *Brandt/Güth*, in: Jahn/Geier/Schmitt (Hrsg.), Handbuch der Bankenrestrukturierung, 2016, S. 569 Rn. 41.

133 Vgl. Art. 7 Abs. 1 lit. b) VO (EU) 2015/63.

134 Vgl. Art. 3 Nr. 19 VO (EU) 2015/63.

unter Stressbedingungen abdeckt, wodurch ein angemessener Liquiditätspuffer garantiert werden soll, sodass sich die Institute erhöhten Liquiditätsabflüssen während eines Zeitraums von 30 Tagen stellen können. In dieser Beurteilung wird somit ein Mindestzeitraum der Zahlungsfähigkeit („Ob“) unter Stressbedingungen gefordert.

Darüber hinaus ist die strukturelle Liquiditätsquote, die sich nach Art. 3 Nr. 20 VO (EU) 2015/63 als diejenige definiert, die von den Instituten gem. Art. 415 Abs. 1 CRR-VO an die zuständigen Behörden zu melden ist, von Relevanz. Die Meldung umfasst dabei unter anderem die Zusammensetzung der liquiden Aktiva, die Zu- und Abflüsse sowie die Positionen, die eine stabile Refinanzierung bieten und Positionen, die eine stabile Refinanzierung erfordern sowie deren detaillierte Zusammensetzung, um ein genaueres Bild über die Struktur der Liquidität („Wie“) und der sich ergebenden Liquiditätsdeckungsquote zu erhalten.[135]

#### (cc) Relevanz eines Instituts für die Stabilität des Finanzsystems oder der Wirtschaft

Ob ein Institut Relevanz für die Stabilität des Finanzsystems oder der Gesamtwirtschaft aufweist, bestimmt sich allein nach dem Risikoindikator des Anteils der Interbankendarlehen und -einlagen in der EU.[136] Demnach sind die Interbankdarlehen und -einlagen der jeweiligen Bank zu dividieren durch die Summe der Interbankdarlehen und -einlagen in der EU insgesamt, um die Relevanz des Instituts abzubilden.[137]

Durch diesen Indikator sollen die Verflechtung und die möglichen Ansteckungseffekte durch einen etwaigen Zusammenbruch des jeweiligen Instituts adäquat berücksichtigt werden, wobei das Risikofeld III nur ein Gesamtanteil von 10 % aufweist.[138]

#### (dd) Zusätzliche Risikoindikatoren

Das letzte Risikofeld IV setzt sich aus verschiedenen vom SRB zu bestimmenden Risikoindikatoren zusammen, die keinen gemeinsamen Oberbegriff bilden.

Herangezogen werden können (i) Handelstätigkeiten, außerbilanzielle Risiken, Derivate, Komplexität und Abwicklungsfähigkeit, (ii) die Mitgliedschaft in einem institutionsbezogenen Sicherungssystem sowie (iii) der Umfang einer

135 Vgl. Art. 427 f. CRR-VO.
136 Vgl. Art. 6 Abs. 4 VO (EU) 2015/63.
137 Vgl. Anhang I VO (EU) 2015/63, Schritt 1.
138 Vgl. Art. 7 Abs. 1 lit. c) VO (EU) 2015/63.

ggf. vorausgegangenen außerordentlichen finanziellen Unterstützung aus öffentlichen Mitteln.[139]

Während das Risikofeld selbst mit 20 % gewichtet wird, spielen, je nach Anwendung, die ersten beiden Gruppen der Risikoindikatoren mit einer Gewichtung von jeweils 45 % die überragende Rolle, wohingegen eine vorausgegangene außerordentliche finanzielle Unterstützung nur zu 10 % in dieses Risikofeld einfließt.[140] Gem. Art. 6 Abs. 5 UAbs. 2 VO (EU) 2015/63 trägt das SRB bei der Bestimmung der Anwendung der verschiedenen Risikoindikatoren der Bedeutung Rechnung, die diesen Indikatoren angesichts der Wahrscheinlichkeit einer Abwicklung des betreffenden Instituts und damit der Inanspruchnahme des SRF zukommt.

Die Risikoindikatoren werden somit, im Unterschied zu denjenigen der anderen Risikofelder, konditional in einem Abhängigkeitsverhältnis zu einem potenziellen Abwicklungsereignis bestimmt, was es für Institute schwierig machen kann, die exakte Berechnung nachzuvollziehen.

(b) Bildung des Risikoanpassungsmultiplikators

Allen Risikoindikatoren wird in der Folge ein entsprechendes mathematisches Vorzeichen zugewiesen, wobei ein mit Pluszeichen versehener Indikator einem höheren Risiko, ein mit Minuszeichen versehener hingegen einem geringeren Risiko entspricht.[141]

Innerhalb des jeweiligen Risikofeldes wird anschließend das gewichtete arithmetische Mittel gebildet[142], bevor das gewichtete geometrische Mittel über alle Risikofelder bestimmt wird.[143]

Der Rückgriff auf das geometrische Mittel soll mathematische Ausgleichseffekte dergestalt verhindern, dass Institute, die beispielsweise in zwei Risikofeldern stark konträre Ergebnisse erzielen, im arithmetischen Mittel dennoch eine mittlere Punktzahl erlangen können, ohne dass eine besondere Risikoexponierung erkennbar wird.

Der auf dieser Basis endgültig ermittelte Indikator[144] wird abschließend in einer Bandbreite von 0,8 bis 1,5 skaliert[145], wodurch der konkrete

139 Vgl. ausfl. *Brandt/Güth*, in: Jahn/Geier/Schmitt (Hrsg.), Handbuch der Bankenrestrukturierung, 2016, S. 571 Rn. 44 ff.

140 Vgl. Art. 7 Abs. 4 UAbs. 1 VO (EU) 2015/63.

141 Vgl. Anhang I VO (EU) 2015/63, Schritt 4.

142 Vgl. Anhang I VO (EU) 2015/63, Schritt 5 Nr. 1.

143 Vgl. Anhang I VO (EU) 2015/63, Schritt 5 Nr. 2.

144 Vgl. Anhang I VO (EU) 2015/63, Schritt 5 Nr. 3.

145 Art. 9 Abs. 3 VO (EU) 2015/63.

Risikoanpassungsmultiplikator bestimmt werden kann, der in Multiplikation mit dem Grundbeitrag die Bemessungsgrundlage des jeweiligen Instituts ergibt.[146]

### (3) Pauschalbeiträge

#### (a) Kleine Institute

Für kleine und mittlere Institute wird die Berechnung des jährlichen Beitrags modifiziert und vereinfacht. Für die Bestimmung des jährlichen Beitrags wird ein Pauschalbetrag zugrunde gelegt.

Die Grenzen des Anwendungsbereichs definieren dabei einerseits die Verbindlichkeiten, abzüglich Eigenmitteln und gedeckter Einlagen, und andererseits die Summe der Vermögenswerte. Die Bezugnahme auch auf die Vermögenswerte soll verhindern, dass an sich große Institute aufgrund ihrer im Übrigen niedrigen Verbindlichkeiten automatisch die vereinfachte Regel in Anspruch nehmen können.[147]

Überschreiten Institute einen der Schwellenwerte, konkret 300 Mio. an Verbindlichkeiten, abzüglich Eigenmitteln und gedeckter Einlagen, oder 1 Mrd. Euro an Vermögenswerten[148], findet die Standardmethode Anwendung.

Die Höhe der Pauschale, deren Staffelung von 1.000 Euro bis 50.000 Euro reicht[149], bestimmt sich nach der genauen Summe der Verbindlichkeiten des jeweiligen Instituts.[150] Durch die feingliedrige Progression der Pauschalbeiträge sollen „Klippeneffekte" reduziert werden, sodass an den Grenzen zwischen den Stufen diejenigen Institute nahe der Obergrenze nicht unverhältnismäßig stark profitieren und der Umbruch von der höchsten Stufe zu den risikoadjustierten Jahresbeiträgen nicht zu gravierend ausfällt.[151]

Darüber hinaus nimmt der europäische Gesetzgeber für die Inanspruchnahme der Pauschalbeiträge zwei zusätzliche Einschränkungen vor.

Ein weiterer Abzug gesicherter Verbindlichkeiten gem. Art. 5 Abs. 1 VO (EU) 2015/63 findet nicht statt, soweit auch vor einem etwaigen Abzug die Grenze von

146 Vgl. Anhang I VO (EU) 2015/63, Schritt 6 Nr. 1.

147 Vgl. Erwägungsgrund [17] VO (EU) 2015/63.

148 Vgl. Art. 10 Abs. 6 VO (EU) 2015/63.

149 Vgl. Art. 10 Abs. 1 bis 6 VO (EU) 2015/63.

150 Überblick bei *Brandt/Güth*, in: Jahn/Geier/Schmitt (Hrsg.), Handbuch der Bankenrestrukturierung, 2016, S. 564 Rn. 31.

151 Vgl. Erwägungsgrund [18] VO (EU) 2015/63.

300 Mio. Euro an Verbindlichkeiten nicht überschritten wird, um eine Doppelprivilegierung innerhalb der Pauschalbeträge zu verhindern.[152]

Umgekehrt können Institute einen Pauschalbeitrag nicht in Anspruch nehmen, wenn sie den Schwellenwert erst nach einem Abzug gesicherter Verbindlichkeiten einhalten.[153] Letzterer soll nur hinsichtlich der Standardmethode privilegierend wirken, nicht hingegen zusätzlich die Inanspruchnahme eines Pauschalbeitrags ermöglichen.[154]

Sollte die Standardmethode unter Anpassung nach Art. 5 VO (EU) 2015/63 für ein Institut hingegen günstiger als der Pauschalbeitrag ausfallen, so wendet das SRB bei der Festsetzung des jährlichen Betrags den niedrigeren Betrag an.[155] Die Beweislast trägt jedoch das betroffene Institut, weshalb sich eine Beantragung unter Kosten-/Nutzenaspekten nur für Institute mit einem hohen Betrag abzugsfähiger Verbindlichkeiten im Sinn des Art. 5 Abs. 1 VO (EU) 2015/63 lohnen wird.[156]

Eine weitere Rückausnahme schafft Art. 10 Abs. 8 VO (EU) 2015/63. Auch wenn danach ein Institut im Grundsatz für einen Pauschalbetrag nach Art. 10 Abs. 1 bis 6 VO (EU) 2015/63 in Betracht kommt, kann das SRB eine begründete Ermessensentscheidung treffen und eine Anwendung der Standardmethode anordnen, wenn das betroffene Institut angesichts seiner Größe ein unverhältnismäßiges Risikoprofil aufweist.[157]

### (b) Mittlere Institute

In den Genuss einer abgeschwächten Privilegierung kommen mittlere Institute in der Aufbauphase des SRF, deren Gesamtvermögenswerte höchstens 3 Mrd. Euro betragen. Sie entrichten gem. Art. 8 Abs. 5 VO (EU) 2015/81 für die ersten 300 Mio. Euro an Verbindlichkeiten die Höchstpauschale von 50.000 Euro, wohingegen für die darüber hinausgehenden Verbindlichkeiten ein risikoadjustierter Betrag nach der Standardmethode berechnet wird.

---

152 Vgl. Art. 10 Abs. 10 VO (EU) 2015/63.

153 Vgl. Art. 10 Abs. 9 VO (EU) 2015/63.

154 Unter diesem Gesichtspunkt ist auch die Forderung der Streichung von Art. 10 Abs. 9 und 10 VO (EU) 2015/63 nicht begründet, vgl. GVB, EU-Bankenabwicklung: Vorschlag der EU-Kommission zur Berechnung der EU-Bankenabgabe muss nachgebessert werden, Punkt 3, abrufbar unter https://www.gv-bayern.de/fileadmin/public/vuk/gvb-position-eu-bankenabgabe.pdf, zuletzt abgerufen am 30.01.2019.

155 Vgl. Art. 10 Abs. 7 VO (EU) 2015/63.

156 Vgl. *Brandt/Güth*, in: Jahn/Geier/Schmitt (Hrsg.), Handbuch der Bankenrestrukturierung, 2016, S. 565 Rn. 32.

157 Vgl. Art. 10 Abs. 8 VO (EU) 2015/63.

Die Normierung einer weitergehenden Privilegierung verfolgt ebenfalls das Ziel, den Übertritt von den Pauschalbeiträgen des Art. 10 VO (EU) 2015/63 zu den risikoadjustierten Jahresbeiträgen weiter abzumildern, insbesondere soll Anreizen entgegengewirkt werden, kurzfristige Aufspaltungen anzustreben, um für die Pauschale in Frage zu kommen.[158]

### (4) Jährliche Zielausstattung

Um das Erreichen der Zielausstattung des SRF innerhalb der Aufbauphase sicherzustellen, wird der Gesamtbetrag durch das SRB so gleichmäßig wie möglich auf die jeweiligen Beitragsjahre aufgeteilt und im Rahmen der Berechnung auf die einzelnen Institute umgelegt.[159] Von der jährlichen Zielausstattung abzuziehen sind die Pauschalbeiträge, um die über die risikoadjustierten Jahresbeiträge zu erreichende jährliche Beitragssumme (*Target*) zu bestimmen.[160]

Dabei kann die Kommission delegierte Rechtsakte mit Kriterien für die zeitliche Staffelung erlassen,[161] was diese mit der Delegierten Verordnung vom 17. Dezember 2015 getan hat.[162] Gem. Art. 3 Abs. 1 VO (EU) 2017/747 sind dabei makroökonomische Indikatoren wie die BIP-Wachstumsprognosen der Kommission sowie der EZB ebenso zu berücksichtigen wie Indikatoren zur Ermittlung der Finanzlage der beitragenden Institute, u.a. Kreditvergabe an den privaten Sektor, Stresstestergebnisse, Rentabilität und Solvenz.

Hier zeigt sich ein wesentlicher Unterschied zu den vormaligen nationalen Regelungen, die eine solch fixe Größe nicht vorsahen oder sie, wie das deutsche und britische Modell, nicht direkt zur Berechnung der Beitragssätze herangezogen haben.[163] Aufgrund dessen und der kurzen Aufbauphase lässt sich im

---

158 Vgl. Erwägungsgrund [18] VO (EU) 2015/81.

159 Vgl. Art. 4 Abs. 2 VO (EU) 2015/63; insbesondere im Rahmen der deutschen Bankenabgabe blieb das Beitragsaufkommen deutlich hinter den Erwartungen zurück, vgl. *Löw/Borgmann*, Recht der Finanzinstrumente 2017, S. 156.

160 Vgl. Anhang I VO (EU) 2015/63, Schritt 6 Nr. 2.

161 Vgl. Art. 69 Abs. 5 lit. c) SRM-VO.

162 Delegierte Verordnung (EU) 2017/747 der Kommission vom 17.12.2015 zur Ergänzung der Verordnung (EU) Nr. 806/2014 des Europäischen Parlaments und des Rates hinsichtlich der Kriterien für die Berechnung der im Voraus erhobenen Beiträge sowie der Umstände und Bedingungen, unter denen die Zahlung außerordentlicher nachträglich erhobener Beiträge teilweise oder ganz aufgeschoben werden kann; im Folgenden VO (EU) 2017/747.

163 Vgl. *Löw/Borgmann*, Recht der Finanzinstrumente 2017, S. 156.

direkten Vergleich mit den nationalen Bankenabgaben ein deutlicher Anstieg der Beitragslast feststellen.[164]

#### (5) Berechnungsmethodik

##### (a) Standardmethode

Zusammengefasst berechnet sich der risikogewichtete Jahresbeitrag nach der Standardmethode in drei wesentlichen Schritten.[165]

Zunächst werden von der festgelegten jährlichen Zielausstattung die angesetzten Pauschalbeiträge abgezogen, um das Target zu bestimmen.[166]

In einem zweiten Schritt wird die Bemessungsgrundlage des individuellen Instituts, das Produkt aus Grundbeitrag und Risikoanpassungsmultiplikator, bestimmt und durch die Summe der Bemessungsgrundlagen aller erfassten Institute in den teilnehmenden Mitgliedstaaten dividiert, um den konkreten Verursachungsbeitrag zum systemischen Risiko des individuellen Instituts zu erfassen.[167]

Der sich ergebende anteilige Wert ist abschließend mit dem festgelegten Target zu multiplizieren, um den konkreten Jahresbeitrag zu bestimmen.[168]

Während die Berechnung der Jahresbeiträge ab 2016 dabei einheitlich durch das SRB vorgenommen wird[169], verbleibt die Zuständigkeit für die Verbescheidung bei den nationalen Abwicklungsbehörden.[170]

---

164 Vgl. Handelsblatt vom 27.4.2017, abrufbar unter http://www.handelsblatt.com/my/finanzen/banken-versicherungen/abwicklungsfonds-die-bankenabgabe-steigt/19727500.html, zuletzt abgerufen am 30.01.2019, wonach allein die beitragspflichtigen deutschen Institute im Jahr 2016 1,77 Mrd. Euro beigetragen haben, gegenüber vormals nur 516 Mio. Euro im Jahr 2014 bzw. 520 Mio. Euro im Jahr 2013 im Rahmen der deutschen Bankenabgabe.

165 Vgl. Anhang I VO (EU) 2015/63, Schritt 6.

166 Für 2016 wurde die jährliche Zielausstattung durch das SRB mit 1.05%/8 der gedeckten Einlagen des Jahres 2015 festgesetzt, vgl. *Löyttyniemi*, Third Industry Dialogue, Contributions to the SRF, S. 8 (Kap. C. Fn. 197).

167 Vgl. *Geier*, in: Jahn/Geier/Schmitt (Hrsg.), Handbuch der Bankenrestrukturierung, 2016, S. 210 Rn. 198.

168 Vgl. *Henkel/Schneider/Tüns*, WPg 2017, S. 23.

169 Vgl. Art. 99 Abs. 2 SRM-VO; Art. 4 VO (EU) 2015/81.

170 Vgl. Art. 5 Abs. 2 VO (EU) 2015/81; *Engelbach/Friedrich*, WM 2015, S. 669; zur Fälligkeit der Jahresbeiträge vgl. § 12f Abs. 2 S. 1 RStruktFG n.F.; die Übertragung der Jahresbeiträge auf den SRF hat gem. Art. 3 Abs. 2 IGA bis spätestens zum 30.6. des jeweiligen Beitragsjahres zu erfolgen.

(b) Besondere Anpassungen in der Aufbauphase

Eine besondere Anpassung erfährt die Berechnung in der achtjährigen Aufbauphase gem. Art. 8 Abs. 1 VO (EU) 2015/81.

Die Berechnung wird in diesem Zeitraum einerseits nach den Art. 102, 103 BRRD-RL sowie andererseits nach den Art. 69, 70 SRM-VO vorgenommen, womit sich Zielgröße und Bemessungsgrundlage nach nationaler bzw. europäischer gedeckter Einlagenhöhe bestimmen.[171]

Während die Institute im ersten Jahr der Aufbauphase 60 % ihres gem. der Art. 102, 103 BRRD-RL und 40 % ihres gem. der Art. 69, 70 SRM-VO berechneten jährlichen Beitrags zahlen, verschiebt sich die anteilige Gewichtung sukzessive zu einer 100 %-igen Zahlung des gem. der Art. 69, 70 SRM-VO berechneten jährlichen Beitrags im achten Jahr der Aufbauphase.[172]

Nach den gesetzgeberischen Erwägungen soll die Anpassung der Berechnung parallel zu der Haftungsvergemeinschaftung der nationalen Kammern im SRF verlaufen und dazu führen, dass der risikoadjustierte jährliche Beitrag die Bedeutung des Instituts für die Stabilität des Mitgliedstaats einerseits sowie für die Bankenunion als Ganzes andererseits adäquat widerspiegelt.[173]

Somit wird jeweils ein Beitrag für den etwaigen Verlust des Teils der Kammer, der noch nicht Gegenstand der gemeinsamen Nutzung ist, sowie ein Beitrag für den etwaigen Verlust des Teils der Kammer, der Gegenstand der gemeinsamen Nutzung ist, geleistet.[174]

Zeitgleich soll auf diesem Weg der Übergang von den nationalen zu den europäischen Berechnungsparametern weniger rigoros ausfallen.[175] Entgegengekommen wird insbesondere Instituten in den Mitgliedstaaten, in denen der Einlagenbestand gering ist, da diese nur in geringem Maße zur Zielausstattung des SRF beitragen, zeitgleich jedoch kaum vom Abzug der gedeckten Einlagen im Rahmen des Grundbeitrags profitieren.[176]

---

171 Mit einem Berechnungsbeispiel für das Jahr 2016 *Henkel/Schneider/Tüns*, WPg 2017, S. 24.

172 Vgl. Art. 8 Abs. 1 lit. a) bis h) VO (EU) 2015/81; *Löyttyniemi*, Third Industry Dialogue, Contributions to the SRF, S. 9 ff. (Kap. C. Fn. 197).

173 Vgl. Kap. C. III. 3.

174 Vgl. Erwägungsgrund [14] VO (EU) 2015/81.

175 Pressemitteilung der Kommission, Statement/14/2505, vom 9.12.2014, abrufbar unter http://europa.eu/rapid/press-release_STATEMENT-14-2505_de.htm?locale=en, zuletzt abgerufen am 30.01.2019.

176 Vgl. *Engelbach/Friedrich*, WM 2015, S. 670.

### *bb. Sonderbeiträge*

Reichen die derart erhobenen Finanzmittel nicht aus, um Verluste, Kosten und sonstige Aufwendungen im Zusammenhang mit der Inanspruchnahme des Fonds zu decken, werden von den im Hoheitsgebiet der teilnehmenden Mitgliedstaaten zugelassenen Instituten außerordentliche nachträgliche Beiträge erhoben.[177]

Die Berechnung durch das SRB orientiert sich an den Art. 69, 70 SRM-VO, wobei Verbescheidung und Übertragung auch hier durch die nationalen Abwicklungsbehörden erfolgt.[178]

Der Gesamtbetrag der jährlich außerordentlich nachträglich erhobenen Beiträge darf dabei das Dreifache der jährlichen Summe der gem. Art. 70 SRM-VO festgelegten Beiträge nicht übersteigen.[179]

Sollte die Finanzlage eines Instituts die Erhebung außerordentlicher nachträglicher Beiträge nicht erlauben, kann das SRB die Erhebung gem. Art. 6 VO (EU) 2017/747 um bis zu sechs Monate aufschieben.

## *c. Weitere Finanzierungsmöglichkeiten*

Subsidiär zur Finanzierung über Jahres- und Sonderbeiträge ist eine Kreditaufnahme vorgesehen. Gesetzlich sind drei Ausprägungen zu unterscheiden: (i) alternative Finanzierungsmöglichkeiten gem. Art. 73 SRM-VO; (ii) freiwillige Darlehen bei Abwicklungsfinanzierungsmechanismen in nicht teilnehmenden Mitgliedstaaten gem. Art 72 SRM-VO und (iii) der Zugriff auf Finanzierungsfazilitäten gem. Art. 74 SRM-VO.

### *aa. Alternative Finanzierungsmöglichkeiten*

Gem. Art. 73 Abs. 1 SRM-VO kann das SRB unter den Vorgaben, die Kosten der Finanzierung so gering wie möglich zu halten und das Ansehen des Ausschusses zu wahren, Darlehen bei Instituten, Finanzinstituten oder anderen Dritten aufzunehmen oder andere Formen der Unterstützung vertraglich vereinbaren.[180]

---

177 Vgl. Art. 71 Abs. 1 UAbs. 1 S. 1 SRM-VO.

178 Vgl. Art. 71 Abs. 1 UAbs. 2 SRM-VO; im Rahmen der Erhebung sind Sonderbeiträge direkt mit Festsetzung fällig, vgl. § 12f Abs. 2 S. 2 RStruktFG n.F., die Übertragung auf den SRF hat gem. Art. 3 Abs. 5 IGA gleichfalls unmittelbar zu erfolgen.

179 Vgl. Art. 71 Abs. 1 UAbs. 2 SRM-VO.

180 Zur Möglichkeit des deutschen Restrukturierungsfonds, dem SRF in der Aufbauphase ein Darlehen zu gewähren vgl. § 12j RStruktFG n.F. sowie BT-Drs. 18/6091, S. 88 f.

Im Vergleich mit den Art. 72 und 74 SRM-VO haben alternative Finanzierungsmöglichkeiten den weitesten Anwendungsbereich, da sie sowohl bei zeitlicher Nichtverfügbarkeit als auch bei mangelnder Deckung der Aufwendungen durch die Finanzierungsmethoden der Art. 70 und 71 SRM-VO herangezogen werden können.[181]

Das SRB erstattet den Darlehensgebern über die erhobenen Jahres- und Sonderbeiträge die Unterstützung innerhalb der Laufzeit voll zurück; eine dauerhafte Kreditfinanzierung von Abwicklungsmaßnahmen ist somit nicht vorgesehen.[182] Sonstige Aufwendungen, die im Kontext der Inanspruchnahme der Darlehen entstehen, muss das SRB über seinen eigenen Haushalt bestreiten.[183]

### *bb. Freiwillige Darlehen zwischen Abwicklungsfinanzierungsmechanismen*

Weiterhin kann das SRB gem. Art. 72 Abs. 1 SRM-VO für den Fonds Darlehen bei Abwicklungsfinanzierungsmechanismen in nicht teilnehmenden Mitgliedstaaten beantragen, falls kumulativ folgende Voraussetzungen erfüllt sind: die Jahresbeiträge gem. Art. 70 SRM-VO dürfen nicht ausreichen, die Sonderbeiträge gem. Art. 71 SRM-VO sind nicht unmittelbar und die alternativen Finanzierungsmöglichkeiten gem. Art. 73 Abs. 1 SRM-VO nicht zu vertretbaren Bedingungen verfügbar.

Ob die beantragten Darlehen gewährt werden und zu welchen Bedingungen, entscheiden die nationalen Abwicklungsbehörden gem. Art. 106 Abs. 3 BRRD-RL autonom.[184]

Der Anwendungsbereich des Art. 72 SRM-VO ist demnach begrenzt auf den Fall der Überbrückung der zeitlichen Nichtverfügbarkeit der Sonderbeiträge gem. Art. 71 SRM-VO, wobei alternative Finanzierungsmöglichkeiten gem. Art. 73 Abs. 1 SRM-VO vorrangig zu prüfen sind.

---

181 Vgl. Art. 73 Abs. 1 Alt. 1 und Alt. 2 SRM-VO.

182 Vgl. *Brandt/Ilgmann*, in: Jahn/Geier/Schmitt (Hrsg.), Handbuch der Bankenrestrukturierung, 2016, S. 328 Rn. 47; in Verbindung mit Art. 71 Abs. 1 UAbs. 2 SRM-VO ergibt sich somit eine effektive Begrenzung der Kreditaufnahme.

183 Vgl. Art. 73 Abs. 3 SRM-VO.

184 Vgl. Art. 72 Abs. 2 SRM-VO.

### *cc. Zugriff auf Finanzierungsfazilitäten*

#### (1) Anwendungsbereich

Art. 74 SRM-VO ermöglicht es dem SRB, für den Fonds vertragliche Vereinbarungen über Finanzierungskonstruktionen, einschließlich öffentlicher Finanzierungskonstruktionen, zu treffen, damit unmittelbar zusätzliche Finanzmittel für eine Verwendung gem. Art. 76 SRM-VO zur Verfügung stehen. Normiert ist als Tatbestandsvoraussetzung lediglich, dass die Beiträge gem. Art. 70 und Art. 71 SRM-VO erhoben sind, jedoch nicht ausreichen, um die Verpflichtungen des Fonds gem. Art. 76 SRM-VO zu erfüllen.

Ein gemeinsamer Anwendungsbereich mit Art. 72 SRM-VO, der tatbestandlich die zeitliche Nichtverfügbarkeit der Sonderbeiträge normiert, besteht daher nicht.

Allein Art. Art. 73 Abs. 1 Alt. 2 SRM-VO richtet den Fokus ebenfalls auf die Situation der nicht ausreichenden Finanzierungsmittel, weshalb sich die Frage stellt, welcher Norm Vorrang einzuräumen ist. Den entscheidenden Anhaltspunkt bietet der unterschiedliche Wortlaut der Vorschriften. Während Art. 73 Abs. 1 Alt. 2 SRM-VO auf die „durch die Inanspruchnahme (…) entstandenen Aufwendungen“ abhebt, erfasst Art. 74 SRM-VO die zu erfüllenden „Verpflichtungen des Fonds (…) gem. Art. 76 SRM-VO“.[185]

Folgern lässt sich, dass Art. 74 SRM-VO auf den grundsätzlichen Auftrag des Fonds gem. Art. 76 SRM-VO und somit einen weiteren Anwendungsbereich aufweist. Demgegenüber beschränkt sich Art. 73 Abs. 1 Alt. 2 SRM-VO auf die durch die Inanspruchnahme des Fonds für konkrete Abwicklungsmaßnahmen entstandenen Aufwendungen.

Für den Fall, dass im Rahmen der konkreten Inanspruchnahme entstandene Aufwendungen über die Jahres- und Sonderbeiträge nicht gedeckt werden können, ist Art. 73 SRM-VO daher vorrangig anzuwenden. Erst subsidiär kann auf Finanzierungskonstruktionen gem. Art. 74 SRM-VO zurückgegriffen werden.

Nur dann, wenn über den Anwendungsbereich des Art. 73 Abs. 1 Alt. 2 SRM-VO hinausgehend bereits die grundlegende Finanzierung in Frage steht, kann dirckt auf eine Finanzierungskonstruktion gem. Art. 74 SRM-VO zurückgegriffen werden.

---

185 Ebenso in der engl. Sprachfassung: “expenses incurred by the use of the Fund” (Art. 73 Abs. 1 Alt. 2 SRM-VO) sowie “the Fund’s obligations” (Art. 74 SRM-VO) sowie in der franz. Sprachfassung: „les frais liés au recours au Fonds“ (Art. 73 Abs. 1 Alt. 2 SRM-VO) sowie „les obligations du Fonds“ (Art. 74 SRM-VO).

(2) Zugriff auf öffentliche Finanzierungskonstruktionen

Die Besonderheit des Art. 74 SRM-VO besteht darin, dass dieser dem SRB ermöglicht für den Fonds auch vertragliche Vereinbarungen über öffentliche Finanzierungskonstruktionen zu treffen.

Bereits am 18. Dezember 2013 hatten die Eurogruppe und die Wirtschafts- und Finanzminister eine Erklärung angenommen, wonach zum Zeitpunkt des vollständigen In-Kraft-Tretens der SRM-VO zum 01. Januar 2016 eine Möglichkeit der öffentlichen Brückenfinanzierung als öffentliche Finanzierungskonstruktion im Sinn des Art. 74 SRM-VO bestehen sollte.[186] Mit Vereinbarung vom 08. Dezember 2015 wurde ein entsprechender Rahmenvertrag geschlossen.

Die Kreditgewährung erfolgt danach durch den jeweiligen Mitgliedstaat an die entsprechende Kammer des SRF. Insgesamt steht so die maximale Summe von 55 Mrd. Euro bereits seit Beginn des Inkrafttretens der SRM-VO am 01. Januar 2016 zur Verfügung.[187]

Die Möglichkeit dieser nationalen Brückenfinanzierung ist hingegen auf die achtjährige Aufbauphase begrenzt und ist in ihrer maximalen Kreditlinie auf die Zielgröße des SRF beschränkt.

## II. Zusammenfassung

Als Reaktion auf die Finanzkrise war eine verstärkte Regulierung der Banken unabdingbar. Zum neuen regulatorischen Instrumentarium zählt insbesondere die Bankenabgabe, die nach den Empfehlungen des IMF u.a. in Frankreich, Deutschland und dem Vereinigten Königreich 2011 eingeführt wurde.

Trotz des Ziels einer einheitlichen Ausgestaltung dominierten in den jeweiligen Abgabemodellen nationale Interessen, wobei Frankreich und das Vereinigte Königreich über die Bankenabgabe insbesondere ihren Haushalt nach der Finanzkrise aufzubessern versuchten.

Gemein war allen Abgaben, dass sie sich im Kern am systemischen Risiko der Institute orientierten, um bei der Festlegung der konkreten Abgabenhöhe

186 Vgl. Rat der Europäischen Union (ECOFIN), Pressemitteilung 17893/13, S. 6, abrufbar unter http://www.consilium.europa.eu/uedocs/cms_data/docs/pressdata/de/ecofin/140637.pdf, zuletzt abgerufen am 30.01.2019.

187 Vgl. SRB, Pressemitteilung „Banking Union – ECOFIN endorsement of Public Bridge Financing Arrangement fundamental for credible start of the SRM in 2016" vom 08.12.2015, S. 2, abrufbar unter https://srb.europa.eu/sites/srbsite/files/20151208-press-release_en.pdf, zuletzt abgerufen am 30.01.2019.

zutreffend zu differenzieren und von risikoreicheren Instituten einen höheren Beitrag zu verlangen.[188]

Anhand des deutschen sowie des britischen Abgabenmodells konnten im Rahmen der verfolgten Lenkungszwecke jedoch deutliche Schwachpunkte aufgezeigt werden.

Insbesondere indizierten einzelne beitragsrelevante Passiva der deutschen Bankenabgabe kein Risiko, womit weder der konkreten Ausfall- bzw. Abwicklungswahrscheinlichkeit Rechnung getragen wurde noch konnten mit einer derartigen Anknüpfung nicht systemrelevante Institute daran gehindert werden, in eine systemrelevante Position hineinzuwachsen.[189]

Das Lenkungsziel der britischen Abgabe, Anreize zur Erhöhung der Kernkapitalquote zu setzen und damit mittelbar das Gesamtrisiko einer Bank zu senken, war bei genauerer Analyse ebenfalls nicht erfolgversprechend, da die CRR-VO/CRD-IV-RL in Umsetzung der Basel III-Regularien die Institute nicht zwingen, ihre Kernkapitalquote über das Mindestmaß hinaus zu erhöhen. Banken hätten ihr Fremdkapital abbauen und demnach die Beitragslast senken können, ohne dabei jedoch die Kernkapitalquote zu erhöhen; in einem negativen Szenario drohte vielmehr ein Risikotransfer von der Passiv- zur Aktivseite der Bilanz.

Zeitgleich kann die britische Bankenabgabe, aufgrund der jährlich zu erreichenden Zielgröße und der damit verbundenen hochfrequenten Änderung des Abgabensatzes, als Experiment in Sachen Steuergesetzgebung gesehen werden.[190]

Dass Banken übergreifend nicht zu einer substanziellen Zahlung im Vergleich der verursachten Kosten herangezogen wurden, erstaunt nicht. Dies war weder politisch durchsetzbar noch, angesichts der instabilen Verfassung vieler Institute nach der Finanzkrise und der Summen der durch die Staaten ausgestellten Garantien, praktisch möglich.

Die harmonisierende Europäische Bankenabgabe orientiert sich in ihrer grundsätzlichen Ausgestaltung am deutschen Abgabenmodell, was an der Anknüpfung des Grundbeitrags an die Verbindlichkeiten und der nahezu identischen Aufteilung in Jahres- und Sonderbeiträge sowie der nachrangigen

---

188 Schwerpunktmäßig zahlten die Großbanken: im Vereinigten Königreich Barclays, HSBC, RBS, Lloyds Banking Group; in Deutschland die Deutsche Bank; in Frankreich die Société Général sowie die BNB PariBas, vgl. *Dowell-Jones/Buckley,* Bank Levies: An Innovation in Post-Crisis Bank Taxation, 2015, S. 25.

189 Vgl. *Hanten/München,* WM 2011, S. 1932.

190 *Dowell-Jones/Buckley,* Bank Levies: An Innovation in Post-Crisis Bank Taxation, 2015, S. 37.

Kreditaufnahme deutlich wird.[191] Auch die Fondslösung, mit Einrichtung des SRF, nimmt sich den deutschen Rettungsfonds zum Vorbild, zumal für diese Lösung auch kompetenzrechtliche Gründe sprechen.[192] Die starke Prägung kann auf den deutschen Einfluss während der Verhandlungen sowie die wenig erfolgreichen Modelle Frankreichs und des Vereinigten Königreichs zurückgeführt werden.[193]

Über den größenabhängigen Grundbeitrag hinaus sind der europäischen Ausgestaltung die Risikogewichtung sowie der Einbezug einer jährlichen Zielausstattung in die Berechnungsformel eigen.

Mit Hilfe des Risikoanpassungsmultiplikators soll das drohende systemische Risiko im Fall eines Zusammenbruchs, demnach die negativen Externalitäten infolge einer Systemrelevanz der Institute[194], treffgenauer erfasst werden, womit der europäische Gesetzgeber eine verstärkte Anlehnung an ein Pigou-Modell anstrebt. Graduell werden alle Indikatoren einbezogen, die Hinweise auf typisierte Risiken geben können, um der Komplexität der Bewertung als systemrelevant gerecht zu werden und entsprechend unterschiedlich strenge Rechtsfolgen zu formulieren.[195] Der Einbezug der jährlichen Zielausstattung in die Berechnungsformel scheint der Versuch zu sein, von den britischen Erfahrungen zu profitieren und eine inflationär häufige Anpassung des Abgabensatzes zu vermeiden sowie Sicherheit bezüglich Aufkommen und Aufbaudauer des Fonds herzustellen.

Im Grundsatz lassen sich somit zwei Ausgestaltungsalternativen einer Bankenabgabe unterscheiden.[196] Zunächst eine simplifizierte Abgabe zur Finanzierung eines Fonds bzw. der Haushalte als zusätzliches finanzielles Sicherungsnetz für künftige Krisen, wobei der Abbau systemischer Risiken auf die Ebene der Eigenkapitalregularien verlagert wird.[197] Eine derartige Abgabe könnte, vergleichbar mit dem französischen Modell, auf neutralen Parametern hinsichtlich

---

191 Vgl. *Brandt/Güth*, in: Jahn/Geier/Schmitt (Hrsg.), Handbuch der Bankenrestrukturierung, 2016, S. 557 Fn. 77.

192 Vgl. ausfl. Kapitel E.; zu weiteren europäischen Fonds vgl. *Heselhaus*, Abgabenhoheit der Europäischen Gemeinschaft in der Umweltpolitik, 2001, S. 72 f.

193 Vgl. *Howarth/Quaglia*, Journal of Common Market Studies 2014, S. 128 ff.

194 Vgl. *Acharya/Pedersen/Philippon/Richardson*, in: Acharya/Richardson (Hrsg.), Restoring Financial Stability: How to Repair a Failed System, 2009, S. 286 ff.

195 Vgl. *Pflock*, Europäische Bankenregulierung und das „Too big to fail-Dilemma", 2014, S. 145 Fn. 944.

196 *Devereux*, British Tax Review 2011, S. 36 ff.

197 Vgl. *Giancarlo u.a.*, Taxation and Regulation of the Financial Sector, 2011, S. 147.

Bemessungsgrundlage und Abgabensatz basieren[198], zumal dem Einwand der geringen Ertragshöhe der französischen TRS mit einem gehobenen Abgabensatz begegnet werden könnte.[199]

Demgegenüber kommt eine komplexere Abgabe in Betracht, welche die Systemrelevanz der Institute, über eine Risikogewichtung umfassend berücksichtigt und dementsprechend strengere Rechtsfolgen in Form einer höheren Belastung formuliert, also eine Abgabe, die sich näher am Modell einer Pigou-Steuer orientiert. Mit einer Risikogewichtung verlässt die Abgabe den Boden der simplen Mittelgenerierung; notwendigerweise hätte eine derartige Abgabe Einfluss auf das Risikoverhalten der Institute.[200] Um ein Fehlgehen des Lenkungszwecks zu vermeiden, ist es vorzugswürdig, im Rahmen der Risikogewichtung auf eine breite Palette von Indikatoren zurückzugreifen, um ein möglichst realitätsnahes Risikoprofil des jeweiligen Instituts abzubilden und kohärente Anreize zu geben, Risiken zu meiden; exakte Ansatzpunkte zur Messung der Systemrelevanz zu finden, stellt dabei die wesentliche Herausforderung an den Gesetzgeber dar.[201]

---

198 Vgl. *Devereux*, British Tax Review 2011, S. 39, der für eine Ergänzung der Unternehmenssteuer bzw. eine Finanzaktivitätssteuer plädiert, die sich für die europäische Ebene jedoch bereits kompetenzrechtlich nicht eignen.

199 Vgl. Projet de loi finances rectificative pour 2012: rapport, S. 143 (Fn. 7).

200 *Devereux*, British Tax Review 2011, S. 37.

201 Vgl. *Claessens/Keen/Pazarbasioglu*, Financial Sector Taxation, S. 13; *Giancarlo u.a.*, Taxation and Regulation of the Financial Sector, 2011, S. 155 ("…very difficult to implement a tax in which each bank faces a different tax rate."); *Wolfers/Voland*, in: Hopt/Wohlmannstetter (Hrsg.), Handbuch Corporate Governance von Banken, 2011, S. 330.

# E. Kompetenz der Europäischen Union zur Einführung einer Europäischen Bankenabgabe

Im Anschluss an die Untersuchung der inhaltlichen Ausgestaltung der Europäischen Bankenabgabe sind nunmehr die relevanten Rechtsfragen zu klären. Elementar ist dabei zunächst die kompetenzrechtliche Fragestellung, da nach dem Prinzip der begrenzten Einzelermächtigung die EU nur innerhalb der ihr in den Verträgen übertragenen Zuständigkeiten zur Verwirklichung der niedergelegten Ziele tätig werden kann.[1] Alle der Union nicht ausdrücklich durch Primärrecht übertragenen Zuständigkeiten verbleiben gem. Art. 5 Abs. 2 S. 2 EUV bei den Mitgliedstaaten.[2]

Grundlage der SRM-VO ist die Binnenmarktkompetenz des Art. 114 AEUV. Mit Blick auf die Erhebung der Europäischen Bankenabgabe stellen sowohl (i) der Tatbestand des Art. 114 Abs. 1 AEUV, (ii) die Bereichsausnahme des Art. 114 Abs. 2 AEUV als auch (iii) die Beitragsübertragung auf den SRF, gestützt auf eine gesonderte völkerrechtliche Vereinbarung, Problembereiche dar.[3]

## I. Voraussetzungen des Art. 114 AEUV

### 1. Tatbestand

#### *a. Voraussetzungen*

Ausgehend von der stetigen Rechtsprechung des EuGH muss die Wahl der Rechtsgrundlage für einen Rechtsakt der Union auf objektiv und gerichtlich nachprüfbaren Umständen beruhen, zu denen insbesondere der Zweck und der Inhalt des Rechtsakts gehören.[4] Hat ein Unionsrechtsakt zwei Zielsetzungen und lässt sich eine von ihnen als die hauptsächliche oder überwiegende ausmachen,

---

1 Vgl. Art. 5 Abs. 1 S. 1 und Abs. 2 EUV.

2 Vgl. *Calliess*, in: Calliess/Ruffert (Hrsg.), EUV/AEUV, 2016, Art. 5 EUV Rn. 6.

3 Nicht eingegangen wird im Rahmen der Bearbeitung auf die Schaffung des SRB gestützt auf Art. 114 AEUV, vgl. dazu *Gordon/Ringe,* Columbia Law Review 2015, S. 1346 Fn. 202 m.w.N.

4 Urteil *Kommission/Rat*, C-533/03, EU:C:2006:64, Rn. 43; vgl. *Frenz/Ehlenz,* EuZW 2011, S. 624; *Schröer*, RIW 1993, S. 915.

so ist der Rechtsakt auf die Rechtsgrundlage zu stützen, welche die hauptsächliche Zielsetzung erfordert, wobei dem Unionsgesetzgeber bei der Gewichtung der verfolgten Ziele eine Einschätzungsprärogative einzuräumen ist.[5]

Die der SRM-VO zugrunde liegende Binnenmarktkompetenz ermächtigt die Union nur zur „Angleichung von Rechts- und Verwaltungsvorschriften der Mitgliedstaaten, welche die Errichtung und das Funktionieren des Binnenmarktes zum Gegenstand" haben. Durch den Rechtsakt anzustreben ist somit die Schaffung einheitlicher Binnenmarktvoraussetzungen durch die Angleichung beeinträchtigender mitgliedstaatlicher Vorschriften.[6] Allein unterschiedliche Regelungen der Mitgliedstaaten in einem Sachbereich und eine dahingehend abstrakte Gefahr für die Wahrnehmung der Grundfreiheiten genügt indes nicht.[7] Die Herstellung einheitlicher Regelungen muss zudem den wesentlichen Zweck und Inhalt des Rechtsakts bilden.[8]

Der Rechtsakt muss demnach unmittelbar oder mittelbar das Funktionieren des Binnenmarktes im Sinne von Art. 26 AEUV substantiell und konkret verbessern, indem Hemmnisse für die Ausübung der Grundfreiheiten und der Wettbewerbsfreiheit abgebaut werden.[9] Dies ist anhand der Erwägungsgründe und auch der Einzelnormen zu ermitteln, wobei zu prüfen ist, ob die Zielsetzung, das Funktionieren des Binnenmarktes durch Angleichung verbessern zu wollen, tatsächlich verfolgt wird und nicht nur vorgeschoben ist.[10]

Für Bedingungen der wirtschaftlichen Integrationsfähigkeit, wie strukturelle Schwächen des Verwaltungsvollzugs, wirtschaftliche Ungleichgewichte sowie unzureichende Wettbewerbsfähigkeit, mithin dem Binnenmarkt vorgelagerte Voraussetzungen, zwischen oder innerhalb der Mitgliedstaaten bietet Art. 114 AEUV demgegenüber keine Kompetenzgrundlage.[11]

---

5 Urteil *Kommission/Rat*, C-338/01, EU:C:2004:253, Rn. 55; *Herdegen*, WM 2016, S. 1858; *Calliess/Schoenfleisch*, JZ 2015, S. 120.

6 Vgl. *Korn*, Unionsrechtlich induzierte Rechtssetzung im Abgabenrecht, 2015, S. 77.

7 Urteil *British American Tobacco*, EU:C:2002:741, C-491/01, Rn. 60; Urteil *Deutschland/Parlament und Rat*, EU:C:2000:544, C-376/98, Rn. 84; *Frenz/Ehlenz*, EuZW 2011, S. 625.

8 *Herdegen*, WM 2016, S. 1859.

9 *Frenz/Ehlenz*, EuZW 2011, S. 624; *Khan/Eisenhut*, in: Geiger/Khan/Kotzur (Hrsg.), European Union Treaties, 2015, Art. 114 TFEU Rn. 14; *Herdegen*, WM 2016, S. 1859.

10 Urteil *Deutschland/Parlament und Rat*, EU:C:2000:544, C-376/98, Rn. 84; Urteil *Vodafone*, C-58/08, EU:C:2010:321, Rn. 32.

11 *Herdegen*, WM 2016, S. 1860.

### b. Zweck und Inhalt der SRM-VO

Mit Blick auf die SRM-VO und insbesondere die Europäische Bankenabgabe sind demnach zwei Gesichtspunkte relevant. Ohne den Rechtsakt sind erstens erhebliche Hemmnisse für die Grundfreiheiten sowie mögliche Wettbewerbsverzerrungen zu konstatieren, wobei zweitens die Beseitigung durch die Angleichung von Rechts- und Verwaltungsvorschriften der Mitgliedstaaten bezweckt ist und durch den Rechtsakt umgesetzt wird.[12]

#### aa. Beeinträchtigung des Finanzbinnenmarktes

Mit Blick auf den Finanzbinnenmarkt wurden die grundlegenden Hemmnisse und Folgen durch nationale Regulierungslösungen, insbesondere die nationale Erhebung und Verausgabung von Mitteln zur Abwicklungsfinanzierung, bereits aufgezeigt.[13]

Zentral ist das Risiko der finanziellen Fragmentierung des Binnenmarktes aufgrund mangelnden Vertrauens in die Bankensysteme und nationalen Regulierungsvorschriften anderer Mitgliedstaaten, bei zeitgleich bestehenden grenzüberschreitenden Ansteckungsgefahren aufgrund weitreichender Verflechtungen, wobei die mangelnde Fähigkeit einzelner Mitgliedstaaten, systemrelevante Institute in Krisensituationen adäquat abzuwickeln, zu befürchten ist.[14]

#### bb. Beseitigung durch Vereinheitlichung

Nach der Konzeption des europäischen Gesetzgebers würden diese Beeinträchtigungen ohne Rechtsangleichung fortbestehen, weshalb durch die SRM-VO ein einheitliches Verfahren für die Abwicklung sowie ein, über die Europäische Bankenabgabe finanzierter, einheitlicher Abwicklungsfonds normiert wird.[15]

---

12 Vgl. Urteil *Kommission/Rat*, C-338/01, EU:C:2004:253, Rn. 60; *Repasi*, Gutachten zur rechtlichen Machbarkeit eines „Single Resolution Mechanism" (SRM), 2013, S. 1.

13 Vgl. Kap. B. II.

14 Vgl. Erwägungsgrund [1] SRM-VO; *Pflock*, Europäische Bankenregulierung und das „Too big to fail-Dilemma", 2014, S. 181; *Gordon/Ringe*, Columbia Law Review 2015, S. 1308; *Espinosa-Vega/Kahn/Matta/Solé*, IMF Working Paper (193) 2011, S. 3.

15 Vgl. Erwägungsgrund [2] und [9] SRM-VO sowie Art. 1 Abs. 1 und Art. 67 ff. SRM-VO; auch eine Verordnung kann dabei eine „Maßnahme zur Angleichung der Rechts- und Verwaltungsvorschriften der Mitgliedstaaten" sein, vgl. *Frenz/Ehlenz*, EuZW 2011, S. 625; Schlussantrag GA Saggio, *Kortas*, C-319/97, EU:C:1999:37, Rn. 14.

Blickt man detailliert auf die Vereinheitlichung der Erhebung und Verausgabung der Mittel für den SRF, ist der unmittelbare Binnenmarktbezug darin zu sehen, dass die Verknüpfung zwischen der Haushaltslage einzelner Mitgliedstaaten und den Finanzierungskosten der dort tätigen Institute abgebaut wird und für Anleger und Gläubiger ein geringerer Anreiz besteht, sich auf (einzel-)staatliche Hilfsmaßnahmen zu verlassen, wodurch wettbewerbsverzerrende Wirkungen durch implizite staatliche Bail-out-Garantien abgebaut werden.[16]

Wirtschaftlich besteht zudem eine enge Verbindung zu der bereits harmonisierten Aufsicht auf institutioneller und materieller Ebene. Folgekosten etwaiger aufsichtsrechtlicher Maßnahmen können durch den SRF auf EU-Ebene getragen werden, ohne dass es zu einer Kostenverschiebung zu Lasten nationaler Restrukturierungsfonds kommt. Entscheidung und Verantwortung fallen somit nicht auseinander, wodurch die Komplementierung der Aufsicht die Vorhersehbarkeit und Transparenz für die Institute, aber auch die Märkte, verbessert.[17] Voraussetzung ist jedoch eine unmittelbare und einheitliche Anwendbarkeit der Regelungen in den teilnehmenden Mitgliedstaaten.[18]

Im Hinblick auf das Harmonisierungsziel des Art. 114 Abs. 1 AEUV ist festzuhalten, dass die Vereinheitlichung der Abwicklungsvorschriften sowie der Erhebung und Verausgabung von Mitteln den entsprechenden Binnenmarktbezug aufweisen. Der Einwand des kompetenzfremden Hauptzwecks aufgrund der zeitgleichen Verfolgung des Ziels der Finanzmarktstabilität trägt dabei nicht, da die Binnenmarktverbesserung nicht nur beiläufig verfolgt wird.[19] Ebenfalls nicht

---

16 Vgl. Erwägungsgrund [19] SRM-VO; *Herrmann/Rosenfeldt*, Europarechtliche Grundlagen und Grenzen der Errichtung eines einheitlichen Bankenabwicklungsmechanismus (SRM), BT-Drs. 18/1340, S. 10.

17 Vgl. *Kleinow*, Systemrelevante Finanzinstitute, 2016, S. 197; *Repasi*, Gutachten zur rechtlichen Machbarkeit eines „Single Resolution Mechanism" (SRM), 2013, S. 2.

18 Vgl. Erwägungsgrund [21] SRM-VO; dahingehend kann die Rechtsharmonisierung auch nicht nur als Anhängsel bzw. Konsequenz einer im Kern verfolgten Zentralisierung durch die EU gesehen werden, so jedoch *Herdegen*, WM 2016, S. 1859 zum geplanten EDIS; dass eine (tiefergehende) Rechtsharmonisierung notwendigerweise auch zentralisierende Elemente aufweist, verdrängt nicht den durch Sachargumente gestützten Zweck, das Funktionieren des Binnenmarktes zu verbessern; vgl. auch *Müller*, Wettbewerb und Unionsverfassung, 2014, S. 604, der in Art. 114 AEUV eine „umfassende Kompetenzgrundlage für die europäische Finanzmarktregulierung" sieht und „eine weitergehende Zentralisierung der Krisenpolitik bei der Europäischen Union für unumgänglich" sieht.

19 Urteil *Niederlande/Parlament und Rat*, C-377/98, EU:C:2001:523, Rn. 27-28; *Repasi*, Gutachten zur rechtlichen Machbarkeit eines „Single Resolution Mechanism" (SRM), 2013, S. 2 f.

relevant ist der Zweck der mitgliedstaatlichen Regelungen, die harmonisiert werden sollen. Auch wenn diese vorrangig die Stabilisierung des Finanzsystems zum Ziel hätten, würde dies den europäischen Gesetzgeber nicht hindern, die SRM-VO auf Art. 114 Abs. 1 AEUV zu stützen, solange der Binnenmarktbezug gewahrt ist.[20]

### *cc. Erhöhte Anforderungen im Rahmen der Zweitharmonisierung*

In Bezug auf die vorangegangene Harmonisierung durch die BRRD-RL stellt sich jedoch die Frage, ob bezüglich einer Zweitharmonisierung durch die SRM-VO erhöhte Anforderungen zu gelten haben.[21] Mit Verweis auf den EuGH wird argumentiert, dass, im Sinne der Kohärenz und Verhältnismäßigkeit der EU-Gesetzgebung, neue Gesichtspunkte oder eine gesteigerte Bedeutung bereits erfasster Belange ein erneutes Tätigwerden rechtfertigen bzw. auf „wissenschaftliche Erkenntnisse gestützte neue Entwicklungen" im Sinn des Art. 114 Abs. 3 AEUV seit der vorherigen Harmonisierung vorliegen müssten.[22]

Richtigerweise beschränkt jedoch weder Art. 114 Abs. 3 AEUV noch die Rechtsprechung des EuGH die weitergehende Harmonisierung durch die SRM-VO. Art. 114 Abs. 3 AEUV selbst ist enumerativ auf die Bereiche Gesundheit, Sicherheit, Umweltschutz und Verbraucherschutz beschränkt. Zumal dahingehend neue Entwicklungen insbesondere, aber nicht ausschließlich zu berücksichtigen sind. Auch der herangezogenen Rechtsprechung des EuGH ist keine Beschränkung zu entnehmen.[23] Vielmehr spricht der EuGH davon, dass der Gesetzgeber nicht daran gehindert ist, den Rechtsakt den neuen Entwicklungen anzupassen, wenn bereits jedes Handelshemmnis beseitigt ist. Die Rechtsprechung ist so zu verstehen, dass dem Gesetzgeber, auch im Fall der vollständigen Verwirklichung der Angleichungsziele, ein Rückgriff auf Art. 114 Abs. 1 AEUV nicht verwehrt ist. Zumal ein weiter legislativer Einschätzungsspielraum bezüglich der Beurteilung der Sachlage und der damit einhergehenden Wahl der Angleichungstechnik zu berücksichtigen ist.[24]

---

20 *Herrmann/Rosenfeldt*, Europarechtliche Grundlagen und Grenzen der Errichtung eines einheitlichen Bankenabwicklungsmechanismus (SRM), BT-Drs. 18/1340, S. 11.

21 Vgl. *Herdegen*, WM 2016, S. 1863 m.w.N.

22 Vgl. *Ibd.* unter Verweis auf Urteil *Vodafone*, C-58/08, EU:C:2010:321, Rn. 34.

23 Urteil *Vodafone*, C-58/08, EU:C:2010:321, Rn. 34.

24 Vgl. Urteil *Vereinigtes Königreich/Parlament und Rat*, C-66/04, EU:C:2005:743, Rn. 45, wonach „darauf hinzuweisen [ist], dass die Verfasser des Vertrags mit dem Ausdruck Maßnahmen zur Angleichung in Artikel 95 EG dem Gemeinschaftsgesetzgeber nach Maßgabe des allgemeinen Kontextes und der speziellen Umstände der zu

Vorliegend geht der Unionsgesetzgeber zudem substantiiert darauf ein, dass mit der erfolgten Mindestharmonisierung durch die BRRD-RL noch nicht alle Binnenmarkthemmnisse beseitigt wurden. Beeinträchtigungen durch rein mitgliedstaatliche Regulierung würden durch die BRRD-RL zwar gemildert, aber nicht beseitigt, insbesondere würden bzgl. der Abwicklung grenzüberschreitender Gruppen weiterhin potenziell inkohärente Entscheidungen der nationalen Behörden drohen.[25] Zudem kann es bereits bei der Umsetzung in nationales Recht zu erheblichen Divergenzen kommen[26], welche durch eine Vollharmonisierung vermieden werden.[27]

Übergreifend ist die Konzeption der EU hinsichtlich der Europäischen Bankenunion zu beachten, wonach die entsprechenden Richtlinien den Rechtsrahmen für die gesamte Eurozone bilden, die weitergehenden Verordnungen jedoch eine einheitlichen Grundlage für Aufsicht und Abwicklung von Finanzinstituten innerhalb der Eurozone darstellen sollen, welche im Rahmen des Konzepts der umsetzungsbedürftigen Richtlinien nur unvollkommen verfolgt werden kann.[28]

Daher kann eine Beschränkung des europäischen Gesetzgebers im Rahmen einer Zweitharmonisierung weder im Ansatz noch konkret überzeugen.

### *dd. Zulässige Teilharmonisierung*

Offen bleibt die Frage nach der Zulässigkeit einer Teilharmonisierung durch die SRM-VO, welche sich auf die Länder der Eurozone beschränkt.[29]

Auszugehen ist vom Harmonisierungsziel des Art. 114 Abs. 1 AEUV. Dahingehend besteht kein allgemeiner Grundsatz, dass nur Regelungen, die im gesamteuropäischen Gebiet anwendbar sind, den Binnenmarkt fördern.[30]

---

harmonisierenden Materie einen Ermessensspielraum hinsichtlich der zu Erreichung eines angestrebten Ergebnisses am besten geeigneten Angleichungstechnik, insbesondere in den Bereichen, die durch komplexe technische Besonderheiten gekennzeichnet sind, einräumen wollten."; *Kube*, Rechtliche Grundlagen und Grenzen der EU-Bankenabgabe, 2016, S. 23.

25 Vgl. Erwägungsgrund [10] SRM-VO; *Haag*, ZVglRWiss 2014, S. 491.

26 Vgl. beispielsweise die Umsetzungsspielräume gem. Art. 103 Abs. 6 BRRD-RL.

27 *Haag*, ZVglRWiss 2014, S. 491.

28 *Ibd.*, S. 492.

29 Vgl. Erwägungsgründe [15] bis [17] SRM-VO; *Herrmann/Rosenfeldt*, Europarechtliche Grundlagen und Grenzen der Errichtung eines einheitlichen Bankenabwicklungsmechanismus (SRM), BT-Drs. 18/1340, S. 11 f.; *Kube*, Rechtliche Grundlagen und Grenzen der EU-Bankenabgabe, 2016, S. 26 f.

30 Vgl. *Meng*, in FS Stein, 2015, S. 773; *Wojcik/Ceyssens*, EuZW 2014, S. 897; krit. *Ohler*, EuR – Beiheft 2 – 2016, S. 14 f.

Demgegenüber kennt das Primärrecht die partielle Geltung und Differenzierung durch Rechtsvorschriften beispielsweise durch Art. 20 EUV i.V.m. Art. 326 ff. AEUV, Art. 114 Abs. 4 bis 6 AEUV sowie Art. 27 AEUV[31], zumal sich die partielle Geltung in Form der „teilnehmenden Mitgliedstaaten" durch die Bezugnahme auf die SSM-VO ergibt.[32]

Eine Teilharmonisierung schließt die Anwendbarkeit des Art. 114 Abs. 1 AEUV zumindest dann nicht aus, wenn Mitgliedstaaten außerhalb der Eurozone die Möglichkeit offensteht, beizutreten oder unmittelbar zu partizipieren. Dahingehend steht Mitgliedstaaten, deren Währung nicht der Euro ist, neben dem (theoretischen) Beitritt zur Währungsunion, die Möglichkeit offen, eine enge Zusammenarbeit ihrer national zuständigen Behörden mit der EZB zu vereinbaren, um als teilnehmender Mitgliedstaat im Sinn der SSM- bzw. SRM-VO zu gelten.[33]

#### *ee. Zwischenergebnis*

Festzuhalten ist, dass sich Zweck und Inhalt des Rechtsaktes mit dem Harmonisierungsziel der Kompetenzgrundlage des Art. 114 Abs. 1 AEUV decken; die angestrebte Vereinheitlichung, insbesondere in Gestalt der Europäischen Bankenabgabe, weist den notwendigen Binnenmarktbezug auf.[34] Dabei kann weder das Argument zu erhöhten Anforderungen im Rahmen der Zweitharmonisierung überzeugen noch ist eine Teilharmonisierung als unzulässig abzulehnen.

---

31 Vgl. *Repasi*, Gutachten zur rechtlichen Machbarkeit eines „Single Resolution Mechanism" (SRM), 2013, S. 3; *Herrmann/Rosenfeldt*, Europarechtliche Grundlagen und Grenzen der Errichtung eines einheitlichen Bankenabwicklungsmechanismus (SRM), BT-Drs. 18/1340, S. 11.

32 Vgl. Art. 2 i.V.m. 4 Abs. 1 SRM-VO.

33 Vgl. Art. 2 Nr. 1 i.V.m. Art. 7 Abs. 1 SSM-VO i.V.m. Art. 4 Abs. 1 SRM-VO.

34 Vgl. *Repasi*, Gutachten zur rechtlichen Machbarkeit eines „Single Resolution Mechanism" (SRM), 2013, S. 11 f.; *Herrmann/Rosenfeldt*, Europarechtliche Grundlagen und Grenzen der Errichtung eines einheitlichen Bankenabwicklungsmechanismus (SRM), BT-Drs. 18/1340, S. 16; *Kube*, Rechtliche Grundlagen und Grenzen der EU-Bankenabgabe, 2016, S. 23.

## 2. Subsidiarität und Verhältnismäßigkeit

### *a. Subsidiarität*

Im Rahmen der geteilten Zuständigkeit im Bereich des Binnenmarktes gem. Art. 2 Abs. 2 und Art. 4 Abs. 2 lit. a) AEUV ist weiterhin das Prinzip der Subsidiarität zu beachten.[35]

Ein Tätigwerden der Union ist nach Art. 5 Abs. 3 EUV nur möglich, „sofern und soweit die Ziele der in Betracht gezogenen Maßnahmen von den Mitgliedstaaten weder auf zentraler noch auf regionaler oder lokaler Ebene ausreichend erreicht werden können[36], sondern vielmehr wegen ihres Umfangs oder ihrer Wirkungen auf Unionsebene besser zu verwirklichen sind."[37] Entsprechenden Erwägungen des Unionsgesetzgebers müssen qualitative und, soweit möglich, quantitative Kriterien zugrunde liegen.[38]

Die Vorgaben des Subsidiaritätsprinzips gehen in ihrer inhaltlichen Reichweite faktisch jedoch nicht über die Erfordernisse des Tatbestands des Art. 114 Abs. 1 AEUV hinaus.[39] Sind dessen Anforderungen erfüllt, ist eine ausreichende oder gar bessere Verwirklichung auf mitgliedstaatlicher Ebene kaum denkbar, weshalb eine Prüfung des Subsidiaritätsprinzips im Zusammenhang mit der Binnenmarktkompetenz überflüssig ist.[40]

---

35 *Calliess,* in: Calliess/Ruffert (Hrsg.), EUV/AEUV, 2016, Art. 5 EUV Rn. 19 ff.; *Heselhaus,* Abgabenhoheit der Europäischen Gemeinschaft in der Umweltpolitik, 2001, S. 282 ff.

36 Vgl. Kommissionsdokument SEC (92) 1990 final, S. 112 („Test der vergleichenden Effizienz"); ähnl. auch *Heselhaus,* Abgabenhoheit der Europäischen Gemeinschaft in der Umweltpolitik, 2001, S. 293 („mit Effizienzkriterien angereicherten Vergleichstest").

37 Vgl. *Calliess,* in: Calliess/Ruffert (Hrsg.), EUV/AEUV, 2016, Art. 5 EUV Rn. 39 ff.

38 Vgl. Art. 5 Protokoll Nr. 2 über die Anwendung der Grundsätze der Subsidiarität und der Verhältnismäßigkeit, ABl. EU 2007, C 306, S. 150; vgl. *Bast,* in: Grabitz/Hilf/Nettesheim (Hrsg.), Das Recht der Europäischen Union, 2013, Art. 5 EUV Rn. 54 und 57; *Frenz/Ehlenz,* EuZW 2011, S. 634.

39 *Herrmann/Rosenfeldt,* Europarechtliche Grundlagen und Grenzen der Errichtung eines einheitlichen Bankenabwicklungsmechanismus (SRM), BT-Drs. 18/1340, S. 16; krit. auch *Streinz,* in: ders. (Hrsg.), EUV/AEUV, 2012, Art. 5 EUV Rn. 32, der die Überbetonung des Prinzips außer Verhältnis zu seiner tatsächlichen Bedeutung sieht; aufgrund von Art. 4 Abs. 2 lit. a) AEUV könne jedoch nicht bereits die Anwendbarkeit an sich verneint werden, vgl. *Frenz/Ehlenz,* EuZW 2011, S. 624; *Tietje,* in: Grabitz/Hilf/Nettesheim (Hrsg.), Das Recht der Europäischen Union, 2016, Art. 114 Rn. 58; umfassend zur Diskussion *Schwartz,* in: FS Everling, 1995, S. 1331 ff.

40 Vgl. Schlussantrag GA Fennelly, *Deutschland/Parlament,* C-376/98, EU:C:2000:324, Rn. 131 ff.; krit. auch Schlussantrag GA Jacobs, *Niederlande/Parlament und Rat,*

Selbst wenn man dieser Überlegung ablehnend gegenübersteht[41], ergibt die praktische Prüfung von Art. 5 Abs. 3 EUV kein gegenteiliges Bild. Rechtspraktisch muss man sich zunächst vergegenwärtigen, dass der Gerichtshof in jüngeren Urteilen, speziell im Kontext von Banken-, Finanz- und Eurokrise, davon Abstand genommen hat, Art. 114 Abs. 1 AEUV über Art. 5 Abs. 3 EUV in seiner konkreten Anwendung restriktiv auszulegen.[42] Gleichzeitig ist der Unionsgesetzgeber bei der Stabilisierung des Euroraums, gerade im Bereich der Europäischen Bankenunion, ohne Vertragsänderung auf die Querschnittskompetenz in ihrer weiten Auslegung angewiesen.[43]

Doch auch in der konkreten Prüfung ist nicht ersichtlich, dass nationale Maßnahmen die durch die SRM-VO angestrebten Regelungsziele auf zentraler, regionaler oder lokaler Ebene erreichen können. Vielmehr kann es durch die Banken- und Finanzkrise als empirisch positiv bewiesen gelten, dass rein nationales Vorgehen bei der Bewältigung des Problems fallierender Institute negative Auswirkungen auf den Binnenmarkt zeitigt.[44]

Ergänzend ist auch mit Blick auf das Subsidiaritätsprinzip die Einschätzungsprärogative des Unionsgesetzgebers zu beachten[45], weshalb die Regelungen zur

C-377/98, EU:C:2001:329, Rn. 77 ff.; *Tietje*, in: Grabitz/Hilf/Nettesheim (Hrsg.), Das Recht der Europäischen Union, 2016, Art. 114 Rn. 59 m.w.N.; *Leible/Schröder*, in: Streinz (Hrsg.), EUV/AEUV, 2012, Art. 114 AEUV Rn. 67 m.w.N.

41 Vgl. Urteil *Vodafone*, C-58/08, EU:C:2010:321, Rn. 76; Urteil *British American Tobacco*, C-491/01, EU:C:2002:741, Rn. 177 ff., wobei der Gerichtshof selbst ausführt, dass es im Rahmen der Subsidiarität keine relevanten Überlegungen geben kann, die über den Tatbestand des Art. 114 Abs. 1 AEUV hinausgehen (Rn. 182); *Korte*, in: Calliess/Ruffert (Hrsg.), EUV/AEUV, 2016, Art. 114 AEUV Rn. 13; *Streinz*, in: ders. (Hrsg.), EUV/AEUV, 2012, Art. 5 EUV Rn. 32; *Korn*, Unionsrechtlich induzierte Rechtssetzung im Abgabenrecht, 2015, S. 79; *Heselhaus*, Abgabenhoheit der Europäischen Gemeinschaft in der Umweltpolitik, 2001, S. 313.

42 Vgl. Urteil *Vereinigtes Königreich/Parlament und Rat*, C-270/12, EU:C:2014:18, Rn. 88 ff.; *Frenz/Ehlenz*, EuZW 2011, S. 623; *Calliess*, in: Calliess/Ruffert (Hrsg.), EUV/AEUV, 2016, Art 5 EUV Rn. 39, mit dem Hinweis, dass der EuGH weder dem Negativkriterium des Art. 5 Abs. 3 EUV größere Bedeutung beimisst noch das Positivkriterium detailliert prüft.

43 Vgl. *Calliess*, in: Calliess/Ruffert (Hrsg.), EUV/AEUV, 2016, Art. 5 EUV Rn. 14; *Calliess*, DÖV 2013, S. 785; *Calliess/Schoenfleisch*, JZ 2015, S. 119 ff.

44 Vgl. Vorschlag der Kommission vom 10.7.2013, COM(2013) 520 final, S. 7.

45 Vgl. *Albin*, NVwZ 2006, S. 631; *Bast*, in: Grabitz/Hilf/Nettesheim (Hrsg.), Das Recht der Europäischen Union, 2013, Art. 5 EUV Rn. 58; *Streinz*, in: ders. (Hrsg.), EUV/AEUV, 2012, Art. 5 EUV Rn. 40.

Europäischen Bankenabgabe übergreifend als kompatibel mit dem Subsidiaritätsprinzip einzustufen sind.

### b. *Verhältnismäßigkeit*

Neben dem Prinzip der begrenzten Einzelermächtigung und dem Subsidiaritätsprinzip komplementiert der kompetenzrechtliche Verhältnismäßigkeitsgrundsatz des Art. 5 Abs. 4 EUV die „europarechtliche Schrankentrias".[46] Die Geeignetheit und Erforderlichkeit der Maßnahme sind dabei ebenso zu beachten, wie die Vorgabe eines möglichst schonenden Eingriffs in die Hoheitsgewalt der Mitgliedstaaten.[47] In Abgrenzung zum Subsidiaritätsprinzip findet der Verhältnismäßigkeitsgrundsatz nicht nur auch auf ausschließliche Kompetenzen Anwendung[48], sondern verlangt zudem den Abgleich mit alternativen Maßnahmen auf Unionsebene.[49]

Trotz der im Gegensatz zum Subsidiaritätsprinzip detaillierteren Vorgaben gesteht der EuGH dem Unionsgesetzgeber auch bei der vorzunehmenden Verhältnismäßigkeitsprüfung einen weiten Ermessensspielraum zu, wobei er betont, dass die Verpflichtung besteht, Entscheidungen auf objektive Kriterien zu stützen und eine Folgenabschätzung vorzunehmen.[50]

Insbesondere im Fall wirtschaftlich komplexer Sachverhalte prüft der Gerichtshof nur, ob ein offensichtlicher Irrtum, ein Ermessensmissbrauch oder eine Ermessensüberschreitung vorliegt.[51]

Die SRM-VO stellt dahingehend insbesondere mit der harmonisierten Abwicklungsfinanzierung über den SRF bzw. die Europäische Bankenabgabe

---

46 *Calliess*, in: Calliess/Ruffert (Hrsg.), EUV/AEUV, 2016, Art. 5 EUV Rn. 5 und 54.

47 *Ibd.*, Art. 5 EUV Rn. 44.

48 Vgl. *Bast*, in: Grabitz/Hilf/Nettesheim (Hrsg.), Das Recht der Europäischen Union, 2013, Art. 5 EUV Rn. 69.

49 *Heselhaus*, Abgabenhoheit der Europäischen Gemeinschaft in der Umweltpolitik, 2001, S. 317.

50 Urteil *Vodafone*, C-58/08, EU:C:2010:321, Rn. 53; *Calliess*, in: Calliess/Ruffert (Hrsg.), EUV/AEUV, 2016, Art. 5 EUV Rn. 51.

51 Vgl. Urteil *Deutschland/Parlament und Rat*, C-233/94, EU:C:1997:231, Rn. 56; aus jüngerer Zeit vgl. Urteil *Agrana Zucker*, C-365/08, EU:C:2010:283, Rn. 31; Urteil *Vodafone*, C-58/08, EU:C:2010:321, Rn. 52; vgl. *Bast*, in: Grabitz/Hilf/Nettesheim (Hrsg.), Das Recht der Europäischen Union, 2013, Art. 5 EUV Rn. 73; krit. *Calliess*, in: Calliess/Ruffert (Hrsg.), EUV/AEUV, 2016, Art. 5 EUV Rn. 51; *Streinz*, in: ders. (Hrsg.), EUV/AEUV, 2012, Art. 5 EUV Rn. 48.

eine einheitliche Befugnisebene zwischen Aufsicht und Abwicklung her, womit die Wettbewerbsgleichheit bei der Behandlung fallierender Banken unabhängig von ihrem Sitz sichergestellt werden kann. Demgegenüber lässt die BRRD-RL den Mitgliedstaaten bei Implementierung und Anwendung weitreichende Spielräume offen. Gleiche und gleich angewandte Regeln stellen hingegen sicher, dass sich eine Bankenabwicklung nicht unverhältnismäßig stark auf den Binnenmarkt, auswirkt.

Weiterhin gilt zu beachten, dass der Maßstab der Verhältnismäßigkeit für die Rechtsangleichung die Verwirklichung des Binnenmarktes im Sinne des Art. 26 AEUV ist und somit wiederum weitgehende Kongruenz mit den Anforderungen des Tatbestands des Art. 114 AEUV besteht.

Insgesamt ist die ultima ratio der Vollharmonisierung daher als verhältnismäßig einzustufen.[52]

## II. Bereichsausnahme des Art. 114 Abs. 2 AEUV

Einschränkend ist jedoch die Bereichsausnahme des Art. 114 Abs. 2 AEUV zu beachten. Diese normiert, dass Maßnahmen, die „Bestimmungen über Steuern" enthalten, nicht auf Art. 114 Abs. 1 AEUV gestützt werden können.[53] Einschlägige Kompetenzgrundlagen für die Steuervereinheitlichung sind vielmehr, mit den entsprechenden Mehrheitserfordernissen, Art. 113 oder 115 AEUV.[54]

Nicht jede Berührung des in der Bereichsausnahme des Art. 114 Abs. 2 AEUV genannten Sachbereichs führt indes zur Unzulässigkeit der Maßnahme.[55] Ein Eingriff ist nur dann zu bejahen, wenn der substanzielle Regelungsgegenstand des europäischen Rechtsakts von der Bereichsausnahme erfasst ist.[56]

---

52 Vgl. *Calliess*, in: Calliess/Ruffert (Hrsg.), EUV/AEUV, 2016, Art. 5 EUV Rn. 54; *Herrmann/Rosenfeldt*, Europarechtliche Grundlagen und Grenzen der Errichtung eines einheitlichen Bankenabwicklungsmechanismus (SRM), BT-Drs. 18/1340, S. 16.

53 *Korte*, in: Calliess/Ruffert (Hrsg.), EUV/AEUV, 2016, Art. 114 AEUV Rn. 14; *Leible/Schröder*, in: Streinz (Hrsg.), EUV/AEUV, 2012, Art. 114 AEUV Rn. 14; vgl. bereits den Bericht der Kommission an den Rat über die Aussichten für eine Angleichung der Steuersysteme in der Gemeinschaft, Bulletin der EG, Beilage 1/80 – Rn. 5, wonach „Die Steuersouveränität eines der wesentlichen Elemente der nationalen Souveränität ist, und die Mitgliedstaaten derzeit alle an der Respektierung dieser Souveränität festhalten."

54 Vgl. *Korte*, in: Calliess/Ruffert (Hrsg.), EUV/AEUV, 2016, Art. 114 AEUV Rn. 15.

55 *Leible/Schröder*, in: Streinz (Hrsg.), EUV/AEUV, 2012, Art. 114 AEUV Rn. 13.

56 *Ibd.*

Mit Hinblick auf die Europäische Bankenabgabe ist (i) aufzuarbeiten, wie sich verschiedene Abgabenarten im europäischen Kontext definieren lassen sowie welche Anforderungen an die inhaltliche Ausgestaltung zu stellen sind. Hierbei ist deduktiv die autonome Auslegung des Unionsrechts zugrunde zu legen[57], wobei angesichts der Mehrsprachenauthentizität Systematik, Telos sowie der wertende Rechtsvergleich eine zentrale Rolle spielen.[58]

Um den Rahmen der Arbeit nicht zu sprengen, soll jedoch keine grundlegende Untersuchung der europäischen Abgabensystematik erfolgen, was bereits an anderer Stelle geschehen ist.[59] Aufgrund fehlender Definitionen des Unionsrechts[60] und der faktischen erga omnes-Wirkung der Rechtsprechung des EuGH[61] sollen vielmehr induktiv aus der letzteren die verschiedenen Abgabenarten und ihre jeweiligen Kriterien herausdestilliert werden, wobei die bisherige wissenschaftliche Aufarbeitung ergänzend einbezogen wird.

---

57 Vgl. ausfl. *Kreibohm*, Der Begriff der Steuer im Europäischen Gemeinschaftsrecht, 2004, S. 44 ff.; *Heselhaus*, Abgabenhoheit der Europäischen Gemeinschaft in der Umweltpolitik, 2001, S. 50; *Götz*, in: FS Friauf, 1996, S. 49; *Schön*, in: Lehner (Hrsg.), Steuerrecht im europäischen Binnenmarkt, 1996, S. 171 ff.; *Wasmeier*, Umweltabgaben und Europarecht, 1995, S. 13 ff.; *Müller*, Möglichkeiten und Grenzen der indirekten Verhaltenssteuerung durch Abgaben im Umweltrecht, 1994, S. 41; *Kofler*, in: Englisch/Schaumburg (Hrsg.), Europäisches Steuerrecht, 2015, S. 566 Rz. 13.2.

58 Vgl. Urteil *Spanien/Rat*, C-36/98, EU:C:2001:64, Rn. 49; *Kofler*, in: Englisch/Schaumburg (Hrsg.), Europäisches Steuerrecht, 2015, S. 566 Rz. 13.1; *Korf*, in: Lang/Weinzierl (Hrsg.), Europäisches Steuerrecht, 2010, S. 473 ff.; *Kreibohm*, Der Begriff der Steuer im Europäischen Gemeinschaftsrecht, 2004, S. 56; *Ohler*, Die fiskalische Integration in der Europäischen Gemeinschaft, 1997, S. 206; *Götz*, in: FS Friauf, 1996, S. 38; *Wasmeier*, Umweltabgaben und Europarecht, 1995, S. 228; allg. *Martens*, Methodenlehre des Unionsrechts, 2013, S. 373 ff.

59 Vgl. *Kreibohm*, Der Begriff der Steuer im Europäischen Gemeinschaftsrecht, 2004; *Heselhaus*, Abgabenhoheit der Europäischen Gemeinschaft in der Umweltpolitik, 2001.

60 Vgl. *Heselhaus*, Abgabenhoheit der Europäischen Gemeinschaft in der Umweltpolitik, 2001, S. 51.

61 Vgl. für Auslegungs-,Gültigkeits- und Nichtigkeitsurteile *Streinz*, in: ders. (Hrsg.), EUV/ AEUV, 2012, Art. 4 EUV Rz. 31 ff.; *Ehricke*, in: Streinz (Hrsg.), EUV/AEUV, 2012, Art. 267 AEUV Rn. 69; *ders.* Art. 264 AEUV Rz. 3; *Schaumburg*, in: Englisch/Schaumburg (Hrsg.), Europäisches Steuerrecht, 2015, S. 961 Rz. 24.8, S. 964 Rz. 24.10 und S. 968 Rz. 24.19; jüngst *Rebhan*, ZfPW 2016, S. 297 ff.

Darauf aufbauend ist (ii) die Europäische Bankenabgabe dem Grunde nach einer dieser Abgabenarten zuzuordnen, um (iii) abschließend zu klären, ob die Bereichsausnahme des Art. 114 Abs. 2 AEUV einschlägig ist.

## 1. Steuern und nicht-steuerliche Abgaben als Kategorien des europäischen Rechts

Festzustellen ist zunächst, dass das Unionsrecht eine formelle Abgabensystematik nicht kennt.[62] Mangels einer allgemeinen abgabenrechtlichen Kompetenz finden sich weder im Primär- noch im Sekundärrecht ausdrückliche Definitionen von Abgabenarten.[63] Zur Wahrung der Souveränität der Mitgliedstaaten wurden derartige Kompetenzregelungen vielmehr nur bereichsspezifisch und uneinheitlich voneinander eingefügt.[64]

Mit Blick auf das Unionsrecht und die Rechtsprechung des EuGH lassen sich jedoch, als erste grobe Orientierung, unter dem Oberbegriff der „Abgabe"[65], mithin jeder hoheitlich erhobenen Geldleistung[66], zwei wesentliche Kategorien fassen: (i) die Steuer und (ii) die nicht-steuerliche Abgabe.[67]

Eine weitere Subkategorisierung innerhalb der nicht-steuerlichen Abgaben, wie sie etwa Gegenstand einer breiten deutschen Debatte ist[68], fordert das

62 *Korn*, Unionsrechtlich induzierte Rechtssetzung im Abgabenrecht, 2015, S. 33 und 118; *Pflock*, Europäische Bankenregulierung und das „Too big to fail-Dilemma", 2014, S. 183.

63 *Seiler*, EuR 2010, S. 73; *Heselhaus*, Abgabenhoheit der Europäischen Gemeinschaft in der Umweltpolitik, 2001, S. 51; *Ohlendorf*, Grundrechte als Maßstab des Steuerrechts in der Europäischen Union, S. 3; *Bohlken*, Waldschadensfonds im EG-Recht, 1999, S. 236.

64 Vgl. *Seiler*, EuR 2010, S. 73; *Dürrschmidt*, NJW 2010, S. 2087.

65 Vgl. *Dürrschmidt*, NJW 2010, S. 2089 f.; *Seiler*, in: Grabitz/Hilf/Nettesheim (Hrsg.), Das Recht der Europäischen Union, Art. 113 Rn. 19 ff.; *ders.*, EuR 2010, S. 73 m.w.N.; *Heselhaus*, Abgabenhoheit der Europäischen Gemeinschaft in der Umweltpolitik, 2001, S. 52 m.w.N.

66 *Seiler*, in: Grabitz/Hilf/Nettesheim (Hrsg.), Das Recht der Europäischen Union, Art. 113 Rn. 20.

67 Vgl. Schlussantrag GA Jacobs, *AGF Belgium/EWG u.a.*, C-191/94, EU:C:1996:53, Rn. 28 ff.; *Korn*, Unionsrechtlich induzierte Rechtssetzung im Abgabenrecht, 2015, S. 34; *Heselhaus*, Abgabenhoheit der Europäischen Gemeinschaft in der Umweltpolitik, 2001, S. 57 m.w.N.; Zölle und zollähnliche Abgaben werden mangels Relevanz im vorliegenden Untersuchungskontext ausgenommen.

68 Vgl. *Pflock*, Europäische Bankenregulierung und das „Too big to fail-Dilemma", 2014, S. 183 m.w.N.

Unionsverfassungsrecht hingegen weder kompetenz- noch grundrechtlich. Vielmehr ist jede Erhebung einer nicht-steuerlichen Abgabe auf die Vereinbarkeit mit Primärrecht zu überprüfen. Somit ergeben sich die weiteren materiellen Merkmale an die inhaltliche Ausgestaltung insbesondere durch den allgemeinen Gleichheitssatz bzw. den grundrechtsspezifischen Eingriffsvorbehalt, wobei die konkrete Abgabenart keine Rolle spielt.[69]

Eine grundlegende Systematisierung bietet allerdings auch spezifische Vorteile. Insbesondere mit der Frage nach der Reichweite des Art. 114 Abs. 2 AEUV stellen sich bereits kompetenzrechtlich Fragen, die eine systematische Einordnung geboten erscheinen lassen. Zudem können die Erwägungen zu den Rechtfertigungsvoraussetzungen in direkter Anknüpfung an die spezifische Abgabenart operationalisiert werden, was Rechtssicherheit und Kontinuität vermittelt.[70] In Verfolgung dieses dogmatischen Ansatzes lässt sich eine enorme Vielfalt von Sachverhalten juristisch-technisch einordnen und ein europäisches Abgabensystem in übersichtlicher, beherrschbarer Art gestalten. Zu bedenken ist jedoch, nicht nur einer rationalen Systematik im Sinne einer vollständigen Kohärenz verhaftet zu bleiben, sondern auch die Schaffung von praktisch brauchbaren Kategorien, ausgerichtet an wiederkehrenden Einzelfällen des Rechtsinteresses, im Blick zu behalten.[71]

Für die Belange der Untersuchung der Europäischen Bankenabgabe sollen demnach nicht nur Steuern von nicht-steuerlichen Abgaben unterschieden werden, sondern auch eine weitergehende Subkategorisierung und Begriffsbildung innerhalb letzterer vorgenommen werden.

### *a. Europäischer Steuerbegriff*

Mangels allgemeingültiger Definition durch das Unionsrecht, aber auch durch den EuGH, ist der europäische Steuerbegriff bereits mehrheitlich Gegenstand wissenschaftlicher Untersuchungen gewesen.[72] Die Erkenntnisse halten fest,

---

69 *Pflock*, Europäische Bankenregulierung und das „Too big to fail-Dilemma", 2014, S. 183.

70 Vgl. *Ohlendorf*, Grundrechte als Maßstab des Steuerrechts in der Europäischen Union, S. 40, der von einer „Präformation" der Rechtfertigungsprüfung spricht; *Korn*, Unionsrechtlich induzierte Rechtssetzung im Abgabenrecht, 2015, S. 34; *Rebhan*, ZfPW 2016, S. 282; *Höpfner*, Die systemkonforme Auslegung, 2008, S. 129; aus dem Blickwinkel des Beihilferechts *Jaeger*, Beihilfen durch Steuern und parafiskalische Abgaben, 2006, S. 271 Rn. 279.

71 *Rebhan*, ZfPW 2016, S. 305.

72 Ausfl. *Kreibohm*, Der Begriff der Steuer im Europäischen Gemeinschaftsrecht, 2004; *Ohler*, Die fiskalische Integration in der Europäischen Gemeinschaft, 1997.

dass der „eine“ gemeinschaftsrechtliche Steuerbegriff nicht existiert.[73] Er kann allenfalls als „hinreichend typisiert“[74] beschrieben werden. Die bisherige Rechtsprechung des EuGH lässt dabei zwei wesentliche Merkmale erkennen: die Gegenleistungsfreiheit und die allgemeine Finanzierungsfunktion.[75]

Soweit der EuGH obige Merkmale in den Mittelpunkt rückt und als charakteristisch für eine Steuer ansieht, deckt sich dieses Verständnis in rechtsvergleichender Auslegung mit demjenigen der Steuer in den Rechtsordnungen der Mitgliedstaaten.[76] Naheliegend ist daher die Annahme eines durch die mitgliedstaatlichen Rechtsordnungen geprägten Begriffsverständnisses. Eine solche Anknüpfung an die wesentlichen Gemeinsamkeiten legt auch die historische Betrachtung der Unionsverfassung als Genese der mitgliedstaatlichen Rechtsordnungen nahe.[77] So weit ersichtlich, folgen auch die anderen EU-Organe dem so geprägten Begriffsverständnis.[78]

Für die Zwecke der weiteren Untersuchung lässt sich der europäische Steuerbegriff demnach als gegenleistungsfreie Geldleistung an die öffentliche Hand mit allgemeiner Finanzierungsfunktion definieren.[79]

### *b. Nicht-steuerliche Abgaben*

Der Steuer nach europäischem Verständnis stehen Abgaben gegenüber, die sich durch eine spezielle Finanzierungsfunktion auszeichnen, weshalb sie als nichtsteuerlich anzusehen sind.[80]

---

73 Vgl. *Ohler*, EuR – Beiheft 2 – 2016, S. 15; *Seiler*, in: Grabitz/Hilf/Nettesheim (Hrsg.), Das Recht der Europäischen Union, Art. 113 Rn. 18 m.w.N.

74 *Kreibohm*, Der Begriff der Steuer im Europäischen Gemeinschaftsrecht, 2004, S. 243.

75 *Ibd.*, S. 71 m.w.N.; *Seiler*, EuR 2010, S. 74.

76 *Seiler*, in: Grabitz/Hilf/Nettesheim (Hrsg.), Das Recht der Europäischen Union, Art. 113 Rn. 19.

77 *Korn*, Unionsrechtlich induzierte Rechtssetzung im Abgabenrecht, 2015, S. 35; vgl. auch *Götz*, in: FS Friauf, 1996, S. 38, der von „europäischem Gemeingut“ spricht.

78 *Kreibohm*, Der Begriff der Steuer im Europäischen Gemeinschaftsrecht, 2004, S. 89 ff.; *Heselhaus*, Abgabenhoheit der Europäischen Gemeinschaft in der Umweltpolitik, 2001, S. 71.

79 *Kreibohm*, Der Begriff der Steuer im Europäischen Gemeinschaftsrecht, 2004, S. 242; *Kube*, Rechtliche Grundlagen und Grenzen der EU-Bankenabgabe, 2016, S. 23 f.; *Herrmann/Rosenfeldt*, Europarechtliche Grundlagen und Grenzen der Errichtung eines einheitlichen Bankenabwicklungsmechanismus (SRM), BT-Drs. 18/1340, S. 12; *Repasi*, Gutachten zur rechtlichen Machbarkeit eines „Single Resolution Mechanism“ (SRM), 2013, S. 8 f.

80 *Korn*, Unionsrechtlich induzierte Rechtssetzung im Abgabenrecht, 2015, S. 35.

Anhand der Rechtsprechung des EuGH lässt sich eine weitergehende Kategorisierung zwischen gegenleistungsbezogenen Abgaben[81] und sog. parafiskalischen Abgaben vornehmen.[82] Bezüglich letzterer agiert der EuGH gegenüber der ersten Kategorie, die Gebühren sowie Beiträge umfasst[83], „terminologisch abgesetzt".[84]

### *aa. Gebühren und Beiträge*

Blickt man zunächst auf Gebühren[85], so knüpft die Rechtsprechung diese an einen, durch konkretes Handeln des Abgabenschuldners geschaffenen individuellen Vorteil, der refinanziert werden soll.[86]

Weiter unterscheidet der Gerichtshof tatsächliche und potenzielle Vorteile, wobei er zwar den Oberbegriff der Gebühr wählt, sich inhaltlich jedoch an der Abgrenzung zwischen Gebühr und Beitrag nach deutschem Recht orientiert.[87] Charakterisierend für einen „Beitrag" ist somit, dass die Gegenleistung zumindest erbracht werden kann bzw. die bloße Möglichkeit der Inanspruchnahme der öffentlichen Leistung besteht und der entsprechende Vorteil (weiter) individualisierbar ist.[88]

---

81 Sog. Kostendeckungs- bzw. Äquivalenzprinzip, vgl. *Herrmann*, in: Grabitz/Hilf/Nettesheim (Hrsg.), Das Recht der Europäischen Union, Art. 30 AEUV Rn. 13.

82 Vgl. *Heselhaus,* Abgabenhoheit der Europäischen Gemeinschaft in der Umweltpolitik, 2001, S. 72 m.w.N.; *Korn*, Unionsrechtlich induzierte Rechtssetzung im Abgabenrecht, 2015, S. 41; zur identischen Terminologie der EU-Organe vgl. *Kreibohm*, Der Begriff der Steuer im Europäischen Gemeinschaftsrecht, 2004, S. 89 ff.; *Seiler*, in: Grabitz/Hilf/Nettesheim (Hrsg.), Das Recht der Europäischen Union, Art. 113 AEUV Rn. 21.

83 Vgl. *Heselhaus,* Abgabenhoheit der Europäischen Gemeinschaft in der Umweltpolitik, 2001, S. 56 ff.

84 *Kube*, Rechtliche Grundlagen und Grenzen der EU-Bankenabgabe, 2016, S. 40; vgl. insb. Urteil *Scharbatke/Deutschland*, C-72/92, EU:C:1993:858, Rn. 10; *Englisch*, in: Englisch/Schaumburg (Hrsg.), Europäisches Steuerrecht, 2015, S. 144 Rz. 6.49 („besondere Kasuistik"); *Ohler*, Die fiskalische Integration in der Europäischen Gemeinschaft, 1997, S. 81 m.w.N.

85 Teilweise auch „Leistungsentgelte", vgl. *Korn*, Unionsrechtlich induzierte Rechtssetzung im Abgabenrecht, 2015, S. 39 f.

86 Urteil *Lamaire*, C-130/93, EU:C:1994:281, Rn. 14; Urteil *Kommission/Dänemark*, C-158/82, Rn. 19; Urteil *Donner*, C-39/82, EU:C:1983:3, Rn. 7.

87 Urteil *AGF Belgium/EWG*, C-191/94, EU:C:1996:144, Rn. 26.

88 *Kreibohm*, Der Begriff der Steuer im Europäischen Gemeinschaftsrecht, 2004, S. 97; *Heselhaus,* Abgabenhoheit der Europäischen Gemeinschaft in der Umweltpolitik, 2001, S. 66.

Vorteil der Differenzierung zwischen Gebühr und Beitrag ist, dass die Definition des Gebührenbegriffs nicht ausgeweitet werden muss.[89] Jedoch ist zu konstatieren, dass sich die begriffliche Typisierung des Beitrags noch nicht so weit durchgesetzt hat, dass von einer konsequenten Unterscheidung auf Unionsebene gesprochen werden kann, sodass bei der Verwendung des Gebührenbegriffs stets inhaltlich zu prüfen ist, ob tatsächlich eine Gebühr oder ein Beitrag angesprochen wird.[90]

### *bb. Parafiskalische Abgaben*

Der Begriff der „parafiskalischen Abgabe“ wird durch den Gerichtshof, parallel zum europäischen Steuerbegriff, durch eine (unmittelbare) Gegenleistungsfreiheit charakterisiert, womit er sich zunächst gegenüber Gebühren und Beiträgen abgrenzen lässt.[91] Die Gruppe der Abgabenschuldner wird vielmehr mittelbar von einer Finanzierungsverantwortlichkeit für eine bestimmte Sachaufgabe befreit.[92]

In Abgrenzung zur Steuer liegt eine parafiskalische Abgabe nach der Rechtsprechung dann vor, wenn nicht der allgemeine Haushalt gespeist wird, sondern die Erträge in einen öffentlichen, rechtlich selbständigen Sonderfonds eingehen (parafiscus) und der Sache nach, zugunsten der Abgabenschuldner, zweckgebunden sind.[93]

---

89 *Heselhaus,* Abgabenhoheit der Europäischen Gemeinschaft in der Umweltpolitik, 2001, S. 66.

90 *Ibd.*, S. 67; *Korn*, Unionsrechtlich induzierte Rechtssetzung im Abgabenrecht, 2015, S. 41.

91 Vgl. Urteil *Eurico Italia u.a./Ente Nazionale Risi*, C-332, 333 und 335/92, EU:C:1994:79, Rn. 35; *Götz*, in: FS Friauf, 1996, S. 50; *Heselhaus,* Abgabenhoheit der Europäischen Gemeinschaft in der Umweltpolitik, 2001, S. 73; *Kreibohm*, Der Begriff der Steuer im Europäischen Gemeinschaftsrecht, 2004, S. 96 f.; *Jaeger*, Beihilfen durch Steuern und parafiskalische Abgaben, 2006, S. 272 Rn. 280; *Korn*, Unionsrechtlich induzierte Rechtssetzung im Abgabenrecht, 2015, S. 41.

92 Vgl. *Kube*, Rechtliche Grundlagen und Grenzen der EU-Bankenabgabe, 2016, S. 24.

93 Vgl. Urteil *Compagnie commerciale de l'Ouest/Receveur principal des douanes de La Pallice-Port*, C-78/90, EU:C:1992:118, Rn. 26; Urteil *Demoor u.a./Belgischer Staat*, C-144/91 und 145/91, EU:C:1992:518, Rn. 21, vgl. auch die Unterscheidung der Europäischen Umweltagentur, Environmental Taxes, S. 21, zwischen Nutzungs-/Leistungsentgelt und „earmark“-Abgaben andererseits, welche ohne Gegenleistung von bestimmten Umweltschädigern erhoben und ausschließlich zu Umweltzwecken verwendet werden sollen sowie den Schlussantrag GA Stix-Hackl, *Enirisorse*, C-34/01, EU:C:2002:643, Rn. 167, der insb. auf die Zweckbindung als Abgrenzungsmerkmal zur Steuer abstellt („...schon zum Zeitpunkt der Erhebung dazu bestimmt sind, zur

Auf eine detailliertere Definition hat die Rechtsprechung aufgrund der wirkungsbezogenen, funktionalen Anwendung des Unionsrechts bislang verzichtet.[94] Zusätzliche formelle Abgrenzungsmerkmale bergen auch bezüglich der äußeren Systematisierung keinen Mehrwert. Anhand der genannten Definition lässt sich die parafiskalische Abgabe eindeutig von anderen Abgabearten, insbesondere der Steuer, unterscheiden. Weitere (materielle) Vorgaben an die inhaltliche Ausgestaltung stehen demgegenüber auf einer, von der Kompetenz unabhängigen, zweiten Stufe.[95]

## 2. Bankenabgabe als parafiskalische Abgabe

Hinsichtlich der Bereichsausnahme des Art. 114 Abs. 2 AEUV muss zunächst ausgeschlossen werden, dass die Europäische Bankenabgabe als Steuer im Sinn des Art. 114 Abs. 2 AEUV einzuordnen ist. Wäre die Bereichsausnahme bereits dem Wortlaut nach unmittelbar einschlägig, ist Art. 114 Abs. 1 AEUV als Kompetenzgrundlage ausgeschlossen. Dies wäre nicht der Fall, wenn sich die Europäische Bankenabgabe als parafiskalische Abgabe, mithin als nicht-steuerliche Abgabe, einordnen ließe.

Legt man insoweit die obigen Kriterien zugrunde, ist die Einordnung der Europäischen Bankenabgabe eindeutig. Gemessen daran fließt die Abgabe in einen Sonderfonds[96], welcher nur zu den gesetzlich definierten Zwecken zugunsten der Abgabenschuldner eingesetzt werden darf.[97] Entsprechend wird die Abgabe nicht gegenleistungsfrei erhoben, sondern die Gruppe der Abgabenschuldner

---

Finanzierung einer bestimmten Mittelzuweisung zu dienen."); erstmalige Verwendung des *terminus technicus* durch den EuGH im Urteil *IGAV/Ente nazionale per la Cellulosa*, C-94/74, EU:C:1975:81, Rn. 4 (span. Wortlaut), zur Bezeichnung von Abgaben, deren Aufkommen nicht in den allgemeinen Haushalt fließt.

94 *Jaeger*, Beihilfen durch Steuern und parafiskalische Abgaben, 2006, S. 273 Rn. 281.

95 Vgl. *Jaeger*, Beihilfen durch Steuern und parafiskalische Abgaben, 2006, S. 282 Rn. 290, dessen Abgrenzungsmerkmale in der praktischen Anwendung kaum trennbar von denjenigen der materiellen Zulässigkeit sind, so z.B. der geforderte Sachzusammenhang zwischen der belasteten Gruppe und dem Belastungszweck als Abgrenzungsmerkmal sowie das Näheverhältnis der Gruppe zum Finanzierungszweck; vgl. *Götz*, in: FS Friauf, 1996, S. 39 ff.; *Müller*, Möglichkeiten und Grenzen der indirekten Verhaltenssteuerung durch Abgaben im Umweltrecht, 1994, S. 44; *Nußbaum*, Parafiskalische Abgaben und EG-Wettbewerbsrecht, 1993, S. 7.

96 Vgl. Art. 67 Abs. 1 SRM-VO.

97 Vgl. Art. 76 Abs. 1 SRM-VO; so auch *Herrmann/Rosenfeldt*, Europarechtliche Grundlagen und Grenzen der Errichtung eines einheitlichen Bankenabwicklungsmechanismus (SRM), BT-Drs. 18/1340, S. 16 ff.

wird von ihrer besonderen Verantwortlichkeit für die Stabilität des Finanzsystems entlastet.[98]

Mit der Verfolgung von außerbudgetären Zielen ist die Europäische Bankenabgabe als parafiskalische Abgabe, einzuordnen. Eine Einordnung als Steuer im Sinn des Art. 114 Abs. 2 AEUV scheidet demgegenüber aus.[99]

## 3. Reichweite der Bereichsausnahme

Auch wenn die Europäische Bankenabgabe dem Grunde nach nicht der Kategorie der Steuer zuzuordnen ist, muss im Hinblick auf Art. 114 Abs. 2 AEUV konkret der Ausdruck „Bestimmungen über Steuern" ausgelegt werden.[100]

Fraglich ist, ob dieser sich tatsächlich nur auf Steuern im engen Sinn bezieht oder ob auch die artverwandten parafiskalischen Abgaben im Rahmen eines weit verstandenen Steuerbegriffs vom Einstimmigkeitsvorbehalt erfasst sein sollen.

### *a. EuGH*

Der Gerichtshof legt in seiner Rechtsprechung den Ausdruck „Bestimmungen über Steuern" dahingehend weit aus, als „dass dieser Ausdruck wegen seines allgemeinen Charakters nicht nur alle Gebiete des Steuerrechts ohne Unterscheidung der Art der betroffenen Steuern oder Abgaben abdeckt, sondern auch alle Aspekte dieses Rechtsgebiets, ob es sich nun um materielle Regelungen oder Verfahrensregelungen handelt."[101] Hieraus kann indiziell eine Zurückhaltung des EuGH gefolgert werden, Abgaben auf die Binnenmarktkompetenz des Art. 114 AEUV zu stützen.[102]

Allerdings trifft der EuGH in diesem knappen Auslegungshinweis keine Aussage über die Kernfrage, ob speziell parafiskalische Abgaben „Bestimmungen über Steuern" darstellen können. Die deutsche Sprachfassung nennt zwar auch

---

98 *Kube*, Rechtliche Grundlagen und Grenzen der EU-Bankenabgabe, 2016, S. 24.

99 *Herrmann/Rosenfeldt*, Europarechtliche Grundlagen und Grenzen der Errichtung eines einheitlichen Bankenabwicklungsmechanismus (SRM), BT-Drs. 18/1340, S. 12; *Repasi*, Gutachten zur rechtlichen Machbarkeit eines „Single Resolution Mechanism" (SRM), 2013, S. 9; dem folgend *Kube*, Rechtliche Grundlagen und Grenzen der EU-Bankenabgabe, 2016, S. 23 ff.; *Meng*, in FS Stein, 2015, S. 773.

100 Vgl. *Kreibohm*, Der Begriff der Steuer im Europäischen Gemeinschaftsrecht, 2004, S. 166 ff.; *Kuntze*, Die Kompetenzen der Europäischen Gemeinschaft auf dem Gebiet des Steuerrechts, 1999, S. 168 f.

101 Urteil *Kommission/Rat*, C-338/01, EU:C:2004:253, Rn. 63; darauf verweisend Urteil *Kommission/Rat*, C-533/03, EU:C:2006:64, Rn. 47.

102 *Ohler*, EuZW 2006, S. 681.

die Abgabe, ob der EuGH dabei jedoch auch parafiskalische Abgaben erfasst sieht, ist zweifelhaft.[103] Eine grundsätzliche Aussage über die Reichweite des Art. 114 Abs. 2 AEUV, insbesondere hinsichtlich parafiskalischer Abgaben, kann in der bisherigen vereinzelten Rechtsprechung des EuGH nicht gesehen werden. Zumal der Gerichtshof ein eigenes Begriffsverständnis der parafiskalischen Abgabe geprägt hat, aber diesen konkretisierten Begriff in den genannten Urteilen nicht verwendet.[104]

Bis zu einer grundsätzlichen Klärung ist insoweit anhand der konkreten Auslegungsmethoden unter Einbezug des bisherigen Meinungsstands in der Literatur zu ermitteln, ob parafiskalische Abgaben von Art. 114 Abs. 2 AEUV erfasst werden oder nicht.

### *b. Meinungsstand in der Literatur*

Blickt man in die Literatur, lässt sich speziell im deutschen Autorenkreis kaum ein einheitliches Meinungsbild ausmachen.[105]

Einerseits soll zwischen Finanzierungs- und Lenkungsabgaben differenziert werden; letztere seien als materielle Eingriffsnormen dem Ordnungsrecht zuzuordnen, demnach keine Steuernormen und somit auch nicht von Art. 114 Abs. 2 AEUV erfasst.[106] Dabei stützt sich diese Differenzierung im Kern auf einen

103 Bereits die Rechtsprechung zu Begriff und Gestalt der nicht-steuerlichen Abgabe ist in der Sache nur kursorisch, vgl. *Kube*, Rechtliche Grundlagen und Grenzen der EU-Bankenabgabe, 2016, S. 39; vgl. *Seiler*, in: Grabitz/Hilf/Nettesheim (Hrsg.), Das Recht der Europäischen Union, Art. 113 AEUV Rn. 20, der mit Verweis auf eine ältere Rechtsprechung des EuGH diesen so interpretiert, dass Abgaben parafiskalischer Natur auf Basis des Art. 114 Abs. 1 AEUV harmonisiert werden können; zum uneinheitlichen Wortlautverständnis des Art. 114 Abs. 2 AEUV vgl. auch *Kreibohm*, Der Begriff der Steuer im Europäischen Gemeinschaftsrecht, 2004, S. 172 ff.

104 Vgl. *Kube*, Rechtliche Grundlagen und Grenzen der EU-Bankenabgabe, 2016, S. 40 ff.; *Kreibohm*, Der Begriff der Steuer im Europäischen Gemeinschaftsrecht, 2004, S. 177 ff.

105 Für eine weite Auslegung aus der jüngeren Literatur *Calliess/Schoenfleisch*, JZ 2015, S. 120; *Ohler*, EuZW 2006, S. 681; *Wasmeier*, Umweltabgaben und Europarecht, 1995, S. 227 m.w.N.; eine differenzierende Auslegung befürworten demgegenüber *Kreibohm*, Der Begriff der Steuer im Europäischen Gemeinschaftsrecht, 2004, S. 193; *Lienemeyer*, Die Finanzverfassung der Europäischen Union, 2002, S. 165; *Heselhaus*, Abgabenhoheit der Europäischen Gemeinschaft in der Umweltpolitik, 2001, S. 262; *Freytag*, Europarechtliche Anforderungen an Umweltabgaben, 2000, S. 130, jeweils m.w.N.

106 Vgl. *Müller*, Möglichkeiten und Grenzen der indirekten Verhaltenssteuerung durch Abgaben im Umweltrecht, 1994, S. 67 f.; *Schröer*, RIW 1993, S. 916; *Hilf*, NVwZ 1992, S. 107 f.; krit. *Götz*, in: FS Friauf, 1996, S. 49 f.

Vergleich zum deutschen Verfassungsrecht, wonach für parafiskalische Abgaben nicht die steuerliche Kompetenzgrundlage des Art. 105 GG herangezogen, sondern auf die allgemeinen Sachzuständigkeiten nach Art. 73 ff. GG zurückgegriffen wird.[107]

Diese Argumentation missachtet jedoch nicht nur die Eigenständigkeit der europäischen Rechtsordnung[108], auch bezieht sie nicht Stellung zur Problematik, wie Finanzierungs- und Lenkungsabgaben klar, speziell ab dem Zeitpunkt der Erhebung, voneinander zu unterscheiden sind.[109] Zumal der Querschnittskompetenz des Art. 114 AEUV keine Begrenzung auf spezifische Lenkungszwecke entnommen werden kann, weshalb die vorgeschlagene Differenzierung nicht zielführend ist.[110]

Demgegenüber stehen Beiträge, die grundsätzlich eine weite Auslegung des Art. 114 Abs. 2 AEUV favorisieren. Im Zentrum dieser Argumentationen steht insbesondere der Verweis auf den Wortlaut anderer Sprachfassungen sowie der grundlegende Telos von Art. 114 Abs. 2 AEUV.

Blicke man auf den englischen („fiscal provisions") oder den französischen („dispositions fiscales") Wortlaut von Art. 114 Abs. 2 AEUV, werde deutlich, dass der enge deutsche Wortlaut nicht maßgeblich sein könne.[111] Vorrangig sei daher eine Orientierung am Zweck der Norm. Dieser bestehe mit Blick auf Art. 114 Abs. 2 AEUV darin, die nationale Finanzhoheit der Mitgliedstaaten zu sichern, weshalb Regelungen, die diesen Bereich berühren, nicht per Mehrheitsentscheidung verabschiedet bzw. harmonisiert werden können.[112]

Bei der Beantwortung der Frage, ab wann dieser sensible Bereich berührt ist, verwischen jedoch zunehmend die Grenzen zwischen Kompetenzfragen und materiellen Zulässigkeitsvoraussetzungen. Argumentiert wird, dass

107 Vgl. *Ohler*, Die fiskalische Integration in der Europäischen Gemeinschaft, 1997, S. 206.

108 *Ibd; Wasmeier*, Umweltabgaben und Europarecht, 1995, S. 228.

109 Vgl. *Kreibohm*, Der Begriff der Steuer im Europäischen Gemeinschaftsrecht, 2004, S. 149; krit. auch *Ohler*, Die fiskalische Integration in der Europäischen Gemeinschaft, 1997, S. 207.

110 *Ohler*, Die fiskalische Integration in der Europäischen Gemeinschaft, 1997, S. 207.

111 *Ibd.*; vgl. auch *Kreibohm*, Der Begriff der Steuer im Europäischen Gemeinschaftsrecht, 2004, S. 180.

112 Vgl. *Kreibohm*, Der Begriff der Steuer im Europäischen Gemeinschaftsrecht, 2004, S. 187 f.; *Wasmeier*, Umweltabgaben und Europarecht, 1995, S. 228; *Seiler*, EuR 2010, S. 75.

parafiskalische Abgaben dann nicht erfasst seien, wenn ihr Finanzierungszweck untergeordnet ist und sie mit keinem hohen Ertrag verbunden sind. Formell sei es dabei egal, ob das Aufkommen in den Haushalt oder in einen Sonderfonds fließt, vielmehr sei in materieller Hinsicht der Bildung von „Schattenhaushalten“ der Union unter Umgehung des Einstimmigkeitsprinzips zu begegnen[113]; nur wenn Mittel zweckgebunden von Privaten erhoben würden, sei die finanzielle Souveränität der Mitgliedstaaten nicht tangiert und Art. 114 AEUV eine hinreichende Kompetenzgrundlage.[114]

### c. *Stellungnahme*

Aufgrund der uneindeutigen Ergebnisse der bisherigen Rechtsprechung und Literatur, soll im Rahmen einer Auslegung von Art. 114 Abs. 2 AEUV eine eigene Stellungnahme erarbeitet werden.

Zunächst ist festzuhalten, dass Art. 114 Abs. 2 AEUV unionsrechtsspezifisch, mithin autonom, auszulegen ist.[115] Eine am Wortlaut orientierte Auslegung nationaler Prägung scheidet aus.[116] Zumal diese, auch unter Rückgriff auf eine rechtsvergleichende Sichtweise, kein einheitliches Bild ergibt.[117] Die konkrete Auslegung hat somit anhand der Systematik und dem Telos der Norm zu erfolgen.[118]

Systematisch spricht das Regel-Ausnahme-Verhältnis für eine enge Auslegung der Bereichsausnahme des Art. 114 Abs. 2 AEUV.[119] Dies wäre kohärent

---

113 Vgl. *Calliess/Schoenfleisch,* JZ 2015, S. 120; *Heselhaus,* Abgabenhoheit der Europäischen Gemeinschaft in der Umweltpolitik, 2001, S. 258; *Wasmeier*, Umweltabgaben und Europarecht, 1995, S. 228.

114 *Bohlken*, Waldschadensfonds im EG-Recht, 1999, S. 236 f.; vgl. in der Tendenz ebenso Urteil *Schräder/Hauptzollamt Gronau*, C-265/87, EU:C:1989:303, Rn. 9; Urteil *Stölting*, C-138/78, EU:C:1979:46, Rn. 5.

115 Vgl. Urteil *Fantask*, C-188/95, EU:C:1997:580, Rn. 26; Urteil *Bautiaa*, C-197/94 und C-252/94, EU:C:1996:47, Rn. 39; *Götz*, in: FS Friauf, 1996, S. 49; *Schön*, in: Lehner (Hrsg.), Steuerrecht im europäischen Binnenmarkt, 1996, S. 171.

116 Vgl. *Ohler*, Die fiskalische Integration in der Europäischen Gemeinschaft, 1997, S. 207; *Schön*, in: Lehner (Hrsg.), Steuerrecht im europäischen Binnenmarkt, 1996, S. 173 f.

117 *Kreibohm*, Der Begriff der Steuer im Europäischen Gemeinschaftsrecht, 2004, S. 181; *Ohler*, EuR – Beiheft 2 – 2016, S. 15.

118 Vgl. *Ohler*, Die fiskalische Integration in der Europäischen Gemeinschaft, 1997, S. 207; *Schön*, in: Lehner (Hrsg.), Steuerrecht im europäischen Binnenmarkt, 1996, S. 173 f.

119 Vgl. *Tietje*, in: Grabitz/Hilf/Nettesheim (Hrsg.), Das Recht der Europäischen Union, 2016, Art. 114 Rn. 89 m.w.N.; *Kreibohm*, Der Begriff der Steuer im Europäischen Gemeinschaftsrecht, 2004, S. 187; Schlussantrag GA Alber, *Kommission/Rat*, C-338/01, EU:C:2003:433, Rn. 63 f.

mit der synonym engen Auslegung des Begriffs der „Steuer“ in der älteren Norm des Art. 113 AEUV.[120] In diesem Zug würde mit Blick auf die Kompetenznormen der Art. 113 und 115 AEUV zudem ein einheitliches System zur steuerlichen Harmonisierung entstehen, wobei mit Blick auf die Mehrheitserfordernisse im Rat eine eindeutige Kompetenzabgrenzung gegenüber denjenigen Abgaben möglich wäre, die keine einheitliche Beschlussfassung erfordern.[121]

Rekurriert man auf den Zweck der Vorschrift des Art. 114 Abs. 2 AEUV, den Kernbereich der Steuersouveränität der Mitgliedstaaten von der Rechtsangleichung durch Mehrheitsentscheidung auszunehmen[122], ist entscheidend, wie weitreichend die nationalen Schutzinteressen der Mitgliedstaaten und demnach der Souveränitätsvorbehalt ist.

Insoweit verfügen parafiskalische Abgaben über keinen fiskalischen Regelungscharakter, sie werden vielmehr in den abgabenrelevanten (Privat-)Sektor zurückgeführt. Den Zweck der Wahrung der Budgetautonomie berühren sie im Grundsatz nicht.[123]

Denkbar wäre allenfalls eine mittelbare Beeinflussung der nationalen Haushalte in Form einer reduzierten Belastbarkeit der Abgabenschuldner in Krisenzeiten oder in Form einer Entlastung, da nationale Haushalte die dem fondgestützten Haftungssystem zugeordneten Aufgaben grundsätzlich nicht mehr schultern müssen.[124]

Auch diese Überlegungen können jedoch nicht überzeugen; dass sich hinsichtlich der Belastbarkeit der Abgabenschuldner, z.B. durch die Heranziehung für ein fondsfinanziertes Haftungssystem, negative Unterschiede gegenüber einem allgemeinen insolvenzrechtlichen Haftungssystem ergeben, ist nicht ersichtlich.

---

120 Zur engen Auslegung des Art. 113 AEUV vgl. *Seiler*, in: Grabitz/Hilf/Nettesheim (Hrsg.), Das Recht der Europäischen Union, Art. 113 AEUV Rn. 20 f.; *Kreibohm*, Der Begriff der Steuer im Europäischen Gemeinschaftsrecht, 2004, S. 161 f.; *Ohler*, Die fiskalische Integration in der Europäischen Gemeinschaft, 1997, S. 192; *Wasmeier*, Umweltabgaben und Europarecht, 1995, S. 39; a.A. *Kamann* in: Streinz (Hrsg.), EUV/AEUV, 2012, Art. 113 AEUV Rn. 3.

121 *Kreibohm*, Der Begriff der Steuer im Europäischen Gemeinschaftsrecht, 2004, S. 184.

122 Vgl. Schlussantrag GA Alber, *Kommission/Rat*, C-338/01, EU:C:2003:433, Rn. 65; *Ohler*, EuZW 2006, S. 681; *ders.*, EuR – Beiheft 2 – 2016, S. 15 f.

123 *Lienemeyer*, Die Finanzverfassung der Europäischen Union, 2002, S. 165; *Götz*, in: FS Friauf, 1996, S. 50.

124 *Bohlken*, Waldschadensfonds im EG-Recht, 1999, S. 185.

Auch die Argumentation, dass die finanzierten Aufgaben den Gesamthaushalt entlasten, verfängt nicht, denn einen Kreis privater Abgabenschuldner mit finanziellen Mitteln zu stützen, ist per se keine dem Staat obliegende Aufgabe.[125]

Überzeugend ist somit eine enge Auslegung des Steuerbegriffs in Art. 114 Abs. 2 AEUV. Dies ist mit dem Wortlaut vereinbar und ergibt ein stimmiges Kompetenzgefüge mit Blick auf ein einheitliches System zur steuerlichen Harmonisierung. Auch Sinn und Zweck der Bereichsausnahme sprechen für eine enge Auslegung, da der Kernbereich der Befugnisse der Mitgliedstaaten durch parafiskalische Abgaben, die nicht voraussetzungslos erhoben, sondern in den abgabenrelevanten Sektor zurückgeführt werden, nicht berührt wird.[126]

## III. Beitragsübertragung durch völkerrechtliche Vereinbarung als Verstoß gegen die Kompetenzordnung

Fraglich bleibt im kompetenzrechtlichen Zusammenhang die Zulässigkeit des IGA zur Übertragung der national erhobenen Beiträge auf den SRF und über die gemeinsame Nutzung dieser Beiträge vom 14. Mai 2014[127], welches von allen Vertragsparteien am 21. Mai 2014 unterzeichnet wurde.[128]

Im folgenden Abschnitt sollen (i) die Gründe der Auslagerung dargelegt und (ii) Überlegungen zur Vereinbarkeit mit der europäischen Kompetenzordnung angestellt werden.

### 1. Gründe der Auslagerung

Entgegen der bisherigen Ausführungen, die Art. 114 Abs. 1 AEUV als taugliche Rechtsgrundlage für eine einheitliche Finanzierung eines europäischen Abwicklungsfonds qualifizieren, existierten im Rahmen des Gesetzgebungsprozesses

---

125 Vgl. *Bohlken,* Waldschadensfonds im EG-Recht, 1999, S. 185.

126 Vgl. *Repasi*, Gutachten zur rechtlichen Machbarkeit eines „Single Resolution Mechanism" (SRM), 2013, S. 8 f.; *Kreibohm*, Der Begriff der Steuer im Europäischen Gemeinschaftsrecht, 2004, S. 193; *Lienemeyer*, Die Finanzverfassung der Europäischen Union, 2002, S. 165; *Heselhaus,* Abgabenhoheit der Europäischen Gemeinschaft in der Umweltpolitik, 2001, S. 262; *Bohlken*, Waldschadensfonds im EG-Recht, 1999, S. 188; krit. *Ohler*, EuR – Beiheft 2 – 2016, S. 17; a.A. *Korte*, in: Calliess/Ruffert (Hrsg.), EUV/AEUV, 2016, Art. 114 Rn. 14; *Calliess/Schoenfleisch,* JZ 2015, S. 120.

127 Übereinkommen über die Übertragung von Beiträgen auf den einheitlichen Abwicklungsfonds und über die gemeinsame Nutzung dieser Beiträge (Kap. C. Fn. 194).

128 Vgl. Stellungnahme 14/165 der Europäischen Kommission vom 21. Mai 2014, abrufbar unter http://europa.eu/rapid/press-release_STATEMENT-14-165_de.htm?locale=en, zuletzt abgerufen am 30.01.2019.

auf deutscher Seite Bedenken[129], ob sich eine Verpflichtung zur Übertragung der auf nationaler Ebene erhobenen Beiträge auf den SRF auf Art. 114 Abs. 1 AEUV stützen lässt.[130] Angeführt wurde insbesondere das Prinzip der begrenzten Einzelermächtigung, da die Etablierung eines Haftungsfonds auf europäischer Ebene keine Binnenmarktharmonisierung darstelle.[131]

Tatsächlich hat sich der europäische Gesetzgeber nicht für eine sekundärrechtliche Verankerung entschieden. Die Verpflichtung wurde vielmehr mit dem Abschluss des ergänzenden IGA begründet, die gem. Art. 1 Abs. 2 des IGA auf die Vertragsparteien Anwendung findet, deren Institut dem einheitlichen Aufsichtsmechanismus und somit auch dem einheitlichen Abwicklungsmechanismus unterfallen.[132]

Der initiale Vorschlag für die Vorgehensweise kam dabei durch den Rat der Europäischen Union am 18. Dezember 2013[133] und wurde, aufgrund der anstehenden Wahl des Europäischen Parlaments ab dem 22. Mai 2014, mit hohem zeitlichen Druck vorangetrieben, um die Europäische Bankenunion möglichst bald einzuführen und Solvenzproblemen von Instituten in der Währungsunion mit dem neuen Instrumentarium begegnen zu können.[134]

Heftiger Widerstand gegen die Anwendung der „Unionsmethode“[135] kam konsequenterweise aus dem Europäischen Parlament, das durch die Auslagerung seines Mitspracherechts beraubt wurde.[136]

---

129 Vgl. *Calliess/Schoenfleisch*, JZ 2015, S. 119; *Meng*, in FS Stein, 2015, S. 770 f.; Überblick zum deutschen Standpunkt im politischen Einigungsprozess *Howarth/Quaglia*, Journal of Common Market Studies 2014, S. 128 ff.

130 Vgl. Erwägungsgrund [7] IGA; BT-Drs. 18/298, S. 16 f.; *Kube*, Rechtliche Grundlagen und Grenzen der EU-Bankenabgabe, 2016, S. 33 m.w.N.; *Gordon/Ringe*, Columbia Law Review 2015, S. 1347; *Deutsche Bundesbank*, Die neuen europäischen Regeln zur Sanierung und Abwicklung von Kreditinstituten, 2014, S. 52.

131 Vgl. *Schorkopf*, in: Kadelbach (Hrsg.), Die Europäische Union am Scheideweg: mehr oder weniger Europa?, 2015, S. 107.

132 Vgl. Art. 4 Abs. 1 SRM-VO.

133 Rat der Europäischen Union (ECOFIN), Pressemitteilung 17602/13, PRESSE 564, abrufbar unter http://www.consilium.europa.eu/uedocs/cms_data/docs/pressdata/en/ecofin/140190.pdf, zuletzt abgerufen am 30.01.2019.

134 Vgl. *Meng*, in FS Stein, 2015, S. 770.

135 Zur Bedeutung und Abgrenzung ggü. der „Gemeinschaftsmethode“ vgl. *Calliess*, in: Calliess/Ruffert (Hrsg.), EUV/AEUV, 2016, Art. 1 EUV Rn. 15; *Meng*, in FS Stein, 2015, S. 757 ff., der die Unionsmethode jedoch i.E. als Teil der Gemeinschaftsmethode begreift (S. 778).

136 Vgl. *Meng*, in FS Stein, 2015, S. 770; auch die Kommission sah für ein solches Abkommen keine Notwendigkeit, vgl. BR-Drs. 217/16, S. 4.

## 2. Verstoß gegen die Kompetenzordnung

Dass im Zusammenhang mit der Übertragung und der gemeinsamen Nutzung der Beiträge während der Aufbauphase auf ein völkerrechtliches Vorgehen zurückgegriffen wurde, wirft die Frage auf, ob solch entscheidende Aspekte aus der Verbandskompetenz der Union herausgelöst werden können, mithin der europäische Gesetzgebungsprozess in einer solchen Art und Weise „seziert" und letztlich das Mitbestimmungsrecht des EU-Parlaments umgangen werden darf.[137]

Kern der Auseinandersetzung ist die Frage, ob den Mitgliedstaaten der Union für den in Frage stehenden Sachbereich die Verbandskompetenz für ein völkerrechtliches Abkommen zusteht. Zu unterscheiden ist zwischen der ausschließlichen Kompetenz der EU, den geteilten Kompetenzen sowie den Sachbereichen ohne Kompetenzübertragung, in deren Bereich die Mitgliedstaaten grundsätzlich unbegrenzt tätig werden dürfen.[138]

Sofern sich keine ausschließliche Kompetenz der EU begründen lässt, fällt der in Frage stehende Binnenmarkt in den geteilten Zuständigkeitsbereich gem. Art. 4 Abs. 2 lit. a) AEUV. In diesem Fall käme den Mitgliedstaaten, sofern die Union von ihrer Kompetenz nicht abschließend Gebrauch gemacht hat, im Grundsatz eine völkerrechtliche Kompetenz zum Abschluss von zwischenstaatlichen Verträgen zu.[139]

### *a. Ausschließliche Kompetenz der EU*

Eine ausschließliche Zuständigkeit der EU könnte sich jedoch aus Art. 3 Abs. 2 AEUV ergeben, wonach diese für den Abschluss internationaler Übereinkünfte ausschließlich zuständig ist, wenn der Abschluss einer solchen Übereinkunft durch die Union in einem Gesetzgebungsakt vorgesehen ist, wenn er notwendig ist, damit sie ihre interne Zuständigkeit ausüben kann oder soweit der Abschluss gemeinsame Regeln beeinträchtigen oder deren Tragweite verändern könnte.[140]

---

137 Vgl. *Calliess/Schoenfleisch*, JZ 2015, S. 119 m.w.N.

138 Vgl. *Bast*, in: Grabitz/Hilf/Nettesheim (Hrsg.), Das Recht der Europäischen Union, 2013, Art. 5 EUV Rn. 38 ff.

139 Vgl. *Meng*, in FS Stein, 2015, S. 766.

140 Urteil *Pringle/Ireland*, C-370/12, EU:C:2012:756, Rn. 101.

Die zwischenstaatliche Determinierung des SRF gem. Art. 1 Abs. 3 SRM-VO kann dahingehend als Veränderung der Tragweite der SRM-VO aufgefasst werden.[141]

Gegen diese enge Auffassung sprechen jedoch drei wesentliche Gründe: Zunächst ist bereits zweifelhaft, ob Art. 3 Abs. 2 AEUV Verträge zwischen den Mitgliedstaaten erfasst. Die Systematik und der Wortlaut des Art. 216 Abs. 1 AEUV lassen vielmehr allein den Schluss zu, dass „internationale Übereinkünfte" nur solche mit Drittstaaten und internationalen Organisationen sein können.[142] Möchte man hingegen den Telos der Norm auf Übereinkünfte zwischen den Mitgliedstaaten erweitern, handelt es sich nicht mehr um ein kompetenzielles sondern um ein materiell-rechtliches Argument.[143]

Zudem regelt das IGA allein die Technik des Fondsaufbaus sowie der Haftungsvergemeinschaftung; korrespondierend suspendiert Art. 1 Abs. 3 SRM-VO nur die Inanspruchnahme des Fonds bis zum Zeitpunkt des Inkrafttretens des bereits vor der Verabschiedung der SRM-VO ausgehandelten IGA, weshalb die SRM-VO nicht in ihrer Tragweite verändert wird.[144]

Die Veränderung der Tragweite gemeinsamer Regeln impliziert zudem letztlich, dass negative Abweichungen für einen harmonisierten Bereich drohen oder dieser von außen (neu) determiniert wird. Das IGA ist jedoch in einer Weise konzipiert, die zum Gelingen der Europäischen Bankenunion beitragen soll.[145] Dem Übereinkommen kommt daher eine, von Art. 1 Abs. 3 SRM-VO auch so vorgesehene, ergänzende Rolle zu, wobei es selbst in Art. 2 Abs. 2 S. 1 IGA eine Kohärenzklausel hinsichtlich der Unionsrechtskonformität enthält.[146]

Eine ausschließliche Kompetenz der EU lässt sich demnach nicht auf Art. 3 Abs. 2 AEUV stützen.

### *b. Geteilte Kompetenz*

Kompetenzrechtlich einschlägig ist vielmehr die geteilte Zuständigkeit für den Binnenmarkt gem. Art. 4 Abs. 2 lit. a) AEUV. Sofern die Union von ihrer

---

141 Vgl. *Herrmann/Rosenfeldt*, Europarechtliche Grundlagen und Grenzen der Errichtung eines einheitlichen Bankenabwicklungsmechanismus (SRM), BT-Drs. 18/1340, S. 14.

142 *Herrmann*, American Journal of International Law 2013, S. 416.

143 *Herrmann/Rosenfeldt*, Europarechtliche Grundlagen und Grenzen der Errichtung eines einheitlichen Bankenabwicklungsmechanismus (SRM), BT-Drs. 18/1340, S. 14.

144 A.A. *Ibd.*

145 Vgl. *Zavvos/Kaltsouni*, in: Haentjens/Wessels (Hrsg.), Research Handbook on Crisis Management in the Banking Sector, 2015, S. 143; *Meng*, in FS Stein, 2015, S. 775.

146 *Calliess/Schoenfleisch*, JZ 2015, S. 121.

Kompetenz nicht abschließend Gebrauch gemacht hat, sind die Mitgliedstaaten gem. Art. 2 Abs. 2 S. 2 AEUV frei, eigene völkerrechtliche Verträge hinsichtlich der nicht geregelten Bereiche zu schließen. Dies trifft auf die SRM-VO zu, die keine Regelungen für die Übertragung der national erhobenen Beiträge sowie die Inanspruchnahme des SRF während der Übergangsphase enthält, sondern in Art. 1 Abs. 3 SRM-VO ausdrücklich auf ein zwischenstaatliches Übereinkommen verweist.[147]

#### *aa. Pringle-Rechtsprechung des EuGH*

Aus der Rechtsprechung des EuGH in der Rechtssache *Pringle* lässt sich jedoch auch das Gegenargument formulieren, wonach bei bestehenden Kompetenzen der EU diese auch genutzt werden müssen; abgestimmte Maßnahmen der Mitgliedstaaten wären demgegenüber unzulässig. Der Umkehrschluss ergibt sich daraus, dass der EuGH in der Rechtssache *Pringle* in einem Fall entschied, in dem der Union keinerlei Kompetenz zukam und der Gerichtshof hinsichtlich der Flexibilitätsklausel des Art. 352 AEUV feststellte, dass eine Pflicht zur Nutzung nicht bestehe.[148]

Die Folgerung wäre, dass im Bereich der geteilten Zuständigkeit lediglich individuelles und voneinander unabhängiges Handeln der Mitgliedstaaten zulässig ist, wohingegen kollektives Handeln der Mitgliedstaaten ausscheidet, um eine notwendige Reversibilität für eine europarechtliche Regelung zu gewährleisten.[149]

Gegen eine derartige Gewährleistung spricht jedoch, dass, basierend auf Art. 4 Abs. 3 EUV, mitgliedstaatliche Vertragsparteien zur Herstellung unionsrechtskonformer Zustände verpflichtet sind, mithin die Pflicht der Mitgliedstaaten besteht, widerstreitende Verträge aufzuheben. Korrespondierend ist die EU nicht zur Rücksichtnahme auf die zwischen Mitgliedstaaten geschlossenen völkerrechtlichen Verträge verpflichtet.[150] Auch ein kollektives Handeln der Mitgliedstaaten könnte somit jederzeit durch eine unionsrechtliche Reglung überlagert werden.[151] Auch der Wortlaut des Art. 2 Abs. 2 S. 2 AEUV legt eine enge

---

147 *Kube*, Rechtliche Grundlagen und Grenzen der EU-Bankenabgabe, 2016, S. 32 ff.

148 Urteil *Pringle/Ireland*, C-370/12, EU:C:2012:756, Rn. 67 m.w.N.; vgl. *Meng*, in FS Stein, 2015, S. 765.

149 Vgl. *Herrmann/Rosenfeldt*, Europarechtliche Grundlagen und Grenzen der Errichtung eines einheitlichen Bankenabwicklungsmechanismus (SRM), BT-Drs. 18/1340, S. 15.

150 *Pache/Bielitz*, EuR 2006, S. 335.

151 Vgl. *Meng*, in FS Stein, 2015, S. 766 f.

Auslegung, bezogen nur auf die Zulässigkeit individueller Maßnahmen der Mitgliedstaaten, nicht nahe.

Grundlegend ist bereits die Formulierung des Umkehrschlusses basierend auf der Rechtssache *Pringle* zweifelhaft, würde dieser doch auf einen Handlungsdruck auf die EU hinauslaufen, insbesondere im Fall von angestrebten konsentierten Maßnahmen der Mitgliedstaaten, oder zu einer offen bleibenden Regelungslücke, sofern die EU Unwillens ist zu handeln.[152]

Konkret bezogen auf Art. 1 Abs. 3 SRM-VO ist vielmehr anzunehmen, dass die EU mit der Aufnahme der Norm konkludent auf ihre Gesetzgebungskompetenz verzichtet hat. Die Argumente gegen eine zulässige kollektive Maßnahme der Mitgliedstaaten im Rahmen der geteilten Zuständigkeit tragen somit nicht.

### *bb. Demokratieprinzip*

Soweit auf die „Herauslösung" aus dem Gesetzgebungsprozess und die dadurch fehlende Parlamentsbeteiligung, mithin die fehlende demokratische Legitimation auf der Unionsebene, hingewiesen wird[153], geht dieses Argument bereits in seiner Einordnung fehl, da nicht das Mitspracherecht die Kompetenz, sondern die Kompetenz das Mitspracherecht determiniert und somit auch begrenzen kann.[154]

Weiterhin lässt sich anführen, dass sowohl nationale Parlamente als auch die jeweils verhandelnden Regierungen eine demokratische Legitimation vermitteln können.[155] Der mögliche Ausschluss der Parlamente von nicht teilnehmenden Mitgliedstaaten kann dahingehend nicht entscheidend sein, da der Europäischen Bankenunion die partielle Geltung für Mitglieder der Währungsunion inhärent ist und den jeweiligen nationalen Parlamenten zudem die nachträgliche Ratifizierung im Beitrittsfall offen steht. Allein dadurch, dass Mitgliedstaaten der Union nicht Teil der Währungsunion bzw. zu einer engen Zusammenarbeit

---

152 Vgl. *Bast*, in: Grabitz/Hilf/Nettesheim (Hrsg.), Das Recht der Europäischen Union, 2013, Art. 5 EUV Rn. 42 ff.

153 *Herrmann/Rosenfeldt*, Europarechtliche Grundlagen und Grenzen der Errichtung eines einheitlichen Bankenabwicklungsmechanismus (SRM), BT-Drs. 18/1340, S. 15 f.; *Wojcik/Ceyssens*, EuZW 2014, S. 897; *Zavvos/Kaltsouni*, in: Haentjens/Wessels (Hrsg.), Research Handbook on Crisis Management in the Banking Sector, 2015, S. 144 f.

154 Vgl. *Kube*, Rechtliche Grundlagen und Grenzen der EU-Bankenabgabe, 2016, S. 35; *Calliess/Schoenfleisch*, JZ 2015, S. 120.

155 Vgl. *Meng*, in FS Stein, 2015, S. 767.

gem. Art. 7 SSM-VO nicht gewillt sind und sie dadurch nicht Vertragsparteien gem. Art. 1 Abs. 2 IGA sind, wird nicht das Demokratieprinzip verletzt.[156]

### *cc. Loyalitätspflicht*

Fraglich bleibt, ob die Mitgliedstaaten durch die Wahrnehmung der geteilten Kompetenz gegen ihre Loyalitätspflicht gem. Art. 4 Abs. 3 EUV verstoßen haben. Ein Verstoß setzt voraus, dass sich die Mitgliedstaaten durch den Abschluss des IGA in Widerspruch zum Unionsrecht gesetzt haben.

Hierfür kann man anführen, dass durch den völkerrechtlich möglichen Wegfall der Geschäftsgrundlage[157] die Bindungswirkung des Unionsrechts auf eine völkerrechtliche Ebene herabgestuft wird, denn gerade die Inanspruchnahme des Fonds ist gem. der Art. 1 Abs. 3, 67 Abs. 1 und 77 SRM-VO abhängig von dem Inkrafttreten und dem Bestand des IGA.

Ob hierin jedoch ein Verstoß gegen Art. 4 Abs. 3 AEUV gesehen werden kann, ist streitig. Denn das Sekundärrecht stellt die Abhängigkeit selbst her.[158] Somit determiniert nicht das völkerrechtliche Übereinkommen die Gültigkeit des Unionsrechts, sondern das Sekundärrecht bezieht sich in seiner Gültigkeit auf den Bestand des Übereinkommens.[159] Gegen einen Verstoß gegen die Loyalitätspflicht spricht auch, dass gem. Art. 18 des IGA der Europäische Gerichtshof und demnach ein Organ der EU über das Vorliegen des Wegfalls der Geschäftsgrundlage befinden soll.

### *dd. Autonomie der Unionsrechtsordnung*

Auch eine Beeinträchtigung der Autonomie der Unionsrechtsordnung[160] durch die Wahrnehmung der Kompetenz durch die Mitgliedstaaten ist mit identischen Überlegungen, die gegen eine ausschließliche Kompetenz der Union gem. Art. 3 Abs. 2 AEUV sprechen, abzulehnen. Denn eine Beeinträchtigung der Unionsrechtsautonomie steht immer dann in Frage, wenn durch völkerrechtliche Verträge Institutionen geschaffen werden und diesen die Anwendung sowie die verbindliche Auslegung von Unionsrecht übertragen werden soll.[161]

---

156 Vgl. *Meng*, in FS Stein, 2015, S. 771.

157 Vgl. Art. 62 des Wiener Übereinkommens über das Recht der Verträge.

158 Vgl. *Ohler*, EuR – Beiheft 2 – 2016, S. 15.

159 *Kube*, Rechtliche Grundlagen und Grenzen der EU-Bankenabgabe, 2016, S. 34.

160 Grundlegend Urteil Costa/E.N.E.L., C-6/64, EU:C:1964:66; *Nettesheim*, in: Grabitz/ Hilf/ Nettesheim (Hrsg.), Das Recht der Europäischen Union, Art. 1 AEUV, Rn. 60 ff.

161 Vgl. *Herrmann/Rosenfeldt*, Europarechtliche Grundlagen und Grenzen der Errichtung eines einheitlichen Bankenabwicklungsmechanismus (SRM), BT-Drs. 18/1340, S. 16.

Eine auf den ersten Blick vergleichbare Konstellation besteht bezüglich der SRM-VO und dem IGA, mit dem Unterschied, dass bereits die Inanspruchnahme des Fonds unter den Vorbehalt der Ratifizierung des Vertrags gestellt wird. Zudem müsste das SRB im Ergebnis verbindliches Völkerrecht bei der Übertragung der national gesammelten Beiträge sowie der Inanspruchnahme des Fonds durch die schrittweise Haftungsvergemeinschaftung anwenden. Eine solche zwischenstaatliche Determinierung des Unionsrechts wird als nicht vereinbar mit der Unionsrechtsautonomie gesehen.[162]

Hingegen besteht in Situationen, in denen keine ausschließliche Kompetenz der EU gegeben ist und somit Handlungsmöglichkeiten der Mitgliedstaaten im Rahmen der geteilten Zuständigkeit eröffnet sind, beim Abschluss eines völkerrechtlichen Vertrags notwendigerweise eine Nähe zum Unionsrecht.[163] Dass dabei das Unionsrecht unter den Vorbehalt der Ratifizierung eines völkerrechtlichen Vertrags gestellt wird, ist mit der Konstellation der Schaffung von Institutionen nicht vergleichbar, da letztlich nicht der völkerrechtliche Vertrag das Unionsrecht determiniert, sondern das Sekundärrecht selbst gem. Art. 1 Abs. 3 SRM-VO auf das IGA und dessen wirksamer Ratifizierung Bezug nimmt. Es besteht demnach kein de facto Abhängigkeitsverhältnis, sondern das IGA stellt ein ergänzendes Regelwerk dar.

Auch wendet das sekundärrechtlich geschaffene[164] SRB kein Völkerrecht an, sondern das IGA bestimmt nur die Übertragung der nach SRM-VO erhobenen Beiträge durch die nationalen Behörden auf den SRF sowie die Haftungsvergemeinschaftung der nationalen Kammern. Dass im Rahmen der Inanspruchnahme des Fonds keine Anwendung von Völkerrecht durch das SRB in Frage steht, wird auch am Wortlaut des Art. 5 Abs. 1 UAbs. 1 IGA deutlich, wonach das SRB unter den Bedingungen der schrittweisen Haftungsvergemeinschaftung auf die Fondsmittel zugreifen darf; die Kernregelungen der Inanspruchnahme finden sich hingegen im Sekundärrecht.[165] Von einer tatsächlichen Beeinträchtigung der Autonomie des Unionsrechts könnte man allenfalls dann ausgehen,

---

162 *Herrmann/Rosenfeldt*, Europarechtliche Grundlagen und Grenzen der Errichtung eines einheitlichen Bankenabwicklungsmechanismus (SRM), BT-Drs. 18/1340, die jedoch bereits eine ausschließliche Kompetenz der EU unter Art. 3 Abs. 2 AEUV anerkennen; ohne abschließende Wertung hingegen *Zavvos/Kaltsouni*, in: Haentjens/Wessels (Hrsg.), Research Handbook on Crisis Management in the Banking Sector, 2015, S. 142 f.

163 Vgl. *Meng*, in FS Stein, 2015, S. 775.

164 Vgl. Art. 42 Abs. 1 S. 1 SRM-VO.

165 Vgl. Art. 27 Abs. 6 bis 10 und 76 SRM-VO.

wenn konkrete Entscheidungen des SRB durch das IGA verbindlich definiert oder vorgegeben würden, was jedoch nicht der Fall ist. Somit ist eine Beeinträchtigung der Autonomie des Unionsrechts nicht gegeben.[166]

## IV. Zusammenfassung

Den Tatbestandsvoraussetzungen der Binnenmarktkompetenz genügt die SRM-VO; Zweck und Inhalt des Rechtsakts richten sich auf eine substantielle und konkrete Verbesserung der Funktion des Binnenmarktes, wobei auf die bereits aufgezeigten Argumente für eine europäische Bankenregulierung rekurriert werden kann.[167] Fokussiert auf den SRF und die ihn finanzierende Europäische Bankenabgabe ist die weitergehende Auflösung der Konnexität zwischen der Haushaltslage eines Mitgliedstaats und den Finanzierungskosten der Institute zentral, zumal vice versa zur einheitlichen Aufsicht die Abwicklung und ihre Finanzierung ein notwendiges Korrelat darstellen, um Entscheidung und Verantwortung zu verknüpfen. Dass bereits durch die BRRD-RL ein Mindeststandard vorliegt und sich die Europäische Bankenunion nur auf die Eurozone beschränkt, steht der Inanspruchnahme von Art. 114 AEUV nicht entgegen.

Zur Feststellung, ob die Europäische Bankenabgabe eine „Bestimmung über Steuern" im Sinn des Art. 114 Abs. 2 AEUV darstellt und demnach nicht über die Binnenmarktkompetenz harmonisiert werden kann, bedarf es der Einordnung in die europäische Abgabensystematik. Qualifiziert man die Europäische Bankenabgabe dabei als parafiskalische Abgabe, stellt sich die Frage der Reichweite von Art. 114 Abs. 2 AEUV. Während die Rechtsprechung bis dato kaum belastbare Aussagen getroffen hat, lässt sich auch in der Literatur kein klares Meinungsbild ausmachen. Vertreten wird sowohl eine weite, als auch eine begrenzende Auslegung des Passus „Bestimmung über Steuern", wobei oftmals nicht hinreichend zwischen kompetenzrechtlichen Erwägungen und konkreten Zulässigkeitsvoraussetzungen differenziert wird. Eine überzeugende Auslegung muss sich dabei am Telos der Norm, der Wahrung des Kernbereichs der Steuersouveränität der Mitgliedstaaten, orientieren. Parafiskalische Abgaben weisen dahingehend jedoch keinen fiskalischen Regelungscharakter auf und berühren die Budgetautonomie der Mitgliedstaaten nicht, weshalb derartige Abgaben nicht von Art. 114 Abs. 2 AEUV erfasst werden.

---

166 Vgl. *Calliess*, in: Calliess/Ruffert (Hrsg.), EUV/AEUV, 2016, Art. 5 EUV Rn. 38 m.w.N.

167 Vgl. Kapitel B. II. 3.

Trotz der grundsätzlichen Einschlägigkeit der Binnenmarktkompetenz wurden die Übertragung der national erhobenen Beiträge sowie die Regelungen zur Haftungsvergemeinschaftung auf eine ergänzende völkerrechtliche Vereinbarung gestützt. Diese Sezierung des Gesetzgebungsverfahrens erfuhr insbesondere durch das Europäische Parlament, welches sich seiner Mitspracherechte beraubt fühlte, heftige Kritik. Dabei verstößt das IGA im Rahmen der einschlägigen geteilten Zuständigkeit nicht gegen die europäische Kompetenzordnung.[168]

Vor dem Gründungsgedanken der EU lässt sich hingegen kritisch hinterfragen, ob die zunehmend in Anspruch genommene Lösung des zwischenstaatlichen Agierens abseits von den grundsätzlichen legislativen Prozessen der Europäischen Union fortgesetzt werden soll. Auf der Suche nach dem kleinsten gemeinsamen Nenner nur mit den jeweils Handlungswilligen zu diskutieren, mag in der entsprechenden Zeit die gewünschten Ergebnisse bringen, birgt aber die Gefahr der Abschottung der „Mächtigen" und des fehlenden Anreizes, im politischen Kompromiss ambitionierte Lösungen zu finden.[169] Zumal speziell im Fall des IGA der eigentliche Grund des Abschlusses nicht in den genannten Bedenken bezüglich der Vereinbarkeit mit Art. 114 AEUV zu sehen ist, sondern in den Vorbehalten gegenüber einer zu rasche Haftungsvergemeinschaftung.

Ergänzend ist anzumerken, dass durch die Vorgehensweise die Gefahr negativer gerichtlicher Entscheidungen steigt. Werden völkerrechtliche Verträge durch nationale Verfassungsgerichte als mit der Verfassung unvereinbar erklärt, gefährdet dies die gesamteuropäische Entwicklung und Rechtssicherheit, die von den Verfassungsgerichten in ihrer Urteilsfindung keine tragende Berücksichtigung finden kann.[170] Eine erhöhte Rechtssicherheit wäre durch einen einheitlichen europäischen Gesetzgebungsakt in besserer Weise verbürgt, als durch eine völkerrechtliche Verständigung, gerade dort, wo eine hinreichende europäische Kompetenzgrundlage besteht. Andererseits muss bei einem wirtschaftlich so bedeutendem Projekt wie der SRM-VO ebenso konstatiert werden, dass (auch) die Vermeidung jeglichen kompetenzrechtlichen Risikos, insbesondere bei einer alternativ möglichen völkerrechtlichen Lösung verständlich ist.[171]

---

168 Vgl. *Meng*, in FS Stein, 2015, S. 771.

169 *Zavvos/Kaltsouni,* in: Haentjens/Wessels (Hrsg.), Research Handbook on Crisis Management in the Banking Sector, 2015, S. 143 ff. m.w.N.

170 Vgl. *Ibd.*

171 Vgl. *Meng*, in FS Stein, 2015, S. 776.

Letztlich stellen sowohl Supranationalität als auch Zwischenstaatlichkeit mögliche Gestaltungsoptionen im Fall geteilter Kompetenzen dar, wobei die konkrete Entscheidung für einen der Lösungswege letztlich eine politische ist.[172]

172 Vgl. *Meng*, in FS Stein, 2015, S. 778.

# F. Materiell-rechtliche Würdigung der Europäischen Bankenabgabe

Im Anschluss an die Darstellung der inhaltlichen Ausgestaltung und der Klärung der kompetenzrechtlichen Fragen soll die Europäische Bankenabgabe abschließend materiell-rechtlich gewürdigt und hinsichtlich ihrer Vereinbarkeit mit dem Primärrecht untersucht werden.

Im Rahmen der Untersuchung ist die elementare Differenzierung dabei diejenige zwischen dem Abgabentatbestand, mithin der Frage, aufgrund welcher Voraussetzungen bestimmte Abgabenschuldner zur Zahlung parafiskalischer Abgaben herangezogen werden können, und der Rechtsfolgenseite, demnach der Frage nach der Höhe der individuellen Abgabenbelastung.[1]

Die zu formulierenden Voraussetzungen ergeben sich dabei im Kern aus den Vorgaben der GRCh, insbesondere dem Gleichbehandlungsgebot des Art. 20 GRCh.[2] Weitere Leitlinien lassen sich aus den Grundfreiheiten sowie dem Bestimmtheitsgrundsatz ableiten.

## I. Zulässigkeitsanforderungen an europäische parafiskalische Abgaben

Anknüpfend an die Tatbestandsseite sind rechtsdogmatisch die materiellen Zulässigkeitsvoraussetzungen an eine parafiskalische Abgabe nach europäischem Recht zu formulieren.

### 1. Zweckbindung

Mit Blick auf die Finanzvorschriften der Union ist zunächst klärungsbedürftig, ob (i) parafiskalische Abgaben in den Haushalt der Union einzustellen sind und – sofern dies zu bejahen ist – (ii) die Einführung von parafiskalischen Abgaben eines ratifizierenden Eigenmittelbeschlusses gem. Art. 311 Abs. 3 AEUV bedarf.[3]

---

1 Vgl. Urteil *Freskot*, C-355/00, EU:C:2003:298, Rn. 43; *Pflock*, Europäische Bankenregulierung und das „Too big to fail-Dilemma“, 2014, S. 140.

2 Vgl. *Kokott/Dobratz* in: Schön/Heber (Hrsg.), Grundfragen des Europäischen Steuerrechts, 2015, S. 26; *Freytag*, Europarechtliche Anforderungen an Umweltabgaben, 2000, S. 195 ff.

3 Vgl. *Bohlken*, Waldschadensfonds im EG-Recht, 1999, S. 237 ff.

### *a. Haushaltszugehörigkeit*

Nach dem Grundsatz der Vollständigkeit des Haushaltsplans sind gem. Art. 310 Abs. 1 S. 1 AEUV alle Einnahmen und Ausgaben der Union in den Haushaltsplan einzustellen.[4] Mit Blick auf den Wortlaut der „Einnahmen" ist jedoch zu klären, ob dieser nur die EU als Rechtspersönlichkeit adressiert oder generell alle Einnahmen, auch diejenigen von EU-Agenturen, erfasst.[5] Konkret spricht Art. 310 Abs. 1 S. 1 AEUV nur von den „Einnahmen der Union", was die Vermutung einer engen Auslegung rechtfertigt, zumal rechtspraktisch eine Reihe von EU-Agenturen existieren, deren Einnahmen nicht in den allgemeinen Haushalt aufgenommen wurden.[6]

Mit der Einrichtung einer EU-Agentur mit beigeordnetem Sonderfonds ließe sich der Grundsatz der Vollständigkeit des Haushaltsplans jedoch leicht umgehen und die EU könnte sich fortwährend neue Finanzmittel erschließen. Weiterhin würde die Haushaltszugehörigkeit die demokratische Legitimation der supranationalen Einnahmen sowie die Übersichtlichkeit der Finanzen wahren.[7]

Dieser Einwand lässt sich jedoch durch eine gesetzlich fixierte Zweckbindung der Mittelverwendung entkräften.[8] Denn soweit die Verwendung zur Erfüllung eines bestimmten Zwecks vorgegeben, die Exekutive somit durch die Legislative gebunden ist, ist eine Festlegung der Mittelverwendung gem. Art. 314 AEUV redundant.[9]

Im Hinblick auf Klarheit und Übersichtlichkeit des Gesamthaushalts der Union bietet die Abweichung vom Grundsatz der Vollständigkeit des Haushaltsplans sogar den Vorteil, dass nur das Finanzvolumen in den Haushalt aufgenommen wird, über welches die Union tatsächlich und nicht eine selbständige Einrichtung verfügt, was auch zu einer vereinfachten Haushaltskontrolle beitragen kann.[10]

---

4 Vgl. *Waldhoff*, in: Calliess/Ruffert (Hrsg.), EUV/AEUV, 2016, Art. 310 AEUV Rn. 22.

5 *Bohlken*, Waldschadensfonds im EG-Recht, 1999, S. 238.

6 Z.B. die europäische Umweltagentur, vgl. *Heselhaus*, Abgabenhoheit der Europäischen Gemeinschaft in der Umweltpolitik, 2001, S. 550; *Bohlken*, Waldschadensfonds im EG-Recht, 1999, S. 238 m.w.N.; a.A. *Magiera*, in: Grabitz/Hilf/Nettesheim (Hrsg.), Das Recht der Europäischen Union, Art. 310 AEUV Rn. 32.

7 *Heselhaus*, Abgabenhoheit der Europäischen Gemeinschaft in der Umweltpolitik, 2001, S. 549 ff.

8 *Bohlken*, Waldschadensfonds im EG-Recht, 1999, S. 238.

9 *Ibd.*, S. 239.

10 *Bohlken*, Waldschadensfonds im EG-Recht, 1999, S. 238; a.A. *Heselhaus*, Abgabenhoheit der Europäischen Gemeinschaft in der Umweltpolitik, 2001, S. 551, der jedoch auf die Möglichkeit einer gesetzlich fixierten Zweckbindung nicht eingeht.

### *b. Eigenmittelbeschluss*

Möchte man dem nicht folgen und eine Haushaltszugehörigkeit von parafiskalischen Abgaben bejahen, wäre weiterhin zu klären, ob dies einen ratifizierungsbedürftigen Eigenmittelbeschluss gem. Art. 311 Abs. 3 AEUV erfordert.[11]

Gem. Art. 311 Abs. 2 AEUV wird der Gesamthaushalt der Union, unbeschadet sonstiger Einnahmen, vollständig aus Eigenmitteln finanziert.[12] Der Union fehlt es außerhalb des ratifizierenden Eigenmittelbeschlusses des Rats an der Kompetenz, sich selbständig Mittel zur Deckung des eigenen Finanzbedarfs zu erschließen.[13] Alle Abgaben, die nicht durch einen solchen ausdrücklichen Beschluss der Union zugewiesen sind, stehen nicht in deren Ertragshoheit – die Exekutivorgane können nicht darüber verfügen.[14]

Demgegenüber stehen die sog. „sonstigen Einnahmen" im Sinn des Art. 311 Abs. 2 AEUV. Hierunter fallen alle Einnahmen, die bei der Erfüllung der Aufgaben der Gemeinschaft entstehen und die nicht dazu bestimmt sind, den Haushaltsausgleich herbeizuführen.[15] Wobei Art. 311 Abs. 2 AEUV deklaratorisch klarstellt, dass bei der Tätigkeit der Union anfallende Einnahmen, die nicht Eigenmittel sind, in den Haushalt zu dessen Ausgleich eingestellt werden dürfen.[16] Einschränkend ist zu fordern, dass diese nicht die Haupteinnahmequelle für den Haushaltsausgleich der Union darstellen dürfen.[17]

Eine Qualifizierung von parafiskalischen Abgaben als „sonstige Einnahmen" liegt nahe, da eine Deckung des allgemeinen Haushalts bereits qua Definition, zumindest jedoch über die zu fordernde gesetzlich fixierte Zweckbindung, ausgeschlossen ist.[18]

In diesem Zusammenhang greift auch der Telos des Eigenmittelbeschlusses nicht. Dieser soll die Finanzautonomie der Mitgliedstaaten wahren und im

---

11 Vgl. *Bohlken*, Waldschadensfonds im EG-Recht, 1999, S. 239 ff.

12 Vgl. *Magiera*, in: Grabitz/Hilf/Nettesheim (Hrsg.), Das Recht der Europäischen Union, Art. 311 Rn. 40.

13 *Herrmann/Rosenfeldt*, Europarechtliche Grundlagen und Grenzen der Errichtung eines einheitlichen Bankenabwicklungsmechanismus (SRM), BT-Drs. 18/1340, S. 10 f.

14 Vgl. *Götz*, in: FS Friauf, 1996, S. 53.

15 Vgl. *Waldhoff*, in: Calliess/Ruffert (Hrsg.), EUV/AEUV, 2016, Art. 311 AEUV Rn. 12.

16 Vgl. *Ibd.*

17 *Bohlken*, Waldschadensfonds im EG-Recht, 1999, S. 240.

18 Vgl. Urteil *Schräder/Hauptzollamt Gronau*, C-265/87, EU:C:1989:303, Rn. 10 f.; Urteil *Stölting*, C-138/78, EU:C:1979:46, Rn. 3 ff.; *Kreibohm*, Der Begriff der Steuer im Europäischen Gemeinschaftsrecht, 2004, S. 122; *Heselhaus*, Abgabenhoheit der Europäischen Gemeinschaft in der Umweltpolitik, 2001, S. 550.

Rahmen einer kompetenzrechtlichen Ordnungsfunktion verhindern, dass die Union eigenmächtig Einnahmen und Abgaben zu Lasten der Mitgliedstaaten einführt.[19] Dass durch die zweckgebundene Erhebung einer parafiskalischen Abgabe von privaten Abgabenschuldnern finanzielle Spielräume der Mitgliedstaaten beschnitten würden, ist jedoch nicht zu erkennen.[20]

Auch wenn die Haushaltszugehörigkeit parafiskalischer Abgaben bejaht wird, sind sie bei zweckgebundener Erhebung als sonstige Einnahmen zu qualifizieren, weshalb das Erfordernis eines ratifizierungsbedürftigen Eigenmittelbeschlusses entfällt.[21]

## 2. Distanzgebot

Aufgrund des Prinzips der begrenzten Einzelermächtigung, so eine weitere Überlegung, folge speziell für die Harmonisierung von parafiskalischen Abgaben auf Basis der Binnenmarktkompetenz, dass im Rahmen der konkreten Ausgestaltung eine Distanz zur Steuer zu wahren sei und nicht in Bereiche übergegriffen werden dürfe, die einer Harmonisierung nur durch einstimmigen Ratsbeschluss gem. der Art. 113 und 115 AEUV zugänglich sind, mithin sei aus Art. 114 Abs. 2 AEUV ein „Distanzgebot" abzuleiten.[22] Insoweit stelle die europarechtliche Kompetenzordnung zugleich eine weitere Stütze zur Wahrung der Abgabensystematik dar.[23]

Ob jedoch Art. 114 Abs. 2 AEUV tatsächlich als Pendant zu den nationalen Finanzvorschriften der Art. 114a ff. GG[24] fungieren kann und allein aus ihm ein „übergreifender normativer Maßstab"[25] zur Prüfung der Zulässigkeit von parafiskalischen Abgaben folgt, ist zweifelhaft.

---

19 Vgl. *Waldhoff*, in: Calliess/Ruffert (Hrsg.), EUV/AEUV, 2016, Art. 311 AEUV Rn. 5; *Niedobitek*, in: Streinz (Hrsg.), EUV/AEUV, 2012, Art. 311 AEUV Rn. 3.

20 Vgl. Kap. E. II. 3. c.

21 Vgl. *Herrmann/Rosenfeldt*, Europarechtliche Grundlagen und Grenzen der Errichtung eines einheitlichen Bankenabwicklungsmechanismus (SRM), BT-Drs. 18/1340, S. 16 ff.; *Kube*, Rechtliche Grundlagen und Grenzen der EU-Bankenabgabe, 2016, S. 39; *Niedobitek*, in: Streinz (Hrsg.), EUV/AEUV, 2012, Art. 311 AEUV Rn. 32; *Bohlken*, Waldschadensfonds im EG-Recht, 1999, S. 239.

22 *Kube*, Rechtliche Grundlagen und Grenzen der EU-Bankenabgabe, 2016, S. 44 f.

23 Vgl. *Ibd.*, S. 44.

24 Zur grundrechtssichernden Funktion der Kompetenzordnung der Art. 104a ff. GG vgl. BVerfGE 55, 274, 302; *Kirchhof*, in: FS Friauf, 1996, S. 674.

25 *Kube*, Rechtliche Grundlagen und Grenzen der EU-Bankenabgabe, 2016, S. 45.

Grundlegend ist festzuhalten, dass es sich bei Art. 114 Abs. 2 AEUV um eine Bereichsausnahme im Rahmen der Binnenmarktkompetenz handelt. Formal ist an diesem Punkt streng zwischen Begriffs- und Zulässigkeitsmerkmalen zu unterscheiden. Ist bei der Prüfung der Bereichsausnahme definitorisch eine Steuer festzustellen, ist der Rechtsakt kompetenzwidrig. Eine kompetenzrechtliche Regelung kann hingegen nicht zur Beurteilung der inhaltlichen Ausgestaltung einer parafiskalischen Abgabe herangezogen werden; hierbei drohende Vermischungen von Begriffs- und Zulässigkeitsmerkmalen sind zu vermeiden.

Mit Blick auf die Vergleichbarkeit des Art. 114 Abs. 2 AEUV mit dem föderal ausgefeilten Finanzierungssystem der Art. 104a ff. GG offenbaren sich zudem systematische und teleologische Bedenken.

Nach der Rechtsprechung des Bundesverfassungsgerichts zum deutschen Steuerrecht bedarf der Rückgriff auf die Sachgesetzgebungskompetenzen der Art. 70 ff. GG, unter Umgehung der Art. 104a ff. GG, eines besonderen sachlichen Rechtfertigungsgrundes, um die nicht-steuerliche Abgabe über die bloße Mittelbeschaffung hinaus zu definieren, mithin deutlich von der ebenfalls vorsatzlosen Steuer zu unterscheiden.[26] Da regelmäßig bereits Steuerpflichtige zur Finanzierung einer besonderen Last herangezogen werden, gebiete ferner der Gleichheitsgrundsatz eine besondere Rechtfertigung; an diesem Punkt spiegle sich die grundrechtssichernde Funktion der Art. 104a ff. GG wider.[27]

Dieser Rechtsprechung begegnet bereits auf nationaler Ebene Kritik, die ebenfalls anführt, dass die Zulässigkeitsvoraussetzungen des Gerichts[28] sich auf eine Konkretisierung (nur) des Gleichheitssatzes reduzieren lassen.[29] Die Kompetenzproblematik sei eine davon zu unterscheidende Ebene, weshalb den Art. 104a ff. GG per se keine grundrechtssichernde Funktion zukomme.[30] So indiziere eine kompetenzgemäße Erhebung keine Lastengleichheit, ebenso wie eine gleichheitswidrige Ausgestaltung keinen Hinweis auf eine Kompetenzwidrigkeit gebe.[31] Die Vermischung wurzle darin, dass durch die Rechtsprechung

---

26 Vgl. *Voßkuhle*, Das Kompensationsprinzip, 1999, S. 235 f.

27 *Ibd.*

28 Vgl. BVerfGE 55, 274, 303 ff.; ausfl. *Schoch*, in: Jochum/Elicker/Lampert u.a. (Hrsg.), Freiheit, Gleichheit, Eigentum – Öffentliche Finanzen und Abgaben, 2015, S. 988 ff.

29 *Kieser*, Sonderabgaben als Steuern, 2000, S. 119.

30 *Rottländer*, Haushaltspolitische Bedeutung und Verfassungsmäßigkeit von Sonderabgaben, 1988, S. 105; *Kieser*, Sonderabgaben als Steuern, 2000, S. 121; *Kirchhof*, DVBl. 2000, S. 1173.

31 *Ibd.*

nicht sauber zwischen Begriffs- und Zulässigkeitsmerkmalen getrennt wird.[32]

Im Rahmen der Europäischen Verträge ist zudem festzustellen, dass ein prinzipieller Vorrang der Steuer auf Unionsebene nicht existiert; eine Grundsatzentscheidung für die Steuerfinanzierung wurde durch das Primärrecht gerade nicht getroffen.[33] Das Bedürfnis einer besonderen Rechtfertigung parafiskalischer Abgaben aufgrund einer „Durchbrechung" des Finanzierungssystems kann dahingehend nicht begründet werden. Dass durch den Unionsgesetzgeber nicht die Abgabenform der Steuer gewählt wird, ist daher unproblematisch und wirft keine den Art. 104a ff. GG vergleichbaren Probleme auf.

Ein weiterer elementarer Unterschied im Vergleich von Primärrecht und deutscher Verfassung offenbart sich insbesondere dann, wenn man eine grundrechtssichernde Funktion der Art. 104a ff. GG anerkennt. Grundlegender Zweck der Kompetenznormen des Primärrechts ist es gerade, gemeinschaftliches Handeln gegenüber den Mitgliedstaaten zu ermöglichen, nicht dieses im Verhältnis zu den Bürgern zu begrenzen.[34] Art. 114 Abs. 1 und 2 AEUV liegt im Vergleich zu den Art. 104a ff. GG somit auch teleologisch eine völlig andersartige Konzeption zugrunde.

Dogmatisch kann Art. 114 Abs. 2 AEUV die Funktion eines übergreifenden normativen Maßstabs systematisch und teleologisch somit nicht zugemessen werden. Art. 114 Abs. 2 AEUV ist im Zusammenhang mit der Kompetenznorm des Art. 114 Abs. 1 AEUV zu sehen, um eine Vermischung von Begriffs- und Zulässigkeitsmerkmalen zu vermeiden.

## 3. Vorgaben des EuGH

Neben der gesetzlichen Zweckbindung lassen sich weitergehende allgemeine Vorgaben an die inhaltliche Ausgestaltung parafiskalischer Abgaben aus dem

---

32 Vgl. BVerfGE 82, 159, 160; 91, 186, 201, in denen das BVerfG von einer parafiskalischen Abgabe ausging, infolge der Lastengleichheitswidrigkeit jedoch auch einen Verstoß gegen Art. 105 GG feststellte; die formelle Frage der Kompetenzwidrigkeit bestimmt sich hingegen allein nach dem begrifflichen Vorliegen einer Steuer bzw. parafiskalischen Abgabe; vgl. krit. *Kieser*, Sonderabgaben als Steuern, 2000, S. 121; *Schoch*, in: Jochum/Elicker/Lampert u.a. (Hrsg.), Freiheit, Gleichheit, Eigentum – Öffentliche Finanzen und Abgaben, 2015, S. 985 f.

33 Vgl. *Freytag*, Europarechtliche Anforderungen an Umweltabgaben, 2000, S. 200.

34 Vgl. *Bohlken*, Waldschadensfonds im EG-Recht, 1999, S. 250.

Unionsrecht nicht ableiten.[35] Speziell mit Blick auf die binnenmarktsichernden Gewährleistungen der Art. 30 und 110 bis 113 AEUV ist daher die konkrete Rechtsprechung des EuGH im Bereich unionsrechtlich begründeter Abgaben heranzuziehen.[36]

Um eine Diskriminierung oder Beschränkung durch eine parafiskalische Abgabe auszuschließen, hat sich diese nach der konkretisierenden Rechtsprechung des EuGH bezüglich des Belastungsgrundes und ihrer Ausgestaltung am Gedanken der Gruppenäquivalenz[37] zu orientieren, woraus sich die materiellen Kriterien an eine parafiskalische Abgabe ableiten.[38]

Neben einem sachlichen Grund für die Abgabe fordert der EuGH insbesondere eine besondere Verantwortlichkeit der herangezogenen Gruppe der Abgabenschuldner für die zu finanzierende Aufgabe.[39] Dies entspricht in der

35 Vgl. *Kube*, Rechtliche Grundlagen und Grenzen der EU-Bankenabgabe, 2016, S. 38; *Korn*, Unionsrechtlich induzierte Rechtssetzung im Abgabenrecht, 2015, S. 40; *Heselhaus*, Abgabenhoheit der Europäischen Gemeinschaft in der Umweltpolitik, 2001, S. 51; *Bohlken*, Waldschadensfonds im EG-Recht, 1999, S. 251 f.

36 Vgl. *Hilf*, NVwZ 1992, S. 110; *Götz*, in: FS Friauf, 1996, S. 48 ff. m.w.N.; *Kube*, Rechtliche Grundlagen und Grenzen der EU-Bankenabgabe, 2016, S. 42 m.w.N; zur Union als Adressat der Art. 30 und 110 AEUV vgl. *Kamann*, in: Streinz (Hrsg.), EUV/AEUV, 2012, Art. 30 AEUV Rn. 6 und Art. 110 AEUV Rn. 10; vgl. auch Urteil *Zuckerfabrik Süderdithmarschen und Zuckerfabrik Soest/Hauptzollamt Itzehoe und Hauptzollamt Paderborn*, C-143/88 und C-92/89, EU:C:1991:65, Rn. 69 f., wobei dort Art. 40 Abs. 3 UAbs. 2 EWG-Vertrag als spezielles Diskriminierungsverbot einschlägig war.

37 Vgl. Urteil *Kommission/Italien*, C-73/79, EU:C:1980:129, Rn. 4: „Wenn nämlich das Aufkommen aus einer solchen Abgabe dazu bestimmt ist, Tätigkeiten zu fördern, die speziell den belasteten inländischen Erzeugnissen zugutekommen, dann kann sich daraus ergeben, dass der Beitrag, der nach denselben Kriterien auf die inländischen wie die eingeführten Erzeugnisse erhoben wird, nichtsdestoweniger insoweit eine diskriminierende Besteuerung bedeutet, als die steuerliche Belastung der inländischen Erzeugnisse durch die Vorteile, zu deren Finanzierung sie dient, aufgehoben wird, während sie für die eingeführten Erzeugnisse eine Nettobelastung darstellt."; Urteil *Fazenda Pública/Fricarnes*, C-28/96, EU:C:1997:412, Rn. 27; Urteil *Demoor u.a./Belgischer Staat*, C-144/91 und C-145/91, EU:C:1992:518, Rn. 18 spricht von einer „ständigen Rechtsprechung"; vgl. *Englisch*, in: Englisch/Schaumburg (Hrsg.), Europäisches Steuerrecht, 2015, S. 144 Rz. 6.49.

38 Vgl. *Heselhaus*, Abgabenhoheit der Europäischen Gemeinschaft in der Umweltpolitik, 2001, S. 73 und 109 f.

39 Vgl. *Korn*, Unionsrechtlich induzierte Rechtssetzung im Abgabenrecht, 2015, S. 41; *Heselhaus*, Abgabenhoheit der Europäischen Gemeinschaft in der Umweltpolitik, 2001, S. 112.

Grundstruktur den Vorgaben an Sonderabgaben im deutschen Abgabenrecht.[40] Konvergierende Wertungen ergeben sich auch bei einem rechtsvergleichenden Blick auf andere Rechtsordnungen.[41]

Für eine Verallgemeinerungsfähigkeit dieser materiellen Kriterien der Rechtsprechung im Hinblick auf unionsrechtliche parafiskalische Abgaben spricht zudem der systematische Kontext der urteilsbegründenden Normen.

Speziell Art. 110 AEUV stellt dabei eine abgabenrechtliche lex specialis gegenüber dem allgemeinen Diskriminierungsverbot des Art. 18 AEUV dar[42], wobei letzterer ein besonderer Ausschnitt des allgemeinen Gleichheitssatzes ist, der sich in seiner Normierung in Art. 20 GRCh insbesondere an die Union richtet und vordringlich zur Kontrolle des Sekundärrechts dient.[43] Die bisherige Rechtsprechung des EuGH ist somit als gleichheitsrechtlich begründet anzusehen.[44]

---

40 *Englisch*, in: Englisch/Schaumburg (Hrsg.), Europäisches Steuerrecht, 2015, S. 144 Rz. 6.49; *Kube*, Rechtliche Grundlagen und Grenzen der EU-Bankenabgabe, 2016, S. 42; *Korn*, Unionsrechtlich induzierte Rechtssetzung im Abgabenrecht, 2015, S. 41; *Heselhaus*, Abgabenhoheit der Europäischen Gemeinschaft in der Umweltpolitik, 2001, S. 110; *Bohlken*, Waldschadensfonds im EG-Recht, 1999, S. 249 ff.; *Schröer*, RIW 1993, S. 916.

41 Vgl. *Götz*, in: FS Friauf, 1996, S. 39 ff.; *Bohlken*, Waldschadensfonds im EG-Recht, 1999, S. 246 ff.

42 Vgl. *Seiler*, in: Grabitz/Hilf/Nettesheim (Hrsg.), Das Recht der Europäischen Union, Art. 110 Rn. 2; *Dürrschmidt*, NJW 2010, S. 2089 f.; *Frenz*, Handbuch Europarecht, 2009, S. 955 Rn. 3194.

43 Vgl. *Bogdandy*, in: Grabitz/Hilf/Nettesheim (Hrsg.), Das Recht der Europäischen Union, Art. 18 AEUV Rn. 4 f.; vgl. auch Urteil *EARL de Kerlast/Unicopa und Coopérative du Trieux*, C-15/95, EU:C:1997:196, Rn. 35, wonach ein spezielles Verbot der Diskriminierung (dort Art. 40 Abs. 2 UAbs. 2 AEUV) „…lediglich ein besonderer Ausdruck des allgemeinen Gleichheitsgrundsatzes (ist), der zu den wesentlichen Grundsätzen des Gemeinschaftsrechts gehört und besagt, dass vergleichbare Sachverhalte nicht unterschiedlich und unterschiedliche Sachverhalte nicht gleich behandelt werden dürfen, es sei denn, dass eine unterschiedliche Behandlung objektiv gerechtfertigt wäre"; *Plötscher*, Der Begriff der Diskriminierung im Europäischen Gemeinschaftsrecht, 2003, S. 36 f. („Diskriminierungsverbote sind […] spezielle Gleichheitssätze in dem Sinn, als sie einen kleinen Ausschnitt sämtlicher vom Gleichheitspostulat erfasster Konstellationen darstellen."); *Frenz*, Handbuch Europarecht, 2009, S. 951 Rn. 3183 ff. m.w.N.; *Zuleeg/Kadelbach*, in: Schulze/Zuleeg/Kadelbach (Hrsg.), Europarecht, 2014, § 8 Rn. 27.

44 Vgl. *Heselhaus*, Abgabenhoheit der Europäischen Gemeinschaft in der Umweltpolitik, 2001, S. 112; *Müller*, Möglichkeiten und Grenzen der indirekten Verhaltenssteuerung durch Abgaben im Umweltrecht, 1994, S. 70, die ebenfalls an den allgemeinen Gleichheitssatz anknüpfen.

Mit Blick auf die primärrechtliche Verankerung der GRCh gem. Art. 6 Abs. 1 HS. 2 EUV lässt sich die einzelfallspezifische Rechtsprechung verallgemeinern und als materieller Maßstab für die Rechtfertigung des Abgabetatbestands unionsrechtlich begründeter parafiskalischer Abgaben heranziehen.[45]

Ein über die Kriterien des Sachgrundes und der besonderen Verantwortlichkeit[46] hinausgehendes Merkmal der „gruppennützigen Verwendung“ ist hingegen kritisch zu sehen.[47] Dass das Abgabenaufkommen zugunsten der Abgabenschuldner verwendet wird, charakterisiert nach der Rechtsprechung des EuGH zwar die parafiskalische Abgabe in Abgrenzung zu anderen Abgabetypen, stellt jedoch augenscheinlich für den EuGH keine Zulässigkeitsvoraussetzung dar.[48]

Demgegenüber sieht die deutsche Verfassungsrechtsprechung in der Gruppennützigkeit eine notwendige Zulässigkeitsvoraussetzung.[49] Die Unzulässigkeit „fremdnütziger“ Abgaben sei im Gleichheitssatz angelegt, wobei sich die konkrete Begründung im Kern auf Art. 14 Abs. 2 S. 1 GG stützt.[50] Die dort verankerte Sozialpflichtigkeit des Eigentums gebiete, dass öffentliche Abgaben nur für Aufgaben der Allgemeinheit, also zur Verfügung des ungebundenen Haushaltsgesetzgebers, erhoben werden. Der Zwang zur finanziellen Selbsthilfe mit Blick auf öffentliche Maßnahmen müsse demnach über die Privatnützigkeit ausgeglichen werden.[51] Im Kern soll eine (weitere) Abgrenzung zur Steuerfinanzierung gewährleistet werden; die Erhebung einer parafiskalischen Abgabe ist

---

45 Vgl. *Heselhaus*, Abgabenhoheit der Europäischen Gemeinschaft in der Umweltpolitik, 2001, S. 109 Fn. 443; *Bohlken*, Waldschadensfonds im EG-Recht, 1999, S. 250; vgl. auch *Herdegen*, WM 2016, S. 1908; *Kempny/Reimer*, Die Gleichheitssätze, 2012, S. 64 ff.; *Kingreen*, in: Ehlers (Hrsg.), Europäische Grundrechte und Grundfreiheiten, 2014, § 21 Rn. 4.

46 Vgl. insb. Urteil *Zuckerfabrik Süderdithmarschen und Zuckerfabrik Soest/Hauptzollamt Itzehoe und Hauptzollamt Paderborn*, C-143/88 und C-92/89, EU:C:1991:65, Rn. 66 ff.

47 Vgl. *Kube*, Rechtliche Grundlagen und Grenzen der EU-Bankenabgabe, 2016, S. 42; wie hier *Bergfeld*, Lenkungsabgaben im Europäischen Finanzrecht, 2008, S. 96 mit Verweis auf *Ohler*, Die fiskalische Integration in der Europäischen Gemeinschaft, 1997, S. 81, der sich jedoch auf mitgliedstaatliche nicht unionsrechtliche parafiskalische Abgaben bezieht.

48 Vgl. *Englisch*, in: Englisch/Schaumburg (Hrsg.), Europäisches Steuerrecht, 2015, S. 144 Rz. 6.49.

49 Vgl. BVerfGE 55, 274, 307 f.; 67, 256, 276 f.; 82, 159, 180; 110, 370, 389; *Kube*, Rechtliche Grundlagen und Grenzen der EU-Bankenabgabe, 2016, S. 42 Fn. 102 m.w.N.

50 *Kirchhof*, in: Isensee/Kirchhof (Hrsg.), Handbuch des Staatsrechts, 1990, § 88 Rn. 238.

51 *Ibd.*

unzulässig, wenn sie Zwecke finanzieren soll, die in die staatliche Gesamtverantwortung fallen.[52]

Gegen eine entsprechende Begründung des Merkmals der Gruppennützigkeit auf Basis von Art. 20 GRCh sprechen jedoch mehrere Gründe: Zunächst spielt auf Unionsebene die Verwendung des Abgabeaufkommens im Interesse der Abgabenschuldner bereits auf Kompetenzebene eine wesentliche Rolle, wodurch sich sowohl ein konkret individueller Vorteil als auch eine reine Einnahmeerzielung ausschließen lassen; einer Doppelrelevanz auch auf Zulässigkeitsebene bedarf es dahingehend nicht.

Zudem stützt sich die nationale Begründung im Kern auf die Sozialpflichtigkeit des Eigentums, welche in Art. 17 GRCh grundsätzlich kein Äquivalent findet und nicht hilfsweise in Art. 20 GRCh verankert werden kann.[53]

Abschließend wird dem Unionsgesetzgeber bei der Beurteilung der Zulässigkeit einer parafiskalischen Abgabe durch den EuGH ein weiter Ermessensspielraum zugebilligt[54], weshalb unwahrscheinlich ist, dass der Gerichtshof neben einem sachlichen Grund und der besonderen Finanzierungsverantwortung weitere, „strenge" Zulässigkeitsvoraussetzungen formulieren würde.

Selbst wenn man das Merkmal der Gruppennützigkeit als Zulässigkeitsvoraussetzung anwenden möchte, stellt sich die Frage der inhaltlichen Konkretisierung. Entsprechende Annährungen der deutschen Verfassungsrechtsprechung sind keine taugliche Hilfestellung.[55] Nach Ansicht des Bundesverfassungsgerichts genügt für eine gruppennützige Verwendung eine sachgerechte Verknüpfung zwischen der finanziellen Belastung durch die Abgabe und der sachlichen Begünstigung im Rahmen der Mittelverwendung.[56] Eine nähere Bestimmung des Merkmals „sachgerecht" erfolgt nicht. Eine „sachgerechte" Verknüpfung muss somit nicht zwingend eine gruppennützige Verwendung bedeuten, vielmehr könnte auch bei Fremdnützigkeit ein besonderer Sachgrund mit entsprechender

52 BVerfGE 55, 274, 306; 91, 186, 201; *Schön/Hellgardt/Osterloh-Konrad,* WM 2010, S. 2155; *Korn*, Unionsrechtlich induzierte Rechtssetzung im Abgabenrecht, 2015, S. 185.

53 Vgl. *Heselhaus,* in: Heselhaus/Nowak (Hrsg.), Handbuch der Europäischen Grundrechte, 2006, § 32 Rn. 9.

54 Vgl. Urteil *Bozzetti/Invernizzi*, C-179/84, EU:C:1985:306, Rn. 30; *Kube*, Rechtliche Grundlagen und Grenzen der EU-Bankenabgabe, 2016, S. 43; *Ohler*, EuZW 2006, S. 682.

55 Vgl. *Korn*, Unionsrechtlich induzierte Rechtssetzung im Abgabenrecht, 2015, S. 185.

56 Vgl. BVerfGE 55, 274, 307 f.; 67, 256, 276 f.; 82, 159 f.; 110, 370 ff.

Verantwortlichkeit bestehen, wobei die Gruppe der Abgabenschuldner mittelbar von der Abgabenverwendung profitiert.[57]

Letztlich stünde die Beurteilung, ob ein etwaiger Vorteil gegeben ist, ebenfalls im Ermessen des Unionsgesetzgebers, weshalb das Vorliegen oder das Nichtvorliegen des Merkmals der Gruppennützigkeit kaum rechtssicher zu bestimmen wäre und auch keine begrenzende Wirkung entfalten würde.[58]

Mit Blick auf die europäische Ebene ist daher festzuhalten, dass die Voraussetzung der gruppennützigen Verwendung bereits im Rahmen der kompetenzrechtlichen Abgrenzung hinreichende Berücksichtigung findet. Als materielles Kriterium auf Zulässigkeitsebene spielt sie keine Rolle, zumal keine, über die Zweckbindung hinausgehende, begrenzende Wirkung zu erwarten wäre.[59] Das Kriterium der gruppennützigen Verwendung betrifft letztlich die Verhältnismäßigkeit der Abgabenerhebung und ist daher eine, die inhaltliche Ausgestaltung betreffende, Frage der Rechtsfolgenseite.[60]

## 4. Zwischenergebnis

Auch auf europäischer Ebene stellt der allgemeine Gleichheitssatz den wesentlichen Parameter für die Zulässigkeitsvoraussetzungen einer parafiskalischen Abgabe dar.[61] Mit Blick auf die primärrechtlichen Vorgaben der Finanzvorschriften und die bisherige Rechtsprechung des EuGH kristallisieren sich inhaltliche Anforderungen an parafiskalische Abgaben heraus, die in ihren Grundzügen den Vorgaben an Sonderabgaben im deutschen Recht ähneln.

Damit der Ertrag parafiskalischer Abgaben nicht zur Finanzierung des allgemeinen Haushalts herangezogen wird, muss der europäische Gesetzgeber bereits bei der Erhebung eine strikte gesetzliche Zweckbindung vorsehen.[62] Aufbauend auf der bisherigen Rechtsprechung des EuGH muss die parafiskalische Abgabe zudem einer gleichheitsrechtlichen Überprüfung genügen. Mithin muss ein besonderer Sachgrund durch eine entsprechend besonders verantwortliche Gruppe finanziert werden. Die gruppennützige Verwendung der erhobenen Mittel ist hingegen eine Frage der Rechtsfolgenseite.

---

57 Vgl. BVerfGE 55, 274, 316; 110, 370, 392.

58 Vgl. *Korn*, Unionsrechtlich induzierte Rechtssetzung im Abgabenrecht, 2015, S. 186.

59 Vgl. *Ibd.*, 187; krit. auch *Bohlken*, Waldschadensfonds im EG-Recht, 1999, S. 250 ff.

60 *Korn*, Unionsrechtlich induzierte Rechtssetzung im Abgabenrecht, 2015, S. 187.

61 Vgl. *Herdegen*, WM 2016, S. 1908; *Jarass*, Nichtsteuerliche Abgaben und lenkende Steuern unter dem Grundgesetz, 1999, S. 92.

62 Vgl. dazu bereits Kap. C. III. 1.

## II. Zulässigkeit der Europäischen Bankenabgabe

### 1. Sachlicher Grund

Bei Anwendung der Zulässigkeitsanforderungen auf die Europäische Bankenabgabe ist deren sachlicher Grund primär, die Kreditwirtschaft (anteilig) mit den Kosten von Maßnahmen zu belastet, die infolge der Bestandsgefährdung von Instituten entstehen, mithin wird vorrangig ein Finanzierungszweck verfolgt.

Sekundär soll die Abgabe eine anreizorientierte, lenkende Wirkung zur Reduzierung systemischer Risiken entfalten, womit ihr auch ein Lenkungszweck inhärent ist.[63]

Nicht verfolgt wird hingegen ein Gerechtigkeitsziel; anders als mit dem amerikanischen Vorschlag von 2009 ist keine ex-post Abgabe zur „Wiederversöhnung mit der Gesellschaft“ angestrebt[64], sondern im Grundsatz ist die Abgabe im Voraus zu entrichten, was auch ökonomische Forschungsergebnisse als vorzugswürdig erscheinen lassen.[65]

63 Erwägungsgrund [109] SRM-VO; vgl. *Völkl/Vertneg,* in: Braumüller/Ennöckl/Gruber u.a. (Hrsg.), Europäisches Finanzmarktrecht vor neuen Herausforderungen, 2013, S. 51; allg. *Acharya/Pedersen/Philippon/Richardson,* in: Acharya/Richardson (Hrsg.), Restoring Financial Stability: How to Repair a Failed System, 2009, S. 293 f.; *Vella,* in: Ringe/Huber (Hrsg.), Legal Challenges In The Global Financial Crisis, 2014, S. 180 ff.

64 Vgl. *Shackelford/Shaviro/Slemrod,* National Tax Journal 2010, S. 784 ff.

65 Banken reichen die Kosten einer solchen Abgabe regelmäßig, z.B. über erhöhte Kreditkosten, an die Kunden weiter, vgl. *Buch/Hilberg/Tonzer,* Journal of Banking and Finance 2016, S. 53 m.w.N., die eine signifikante Überwälzung bei Banken mit höherem Marktanteil oder bei Banken mit größerer Bilanzsumme durch geringere Kreditvergabe, höheren Kreditzins und niedrigere Sparzinsen feststellen; ähnlich *Kogler,* SEPS Working Paper (1606) 2016, S. 51 f.; für die ungarische Abgabe zeigen *Capelle-Blancard/Havrylchyk,* CEPII Working Paper (21) 2013, S. 10 f., dass von Überwälzungen vor allem Kreditnehmer betroffen sind, die laufende Kredite bei Banken haben und daher höheren Kosten kaum ausweichen können; vgl. auch *Paul,* WiSt 2011, S. 600 m.w.N.; diese Überlegungen werden bestätigt, wenn man indiziell die Ergebnisse der deutschen Unternehmenssteuer heranzieht, wonach die Belastungswirkung zu ca. 10 % den Ertrag der betroffenen Institute trifft, wohingegen ca. 90 % auf den Endkunden abgewälzt werden, vgl. *Ismer,* in: Schön/Röder (Hrsg.), Zukunftsfragen des deutschen Steuerrechts II, 2014, S. 119.

## 2. Besondere Verantwortlichkeit

In einem weiteren Schritt müsste der europäische Gesetzgeber, um den gleichheitsrechtlichen Anforderungen an eine parafiskalische Abgabe zu genügen, eine Gruppe in Anspruch nehmen, der eine besondere Verantwortlichkeit bzw. Nähe für die mit der parafiskalischen Abgabe verfolgten Finanzierungs- oder Lenkungsziele zuzuschreiben ist.[66]

Diese besondere Verantwortlichkeit der durch den Gesetzgeber erfassten Abgabengruppe ist (i) herauszuarbeiten. Für besondere Fallgruppen ist weitergehend eine (ii) Erweiterung oder (iii) Beschränkung des Gruppenzuschnitts zu erwägen.

### *a. Gruppe der Abgabenschuldner*

Zu untersuchen ist, ob die ausgewählte Gruppe der CRR-Institute, deren verbindende Aufgabe in der volkswirtschaftlich effizienten Bündelung und Verteilung von Kapital besteht, eine besondere Verantwortlichkeit im Hinblick auf die mit der Abgabe verfolgten sachlichen Gründe trifft.

#### *aa. Verhältnis von Finanzierungs- zu Lenkungszweck*

Zunächst ist jedoch zu klären, in welchem Verhältnis Finanzierungs- und Lenkungszweck zueinander stehen. Es stellt sich die Frage, ob nur bzgl. des Finanzierungs- oder auch hinsichtlich des Lenkungszwecks eine besondere Verantwortlichkeit bestehen muss, um der Abgabendogmatik zu entsprechen.

Gegen eine eigenständige Bedeutung des Lenkungszwecks auf Tatbestandsebene spricht zunächst, dass die angestrebte Lenkungswirkung tatsächlich erst im Rahmen der konkreten Beitragsbemessung, mithin auf Rechtsfolgenseite, zum Tragen kommt, da für Institute dort der Anreiz besteht, das Volumen an riskanten Geschäften möglichst gering zu halten, um nicht mit einer höheren Abgabe infolge einer erhöhten Systemrelevanz belastet zu werden.[67] Eine eigenständige Bedeutung auf tatbestandlicher Ebene kann der Lenkungszweck nur erlangen, wenn erkennbar kein Finanzierungszweck verfolgt wird. Vom Fehlen des Finanzierungszwecks kann hingegen nur ausgegangen werden, wenn der

---

66 *Heselhaus,* Abgabenhoheit der Europäischen Gemeinschaft in der Umweltpolitik, 2001, S. 73.

67 Explizit Erwägungsgrund [109] SRM-VO; vgl. zur deutschen Bankenabgabe *Hanten/München*, WM 2011, S. 1928.

sachliche Grund der Abgabe allein in ihrer Belastungswirkung liegt, ein Ertrag der Abgabe darf demgegenüber nicht angestrebt werden.[68]

Auch ist der Finanzierungszweck im Rahmen der Zulässigkeit nicht nur deshalb zugrunde zu legen, weil er zumeist das dominierende Bestreben darstellt, sondern auch, weil bei einer eigenständigen Bedeutung des Lenkungszwecks positiv sichergestellt werden müsste, dass die Gruppe der Abgabenschuldner nicht im Rahmen der Mittelverwendung profitiert, da dies dem Lenkungsappell entgegenstünde, welcher gerade über die „Bedrohung" der finanziellen Belastung wirkt. Auch wenn die Gruppennützigkeit kein notwendiges Zulässigkeitsmerkmal darstellt, charakterisiert eine Zweckbindung zugunsten der Abgabenschuldner nach der Rechtsprechung des EuGH eine parafiskalische Abgabe kompetenzrechtlich[69], weshalb ein entgegengesetztes Merkmal an dieser Stelle inkohärent und widersprüchlich wäre.[70]

Bei einer zeitgleichen Verfolgung von Finanzierungs- und Lenkungszweck ist im Rahmen der Zulässigkeit somit auf den primären Finanzierungszweck abzustellen, dem Lenkungszweck kommt demgegenüber keine eigenständige Bedeutung zu.

### *bb. Systemrelevanz als Differenzierungskriterium*

Nach der bisherigen Untersuchung ist es naheliegend, nur solche Institute heranzuziehen, die das (Differenzierungs-)Kriterium der Systemrelevanz aufweisen.

Grundlegend soll daher zunächst (i) der Begriff der „Systemrelevanz" erfasst werden, um dann (ii) unter Rückgriff auf die erfassten Abgabenschuldner die Differenzierungssystematik der Europäischen Bankenabgabe zu analysieren.

---

68 Vgl. im deutschen Kontext *Jarass*, Nichtsteuerliche Abgaben und lenkende Steuern unter dem Grundgesetz, 1999, S. 53 m.w.N.

69 Vgl. Kap. E. II. 1. b. bb.

70 Vertreter des Zulässigkeitsmerkmals der Gruppennützigkeit messen dem Lenkungszweck ebenfalls keine eigenständige Bedeutung zu; der zur Erreichung des Lenkungsappells notwendige Verzicht auf das Merkmal der Gruppennützigkeit sei nicht sachgerecht, da bei zeitgleicher Verfolgung eines Finanzierungs- und Lenkungszwecks, sich auch die Belastungswirkung für die Abgabenschuldner erhöhe, was sich in strengeren Anforderungen an die parafiskalische Abgabe bereits auf Tatbestandsebene widerspiegeln müsse; der Gesetzgeber solle sich nicht mit einer zusätzlichen Verfolgung eines Lenkungsziels den erhöhten Anforderungen entziehen können, vgl. *Möslein*, JZ 2012, S. 246; *Müller*, Möglichkeiten und Grenzen der indirekten Verhaltenssteuerung durch Abgaben im Umweltrecht, 1994, S. 168 f.

### (1) Systemrelevanz

Zur Erfassung des Begriffs der Systemrelevanz ist in zwei Schritten vorzugehen. Zunächst ist darzustellen, was überhaupt eine Systemgefährdung ausmacht, um auf Basis dessen zu bestimmen, was die Systemrelevanz eines Instituts determiniert.

#### (a) Systemgefährdung

Auch wenn die europäischen Gesetzesmaterialien keine eindeutige Begriffsbestimmung der „Systemgefährdung" beinhalten, wird an verschiedenen Punkten übergreifend der ökonomische Begriff des systemischen Risikos zugrunde gelegt.[71] Kernpunkt des systemischen Risikos ist danach ein auslösendes Ereignis (*initial shock*), welches eine Kette weiterer negativer ökonomischer Konsequenzen für ein „System"[72] nach sich zieht (sog. Dominoeffekt).[73]

Ist, mit Blick auf das Banken- und Finanzsystem, eine Bankinsolvenz auslösendes Ereignis, kann dies zum Zusammenbruch weiterer Unternehmen oder sogar von ganzen Finanzmärkten bzw. zu signifikanten Kapitaleinbußen derselben führen, sowie das Vertrauen in die Funktionsfähigkeit des Finanzsystems insgesamt erschüttern, wodurch die Kosten der Refinanzierung aller Marktteilnehmer steigen.[74]

---

71 Vgl. z.B. Art. 10 Abs. 5 und 14 Abs. 2 lit. a) und b) SRM-VO, Erwägungsgrund [8], [19], [41] und [47] SRM-VO sowie Erwägungsgrund [14] BRRD-RL; Art. 4 Abs. 11 CRR-VO mit dem Verweis auf Art. 3 Abs. 10 CRD-IV-RL, wonach ein Systemrisiko das Risiko einer Störung des Finanzsystems mit möglicherweise schwerwiegenden negativen Auswirkungen auf das Finanzsystem und die Realwirtschaft bezeichnet; zur rechtswissenschaftlichen Diskussion vgl. *Schwarcz*, Georgetown Law Journal 2008, S. 196 ff.; *Köhler*, Die Zulässigkeit derivativer Finanzinstrumente in Unternehmen, Banken und Kommunen, 2012, S. 171 ff.; *Fuchs*, Close-out Netting, Collateral und systemisches Risiko, 2013, S. 25 ff.; *Lindenlauf*, Staatliche Zuwendungen an Banken und Versicherungen im Zeichen der Finanzkrise, 2014, S. 179.

72 Vgl. *Beville*, Florida State University Law Review 2009, S. 246; *Trainar*, Revue d'économie financière 2011, S. 30 der in Bezug auf das Finanzsystem drei verschiedene Niveaustufen des Systemrisikos unterscheidet: (i) Risiko für den weiteren Markt; (ii) für die Wirtschaft und (iii) für den Staat.

73 *De Nicolò/Favara/Ratnovski*, IMF Staff Discussion Note 12/05 2012, S. 4; *Donges*, Systemstabilität für Finanzmärkte, 2011, S. 24 ff.; *Schwarcz*, Georgetown Law Journal 2008, S. 198; *De Nicolò/Kwast*, Journal of Banking & Finance 2002, S. 863; ausfl. *Staub*, Regulierung in der Krise, 2014, S. 16 ff.; *Kleinow*, Systemrelevante Finanzinstitute, 2016, S. 17 ff.; zur Unterscheidung zwischen System- (systemic) und Marktrisiko (systematic) vgl. *Hansen*, CEMFI Working Paper (1305) 2013, S. 4 f.

74 Vgl. *Allen/Saunders*, in: Berger/Molyneux/Wilson (Hrsg.), The Oxford Handbook of Banking, 2014, S. 180; *Schwarcz*, Georgetown Law Journal 2008, S. 204; *Stewing*, EWS

Die in diesem Kontext ausgelösten Dominoeffekte lassen sich dabei unter dem zentralen Begriff der Ansteckung erfassen[75], wobei sich die einzelnen Effekte überschneiden und untereinander verschärfend wirken können.[76] Differenzieren lässt sich jedoch zwischen direkten und indirekten Ansteckungskanälen.[77]

(aa) Direkter Ansteckungskanal

Eine direkte Ansteckung droht typischerweise über die Verflechtung der Finanzmarktteilnehmer durch Interbankfinanzierung und Derivathandel.[78] Gegenparteien ausfallender Institute sind gezwungen, den Wert ihrer Forderung abzuschreiben, was die Minderung des Eigenkapitals und schlimmstenfalls eigene finanzielle Schwierigkeiten mit sich bringen kann.[79]

(bb) Indirekter Ansteckungskanal

Eine indirekte Ansteckung droht andererseits über negative Reaktionen anderer Marktteilnehmer aufgrund von Informationen (sog. Informationseffekte).[80] Vergleichbare Portfolio- oder Bilanzstrukturen zu ausfallenden Instituten können, ebenso wie simple Gerüchte infolge asymmetrischer Informationsverteilung (sog. Ähnlichkeitsvermutung)[81], dazu führen, dass sich Institute gegenseitig kein Geld mehr leihen, da ein hohes Verlustrisiko prognostiziert wird; die

---

2009, S. 305; *Lindenlauf*, Staatliche Zuwendungen an Banken und Versicherungen im Zeichen der Finanzkrise, 2014, S. 182.

75 *De Bandt/Hartmann/Alcalde*, in: Berger/Molyneux/Wilson (Hrsg.), The Oxford Handbook of Banking, 2014, S. 691; *Bullard/Neely/Wheelock*, Federal Reserve Bank of St. Louis Review 2009, S. 407 f.

76 *Acharya/Thakor*, Journal of Financial Intermediation 2016, S. 12 f. m.w.N.; *De Bandt/Hartmann/Alcalde*, in: Berger/Molyneux/Wilson (Hrsg.), The Oxford Handbook of Banking, 2014, S. 670; *Gropp*, SAFE Policy Papers (23) 2014, S. 1.

77 Vgl. *Allen u.a.*, Cross-Border Banking in Europe: Implications for Financial Stability and Macroeconomic Policies, 2011, S. 76 ff.

78 *Pflock*, Europäische Bankenregulierung und das „Too big to fail-Dilemma", 2014, S. 107 ff.

79 Vgl. die Begriffsbestimmung in Art. 3 Nr. 1 Verordnung (EU) 2016/860; *Adolff/Eschwey*, ZHR 2013, S. 915 ff. unterscheiden zudem einen funktionalen Ansteckungskanal.

80 Vgl. die Begriffsbestimmung in Art. 3 Nr. 2 Verordnung (EU) 2016/860.

81 Vgl. *Calomiris*, in: Berger/Molyneux/Wilson (Hrsg.), The Oxford Handbook of Banking, 2014, S. 722; *Pflock*, Europäische Bankenregulierung und das „Too big to fail-Dilemma", 2014, S. 110 mit teilweise abweichender Begrifflichkeit; zum Konzept der „self-fulfilling prophecy" vgl. grundlegend *Merton*, The Antioch Review 1948, S. 194 f.

kurzfristige Refinanzierung über den Interbankenmarkt droht hier vollständig zu versiegen.[82]

Schwindendes Vertrauen in die Solvenz eines Instituts kann zudem den Effekt zeitigen, dass sofort fällige Einlagen massiv abgezogen werden (*bank run*), soweit sie nicht durch eine Einlagensicherung abgeschirmt sind.[83] Betroffene Institute sind dabei gezwungen, unter hohem Verkaufsdruck ihre illiquiden Vermögenswerte zu veräußern, um die Verbindlichkeiten zumindest ansatzweise bedienen zu können (*fire-sales*).[84] Dass vermehrte Abstoßen bestimmter Vermögenswerte kann zu fallenden Preisen auf dem Markt führen, wodurch Marktteilnehmer mit vergleichbaren Bilanzstrukturen ebenfalls zu Abschreibungen gezwungen werden.[85] Veräußert eine Vielzahl von Marktteilnehmern gleichzeitig, kann dies zum vollständigen „austrocknen" des Marktes führen.[86] Auch bis dato völlig solvente Institute können so in die Insolvenz abrutschen.[87]

Diese Ansteckungsprozesse sind, in Abgrenzung zu anderen Wirtschaftszweigen, typisch für das Banken- und Finanzsystem.[88]

(b) Systemrelevantes Institut

Doch nicht jeder Zusammenbruch eines Instituts bedingt ein systemisches Risiko; dies trifft im Grundsatz nur auf systemrelevante Institute zu.[89]

Wann ein einzelnes Unternehmen ex-ante systemrelevant ist und eine Systemgefährdung im Falle seines Zusammenbruchs hervorrufen kann, bestimmt sich unter Rückgriff auf die europäischen Gesetzesmaterialien im Grundsatz anhand

---

82 *Adolff/Eschwey*, ZHR 2013, S. 916 ff.; *De Bandt/Hartmann/Alcalde*, in: Berger/Molyneux/Wilson (Hrsg.), The Oxford Handbook of Banking, 2014, S. 673; *Moore/Zhou*, Identifying systmically important financial institutions: size and other determinants, DNB Working Paper (347) 2012, S. 5; *Furfine*, Journal of Money, Credit and Banking 2003, S. 123 f.

83 Vgl. Kap. F. IV. 1. a. aa. (1) (b).

84 *Schwarcz*, Georgetown Law Journal 2008, S. 214; *Keen*, CESifo Economic Studies 2011, 12.

85 Vgl. *Poledna/Thurner/Farmer/Geanakoplos*, Journal of Banking & Finance 2014, S. 200 m.w.N.; *Adolff/Eschwey*, ZHR 2013, S. 917; *Deutsche Bundesbank*, Ansätze zur Messung und makroprudenziellen Behandlung systemischer Risiken, 2011, S. 41 f.; *Beville*, Florida State University Law Review 2009, S. 255.

86 Vgl. *Beville*, Florida State University Law Review 2009, S. 254 f.

87 Vgl. *Admati/Hellwig*, Des Bankers neue Kleider, 2014, S. 111 f.; *Hellwig*, MPI for Research in Collective Goods, Working Paper (31) 2010, S. 4; *Schön/Hellgardt/Osterloh-Konrad*, WM 2010, S. 2149; *Reinhart/Rogoff*, This time is different, 2009, S. 144.

88 Vgl. *Bullard/Neely/Wheelock*, Federal Reserve Bank of St. Louis Review 2009, S. 408 f.

89 Vgl. Kap. B. I. 3.

von Systemrisiko-Faktoren wie der Größe[90], der Ersetzbarkeit, der Komplexität, der Relevanz für die Wirtschaft der Union oder des betreffenden Mitgliedstaats, der Bedeutung der grenzüberschreitenden Tätigkeiten sowie der Verflechtung des Instituts mit dem Finanzsystem.[91]

Übergreifend ist festzuhalten, dass der Begriff der Systemrelevanz die akteursbezogene Verortung des systemischen Risikos als negative Externalität bezeichnet.[92] Mit Blick auf die verfolgten Sachgründe zur Begründung einer besonderen Verantwortlichkeit der Abgabenschuldner kann somit an die Systemrelevanz als Differenzierungskriterium angeknüpft werden.

### (2) Verzicht auf die Differenzierung

Diesem Ansatz folgt die Europäische Bankenabgabe auf Tatbestandsebene hingegen nicht. Vielmehr werden sämtliche CRR-Institute für die Abgabe herangezogen und völlig auf die Differenzierung anhand der tatsächlichen Systemrelevanz verzichtet. Gleichheitsrechtlich lässt sich ein solch umfassendes Verständnis der Systemrelevanz nur rechtfertigen, wenn auch ohne eine

---

90 Vgl. *Moore/Zhou*, DNB Working Paper (347) 2012, S. 2 f. und S. 18 f., die ab einer Bilanzsumme von 20 Mrd. US-Dollar keine signifikanten Veränderungen in Bezug auf die Systemrelevanz mehr feststellen; krit. zur teilweisen Dominanz des Größenkriteriums *Brunnermeier u.a.*, The Fundamental Principles of Financial Regulation, 2009, S. 3; *Adolff/Eschwey*, ZHR 2013, S. 923; *Adrian/Shin*, Journal of Financial Intermediation 2010, S. 426; *Keen*, CESifo Economic Studies 2011, S. 13; *Lindenlauf*, Staatliche Zuwendungen an Banken und Versicherungen im Zeichen der Finanzkrise, 2014, S. 179; vgl. auch *Herring/Carmassi*, in: Berger/Molyneux/Wilson (Hrsg.), The Oxford Handbook of Banking, 2014, S. 77 Fn. 2 die den Terminus „too big too fail" (TBTF) nur als Oberbegriff für weitere Attribute wie „too interconnected", „too important" oder „too complex" sehen.

91 Vgl. Art. 131 Nr. 2 CRD-IV; FSB/IMF/BIS, Guidance to Assess the Systemic Importance of Financial Institutions, Markets and Instruments: Initial Considerations, October 2009, S. 2, welche die Größe, Vernetztheit und die Ersetzbarkeit als „Hauptkriterien" definieren, abrufbar unter https://www.imf.org/external/np/g20/pdf/100109.pdf, zuletzt abgerufen am 30.01.2019; vgl. auch *Buch/Hilberg/Tonzer*, Journal of Banking and Finance 2016, S. 58 m.w.N.; *van Oordt/Zhou*, DNB Working Paper (478) 2015, S. 5 Table 1; *Pflock*, Europäische Bankenregulierung und das „Too big to fail-Dilemma", 2014, S. 116 ff.; *Adolff/Eschwey*, ZHR 2013, S. 918 f.; ergänzende Kriterien wie die Zusammensetzung der Vermögenswerte oder die Finanzierungsmethoden formulieren *Moore/Zhou*, DNB Working Paper (347) 2012, S. 1.

92 Vgl. *Fuchs*, Close-out Netting, Collateral und systemisches Risiko, 2013, S. 37.

weitergehende Differenzierung eine deutliche Nähe der CRR-Institute zum verfolgten Finanzierungszweck besteht.

Im Kern adressiert der Unionsgesetzgeber Risiken für das Finanzsystem, die aus der Bestandsgefährdung von CRR-Instituten resultieren.[93] Diese Gruppe weist damit eine besondere Verantwortlichkeit für den verfolgten Finanzierungszweck der Abgabe auf und ist als solche hinreichend zu anderen Marktteilnehmern abgrenzbar, weshalb bereits die vergröberte Differenzierung, auch ohne die individuelle Feststellung der Systemrelevanz, als gleichheitskonform eingestuft werden kann.

Für eine Verlagerung der Prüfung der individuellen Systemrelevanz auf Rechtsfolgenseite spricht zudem die Gefahr, durch die Suspendierung des Anwendungsbefehls der Norm Anreize für nicht erfasste Institute zu setzen, den relativen Kostenvorteil voll auszunutzen[94], zumal sich eine abweichende Bewertung der Systemrelevanz in Krisenzeiten ergeben kann, welcher sich auf Rechtsfolgenseite leichter begegnen lässt, als auf Tatbestandsseite. Auch die Betonung des Aspekts der Krisenvorsorge spricht dagegen, die Systemrelevanz bereits als Differenzierungsmerkmal für eine Normanknüpfung heranzuziehen.[95]

Dass die Systemrelevanz als Differenzierungskriterium keine Rolle für den Gruppenzuschnitt spielt, ist somit nicht nur gleichheitsrechtlich zulässig, sondern auch geboten.[96] Zu konstatieren ist ein zweistufiges Vorgehen des europäischen Gesetzgebers dergestalt, dass zunächst alle CRR-Institute auf Tatbestandsebene herangezogen werden, bevor die konkrete Höhe der Abgabe unter Messung der tatsächlichen Systemrelevanz auf Rechtsfolgenseite vorgenommen wird.[97]

---

93 Vgl. Erwägungsgrund [19] SRM-VO.

94 Ermöglicht würde eine maximale Ausnutzung der negativen Externalität ohne deren Nachteile (d.h. eine Abgabepflicht) tragen zu müssen, vgl. *Pflock*, Europäische Bankenregulierung und das „Too big to fail-Dilemma“, 2014, S. 145 Fn. 943.

95 Vgl. *Adolff/Eschwey*, ZHR 2013, S. 923; *Schön/Hellgardt/Osterloh-Konrad*, WM 2010, S. 2149 f.

96 *Wolfers/Voland*, in: Hopt/Wohlmannstetter (Hrsg.), Handbuch Corporate Governance von Banken, 2011, S. 352 f.; krit. *Mülbert*, in: FS Schneider, 2011, S. 869 ff.

97 Vgl. *Pflock*, Europäische Bankenregulierung und das „Too big to fail-Dilemma“, 2014, S. 178, wonach die „(…) Abgabe so konstruiert sein muss, dass sie in ihrer Anknüpfung – sei es durch den dort vorgesehenen Kreis der Abgabenpflichten oder die Ausgestaltung der Bemessungsgrundlage – die Verursachung systemischer Risiken erfasst.“; vgl. *Wolfers/Voland*, in: Hopt/Wohlmannstetter (Hrsg.), Handbuch Corporate Governance von Banken, 2011, S. 353; *Schweikhard/Wahrenburg*, The Internalization of Systemic Risk: An Analysis of Bank Levy Schemes, 2015, S. 27.

Unabhängig von dieser zulässigen gesetzgeberischen Entscheidung können im Einzelfall Argumente dafür sprechen, die Gruppe der Abgabenschuldner (i) zu erweitern oder (ii) zu beschränken.[98]

## *b. Erweiterung des Gruppenzuschnitts*

Zunächst drängt sich die Überlegung auf, alle Finanzmarktteilnehmer in die Gruppe der Abgabenschuldner miteinzubeziehen. Mit Blick auf den Sachgrund dürfte jedoch nicht (nur) angestrebt werden, systemische Risiken für das Finanzsystem aufgrund des Zusammenbruchs von CRR-Instituten abzuwehren bzw. diese (anteilig) mit den Kosten der notwendigen Maßnahmen zu belasten. Eine besondere Nähe anderer Finanzmarktteilnehmer zu diesem Sachgrund wäre nicht gegeben.[99] Dass Marktteilnehmer mittelbar von einer Unterstützung fallierender CRR-Institute, mithin von einem stabilen Finanzsystem, profitieren, begründet keine besondere Verantwortlichkeit.[100]

Legt man hingegen eine Ausweitung des Abgabenzwecks zugrunde, ist zu prüfen, ob durch weitere Finanzmarktteilnehmer vergleichbare systemische Risiken im Falle einer Bestandsgefährdung drohen.[101] Bei einer positiven Würdigung wäre unter gleichheitsrechtlichen Aspekten eine Erweiterung des Gruppenzuschnitts geboten. Dies soll anhand von (i) Versicherungen, (ii) Investment- und Hedgefonds sowie (iii) CRR-Wertpapierfirmen unter Einzelaufsicht exemplarisch untersucht werden.

### *aa. Versicherungen*

Mit Blick auf die Definition der Systemrelevanz müssten fallierende Versicherungsunternehmen den Zusammenbruch weiterer Unternehmen oder eines gesamten Finanzmarktes zur Folge haben bzw. zu signifikanten Kapitaleinbußen derselben führen sowie das Vertrauen in die Funktionsfähigkeit des

98 Ausfl. im deutschen Kontext bereits *Schön/Hellgardt/Osterloh-Konrad,* WM 2010, S. 2151 ff.

99 *Lindenlauf,* Staatliche Zuwendungen an Banken und Versicherungen im Zeichen der Finanzkrise, 2014, S. 196.

100 Vgl. *Schön/Hellgardt/Osterloh-Konrad,* WM 2010, S. 2154.

101 Vgl. *Ibd.,* S. 2150 zum (ausreichenden) Kriterium der potenziellen Systemrelevanz; ebenso *Admati/Hellwig,* Des Bankers neue Kleider, 2014, S. 117 f. und 148; einen Überblick über die Verknüpfung von Banken, Versicherungen und Hedgefonds bietet *Gropp,* SAFE Policy Papers (23) 2014, S. 3 f.

Finanzsystems insgesamt erschüttern, um eine vergleichbare systemische Relevanz aufzuweisen.[102]

Der Blick auf die Makroebene zeigt, dass Allokations- und Risikomanagementfunktion von Versicherungen wesentliche Elemente eines Finanzmarktes betreffen. Insbesondere der effiziente Einsatz von Ressourcen durch die Verringerung des individuell vorgehaltenen Kapitals für die Risikoabsicherung ist dabei zentral.[103] Durch ihre Rolle als eine der wichtigsten Gläubigergruppen von Banken, aber auch Staaten, drohen den CRR-Instituten vergleichbare Ansteckungseffekte.

Primär zu nennen sind Notverkäufe bestimmter Vermögenswerte, welche erhebliche Marktbewegungen auslösen und zu einer Schwächung anderer Versicherungsunternehmen führen können.[104] Gleichzeitig wäre, aufgrund der Investitionsstruktur der Versicherungsunternehmen, von derartigen Verkäufen der Banksektor stark betroffen, was zu Liquiditätsschwierigkeiten, einer eingeschränkten Kreditvergabe und letztlich zu einer Beeinträchtigung der Realwirtschaft führen kann.[105] Diese übergreifende Verflechtung stellt einen wesentlichen Anhaltspunkt für die systemische Relevanz von Versicherungen dar.

Eine ebenfalls zentrale Rolle spielt die Marktinformation, mithin die Vertrauenskomponente. Ein Vertrauensverlust der Versicherungsnehmer im Fall der Bestandsgefährdung eines Versicherungsunternehmens kann zu sinkenden Beitragszahlungen durch geringere Abschluss- und erhöhte Kündigungsquoten führen. Auf Seiten der Versicherungsnehmer führt dies zu einer ineffizienten Allokation von Kapital, da der Verzicht auf Versicherungslösungen durch alternative Konstruktionen aufgefangen werden muss.[106] Müssen Schadensfälle gar durch Eigenkapital der Versicherungsnehmer reguliert werden, können auch ihnen Liquiditätsengpässe drohen.[107]

Versicherungsunternehmen können daher grundsätzlich als systemrelevant eingestuft werden, da die aufgezeigten Verflechtungs- und Vertrauenskomponenten im Fall des Zusammenbruchs geeignet sind, eine nachhaltige Störung der Funktionsfähigkeit des Finanzsystems insgesamt hervorzurufen.[108] Dies bestätigt

---

102 Vgl. Kap. F. II 2. a. bb. (1).

103 *Lindenlauf*, Staatliche Zuwendungen an Banken und Versicherungen im Zeichen der Finanzkrise, 2014, S. 183 f.

104 Vgl. *Bach/Nguyen*, ZVersWiss 2012, S. 188.

105 *Lindenlauf*, Staatliche Zuwendungen an Banken und Versicherungen im Zeichen der Finanzkrise, 2014, S. 185.

106 *Ibd.*

107 *Ibd.*

108 *Ibd.*

sich in der Praxis des FSB, welches aus europäischer Sicht aktuell die Aegon N.V., die Allianz SE, die Aviva plc, die Prudential plc sowie die Axa S.A. als systemrelevant einstuft.[109] Auch der IMF hat den Einbezug von Versicherungen in den Kreis der Abgabenschuldner bereits im April 2010 empfohlen.[110]

Aus rechtspolitischer Sicht besteht zudem die Gefahr, Reaktionsspielräume zu verengen, wenn das Krisenpotential von Versicherungsunternehmen außer Acht gelassen wird.[111] Unter Betonung des präventiven Charakters der Krisenvorsorge durch die Europäische Bankenabgabe könnte zudem angeführt werden, dass durch eine Erfassung von Versicherungen Anreize für die Risikoverlagerung in das nicht traditionelle Versicherungsgeschäft durch bankähnliche Geschäfte der Versicherungen abgebaut und somit der Schattenbanksektor eingedämmt werden kann.[112]

Auf der anderen Seite sprechen mehrere Argumente für eine wesentliche Unterscheidbarkeit von Versicherungen und CRR-Instituten. Zunächst finanzieren sich Versicherungen grundsätzlich über Beiträge, nicht über Fremdkapital, was eine stabilere Portfoliostruktur mit geringen Fristeninkongruenzen zur Folge hat.[113] Die Bindung der Leistungspflicht an den konkreten Versicherungsfall macht zudem Ansteckungen, wie sie im Fall eines bank run zu beobachten sind, unwahrscheinlich.[114] Ergänzend minimieren strenge rechtliche Anforderungen an versicherungsfremde Geschäfte das dort drohende Risikopotenzial.[115]

109 Vgl. FSB vom 21.11.2016, Annex, abrufbar unter http://www.fsb.org/wp-content/uploads/2016-list-of-global-systemically-important-insurers-G-SIIs.pdf, zuletzt abgerufen am 30.01.2019.

110 Vgl. *Claessens/Keen/Pazarbasioglu*, Financial Sector Taxation, S. 13 f.; Projet de loi finances rectificative pour 2012: rapport, S. 144 f. (Fn. 7).

111 *Lindenlauf*, Staatliche Zuwendungen an Banken und Versicherungen im Zeichen der Finanzkrise, 2014, S. 169.

112 Vgl. Projet de loi finances rectificative pour 2012: rapport, S. 145 (Fn. 7); F.A.Z. vom 4.10.2016, abrufbar unter http://www.faz.net/aktuell/finanzen/meine-finanzen/versichern-und-schuetzen/versicherer-im-kreditgeschaeft-in-der-finanzwirtschaft-verschwinden-die-grenzen-14461183.html, zuletzt abgerufen am 30.01.2019; Handelsblatt vom 23.3.2013, abrufbar unter http://www.handelsblatt.com/finanzen/vorsorge/versicherung/wegen-niedrigzinsen-versicherer-auf-dem-weg-ins-bankgeschaeft/7964810.html, zuletzt abgerufen am 30.01.2019.

113 *Martini*, NJW 2010, S. 2021; *Schön/Hellgardt/Osterloh-Konrad*, WM 2010, S. 2154 f.

114 *Schön/Hellgardt/Osterloh-Konrad*, WM 2010, S. 2154 f., krit. *Lindenlauf*, Staatliche Zuwendungen an Banken und Versicherungen im Zeichen der Finanzkrise, 2014, S. 186, der auf den fehlenden Erfahrungswert hinweist.

115 Vgl. z.B. § 7 Abs. 2 S. 1 VAG; dazu *Lindenlauf*, Staatliche Zuwendungen an Banken und Versicherungen im Zeichen der Finanzkrise, 2014, S. 194 f.

Für eine geringere systemische Relevanz sprechen auch die Risikodiversifikation innerhalb des Versicherungskollektivs sowie höhere bilanzielle Eigenkapitalquoten, weshalb Versicherungen in der Regel als Anbieter von Kapital auf dem Markt auftreten.[116]

Die Rettung der amerikanischen AIG im Herbst 2008 lässt sich demgegenüber als Sonderfall einordnen.[117] Die finanzdienstrechtlichen Aktivitäten, die das staatliche Einschreiten provozierten, hatten keinen Konnex zu typischen Versicherungsgeschäften, da die AIG nicht abgesicherte Kreditausfallversicherungen (*credit default swaps*) auf verbriefte (Immobilien-)Kredite (*collateralized debt obligations*) anbot.[118] Durch die Auslagerung auf ein Tochterunternehmen, die AIG Financial Products Corporation, gelang es, eine intensive Kontrolle durch die Versicherungsaufsicht zu vermeiden sowie mit hoher Verschuldung zu arbeiten.[119]

Auch bei europäischen Beispielen, wie der ING Groep, der Aegon Group und der SNS Reaal zeigten sich stets die Bankzweige, nicht das traditionelle Versicherungsgeschäft, für einen außerordentlichen Liquiditätsbedarf verantwortlich.[120]

Lenkt man den Blick auf die entscheidende gleichheitsrechtliche Bewertung, ließe sich argumentieren, dass es bereits an einer Vergleichbarkeit der Gruppen fehle, da offensichtlich sachliche Gründe für eine Differenzierung sprechen.[121] Lehnt man eine Evidenz der mangelnden Vergleichbarkeit ab, kann die

---

116 *Trainar*, Revue d'économie financière 2011, S. 30; *Reimer/Waldhoff*, Verfassungsrechtliche Vorgaben für Sonderabgaben des Banken- und Versicherungssektors, 2011, S. 69.

117 Vgl. *Lindenlauf*, Staatliche Zuwendungen an Banken und Versicherungen im Zeichen der Finanzkrise, 2014, S. 187 ff.; krit. *Admati/Hellwig*, Des Bankers neue Kleider, 2014, S. 117 f.

118 Vgl. *McDonald/Paulson*, Journal of Economic Perspectives 2015, S. 90 ff.; *Schön/Hellgardt/ Osterloh-Konrad*, WM 2010, S. 2154; *Claussen*, in: FS Hopt, Band 2, 2010, S. 1703; im Detail vgl. Financial Crisis Inquiry Commission Report, January 2011, S. 344 ff., abrufbar unter https://cybercemetery.unt.edu/archive/fcic/20110310173545/http://c0182732.cdn1.cloudfiles.rackspacecloud.com/fcic_final_report_full.pdf, zuletzt abgerufen am 30.01.2019; *Hellwig*, De Economist 2009, S. 143 ff.; *Hellwig*, in: FS Maier-Reimer, 2010, S. 204 ff.; *Adolff/Eschwey*, ZHR 2013, S. 911 Fn. 29; *Heun*, JZ 2010, S. 55 f.; *Acharya/Pedersen/Philippon/Richardson*, in: Acharya/Richardson (Hrsg.), Restoring Financial Stability: How to Repair a Failed System, 2009, S. 299 f.

119 *Schön/Hellgardt/Osterloh-Konrad*, WM 2010, S. 2155.

120 *Lindenlauf*, Staatliche Zuwendungen an Banken und Versicherungen im Zeichen der Finanzkrise, 2014, S. 190.

121 Vgl. Urteil *Jetair und BTWE Travel4you*, C-599/12, EU:C:2014:144, Rn. 55; krit. zur uneinheitlichen Handhabung des Vergleichbarkeitskriteriums durch den EuGH

Ungleichbehandlung beim Gruppenzuschnitt zwischen CRR-Instituten und Versicherungen jedoch gerechtfertigt werden. Im Sinne des Verhältnismäßigkeitsgrundsatzes ist zu prüfen, ob die Ungleichbehandlung im Zusammenhang mit einem rechtlich zulässigen Differenzierungsziel steht, mithin auf einem objektiven und angemessenen Kriterium beruht[122], die in Frage stehende Regelung geeignet und erforderlich zur Zielerreichung ist[123] sowie ob die unterschiedliche Behandlung in angemessenem Verhältnis zu dem mit ihr verfolgten Ziel steht.[124]

Begreift man demnach die vergangenen Bestandsgefährdungen von Versicherungsunternehmen als Ausnahmen dergestalt, dass diese durch das nicht traditionelle Versicherungsgeschäfts von Allfinanzkonzernstrukturen verursacht wurden, ist der Unionsgesetzgeber in seinem Ermessen nicht gehindert, für den Gruppenzuschnitt der Abgabenschuldner nur den Regelfall zu kodifizieren. Neben der Unwahrscheinlichkeit von Bestandsgefährdungen, die ihren Ursprung im klassischen Versicherungsgeschäft haben, verdeutlichen auch empirische Analysen, dass die im Bankensektor begründeten systemischen Risiken deutlich höher einzuschätzen sind als diejenigen des Versicherungssektors.[125]

Diesen objektiven Unterschieden trägt die Ausnahme der Versicherungen aus dem persönlichen Anwendungsbereich, insbesondere unter Berücksichtigung des durch die Rechtsprechung eingeräumten weiten Ermessensspielraums des Unionsgesetzgebers[126], angemessen Rechnung. Die gesetzliche Differenzierung zwischen CRR-Instituten und Versicherungsunternehmen lässt sich demnach gleichheitsrechtlich rechtfertigen.[127]

---

*Kokott/Dobratz* in: Schön/Heber (Hrsg.), Grundfragen des Europäischen Steuerrechts, 2015, S. 34 f.

122 Vgl. Urteil *T. Port/Kommission*, T-52/99, EU:T:2001:97, Rn. 81 ff.

123 Vgl. Urteil *Rodríguez Caballero*, C-442/00, EU:C:2002:752, Rn. 38.

124 Vgl. Urteil *Arcelor Atlantique und Lorraine u.a.*, C-127/07, EU:C:2008:728, Rn. 47; *Zuleeg/Kadelbach*, in: Schulze/Zuleeg/Kadelbach (Hrsg.), Europarecht, 2014, § 8 Rn. 29.

125 *Gropp*, SAFE Policy Papers (23) 2014, S. 4.

126 Vgl. Urteil *Arcelor Atlantique und Lorraine*, C-127/07, EU:C:2008:728, Rn. 57; Urteil *Pfizer Animal Health/Rat*, T-13/99, EU:T:2002:209, Rn. 480; *Jarass*, Charta der Grundrechte der Europäischen Union, 2013, Art. 20 Rn. 18.

127 Vgl. *Billio/Getmansky/Lo/Pelizzon*, MIT Sloan School of Management Working Paper (4774) 2010, S. 49.

#### *bb. Investment- und Hedgefonds*

Auch für Investment- und Hedgefonds stellt sich die Frage nach vergleichbaren systemischen Risiken für das Finanzsystem im Falle einer Bestandsgefährdung.

Grundlegend sind Investment- und Hedgefonds zunächst nach ihrem Geschäftsmodell abzugrenzen. Während ein klassischer Investmentfonds auf steigende Kurse spekuliert, ist eine typische Anlagestrategie des Hedgefonds der Leerverkauf bei hohen Kursen, um die entsprechenden Wertpapiere bei sinkenden Kursen zu kaufen und an den Sachdarlehensgeber zurückzugeben (sog. gedeckter Leerverkauf) oder um den geschlossenen Kaufvertrag erfüllen zu können (sog. ungedeckter Leerverkauf).[128]

In Folge der Finanzkrise gerieten insbesondere ungedeckte Leerverkäufe der Hedgefonds in die Kritik; aufgrund der theoretisch unbegrenzten Möglichkeit des Verkaufs von Wertpapieren drohen nicht nur dem Verkäufer empfindliche Schadensersatzforderungen im Fall der Unmöglichkeit der Erfüllung, ein solches Geschäftsmodell kann auch zu massiven Kurseinbrüchen führen, zumal letztlich immer auf Kosten des Normalanlegers verdient wird.[129]

Ein weiteres Kernbetätigungsfeld von Hedgefonds ist der Handel mit derivativen Finanzinstrumenten. Gearbeitet wird dabei mit dem sog. Hebeleffekt (*leverage-effect*), wonach die prozentuale Veränderung von Gewinn und Verlust des Derivats (z.B. Option oder Future) größer sind als die entsprechende Veränderung des zugrundeliegenden Basiswerts, der nicht erworben werden muss.[130] Mit reduziertem Eigenkapitaleinsatz lässt sich somit in überproportionaler Weise vom Basiswert profitieren.

Unabhängig von der verfolgten Anlagestrategie ist Hedgefonds grundsätzlich gemein, dass sie versuchen, im Vergleich zum Markt eine überdurchschnittliche Rendite durch die Inkaufnahme höherer Risiken zu erwirtschaften, wobei im Regelfall große Mengen kurzfristigen Fremdkapitals eingesetzt werden.[131]

---

128 Vgl. *Schlimbach*, Leerverkäufe, 2015, S. 23 ff.

129 Vgl. *Admati/Hellwig*, Des Bankers neue Kleider, 2014, S. 44 ff. und 63; zur rechtmäßigen Befugnis der ESMA, Regelungen oder Verbote für Leerverkäufe gem. Art. 28 Verordnung (EU) Nr. 236/2012 des Europäischen Parlaments und des Rates vom 14. März 2012 über Leerverkäufe und bestimmte Aspekte von Credit Default Swaps zu erlassen, vgl. Urteil *Vereinigtes Königreich/Parlament und Rat*, C-270/12, EU:C:2014:18; *Manger-Nestler*, GPR 2014, S. 141 ff.

130 Vgl. *Köhler*, Die Zulässigkeit derivativer Finanzinstrumente in Unternehmen, Banken und Kommunen, 2012, S. 117 ff.

131 Vgl. IMF Global Financial Stability Report 2008, S. 79, abrufbar unter http://www.imf.org/external/pubs/ft/gfsr/2008/01/pdf/text.pdf, zuletzt abgerufen am 30.10.2019.

Aufgrund des im Vergleich zu Investmentfonds deutlich erhöhten Risikos einer Bestandsgefährdung, soll sich für die Frage der Erweiterung des Gruppenzuschnitts vorrangig auf Hedgefonds konzentriert werden.

Mit Blick auf eine Systemrelevanz müssten im Fall eines Zusammenbruchs eines Hedgefonds gleichfalls nachhaltige Störungen des Finanzsystems insgesamt zu befürchten sein. Dabei kann die Insolvenz eines Hedgefonds auf Kapitalgeber direkt sowie über Marktpreise oder -informationen indirekt vergleichbare Ansteckungseffekte zeitigen wie eine Bankinsolvenz.[132] Über den intensiven Handel mit (Kredit-) Derivaten können Ansteckungseffekte insbesondere auch auf den Bankensektor übergreifen.[133]

Empirisches Beispiel für die Behandlung von Hedgefonds als systemrelevant ist Long-Term Capital Management L.P. (LTCM), deren Anlagestrategie im Zuge der Russlandkrise im August 1998 fehlschlug.[134] Über das massive Investment in Derivatpositionen vielen die Verluste aufgrund des Hebeleffekts entsprechend hoch aus.[135] Für den Fall der Insolvenz von LTCM stand die Befürchtung im Raum, dass die Partner der Derivatkontrakte in einer Kettenreaktion ebenfalls in Schwierigkeiten geraten könnten, zumal die insolvenzrechtliche Behandlung der Verträge nicht geklärt war.[136] Da Notverkäufe der Vermögenswerte ebenfalls nicht in Betracht kamen, forcierte die Federal Reserve of New York ein Hilfspaket von insgesamt 3,75 Mrd. US-Dollar, um LTCM ohne das Durchlaufen eines Insolvenzverfahrens schließen zu können.[137]

Für eine sachliche Rechtfertigung der Ausklammerung von Hedgefonds spricht jedoch die jüngere Marktentwicklung. Im Nachgang der Banken- und Finanzkrise üben Institute im Primebrokergeschäft Zurückhaltung und haben ihre Finanzierungskonditionen entsprechend angepasst. Die so gestiegenen Refinanzierungskosten zwingen Hedgefonds zu geringen Ausschüttungsquoten, worunter ihre Attraktivität bei Anlegern leidet. Erst 2015 wurden 979

---

132 Vgl. *Brown/Kacperczyk/Ljungqvist u.a.*, in: Acharya/Richardson (Hrsg.), Restoring Financial Stability: How to Repair a Failed System, 2009, S. 162 ff.; *Schön/Hellgardt/Osterloh-Konrad*, WM 2010, S. 2155.

133 Vgl. *Gropp*, SAFE Policy Papers (23) 2014, S. 3 f.

134 Vgl. *Brown/Kacperczyk/Ljungqvist u.a.*, in: Acharya/Richardson (Hrsg.), Restoring Financial Stability: How to Repair a Failed System, 2009, S. 166 f.

135 *Admati/Hellwig*, Des Bankers neue Kleider, 2014, S. 122.

136 Vgl. *Furfine*, Journal of Money, Credit and Banking 2003, S. 112 f.; *Admati/Hellwig*, Des Bankers neue Kleider, 2014, S. 122.

137 *Admati/Hellwig*, Des Bankers neue Kleider, 2014, S. 122.

Hedgefonds geschlossen und somit so viele, wie seit dem Krisenjahr 2009 nicht mehr.[138]

Die gesteigerte Bedeutung von langfristigen Finanzierungsmöglichkeiten[139] sowie die ohnehin stark abweichende Finanzierungsstruktur gegenüber Banken können sachliche Gründe für eine ungleiche Behandlung der Vergleichsgruppen darstellen.[140]

Ökonomische Untersuchungen legen zudem nahe, dass das systemische Risiko von Hedgefonds auch aufgrund ihrer geringeren Vernetzung gegenüber Banken als niedriger einzustufen ist.[141] Auch durch den IMF befragte Staaten messen ihren Banken die höchste systemische Bedeutung bei.[142]

Mit Verweis auf die Feststellungen zu den Versicherungsunternehmen kann auch bezüglich Hedgefonds festgehalten werden, dass die Ungleichbehandlung gerechtfertigt ist.

### *cc. CRR-Wertpapierfirmen unter Einzelaufsicht*

CRR-Wertpapierfirmen unter Einzelaufsicht werden für die nationalen Fonds nach Maßgabe der BRRD-RL herangezogen.[143] Gruppenangehörige Wertpapierfirmen zahlen hingegen die Europäische Bankenabgabe, was die Frage aufwirft, ob die Gruppenangehörigkeit als sachliches Differenzierungskriterium die unterschiedliche Heranziehung rechtfertigen kann.

Die begriffliche Differenzierung zwischen Kreditinstituten und Wertpapierfirmen begründet sich dabei in der europarechtlich engen Begriffsprägung des „Kreditinstituts", welche sich am Trennbank-, nicht am Universalbanksystem orientiert, weshalb die europäische Definition auf das klassische Einlagengeschäft reduziert ist.

---

138 Vgl. Manager Magazin, 18.03.2016, abrufbar unter http://www.manager-magazin.de/unternehmen/artikel/hedgefonds-in-der-krise-fast-1000-machen-dicht-a-1082980.html, zuletzt abgerufen am 30.01.2019.

139 Vgl. *Ang/Gorovyy/van Inwegen*, Journal of Financial Economics 2011, S. 121, die bei sinkenden Refinanzierungskosten eine steigende kurzfristige Verschuldung messen.

140 Vgl. *Schön/Hellgardt/Osterloh-Konrad,* WM 2010, S. 2155.

141 *Billio/Getmansky/Lo/Pelizzon,* MIT Sloan School of Management Working Paper (4774) 2010, S. 49; vgl. auch *Brown/Kacperczyk/Ljungqvist u.a.*, in: Acharya/Richardson (Hrsg.), Restoring Financial Stability: How to Repair a Failed System, 2009, S. 171; *Beville*, Florida State University Law Review 2009, S. 258.

142 Vgl. FSB/IMF/BIS (Fn. 91), S. 4 f.

143 Vgl. Art. 2 Abs. 1 Nr. 23 BRRD-RL.

Die Mindestharmonisierung ließ jedoch denjenigen Mitgliedstaaten, die dem Universalsystem verbunden waren (z.B. Deutschland), weitergehende Definitionen (vgl. § 1 Abs. 1 KWG) offen.[144]

Infolgedessen stellten sich auf EU-Ebene jedoch Wettbewerbsverzerrungen dergestalt ein, dass Institute in Universalbankensystemen, die nur das Wertpapiergeschäft bzw. kein Einlagengeschäft betrieben, strengen Aufsichts- und Regulierungsvorschriften unterlagen, da sie grundsätzlich als Kreditinstitute erfasst wurden. Lag der Sitz eines Instituts mit identischem Geschäftsmodell hingegen in einem Staat, welcher der engen Definition folgte, konnte es nicht als Kreditinstitut erfasst werden und unterlag geringeren Aufsichts- und Regulierungsstandards.

Auf europäischer Ebene reagierte man mit der gesetzlichen Fixierung des Investmentbankings unter dem Begriff der „Wertpapierfirma", mit dem Ziel, vergleichbare Wettbewerbsbedingungen in Staaten mit Universal- und Staaten mit Trennbanksystem zu schaffen.[145]

Mit der Heranziehung von CRR-Wertpapierfirmen zur Bankenabgabe soll eine derartige Differenzierung nach Geschäftsmodellen bereits auf der Tatbestandsebene vermieden werden. Jedoch bezieht der Unionsgesetzgeber nur gruppenangehörige Wertpapierfirmen, demnach Wertpapierfirmen, die unter die Beaufsichtigung auf konsolidierter Basis durch die EZB fallen, in den Kreis der Abgabenschuldner mit ein.[146]

Zunächst ist der EZB zuzuschreiben, die einzige Aufsichtsbehörde zu sein, die sich ein Gesamtbild von dem systemischen Risiko machen kann, welches durch eine grenzüberschreitende Gruppe bzw. indirekt durch ihre einzelnen Mitglieder droht. Würden gruppenangehörige CRR-Wertpapierfirmen von der Europäischen Bankenabgabe ausgenommen, wäre zudem eine korrespondierende zeitliche Planung und Strategie der Abwicklung der Gruppe unter Einbezug des SRF nicht möglich, was die Wirksamkeit der Abwicklungsbeschlüsse beeinträchtigen würde.[147] Insoweit spricht der Gleichlauf von Aufsicht und Abwicklung für den Einbezug der gruppenangehörigen Wertpapierfirmen, um diese im

144 Vgl. Vorbemerkungen [2], [7] und [38] Richtlinie 2006/48/EG des Europäischen Parlaments und des Rates vom 14. Juni 2006 über die Aufnahme und Ausübung der Tätigkeit der Kreditinstitute.

145 Vgl. zur Richtlinie 93/6/EWG des Rates vom 15. März 1993 über die angemessene Eigenkapitalausstattung von Wertpapierfirmen und Kreditinstituten *Mugler*, Das deutsche Bankensystem im internationalen Vergleich, 2014, S. 30 f.

146 Vgl. Art. 3 Abs. 1 Nr. 13 i.V.m. Art. 2 lit. c) SRM-VO.

147 Vgl. Erwägungsgrund [22] SRM-VO.

Verbund und unter Rückgriff auf die Mittel des SRF abwickeln zu können. CRR-Wertpapierfirmen unter Einzelaufsicht bleiben demgegenüber für die jeweiligen nationalen Fonds beitragspflichtig.[148]

Gleichheitsrechtlich ist im Rahmen des Gruppenzuschnitts der Abgabenschuldner dabei erneut dem Ermessensspielraum des Gesetzgebers Rechnung zu tragen. Die Einschätzung der Risiko- und Synergieeffekte, welche die Abgabenpflicht (nur) der gruppenangehörigen CRR-Wertpapierfirmen auf europäischer Ebene begründet, ist dabei nicht offensichtlich unzutreffend.

Zumal dies gerade nicht bedeutet, dass eine besondere Verantwortlichkeit von CRR-Wertpapierfirmen unter Einzelaufsicht gänzlich ausgeschlossen wird, sondern dass eine effiziente Abwicklungsmöglichkeit, akzessorisch zur SSM-VO und der dort getroffen Entscheidung über die Aufsichtszuständigkeit, bereits auf nationaler Ebene gesehen und durch eine nationale Abgabenpflicht Rechnung getragen wird.

### c. *Beschränkung des Gruppenzuschnitts*

Auf der anderen Seite des Spektrums ist innerhalb der Gruppe der Abgabenschuldner das weite Verständnis der Systemrelevanz auf Tatbestandsebene zu hinterfragen. Insbesondere mit Blick auf kleinere Institute könnten Argumente dafür sprechen, diese, aufgrund mangelnder Systemrelevanz, aus dem persönlichen Anwendungsbereich der Abgabe auszuklammern.

Ist in diesem Zusammenhang eine Gleichbehandlung von wesentlich ungleichen Sachverhalten festzustellen, müsste diese durch objektiv überzeugende Gründe gerechtfertigt werden.[149] „Wesentlich“ ungleiche Sachverhalte lägen hingegen nur dann vor, wenn ein Abgabenschuldner offensichtlich keine

---

148 Vgl. *Brandt/Güth*, in: Jahn/Geier/Schmitt (Hrsg.), Handbuch der Bankenrestrukturierung, 2016, S. 552 Rn. 10 f.

149 St. Rspr. vgl. Urteil *EARL de Kerlast/Unicopa und Coopérative du Trieux*, C-15/95, EU:C:1997:196, Rn. 35; Urteil *SMW Winzersekt Land Rheinland-Pfalz*, C-306/93, EU:C:1994:407, Rn. 30; Urteil *Spanien/Kommission*, C-217/91, EU:C:1993:293, Rn. 37; Urteil *Spanien/Rat*, C-203/86, EU:C:1988:420, Rn. 25; *Jarass*, Charta der Grundrechte der Europäischen Union, 2013, Art. 20 Rn. 17; krit. *Plötscher*, Der Begriff der Diskriminierung im Europäischen Gemeinschaftsrecht, 2003, S. 90 ff.; *Kempny/Reimer*, Die Gleichheitssätze, 2012, S. 68 ff., die argumentieren, dass sich jede „Gleichbehandlung von wesentlich Ungleichem“ auch als Ungleichbehandlung verstehen lasse, indem ein anderer Vergleichspunkt oder andere Vergleichsgruppen gewählt werden; vgl. auch *Frenz*, Handbuch Europarecht, 2009, S. 962 Rn. 3210 der in dieser Fallgruppe nur eine (kaum relevante) Ausnahme sieht.

Systemrelevanz aufweist, mithin ausgeschlossen ist, dass im Fall eines Zusammenbruchs eine Gefährdung für Finanzmärkte oder das Finanzsystem insgesamt droht. Lässt sich demgegenüber eine, mindestens potenzielle[150], Systemrelevanz begründen, ist die wesentliche Ungleichheit der Sachverhalte abzulehnen. Aus gleichheitsrechtlicher Perspektive wäre in diesem Fall vielmehr ein Einbezug in den persönlichen Anwendungsbereich geboten.

In Orientierung an der Kritik aus der (deutschen) Praxis sollen unter diesem Aspekt im Bereich der Universalbanken (i) der Genossenschafts- und öffentliche Bankensektor sowie im Bereich der Spezialbanken (ii) der Einbezug von Förderbanken untersucht werden.[151]

### *aa. Genossenschaftlicher / Öffentlicher Bankensektor*

Mit Blick auf den Genossenschaftssektor sind Einzelinstitute und die DZ Bank AG als Zentralinstitut der Genossenschaftsbanken zu unterscheiden.

Letztere stellt, seit ihrer Fusion mit der WGZ Bank 2016, nach Deutscher Bank und Commerzbank die drittgrößte Bank Deutschlands mit einer Bilanzsumme von über 500 Mrd. Euro dar. Das Zentralinstitut ist für die Bündelung überschüssiger Liquidität der Einzelinstitute und deren Anlage auf dem Finanzmarkt verantwortlich. Dieses Geschäftsmodell spiegelt sich insbesondere auf der Passivseite der Bilanz wider. Bereits vor der Fusion wies die DZ Bank in ihrer Halbjahresbilanz schwerpunktmäßig Verbindlichkeiten gegenüber Kreditinstituten (25 %) sowie verbriefte Verbindlichkeiten (14 %) aus, wobei der Anteil

---

150 Im Kontext der deutschen Bankenabgabe ausfl. *Schön/Hellgardt/Osterloh-Konrad,* WM 2010, S. 2149 ff.

151 Vgl. Börsen-Zeitung vom 28.8.2015, Nr. 164, S. 4 in welcher der (ehem.) Vorstandsvorsitzende der WGZ Bank *Wolberg* (seit dem 1.8.2016 DZ Bank. Die Initiativbank) sich in „Sippenhaft" genommen fühlte; so auch der Bundesrat, BR-Drs. 592/1/13, Ziff. 7., welcher ebenfalls eine Beschränkung der Abgabe auf systemrelevante Institute fordert; andere Banken (z.B. National-Bank, LBBW), die ebenfalls Einspruch gegen ihre Bescheide eingelegt hatten, beziehen ihre Kritik, wie die Mehrheit, vornehmlich auf Aspekte der Rechtsfolgenseite (Transparenz, steuerliche Abzugsfähigkeit), vgl. Börsen-Zeitung vom 7.1.2016, Nr. 3, S. 3 und vom 2.4.2016, Nr. 63, S. 1; in diese Richtung geht auch das Positionspapier des GVB, des Sparkassenverbandes Bayern und des Bayerischen Bankenverbandes vom 18.02.2014, abrufbar unter https://www.gv-bayern.de/standard/artikel/bankenregulierung-2390, zuletzt abgerufen am 30.01.2019, die sich vornehmlich für einen Freibetrag und Zumutbarkeitsgrenzen einsetzten, sowie die Stellungnahmen des Vorstandsvorsitzenden der BayernLB *Riegler*, SZ vom 24.1.2017, Nr. 19, S. 18.

gegenüber Nichtbanken bei 24 % lag.[152] Systemrelevante Bedeutung erlangt das Zentralinstitut damit bereits aufgrund seiner Größe und Vernetzung auf dem Interbankmarkt.

Demgegenüber erscheint eine Systemrelevanz der oftmals kleinen Einzelinstitute im Genossenschaftssektor fernliegend. Tatsächlich begründet sich das systemische Risiko bei Einzelinstituten nicht aus ihrer individuellen Bedeutung, sondern aufgrund ihrer Verbundstruktur (sog. Verbundrisiko).[153]

Neben der Verfolgung identischer Geschäftsmodelle sorgt insbesondere ein einheitlicher Marktauftritt mit gemeinsamem Rating sowie (freiwilligem) konsolidiertem Abschluss dafür, dass sich Bestandsgefährdungen, über indirekte Ansteckungskanäle wie Notverkäufe oder Marktinformation, negativ auf andere Einzelinstitute auswirken können.[154]

Ergänzend kommt hinzu, dass Zentral- und Einzelinstitute ebenfalls über die Eigentümerstruktur sowie den gemeinsamen Finanzverbund verflochten sind. Demnach liegen nicht nur 94 % der Anteile des Zentralinstituts in der Hand der einzelnen Genossenschaftsbanken[155], vielmehr besteht über den Finanzverbund ein gemeinsames Sicherungssystem, welches die solidarische Haftung der Mitglieder untereinander begründet, wobei sich aufgrund ihrer Größe speziell eine mögliche Schieflage der DZ Bank negativ auf die Anteilseigner sowie Mitglieder des Haftungsverbunds auswirken kann.[156]

Unter Berücksichtigung des präventiven Zwecks der Abgabe kann zudem aus der bloßen Existenz eines Sicherungssystems kein sachlicher Grund für eine Ausnahme der Genossenschaftsbanken aus dem persönlichen Anwendungsbereich gefolgert werden. Ob die Mittel des Sicherungssystems bei der Schieflage mehrerer Institute für eine Stabilisierung ausreichen, ist nicht erprobt, zumal mit der DZ Bank ein einseitiges, überproportionales Risiko (sog. Klumpenrisiko) besteht. Ergänzend ist es dem Unionsgesetzgeber nicht möglich, Art und

---

152 *Schön/Hellgardt/Osterloh-Konrad*, WM 2010, S. 2153.

153 Vgl. *Goddard/Molyneux/Wilson*, in: Berger/Molyneux/Wilson (Hrsg.), The Oxford Handbook of Banking, 2014, S. 849 ff., S. 866; *Adolff/Eschwey*, ZHR 2013, S. 923; *Franke/Krahnen*, ZBB 2012, S. 401; *Schaap/van Dülme*, Die Bank 2011, S. 10.

154 *Schön/Hellgardt/Osterloh-Konrad*, WM 2010, S. 2152.

155 Vgl. *Hartmann-Wendels*, Bedeutung und Zukunftsfähigkeit von Institutssicherungssystemen, 2011, S. 52 f.

156 Vgl. *Börner*, in: Everling/Goedeckemeyer (Hrsg.), Bankenrating, 2015, S. 265; *Ferstl*, Die Auswirkungen der „Bankenabgabe" auf die Unternehmensberichterstattung deutscher Kreditinstitute, 2014, S. 59 ff.

Umfang künftiger Krisen vorherzusagen, weshalb entsprechende Prognosen als Element der Ermessensentscheidung zulässig sind.[157]

Einer besonderen Berücksichtigung bedarf das Verbundrisiko auch, um dem Umstand Rechnung zu tragen, dass Privatbanken eine Arbeitsteilung wie zwischen Einzelinstituten und Zentralinstitut grundsätzlich nicht offen steht. Eine Bewertung dergestalt, dass zwar das Zentralinstitut als systemrelevant eingestuft wird, nicht hingegen die Einzelinstitute, würde zugunsten letzterer einseitig die Vorteile der Aufgabenteilung, wie z.B. das gemeinsame Rating, berücksichtigen, wohingegen das resultierende Verbundrisiko ignoriert würde.[158]

Eine dem Genossenschaftssektor vergleichbare Struktur findet sich, mit Blick auf die Sparkassen und Landesbanken, im öffentlichen Banksektor.

Hinsichtlich ihrer Portfoliostruktur, insbesondere mit Blick auf die Verbindlichkeiten gegenüber Kreditinstituten und verbriefte Verbindlichkeiten, weisen Landesbanken kaum Unterschiede zu Privatbanken auf.[159] Eine zusätzlich hohe Refinanzierungsabhängigkeit vom Kapitalmarkt und der Liquiditätsausgleich unter den einzelnen Sparkassen indiziert, aufgrund der Vernetzung der Landesbanken auf dem Interbankmarkt, eine Systemrelevanz.[160]

Verdeutlichen lässt sich die Vergleichbarkeit zum Genossenschaftssektor auch anhand der einzelnen Sparkassen; diese verfolgen im Kern ebenfalls identische Geschäftsmodelle sowie einen einheitlichen Marktauftritt.[161]

Zudem lässt sich eine starke interne Vernetzung über die Eigentümerstruktur sowie ein dem genossenschaftlichen Finanzverbund vergleichbares Sicherungssystem konstatieren. So stehen die Landesbanken im Eigentum der regionalen Sparkassenverbände und den jeweiligen Ländern[162], während die Mitglieder der Sparkassen-Finanzgruppe über ein gemeinsames Sicherungssystem mit mehreren Sicherungseinrichtungen untereinander verbunden sind.[163]

Dass die internen Sicherungseinrichtungen nicht stets zur Stabilisierung ausreichen, hat sich bei Sparkassen bereits in der Praxis bewiesen.[164] Empirisch

---

157 Vgl. *Adolff/Eschwey*, ZHR 2013, S. 923.

158 *Schön/Hellgardt/Osterloh-Konrad*, WM 2010, S. 2152.

159 Vgl. zur ehemaligen Sachsen LB *Hellwig*, Gutachten E zum 68. DJT, S. E 26.

160 Vgl. *Howarth/Quaglia*, Journal of Common Market Studies 2014, S. 131.

161 Vgl. *Schön/Hellgardt/Osterloh-Konrad*, WM 2010, S. 2150.

162 Vgl. *Acharya/Ryan*, Journal of Accounting Research 2016, S. 327.

163 Vgl. *Ferstl*, Die Auswirkungen der „Bankenabgabe" auf die Unternehmensberichterstattung deutscher Kreditinstitute, 2014, S. 57 ff.

164 Vgl. z.B. die Nord-Ostsee Sparkasse und die Sparkasse Südholstein, Börsen-Zeitung vom 7.4.2016, Nr. 66, S. 6.

identisches gilt für die Landesbanken[165]; in den Fällen der BayernLB, der HSH Nordbank und der WestLB wurde deutlich, dass Sicherungssysteme nicht zwingend die Solvenz ihrer Mitglieder gewährleisten.[166]

Festzuhalten ist, dass auch im öffentlichen Banksektor eine starke interne Vernetzung besteht, die ein entsprechendes Verbundrisiko begründet, dem der Unionsgesetzgeber Rechnung tragen muss. Zudem wird auch dieser Sektor von einem besonderen Vertrauenselement geprägt, das im Fall der Bestandsgefährdung einzelner Institute zu verstärkten negativen Auswirkungen auf weitere Sparkassen führen kann.

### *bb. Förderbanken*

Durch die Verfolgung eines wirtschafts- und sozialpolitischen Förderauftrags profitieren Förderbanken von der Tragung der Anstaltslast sowie der Gewährträgerhaftung durch die öffentliche Hand.[167]

Eine Bestandsgefährdung, welche die Inanspruchnahme des Fonds notwendig machen könnte, ist demnach ausgeschlossen.[168] Im Rahmen der deutschen Bankenabgabe wurden Förderbanken konsequenterweise ausgenommen[169], die Europäische Bankenabgabe sieht hingegen eine Ausnahme nur für die Kreditanstalt für Wiederaufbau vor.[170] Trotz der grundsätzlich zulässigen Entscheidung des Gesetzgebers, auf die konkrete Prüfung der Systemrelevanz auf Tatbestandsebene zu verzichten, erscheint das Heranziehen von Förderbanken zur Bankenabgabe somit gleichheitsrechtlich problematisch.

Bei den notwendigen, objektiven Gründen, die einen Beitrag der Förderbanken zur Bankenabgabe rechtfertigen können, ist jedoch ein großzügiger Maßstab anzulegen.[171] Innerhalb der gesetzlichen Regelung muss der

---

165 Vgl. *Howarth/Quaglia*, Journal of Common Market Studies 2014, S. 132.

166 BayernLB, HSH Nordbank, WestLB und die LBBW mussten während der Banken- und Finanzkrise Leistungen des Finanzmarktstabilisierungsfonds (SoFFin) in Anspruch nehmen, vgl. BT-Drs. 18/424, S. 4.

167 Vgl. Entscheidung der Europäischen Kommission vom 27. März 2002, EC 3 – F2505-104/02 (sog. Verständigung II).

168 Eine Ausnahme forderte daher auch der Bundesrat, vgl. BR-Drs. 592/1/13, Ziff. 11 ff.;; zur Kritik an der Belastung der Förderbanken vgl. *Beierl*, Vorstandsvorsitzender der LfA Förderbank Bayern in der Börsen-Zeitung vom 29.09.2016, Nr. 188, S. B06.

169 Vgl. § 2 Satz 2 RestruktFG a.F.

170 Vgl. Art. 3 Abs. 2 SRM-VO i.V.m. Art. 2 Abs. 1 Nr. 2 BRRD-RL i.V.m. Art. 2 Abs. 5 Nr. 6 CRD-IV.

171 *Jarass*, Charta der Grundrechte der Europäischen Union, 2013, Art. 20 Rn. 17.

Unionsgesetzgeber den bestehenden Unterschieden „gebührend Rechnung tragen“.[172]

Dies kann auch auf Rechtsfolgenseite geschehen; insbesondere durch Pauschalbeiträge oder durch eine Verringerung des Grundbeitrags innerhalb der Beitragsberechnungsformel, sodass das geringe systemische Risiko der Förderinstitute durch äquivalent geringe Beiträge widergespiegelt wird.

Der europäische Gesetzgeber entscheidet sich für letzteres und normiert einen Abzug von Verbindlichkeiten aus dem Grundbeitrag, soweit diese aus Tätigkeiten als Förderbank stammen.[173] Da Förderbanken nach den bisherigen Ausführungen ein geringes Risikoprofil aufweisen, ist die Abgabenlast entsprechend reduziert, womit der Unionsgesetzgeber der besonderen Situation der Förderbanken ausreichend Rechnung trägt.

## III. Freiheitsrechtliche Vorgaben

Nachdem die grundsätzliche Zulässigkeit der Europäischen Bankenabgabe feststeht, ist in einem zweiten elementaren Schritt die inhaltliche Ausgestaltung, also die Rechtsfolgenseite, zu untersuchen.

Wesentliche materielle Kriterien leiten sich dabei ebenfalls aus der GRCh ab, wobei freiheitsrechtlich insbesondere Vorgaben der Verhältnismäßigkeit einzuhalten sind, auf die der EuGH seine Prüfung der Freiheitsgrundrechte im Wesentlichen reduziert.[174] Aspekte der inhaltlichen Reichweite des einschlägigen Grundrechts oder die konkrete Eingriffstiefe werden durch den Gerichtshof demgegenüber kaum ausgeleuchtet.[175] Trotz berechtigter Kritik bildet die freiheitsgrundrechtliche Rechtsprechung des EuGH den Rahmen, an dem die Europäische Bankenabgabe zu messen ist.

---

172 Urteil *Chatzi*, C-149/10, EU:C:2010:534, Rn. 63 und 75.

173 Vgl. Art. 5 Abs. 1 lit. f VO (EU) 2015/63.

174 *Heselhaus,* Abgabenhoheit der Europäischen Gemeinschaft in der Umweltpolitik, 2001, S. 99 ff.; wobei der EuGH auch unabhängig von einer Grundrechtsbetroffenheit davon ausgeht, dass Maßnahmen, welche Marktteilnehmern finanzielle Belastungen auferlegen, verhältnismäßig sein müssen; der Grundsatz der Verhältnismäßigkeit wird somit auch als selbständiger Kontrollmaßstab angewandt, vgl. Urteil *Faust*, C-24/90, EU:C:1991:387, Rn. 11 f.

175 Vgl. Urteil *Gowan*, C-77/09, EU:C:2010:803, Rn. 82; Urteil *Vodafone*, C-58/08, EU:C:2010:321, Rn. 52; krit. *Heselhaus,* Abgabenhoheit der Europäischen Gemeinschaft in der Umweltpolitik, 2001, S. 106; *Ehlers*, in: ders. (Hrsg.), Europäische Grundrechte und Grundfreiheiten, 2014, § 14 Rn. 114 f.

Einschlägig erweisen sich (i) die unternehmerische Freiheit gem. Art. 16 GRCh[176] sowie (ii) das Eigentumsgrundrecht gem. Art. 17 GRCh.

## 1. Unternehmerische Freiheit

### *a. Schutzbereich und Eingriff*

Aufgrund seines ggü. der Berufsfreiheit abweichenden Wortlauts ist Art. 16 GRCh als eigenständiges Grundrecht zu qualifizieren[177], dessen Schutzbereich auch juristische Personen erfasst.[178] Sachlich setzt die Norm eine unternehmerische Betätigung und somit eine Wirtschafts- oder Geschäftstätigkeit voraus[179], weshalb mit Blick auf die Abgabenschuldner der Schutzbereich unzweifelhaft als eröffnet anzusehen ist.

Ob hingegen Abgaben einen Eingriff in den Schutzbereich des Art. 16 GRCh darstellen, ist in der Rechtsprechung des EuGH noch nicht geklärt.[180] Vor dem Inkrafttreten der GRCh hat der Gerichtshof mit Blick auf Abgaben hingegen mehrfach (implizit) einen Eingriff in die wirtschaftliche Betätigungsfreiheit bejaht[181], weshalb auch vorliegend keine Argumente dagegen sprechen, in der Europäischen Bankenabgabe einen rechtfertigungsbedürftigen Eingriff in Art. 16 GRCh zu sehen.[182]

### *b. Rechtfertigung*

Im Rahmen des Schrankenvorbehalts des Art. 52 Abs. 1 GRCh ist ein solcher Eingriff grundsätzlich der Rechtfertigung zugänglich, wenn eine gesetzliche

---

176 Zur vorliegend unerheblichen Abgrenzung zur Berufsfreiheit vgl. *Jarass*, Charta der Grundrechte der Europäischen Union, 2013, Art. 16 Rn. 4 f.; ausfl. *Gundel*, ZHR 2016, S. 324 ff.

177 *Jarass*, Charta der Grundrechte der Europäischen Union, 2013, Art. 16 Rn. 4 m.w.N.; a.A. *Korn*, Unionsrechtlich induzierte Rechtssetzung im Abgabenrecht, 2015, S. 97 ff. („klarstellender Charakter“).

178 *Jarass*, Charta der Grundrechte der Europäischen Union, 2013 Art. 16 Rn. 11; *Kube*, Rechtliche Grundlagen und Grenzen der EU-Bankenabgabe, 2016, S. 51.

179 *Jarass*, Charta der Grundrechte der Europäischen Union, 2013 Art. 16 Rn. 7.

180 *Kube*, Rechtliche Grundlagen und Grenzen der EU-Bankenabgabe, 2016, S. 52.

181 Vgl. Urteil *Schräder/Hauptzollamt Gronau*, C-265/87, EU:C:1989:303, Rn. 18; Urteil *Zuckerfabrik Soest*, C-143/88 und C-92/89, EU:C:1991:65, Rn. 79; Urteil *Safa*, C-359/89, EU:C:1991:145, Rn. 15 ff. (dort „Abschöpfungsbetrag“).

182 Vgl. *Kube*, Rechtliche Grundlagen und Grenzen der EU-Bankenabgabe, 2016, S. 52; *Korn*, Unionsrechtlich induzierte Rechtssetzung im Abgabenrecht, 2015, S. 101.

Grundlage besteht und ein zulässiges Einschränkungsziel in verhältnismäßiger Weise verfolgt wird.[183]

Wie bereits angedeutet kommt dem Verhältnismäßigkeitsgrundsatz im Rahmen der freiheitsrechtlichen Prüfung erhebliche Bedeutung zu. Die auf Basis der SRM-VO, der BRRD-RL, der VO (EU) 2015/63 und der VO (EU) 2015/81 erhobene Europäische Bankenabgabe hat den Vorgaben an einen legitimen Zweck, die Geeignetheit, die Erforderlichkeit sowie die Angemessenheit zu genügen.[184]

#### *aa. Legitimer Zweck*

Dass über die Europäische Bankenabgabe die Kreditwirtschaft für Abwicklungsmaßnahmen zur Wahrung der Stabilität des Finanzsystems anteilig zur Finanzierung herangezogen wird und zeitgleich Anreize zur Reduzierung systemischer Risiken sowie Bestandsgefährdungen gesetzt werden sollen, wurde bereits als sachlicher Erhebungsgrund herausgearbeitet und stellt auch im Rahmen der Rechtfertigung einen legitimen Zweck dar.[185]

Hervorzuheben ist auf Rechtsfolgenseite jedoch, dass, wenn eine Abgabe mehrere legitime Zwecke verfolgt, sie konsequenterweise im Rahmen der Verhältnismäßigkeit allen Zwecken gleichermaßen gerecht werden muss.[186]

#### *bb. Geeignetheit*

Darauf aufbauend ist eine Maßnahme dann geeignet, wenn mit ihr das verfolgte Ziel in kohärenter und systematischer Weise erreicht werden kann.[187] Für den Finanzierungszweck ist die Abgabe ohne weiteres als geeignet anzusehen, wohingegen mit Blick auf den Lenkungszweck fraglich erscheint, ob die inhaltliche Ausgestaltung eine Eignung zur Erreichung des Zwecks aufweist.

Im Rahmen der deutschen Bankenabgabe wurde kritisiert, dass der Lenkungszweck der Abgabe aufgrund der vormaligen Anknüpfung an bestimmte Passivposten, z.B. Treuhandverbindlichkeiten, passive Rechnungsabgrenzungsposten sowie Rückstellungen, welche kein systemisches Risiko indizierten,

---

183 Vgl. *Jarass*, Charta der Grundrechte der Europäischen Union, 2013, Art. 52 Rn. 21; ausfl. *Korn*, Unionsrechtlich induzierte Rechtssetzung im Abgabenrecht, 2015, S. 97 ff.

184 Vgl. Art. 52 Abs. 1 S. 2 GRCh.

185 Vgl. Kap. F. II. 1.

186 Vgl. Urteil *Frankreich und Irland/Kommission*, C-296/93 und C-307/93, EU:C:1996:65, Rn. 37 ff.; im deutschen Kontext *Kirchhof*, in: Wendt (Hrsg.), Staat, Wirtschaft, Steuern, 1996, S. 680; vgl. Kap. F. II. 2. a. aa.

187 Vgl. *Ehlers*, in: ders. (Hrsg.), Europäische Grundrechte und Grundfreiheiten, 2014, § 14 Rn. 117.

verfehlt wurde.[188] Derartige Passivposten werden prinzipiell auch zur Bestimmung des Grundbeitrags der Europäischen Bankenabgabe herangezogen.

Auf europäischer Ebene ist jedoch zweierlei hervorzuheben. Zunächst trägt die Europäische Bankenabgabe durch den Risikoanpassungsmultiplikator dem individuellen systemischen Risiko gesondert Rechnung. Eine monofaktorielle Anknüpfung an die Bilanzgröße findet demgegenüber nicht statt.[189] Vielmehr wird auf Basis des indikatorenbasierten Modells versucht, das systemische Risiko eines jeweiligen Instituts treffgenau zu erfassen und zu gewichten. Insoweit ist eine Verfehlung des Lenkungszwecks auf Ebene des Grundbeitrags zu relativieren, da die Erfassung bestimmter Passivpositionen auf Ebene der Risikogewichtung kompensiert wird und sich in der konkreten Abgabenhöhe nicht niederschlägt.

Zweitens ist der Ermessens- und Beurteilungsspielraum des Unionsgesetzgebers zu beachten.[190] Gerade bei komplexen Sachverhalten ist der Spielraum dahingehend groß.[191] Für eine negative Beurteilung müsste der in Frage stehende Gesetzesakt offensichtlich ungeeignet sein[192], was unter Berücksichtigung der Kompensation der teilweisen Verfehlung auf Ebene des Grundbeitrags nicht festgestellt werden kann.[193]

Letztlich ist darauf hinzuweisen, dass, selbst wenn man die fehlende Eignung für einen der verfolgten Zwecke feststellt, dies nicht zwingend zur Rechtswidrigkeit führen würde, sondern vielmehr auf der Ebene der Angemessenheit berücksichtigt werden müsste.[194]

### *cc. Erforderlichkeit*

Alternative Modelle im Sinne eines milderen, gleich effektiven Mittels sind ebenfalls nicht ersichtlich. Gesetzliche Regulierungen wie ein

---

188 Vgl. *Hanten/München*, WM 2011, S. 1932.

189 Dagegen auch *Möslein*, JZ 2012, S. 249.

190 Urteil *Frankreich und Irland/Kommission*, C-296/93 und C-307/93, EU:C:1996:65, Rn. 31.

191 Vgl. bereits Kapitel. F. I. 3.

192 Urteil *Fishermen's Organisation*, C-44/94, EU:C:1995:325, Rn. 58.

193 Der Verfehlung des Lenkungszwecks für das erste Beitragsjahr 2016 wird über eine Anrechnung der nach nat. Vorgaben erhobenen Beiträge des Jahres 2015 Rechnung getragen, vgl. Art. 8 Abs. 2 VO (EU) 2015/81; vgl. auch Erwägungsgrund [103] SRM-VO.

194 Vgl. *Jarass*, Charta der Grundrechte der Europäischen Union, 2013, Art. 52 Rn. 37.

Pflichtversicherungsmodell o.ä. sind nicht milder, Selbstregulierung oder nationale Regelungen indessen nicht gleich effektiv.[195]

Die Europäische Bankenabgabe weist vielmehr den Vorteil eines relativ milderen Mittels auf, da den Instituten im Hinblick auf den Lenkungszweck nicht im Detail vorgeschrieben wird, wie der Abbau von Systemrisiken zu erfolgen hat.[196]

### *dd. Angemessenheit*

Im Widerstreit der Eingriffsziele der Union und des schützenswerten Interesses der Institute, ihre unternehmerische Freiheit auszuüben, dürfen erstere nicht in unangemessener Weise verfolgt werden.[197] Konkret sind die verfolgten Ziele sowie der Nutzen der eingreifenden Maßnahme zur Erreichung dieser Ziele von wesentlicher Bedeutung.[198] Der verfolgte Finanzierungs- und Lenkungszweck zur Wahrung der Finanzstabilität als Allgemeinrechtsgut ist somit mit den Interessen der betroffenen Institute abzuwägen.[199]

Im Rahmen einer abstrakten Gegenüberstellung überwiegen die Interessen der Union dem Grunde nach diejenigen der einzelnen Grundrechtsträger. Zur Wahrung der Finanzstabilität sind Einschränkungen der unternehmerischen Freiheit hinzunehmen, soweit sie nicht zu einer völligen Negierung der Freiheit führen.

Der Blick auf die konkrete inhaltliche Ausgestaltung bietet demgegenüber mehrere Ansatzpunkte, die im Kontext der Angemessenheit zu diskutieren sind. Zunächst ist (i) die Frage nach einer Belastungsobergrenze aufzuwerfen. Darauf aufbauend ist (ii) die konkrete gruppennützige Verwendung zu hinterfragen, um (iii) die herangezogenen Parameter im Rahmen der Berechnung des Zielvolumens auf ihre Angemessenheit zu untersuchen.

#### (1) Belastungsobergrenze

Die Begründung einer absoluten Belastungsobergrenze wurzelt in der Anlehnung der Europäischen Bankenabgabe an das Modell einer Pigou-Steuer.

195 Vgl. *Möslein*, JZ 2012, S. 244.

196 *Pflock*, Europäische Bankenregulierung und das „Too big to fail-Dilemma“, 2014, S. 187 Fn. 1191.

197 Vgl. Urteil *Schecke*, C-92/09, EU:C:2010:662, Rn. 77; Urteil *Kadi/Rat und Kommission*, C-402/05, EU:C:2008:461, Rn. 360.

198 *Jarass*, Charta der Grundrechte der Europäischen Union, 2013, Art. 52 Rn. 41.

199 Vgl. Urteil *Schecke*, C-92/09, EU:C:2010:662, Rn. 77; Urteil *Kadi/Rat und Kommission*, C-402/05, EU:C:2008:461, Rn. 360.

Abstrakt darf der Wert des gewährten Vorteils nicht überschritten werden.[200] Eine darüber hinausgehende Belastung würde den erfassten Abgabeschuldnern die Chance nehmen, rentabel zu wirtschaften und somit ihre wirtschaftliche Leistungsfähigkeit grundlegend beeinträchtigen, was einer Rechtfertigung entgegensteht. Idealtypisch ist initial eine geringe Abgabenhöhe zu wählen, um diese dann schrittweise an eine möglichst vollständige Kompensation der negativen Externalität heranzuführen.[201]

Dem Erfordernis einer konkreten Obergrenze trägt Art. 70 Abs. 2 UAbs. 1 SRM-VO Rechnung. Festgelegt wird, dass die aggregierten jährlichen Beiträge 12,5 % der Zielausstattung nicht überschreiten dürfen.[202] Auch die Höchstgrenze der Sonderbeiträge orientiert sich an dieser Festlegung, wonach die jährlich außerordentlichen nachträglich erhobenen Beiträge das Dreifache der Jahresbeiträge nicht übersteigen dürfen.[203]

Diese Grenze bezieht sich dabei nicht erst auf die vollständige Berechnung des Jahresbeitrags nach der SRM-VO ab dem Jahr 2023, sondern findet ebenfalls auf die besondere Anpassung der Berechnungsmethode gem. Art. 8 Abs. 1 (EU) 2015/81 während der Aufbauphase Anwendung. Diesem Verständnis folgend, weist der Gesetzgeber in Art. 70 Abs. 2 UAbs. 4 SRM-VO („in jedem Fall") darauf hin, dass die Obergrenze auch unabhängig vom konkreten Verhältnis von Grundbeitrag und Risikogewichtung gilt. Bei einer geschätzten Zielausstattung im Jahr 2024 von ca. 55 Mrd. Euro dürfte die Summe der risikoadjustierten Jahresbeiträge somit ca. 6,875 Mrd. Euro nicht übersteigen.[204]

Allerdings wird keine Obergrenze für ein individuelles Institut definiert, abgestellt wird nur auf die summierten Jahresbeiträge.[205] Eine unangemessene Belastung im Einzelfall ist demnach nicht ausgeschlossen, zumal für Jahresbeiträge

200 Vgl. *Pflock*, Europäische Bankenregulierung und das „Too big to fail-Dilemma", 2014, S. 174.

201 Vgl. *Ibd.*, S. 187.

202 Vorab abzuziehen sind die Pauschalbeiträge der Institute gem. Art. 10 VO (EU) 2015/63 sowie der Institute gem. Art. 8 Abs. 5 VO (EU) 2015/81; diese Beitragsarten zahlen zwar insgesamt 78 % der Institute, allerdings machen diese nur 4 % der Jahresbeiträge 2016 aus.

203 Vgl. Art. 71 Abs. 1 UAbs. 2 SRM-VO; *Brandt/Güth*, in: Jahn/Geier/Schmitt (Hrsg.), Handbuch der Bankenrestrukturierung, 2016, S. 555 Rn. 13.

204 Vgl. Kap. C. III. 2.

205 Vgl. *Brandt/Güth*, in: Jahn/Geier/Schmitt (Hrsg.), Handbuch der Bankenrestrukturierung, 2016, S. 548 Rn. 2; *Löw/Borgmann*, Recht der Finanzinstrumente 2017, S. 157.

keine Aussetzungsmöglichkeit existiert.[206] Jedoch muss dem Unionsgesetzgeber im Rahmen seines Ermessensspielraums eine pauschalierende Beurteilung möglich sein, solange eine detailliertere Regelung nicht realisierbar oder sinnvoll erscheint.[207] Eine Bestimmung individueller Obergrenzen scheidet bereits aufgrund der heterogenen Zusammensetzung der Abgabenschuldner aus, zumal kaum zu antizipieren ist, wie sich individuelle Bilanzzahlen und Risikoprofile entwickeln. Gleichzeitig wird durch die Risikoadjustierung hinreichend sichergestellt, dass die konkreten negativen Externalitäten erfasst werden, um eine faire Abgabenbelastung zu gewährleisten sowie eine „Übersteuerung" zu vermeiden.

#### (2) Gruppennützige Verwendung des Abgabeaufkommens

Eine Unangemessenheit der Abgabenerhebung könnte sich jedoch über die fehlende gruppennützige Verwendung des Abgabeaufkommens begründen lassen.

Anknüpfend an die bisherigen Ausführungen genügt für eine gruppennützige Verwendung eine sachgerechte Verknüpfung zwischen der finanziellen Belastung (Abgabe) und der sachlichen Begünstigung (Mittelverwendung), mithin ein mittelbarer Vorteil im Sinne einer Befreiung von einer dem Verantwortungsbereich der Abgabenschuldner zurechenbaren Aufgabe.[208] Gleichfalls kann, in Korrelation zum Gruppenzuschnitt, nicht relevant sein, ob ein tatsächliches, subjektives Interesse der Abgabenschuldner besteht, solange die durch die Abgabe verfolgten Sachgründe für die Gesamtgruppe einen Vorteil bieten.

Dass durch etwaige Finanzierungsmaßnahmen des SRF nicht nur CRR-Institute, sondern durch die angestrebte Stabilisierung des Finanzsystems mittelbar alle Marktteilnehmer profitieren, steht einer gruppennützigen Verwendung nicht entgegen. Denn wenn ein mittelbarer Vorteil genügt, indiziert bereits die besondere Verantwortlichkeit der Abgabenschuldner für die verfolgten sachlichen Gründe und eine zweckgebundene Mittelverwendung eine Gruppennützigkeit.

Darüber hinaus ist auch ein unmittelbarer Vorteil zu begründen, da die Gruppe der Abgabenschuldner durch finanzierungsbedürftige Abwicklungsmaßnahmen direkt adressiert wird.[209]

---

206 Art. 71 Abs. 2 S. 2 SRM-VO bietet diese Möglichkeit nur für die Erhebung der Sonderbeiträge.

207 Vgl. Schlussantrag GA Kokott, *Nordea Bank Danmark*, C-48/13, EU:C:2014:153, Rn. 61 f.

208 Vgl. F. I. 3.

209 Vgl. Art. 76 Abs. 1 SRM-VO; *Kube*, Rechtliche Grundlagen und Grenzen der EU-Bankenabgabe, 2016, S. 24.

### (3) Aufgabenferne Beitragsberechnung

Eine Unangemessenheit ließe sich letztlich über die aufgabenferne Beitragsberechnung begründen. Der in Frage stehende Eingriff muss stets in Bezug auf die verfolgten Zwecke angemessen sein. Dies wäre dann zu verneinen, wenn bei der Berechnung der Bankenabgabe keine Orientierung an der zu finanzierenden Aufgabe stattfände, sondern sachfremd die Leistungsfähigkeit des Abgabenschuldners zugrunde gelegt werden würde.[210]

Argumentiert wird, dass sich die Europäische Bankenabgabe in ihrer konkreten Ausgestaltung nicht an der zu erwartenden Höhe der Abwicklungskosten orientiere, sondern die konkrete Höhe der Abgabenbelastung gem. Art. 69 Abs. 1 SRM-VO in Abhängigkeit zu den gedeckten Einlagen bestimmt wird, die jedoch hohe Sicherheit und geringe potenzielle Abwicklungsaufwendungen bedeuten würden.[211] Nach dieser Ansicht bestimmt sich die Höhe der Abgabe im Kern nach der wirtschaftlichen Leistungsfähigkeit der Institute, welche durch die gedeckten Einlagen indiziert werde. De facto entspräche dies einer materiellen Steuerrechtsangleichung, zur der die Union bereits kompetenzrechtlich nicht befugt ist, weshalb die Abgabe (auch) als unangemessen einzustufen sei.[212]

Dieser Argumentation ist jedoch nicht zu folgen; die Orientierung der Zielgröße des Fonds am Maßstab der gedeckten Einlagen begründet nicht das Vorliegen einer (verdeckten) Steuer, da derartig abgesicherte Einlagen nicht die wirtschaftliche Leistungsfähigkeit der einzelnen Institute indizieren.

Gedeckt sind Einlagen in der Europäischen Bankenunion grundsätzlich bis zu einer Höchstsumme von 100.000 Euro.[213] Die Deckungssumme gibt somit den Leistungsrahmen der Einlagensicherungssysteme pro Einleger pro Institut vor. Darüber hinaus besteht jedoch kein Konnex zu den einzelnen Teilnehmern des Einlagensicherungssystems.

Ob gedeckte Einlagen der geeignete Maßstab zur Festlegung des Zielvolumens des Fonds sind, ist eine andere Frage[214]; eine Orientierung an diesem Maßstab ist jedoch nicht gleichbedeutend mit der Beitragsbemessung der Europäischen Bankenabgabe anhand der wirtschaftlichen Leistungsfähigkeit der Institute. Wesentliche Elemente der individuellen Abgabenbelastung bleiben

---

210 *Kube*, Rechtliche Grundlagen und Grenzen der EU-Bankenabgabe, 2016, S. 53.
211 Vgl. *Ibd.*, S. 47.
212 Vgl. *Kube*, Rechtliche Grundlagen und Grenzen der EU-Bankenabgabe, 2016, S. 47.
213 Vgl. Art. 3 Abs. 1 Nr. 11 SRM-VO i.V.m. Art. 2 Abs. 1 Nr. 5 und Art. 6 DGSD-RL.
214 Vgl. Kapitel. C. III. 2.

die beitragsrelevanten Passiva und das über den Risikoanpassungsmultiplikator bestimmte Risikoprofil, letztlich die jeweilige Systemrelevanz.

Gleichzeitig stellt die Bestimmung des Gesamtvolumens eine Ermessensentscheidung dar, die sich an der zu finanzierenden Aufgabe des Fonds zu orientieren hat. Die Wahl des konkreten Maßstabs steht dem Unionsgesetzgeber hingegen grundsätzlich offen.[215] Denkbar wäre zudem, die Bezugnahme auf gedeckte Einlagen in Art. 69 Abs. 1 SRM-VO schlicht durch die Nennung einer konkreten numerischen Größe zu ersetzen, ohne dass sich Änderungen bei der individuellen Beitragshöhe ergeben würden.[216]

Doch selbst wenn man dies abweichend beurteilt, entsteht durch die Anknüpfung an die wirtschaftliche Leistungsfähigkeit nicht automatisch eine Steuer, genauso wenig, wie nicht jede Abweichung vom Leistungsfähigkeitsprinzip das Nichtvorliegen einer Steuer implizieren muss.[217] Vielmehr handelt es sich um ein Prinzip der Besteuerung, welches jedoch den Begriff der Steuer nicht notwendig, gar europäisch, definiert.

## 2. Eigentum

Insofern ein unverhältnismäßiger Eingriff in Art. 16 GRCh abzulehnen ist, muss darüber hinaus die Einhaltung der Vorgaben des Eigentumsgrundrechts gem. Art. 17 GRCh untersucht werden. Ungeachtet dessen, dass der EuGH die unternehmerische Freiheit sowie das Eigentumsgrundrecht häufig ohne Abgrenzung parallel anwendet, muss den Besonderheiten dieses Grundrechts Rechnung getragen werden.[218]

Mit Blick auf den Schutzbereich von Art. 17 GRCh ist elementar, dass nicht das Vermögen als solches, sondern nur konkrete Rechtspositionen geschützt werden.[219] Geldzahlungspflichten werden durch den EuGH daher nicht als

---

215 Die EZB spricht nur vom „nicht geeignetsten Maßstab“ und schlägt eine zusätzliche Bezugnahme auf die Gesamtverbindlichkeiten vor, vgl. EZB, Stellungnahme vom 11.4.2014, C 109/8 Rn 2.7; vgl. auch Art. 94 Abs. 1 lit. a) (vi) u. (vii) SRM-VO.

216 So beispielsweise der deutsche Gesetzgeber, vgl. § 12 Abs. 10 S. 1 RStruktFG a.F.

217 Vgl. *Jobs*, in: Lange (Hrsg.), Gesamtverantwortung statt Verantwortungsparzellierung im Umweltrecht, 1997, S. 285, wonach auch in Deutschland der Staat bei Steuern über einen Spielraum verfügt, der Abweichungen vom Leistungsfähigkeitsprinzip bei einzelnen Steuerarten zulässt.

218 Vgl. Urteil *FIAMM/Rat und Kommission*, C-120/06, EU:C:2008:476, Rn. 183 f.; *Jarass*, Charta der Grundrechte der Europäischen Union, 2013, Art. 17 Rn. 4 m.w.N.; *Ruffert*, in: Ehlers (Hrsg.), Europäische Grundrechte und Grundfreiheiten, 2014, § 19 Rn. 14.

219 *Jarass*, Charta der Grundrechte der Europäischen Union, 2013, Art. 17 Rn. 22; a.A. *Freytag*, Europarechtliche Anforderungen an Umweltabgaben, 2000, S. 193.

Eigentumsbeeinträchtigung eingestuft, was gleichermaßen für die Auferlegung von Abgaben gilt, solange diese das Vermögen als solches belasten.[220] Ein mittelbarer Vermögensschutz dergestalt, dass die dem Abgabeschuldner verbleibende Freiheit der Wahl, mit welchen Mitteln er die ihm auferlegte Geldleistungspflicht erfüllt, von Art. 17 GRCh erfasst wird, ist gleichfalls abzulehnen.

Differenzierend kann der Schutzbereich im Rahmen der Abgabenerhebung hingegen eröffnet sein, wenn konkret bestehende vermögenswerte Rechtspositionen abgaberechtlich erfasst werden oder ihre Verwendung Gegenstand der Abgabe ist und durch die Abgabenbelastung das Halten oder Nutzen der konkreten Rechtsposition weniger attraktiv ist.[221]

Eine derartige Schutzbereichseröffnung ist mit Blick auf die Europäische Bankenabgabe jedoch ebenfalls zu verneinen. Zweifelhaft ist bereits, ob die Europäische Bankenabgabe im Rahmen des Grundbeitrags an individualisierbare Rechtspositionen anknüpft, da nicht die jeweils einzelnen Verbindlichkeiten zum Gegenstand der Abgabe gemacht, sondern in ihrer Gesamtheit erfasst werden.[222]

Auch wenn die einzelnen Rechtspositionen als Gegenstand der Abgabe angesehen werden, ist eine Schutzbereichseröffnung abzulehnen, da im Rahmen des Grundbeitrags, unter Ausklammerung der Eigenmittel und abzüglich gedeckter Einlagen, prinzipiell an die Verbindlichkeiten angeknüpft wird. Diese Rechtspositionen sind hingegen nicht als vermögenswert einzustufen, da sie den Eigentümern nicht privatnützig zugeordnet werden, vielmehr steht die Forderung als Eigentum dem Forderungsinhaber zu. Auch im Rahmen der Risikogewichtung erfolgt die Orientierung anhand einzelner Risikofelder und Risikoindikatoren, wie beispielsweise der Risikoexponierung bzw. der Verschuldungsquote oder der harten Kernkapitalquote, weshalb konkrete, vermögenswerte Rechtspositionen nicht zum Anknüpfungspunkt gemacht werden.

---

220 Vgl. Urteil *Zuckerfabrik Soest*, C-143/88, EU:C:1991:65, Rn. 74; *Jarass*, Charta der Grundrechte der Europäischen Union, 2013, Art. 17 Rn. 22; *Calliess*, in: Ehlers (Hrsg.), Europäische Grundrechte und Grundfreiheiten, 2014, § 20 Rn. 20; *Kube*, Rechtliche Grundlagen und Grenzen der EU-Bankenabgabe, 2016, S. 53; *Korn*, Unionsrechtlich induzierte Rechtssetzung im Abgabenrecht, 2015, S. 113 ff.

221 Vgl. Urteil *Faroe Seafood*, C-153/94, EU:C:1996:198, Rn. 116; *Kube*, Rechtliche Grundlagen und Grenzen der EU-Bankenabgabe, 2016, S. 53; *Korn*, Unionsrechtlich induzierte Rechtssetzung im Abgabenrecht, 2015, S. 114.

222 *Kube*, Rechtliche Grundlagen und Grenzen der EU-Bankenabgabe, 2016, S. 54.

Diese Ansicht spiegelt sich auch in der Rechtsprechung des EuGH wider, der eine Abgabenverpflichtung nicht am Maßstab der Eigentumsgarantie, sondern anhand der unternehmerischen Freiheit bzw. der Berufsfreiheit vornimmt.[223]

## IV. Gleichheitsrechtliche Vorgaben

Neben den freiheitsrechtlichen Vorgaben muss im Rahmen der Europäischen Bankenabgabe eine gleichheitskonforme Ausgestaltung derart gewahrt werden, dass sich die individuelle Abgabenhöhe an der jeweiligen Systemrelevanz der Institute orientiert.[224]

Während die Prüfungsintensität des allgemeinen Gleichheitssatzes durch den EuGH zum Teil starken Schwankungen unterliegt, orientiert sich der konkrete Prüfungsaufbau an den speziellen Gleichheitssätzen der Grundfreiheiten des AEUV.[225] Geprüft werden drei Schritte: die Ungleichbehandlung zweier Gruppen, die Vergleichbarkeit der Situation und die Rechtfertigung der Ungleichbehandlung.[226]

Mit Blick auf die Europäische Bankenabgabe ist dahingehend die sachgerechte relative Belastung der Abgabenschuldner, orientiert an dem mit der Abgabe verfolgten Zweck, zu untersuchen.[227] Dies soll gesetzesorientiert anhand der (i) Jahres- und (ii) Sonderbeiträge erfolgen, bevor abschließend (iii) die subsidiäre Inanspruchnahme sonstiger Finanzierungsmöglichkeiten diskutiert wird.

---

223 Vgl. Urteil *Schräder/Hauptzollamt Gronau*, C-265/87, EU:C:1989:303, Rn. 15 ff.; *Shirvani*, VerwArch 2013, S. 93; *Ruffert*, in: *Calliess/Ruffert* (Hrsg.), EUV/AEUV, 2016, Art. 15 GRCh Rn. 20; *ders.*, in: Ehlers (Hrsg.), Europäische Grundrechte und Grundfreiheiten, 2014, § 19 Rn. 14.

224 Vgl. *Ohlendorf*, Grundrechte als Maßstab des Steuerrechts in der Europäischen Union, S. 13; *Ohler*, EuR – Beiheft 2 – 2016, S. 21 f.; *Pflock*, Europäische Bankenregulierung und das „Too big to fail-Dilemma", 2014, S. 154 ff.; allg. *Heselhaus*, Abgabenhoheit der Europäischen Gemeinschaft in der Umweltpolitik, 2001, S. 112; *Ruffert*, in: Ehlers (Hrsg.), Europäische Grundrechte und Grundfreiheiten, 2014, § 19 Rn. 17; allg. zum Gleichheitssatz im Finanz- und Abgabensystem der Union *Freytag*, Europarechtliche Anforderungen an Umweltabgaben, 2000, S. 197 ff.

225 Vgl. *Kokott/Dobratz*, in: Schön/Heber (Hrsg.), Grundfragen des Europäischen Steuerrechts, 2015, S. 33, die als Erklärung die Zuweisung an eine kleine oder große Kammer heranziehen.

226 *Ibd.*, S. 34.

227 *Jarass*, Nichtsteuerliche Abgaben und lenkende Steuern unter dem Grundgesetz, 1999, S. 92.

## 1. Jahresbeiträge

Gleichheitsrechtlich muss zunächst im Rahmen des Grundbeitrags eine verhältnismäßige und gleiche Lastenverteilung innerhalb der Gruppe der Abgabenschuldner vorgesehen werden. Dass auf Rechtsfolgenseite entscheidende Differenzierungskriterium zwischen den einzelnen Instituten ist dabei die Systemrelevanz[228], für deren Bemessung der Unionsgesetzgeber in einem ersten Schritt die Verbindlichkeiten, also die Fremdkapitalfinanzierung als Indikator heranzieht.

Dahingehend muss (i) das Fremdkapital tatsächlich (einer) der richtigen Indikatoren für die Systemrelevanz der Institute sein. Zudem ist zu begründen, warum (ii) das Eigenkapital und (iii) die gedeckten Einlagen ausgenommen sind.

### *a. Anknüpfung an die Verbindlichkeiten*

#### *aa. Fremdkapitalfinanzierung als Indikator der Systemrelevanz*

Dem Beurteilungsspielraum des Gesetzgebers Rechnung tragend, ist bei der Bewertung der Wahl des Indikators der Fremdkapitalfinanzierung eine typisierte Betrachtungsweise ausreichend; es bedarf keiner ökonomisch unanfechtbaren Auskunft.[229] Es genügt, dass zwischen Fremdkapitalfinanzierung und systemischen Risiko eines Instituts typischerweise eine Verbindung besteht, um erstere als einen tauglichen Indikator zu qualifizieren.[230]

---

228 Vgl. *Adolff/Eschwey*, ZHR 2013, S. 922 ff.

229 Typisierung entspringt häufig dem Grund, einen komplexen Sachverhalt nicht abschließend regeln zu können bzw. zu wollen; bei der Messbarmachung der Systemrelevanz kommen verschieden Indikatoren – ohne Letztverbindlichkeit – in Betracht vgl. *Adolff/Eschwey*, ZHR 2013, S. 919; *Pflock*, Europäische Bankenregulierung und das „Too big to fail-Dilemma", 2014, S. 135 f.; für eine Regelung durch den legislativen Gesetzgeber muss es demnach genügen, wenn die Höhe der Fremdkapitalfinanzierung typischerweise eine Verbindung zur Systemrelevanz indiziert; vgl. zur Typisierungsbefugnis Urteil *Maizena/Rat*, C-139/79, EU:C:1980:250, Rn. 30; Urteil *Merkur/Kommission*, C-43/72, EU:C:1973:108, Rn. 23; jüngst Schlussantrag GA Kokott, *Nordea Bank Danmark*, C-48/13, EU:C:2014:153, Rn. 61: „Sachverhalte müssen allgemein regelbar sein, die typischerweise eine bestimmte Folge haben oder einer bestimmten Motivation entspringen"; *Jarass*, Charta der Grundrechte der Europäischen Union, 2013, Art. 20 Rn. 13; *Frenz*, Handbuch Europarecht, 2009, S. 960 Rn. 3207.

230 Zur Schwierigkeit der Messung systemischer Risiken *Adolff/Eschwey*, ZHR 2013, S. 923; *Deutsche Bundesbank*, Ansätze zur Messung und makroprudenziellen Behandlung systemischer Risiken, 2011, S. 40; zur Problematik im Rahmen der Eigenkapitalregulierung vgl. *Donges*, Systemstabilität für Finanzmärkte, 2011, S. 21 ff.; aus ökonomischer Sicht vgl. *Freixas/Parigi*, in: Berger/Molyneux/Wilson (Hrsg.), The

#### (1) Liquiditätsrisiko

Blickt man auf den indiziellen Zusammenhang zwischen Fremdkapitalfinanzierung und dem systemischen Risiko, spielt das Liquiditäts- bzw. Refinanzierungsrisiko (*funding liquidity risk*) der Institute eine herausragende Rolle.[231]

Definiert wird dieses Risiko als die Wahrscheinlichkeit, dass es einem Institut künftig nicht oder nur zu erhöhten Refinanzierungskosten gelingen wird, fällige Verbindlichkeiten, beispielsweise durch die Auflösung von Rücklagen oder die Auflösung entsprechender Vermögenspositionen, zu bedienen, wobei dieses Risiko mit dem Anteil der (kurzfristigen) Fremdkapitalfinanzierung steigt.[232]

Je höher demnach der Fremdkapitalanteil, desto höher ist die Wahrscheinlichkeit des Eintritts der Illiquidität, die im ungünstigsten Fall in die Insolvenz mündet.[233]

Detailliert lässt sich das Refinanzierungsrisiko in drei wesentliche Risiken subkategorisieren: (i) das Fristentransformationsrisiko, (ii) das Abzugsrisiko sowie (iii) das Beleihungswertrisiko.[234]

##### (a) Fristentransformationsrisiko

Das Fristentransformationsrisiko trifft insbesondere diejenigen Institute, die das traditionelle Kreditgeschäft betreiben, welches sich durch langfristige

---

Oxford Handbook of Banking, 2014, S. 487 f.; *De Bandt/Hartmann/Alcalde*, in: Berger/Molyneux/Wilson (Hrsg.), The Oxford Handbook of Banking, 2014, S. 668 ff.

231 Vgl. *Armour/Awrey/Davies u.a.*, Principles of Financial Regulation, 2016, S. 316; ausfl. im Kontext der deutschen Bankenabgabe *Schön/Hellgardt/Osterloh-Konrad*, WM 2010, S. 2194.

232 Vgl. *Drehmann/Nikolaou*, Journal of Banking & Finance 2013, S. 2174; vgl. *Li*, in: Tian (Hrsg.), Commercial Banking Risk Management, 2017, S. 104; einheitliche Defintionen und Kategorien existieren insoweit jedoch nicht, vgl. *Seel*, Das Liquiditätsrisiko der Banken in der Finanzkrise, 2013, S. 15.

233 Vgl. zur Problematik der Differenzierung zwischen dauerhafter Zahlungsunfähigkeit und vorübergehender Illiquidität vgl. *Freixas/Parigi*, in: Berger/Molyneux/Wilson (Hrsg.), The Oxford Handbook of Banking, 2014, S. 488 ff.; *Bouwman*, in: Berger/Molyneux/Wilson (Hrsg.), The Oxford Handbook of Banking, 2014, S. 209; *De Bandt/Hartmann/Alcalde*, in: Berger/Molyneux/Wilson (Hrsg.), The Oxford Handbook of Banking, 2014, S. 680; *Admati/Hellwig*, Des Bankers neue Kleider, 2014, S. 74 ff. und S. 324 ff., die einer Interpretation der Jahre 2007 bis 2009 als „reine Liquiditätskrise" aufgrund der hohen Verschuldung kritisch gegenüberstehen.

234 Vgl. *Schön/Hellgardt/Osterloh-Konrad*, WM 2010, S. 2194; *Admati/Hellwig*, Des Bankers neue Kleider, 2014, S. 244; *Berger/Molyneux/Wilson*, in: dies. (Hrsg.), The Oxford Handbook of Banking, 2014, S. 9 f.

Kreditvergabe, finanziert durch kurzfristige Fremdkapitalfinanzierung, auszeichnet.[235]

Konkret steht Fremdkapital den Kapitalnehmern, im Gegensatz zu Eigenkapital, grundsätzlich nur für eine bestimmte Frist zur Verfügung. Institute stellen jedoch grundsätzlich Kredite mit längeren Fristen aus; sie investieren beispielsweise in langfristige (illiquide) Anlagen wie Unternehmenskredite und finanzieren dies durch kurzfristig fällige (liquide) Schuldtitel wie Einlagen.[236]

Bei Fälligkeit des Fremdkapitals muss dieses verlängert oder ersetzt werden.[237] Im Rahmen der Inkongruenz von Fristen kann sich über die Laufzeit des Kredits die Refinanzierung durch kurzfristiges Fremdkapital jedoch verteuern oder vollständig unmöglich werden, was letztlich Notverkäufe (*fire-sales*) des betroffenen Instituts erzwingen würde, um bestehende Verbindlichkeiten zu bedienen.[238]

### (b) Abzugsrisiko

Institute, die sich verstärkt über kurzfristiges Fremdkapital finanzieren, müssen zeitgleich mit einem Abzugsrisiko rechnen.

Insbesondere Einlagen, als klassische und überwiegende Form der kurzfristigen Fremdkapitalfinanzierung, können durch die Kunden jederzeit, ohne Einhaltung einer Kündigungsfrist, zurückverlangt werden.[239] Kommt es zu einem Vertrauensverlust in die Sicherheit der Einlagen (z.B. Insolvenzgerüchte), kann dies zu einem massiven Abzug (*bank run*) führen, soweit kein Einlagensicherungssystem besteht.[240] Eine derartige Reaktion droht von allen kurzfristigen

---

235 Vgl. *Brunnermeier u.a.*, The Fundamental Principles of Financial Regulation, 2009, S. 13 ff.; *Pflock*, Europäische Bankenregulierung und das „Too big to fail-Dilemma“, 2014, S. 90 ff.

236 Teilweise wird dabei zusätzlich das Liquiditätstransformationsrisiko unterschieden, vgl. *Armour/Awrey/Davies u.a.*, Principles of Financial Regulation, 2016, S. 277.

237 Vgl. *Admati/Hellwig*, Des Bankers neue Kleider, 2014, S. 248 ff.; *Brunnermeier u.a.*, The Fundamental Principles of Financial Regulation, 2009, S. 13 f.

238 Vgl. *Freixas/Parigi*, in: Berger/Molyneux/Wilson (Hrsg.), The Oxford Handbook of Banking, 2014, S. 478; *Lopez-Espinosa/Moreno/Rubia/Valderrama*, IMF Working Paper (46) 2012, S. 18.

239 Vgl. *Moore/Zhou*, DNB Working Paper (347) 2012, S. 22.

240 Vgl. *Bryant*, Journal of Banking and Finance 1980, S. 340; jüngere Beispiele sind 2007 im Vereinigten Königreich Northern Rock vgl. *Shin*, Journal of Economic Perspectives 2009, S. 101 ff.; *Allen/Carletti/Gu*, in: Berger/Molyneux/Wilson (Hrsg.), The Oxford Handbook of Banking, 2014, S. 32; *Kotz*, ZBB 2012, S. 322 sowie 2008 in den USA Indy Mack und Washington Mutual, vgl. *Freixas/Parigi*, in: Berger/Molyneux/Wilson (Hrsg.), The Oxford Handbook of Banking, 2014, S. 478.

Fremdkapitalgebern, auch von institutionellen Investoren, was insbesondere der Zusammenbruch der Investmentbank Lehmann Brothers verdeutlicht.[241]

Der massive Abzug kurzfristigen Fremdkapitals droht zudem nicht nur dem konkret betroffenen Institut, sondern kann sich auch auf Institute mit vergleichbaren Geschäftsmodellen und Portfolios ausweiten.[242] Gleichzeitig drohen indirekte Ansteckungseffekte, wenn sich betroffene Institute zu Notverkäufen gezwungen sehen, um die Forderungen bedienen zu können.[243]

(c) Beleihungswertrisiko

Letztlich droht das Risiko, dass eine für das Fremdkapital eingeräumte Sicherheit an Wert verliert (sog. Beleihungswertrisiko).[244]

Finanziert ein Institut durch Fremdkapital beispielsweise einen Kredit, übereignet sie dem Fremdkapitalgeber (z.B. einer anderen Bank) regelmäßig die Kreditforderung im Rahmen einer Rückkaufvereinbarung (sog. Repo-Geschäft), versehen mit einem Wertabschlag (*haircut*) aufgrund des Verwertungsrisikos, als Sicherheit.[245]

Sinkt der Beleihungswert der Sicherheit, trifft den Fremdkapitalnehmer eine Nachschusspflicht (*margin call*), wonach er den Wertverlust durch Eigenkapital ausgleichen muss. Zur Finanzierung kann der Fremdkapitalnehmer abermals gezwungen sein, Vermögenswerte durch Notverkäufe aufzulösen.[246]

Das besondere Risiko besteht bei dieser Konstellation darin, dass ein Preisdruck auf bestimmte Vermögenswerte direkt auf die Refinanzierungsseite durchschlagen kann und betroffene Fremdkapitalnehmer durch Notverkäufe die Preise weiter unter Druck setzen[247]; zumal Nachschusspflichten grundsätzlich standardisiert sind, weshalb bei einem Wertverlust eines bestimmten Vermögenswerts typischerweise mehrere Institute gleichzeitig betroffen sind.[248]

---

241 Vgl. *Armour/Awrey/Davies u.a.*, Principles of Financial Regulation, 2016, S. 320 f.

242 Grundlegend *Diamond/Dybvig*, Journal of Political Economy 1983, S. 401 ff.; vgl. *Armour/Awrey/Davies u.a.*, Principles of Financial Regulation, 2016, S. 279.

243 Vgl. *Freixas/Parigi*, in: in: Berger/Molyneux/Wilson (Hrsg.), The Oxford Handbook of Banking, 2014, S. 478.

244 Vgl. *Schön/Hellgardt/Osterloh-Konrad*, WM 2010, S. 2194.

245 Vgl. *Armour/Awrey/Davies u.a.*, Principles of Financial Regulation, 2016, S. 317; *Brunnermeier/Pedersen*, Review of Financial Studies 2009, S. 2231 f.

246 Vgl. *Moore/Zhou*, DNB Working Paper (347) 2012, S. 5.

247 Vgl. *Poledna/Thurner/Farmer/Geanakoplos*, Journal of Banking & Finance 2014, S. 210.

248 Vgl. *Cullen*, The Repo Market: Collateral and Systemic Risk, S. 9.

Dem Fremdkapitalgeber droht demgegenüber die Abwertung oder gar der Verlust der Sicherheit, sollte der Fremdkapitalnehmer nicht in der Lage sein, Eigenkapital nachzuschießen. Fällt zudem der Fremdkapitalnehmer selbst aus, muss der Kapitalgeber seinerseits den fehlenden Liquiditätszufluss absorbieren.

### (2) Ableitung der Systemrelevanz

Die Fremdkapitalfinanzierung indiziert hingegen nicht nur konkrete Bestandsgefahren für individuelle Institute (Ausfallwahrscheinlichkeit). Durch die Höhe der Bilanzsumme der Passiva lassen sich zugleich Rückschlüsse auf die Größe sowie die Vernetzung eines Instituts, mithin zwei wesentlichen Faktoren der Systemrelevanz[249], und somit dem Ausmaß der zu erwartenden Ansteckungseffekte durch ihre Bestandsgefährdung, ziehen.[250]

Der Indikator der Bilanzsumme erfährt dabei häufig eine direkte Gleichsetzung mit der Größe eines Instituts.[251] Je höher die Bilanzsumme, desto größer ist typischerweise der durch das System zu absorbierende Ausfall sowie die Intensität der öffentlichen Wahrnehmung und desto größer ist das Risiko von Ansteckungseffekten.[252]

Für den Vernetzungsfaktor gilt, dass, je stärker die Verbindung von Instituten auf dem Interbankenmarkt, desto höher das Risiko direkter, aber auch indirekter Ansteckungseffekte wie beispielsweise Marktinformationen.[253] Auch hier korreliert daher die Höhe der Fremdkapitalfinanzierung als Indikator mit der Vernetzung eines Instituts.[254]

---

249 Vgl. SRB Work Programm 2016, S. 23, abrufbar unter https://srb.europa.eu/sites/srbsite/files/ 2016-srb-work-programme_en.pdf, zuletzt abgerufen am 30.01.2019; *Adolff/Eschwey*, ZHR 2013, S. 919 Fn. 62.

250 Vgl. *Alle u.a*, Cross-Border Banking in Europe: Implications for Financial Stability and Macroeconomic Policies, 2011, S. 76 ff.; *Pflock*, Europäische Bankenregulierung und das „Too big to fail-Dilemma", 2014, S. 117 ff.

251 Vgl. FSB/IMF/BIS, S. 9 f. (Fn. 91); *Mülbert*, in: FS Schneider, 2011, S. 859; *Brandt/Güth*, in: Jahn/Geier/Schmitt (Hrsg.), Handbuch der Bankenrestrukturierung, 2016, S. 557 Rn. 17.

252 *Pflock*, Europäische Bankenregulierung und das „Too big to fail-Dilemma", 2014, S. 118 ff.; zur isoliert nur relativen Aussagekraft der Indikatoren vgl. Kap. F. Fn. 90.

253 Vgl. FSB/IMF/BIS, S. 9 f. (Fn. 91); *Mülbert*, in: FS Schneider, 2011, S. 859.

254 Vgl. Basler Ausschuss für Bankenaufsicht (BCBS), Global systemrelevante Banken: Bewertungsmethodik und Anforderungen an die höhere Verlustabsorptionsfähigkeit, Nov. 2011, S. 8 Rn. 31, abrufbar unter http://www.bis.org/publ/bcbs207_de.pdf, zuletzt abgerufen am 30.01.2019; *Pflock*, Europäische Bankenregulierung und das „Too big to fail-Dilemma", 2014, S. 121; *Drehmann/Tarashev*, Journal

Mit Blick auf die Fremdkapitalfinanzierung ist daher festzuhalten, dass diese nicht nur Grundlage für Liquiditätsrisiken ist, sondern zeitgleich Rückschlüsse auf Faktoren der Systemrelevanz einzelner Institute, mithin die zu erwartenden Ansteckungseffekte im Fall des Zusammenbruchs zulässt. Damit bietet die Fremdkapitalfinanzierung einen pragmatischen ex-ante Indikator für die Systemrelevanz eines individuellen Instituts.[255]

Aus gleichheitsrechtlicher Perspektive ist die Anknüpfung an einen typischen Indikator der Systemrelevanz im Rahmen des Grundbeitrags, zur Wahrung einer gleichheitskonformen und verhältnismäßigen Lastenverteilung, sachgerecht. Institute, die ein hohes systemisches Risiko bei zeitgleich hoher Ausfallwahrscheinlichkeit aufweisen, werden unter erhöhter Wahrscheinlichkeit der Nutzung des SRF abgewickelt (Abwicklungswahrscheinlichkeit).

Ergänzend ist in der Beurteilung zu beachten, dass die Bestimmung des Grundbeitrags nur ein Teilaspekt der Gesamthöhe der Abgabe ausmacht und eine genauere Anpassung an das Risikoprofil in einem weiteren Schritt über den Risikoanpassungsmultiplikator erfolgt.[256]

### *bb. Abzug der Eigenmittel*

Bei der Berechnung ausgeklammert werden Eigenmittel[257], wobei in Anknüpfung an die Regelungen gemäß Basel III die CRR-VO den Begriff der Eigenmittel wesentlich weiter als den des bilanziellen Eigenkapitals fasst.[258]

---

of Financial Intermediation 2013, S. 589 ff.; *Doluca/Klüh/Wagner/Weder di Mauro,* German Council of Economic Experts Working Paper (4) 2010, S. 8; *Tarashev/Borio/Tsatsaronis,* BIS Working Papers (308) 2010, S. 6.

255 Vgl. *Acharya/Thakor,* Journal of Financial Intermediation 2016, S. 5; *de Mooij/Kee / Orihara,* in: de Mooij/Nicodème (Hrsg.), Taxation and Regulation of the Financial Sector, 2014, S. 239; *Goel/Song/Thakor,* Journal of Financial Intermediation, S. 472; *Acharya/Schnabl/Suarez,* Journal of Financial Economics 2013, S. 519; *Moore/Zhou,* DNB Working Paper (347) 2012, S. 24; *Adrian/Shin,* Journal of Financial Intermediation 2010, S. 433 f.; *Schwarcz,* Georgetown Law Journal 2008, S. 223 f.; *Gerlach,* Defining and Measuring Systemic Risk, 2009, S. 5; *Demirgüç-Kunt/Huizinga,* WB Working Paper (5360) 2010, S. 7 ff.; *Taylor,* NBER Working Paper (18290) 2012, S. 22; *Rocholl,* DIW 2013, S. 149 ff.; *Li,* in: Tian (Hrsg.), Commercial Banking Risk Management, 2017, S. 104; *Beville,* Florida State University Law Review 2009, S. 264.

256 Vgl. Art. 70 Abs. 2 UAbs. 2 SRM-VO; dies verkennend BR-Drs. 592/1/13, S. 3 Ziff. 9.

257 Vgl. Art. 3 Abs. 1 Nr. 40 SRM-VO i.V.m. Art. 4 Abs. 1 Nr. 118 CRR-VO.

258 Krit. zur weiten Begriffsdefinition sowie der Möglichkeit des zusätzlichen Kernkapitals *Admati/Hellwig,* Des Bankers neue Kleider, 2014, S. 290.

Die Eigenmittel untergliedern sich in hartes Kernkapital, zusätzliches Kernkapital und Ergänzungskapital.[259]

Das harte Kernkapital definiert sich dabei über die Prinzipien der effektiven Einzahlung, der unbefristeten Verfügbarkeit, der uneingeschränkten Verlustteilnahme sowie der Flexibilität der Ausschüttung.[260]

Im Gegensatz dazu dürfen zusätzliche Kernkapitalinstrumente grundsätzlich nach einer Mindestlaufzeit von fünf Jahren mit Zustimmung der Aufsichtsbehörde gekündigt, zurückgezahlt oder zurückgekauft werden.[261] Vorteil für die Institute ist, dass ihnen somit die Möglichkeit offen steht, Kernkapital zu schaffen, ohne die strengen Voraussetzungen für die Instrumente des harten Kernkapitals gem. Art. 28 CRR-VO erfüllen zu müssen.[262] Sinkt die Kernkapitalquote hingegen unter 5,125 %, müssen Instrumente des zusätzlichen Kernkapitals dauerhaft oder vorübergehend herabgeschrieben oder in Instrumente des harten Kernkapitals umgewandelt werden.[263]

Im Zuge der angestrebten erhöhten Eigenkapitalquantität verliert die niedrigste Kapitalklasse des Ergänzungskapitals deutlich an Bedeutung.[264] Es macht künftig nur noch 2 % der Gesamtkapitalanforderungen von 8 % aus und beinhaltet nur noch eine deutlich reduzierte Zahl an gesetzlich anerkannten Posten.[265]

Ungeachtet dieser neuen Schwerpunktsetzung im Recht des bankaufsichtlichen Eigenkapitals eint die Positionen, im Vergleich mit dem fristgebundenen Fremdkapital, dass sie grundsätzlich dauerhaft gewährt werden. Ein vergleichbares Risiko versiegender Refinanzierungsmöglichkeiten sowie möglicher Ansteckungseffekte wird durch Eigenmittel demnach nicht hervorgerufen, weshalb

---

259 Vgl. bereits Kapitel C. II. 2. d. aa.; vgl. *Konesny/Glaser*, in: Boos/Fischer/Schulte-Mattler (Hrsg.), KWG, CRR-VO, 2016, Vorb. Art. 25 CRR-VO Rn. 6; *Schelo*, Bank Recovery and Resolution, 2015, S. 33; *Keuschnigg/Kogler*, Besteuerung und Regulierung der Banken, 2014, S. 8 ff.

260 *Konesny/Glaser*, in: Boos/Fischer/Schulte-Mattler (Hrsg.), KWG, CRR-VO, 2016, Vorb. Art. 25 CRR-VO Rn. 3.

261 Vgl. Art. 52 Abs. 1 lit i) CRR-VO.

262 Vgl. *Ibd.*, Art. 52 CRR-VO Rn. 1.

263 Vgl. *Ibd.*, Vorb. Art. 25 CRR-VO Rn. 4; *Kunze/Windels/Dill*, in: Everling/Goedeckemeyer (Hrsg.), Bankenrating, 2015, S. 299.

264 *Konesny/Glaser*, in: Boos/Fischer/Schulte-Mattler (Hrsg.), KWG, CRR-VO, 2016, Vorb. Art. 62 CRR-VO Rn. 1.

265 Vgl. Art. 62 CRR-VO; *Kunze/Windels/Dill*, in: Everling/Goedeckemeyer (Hrsg.), Bankenrating, 2015, S. 302; mit einem Überblick über die neuen Eigenmittelanforderungen, insb. die prozentual einzuhaltenden Quoten *Maier*, in: Klauck/Stegmann (Hrsg.), Basel III, 2012, S. 67 ff.

diese konsequenterweise im Rahmen der Bemessungsgrundlage ausgeklammert werden.

### cc. *Abzug gedeckter Einlagen*

Bei der Berechnung bleiben auch gedeckte Einlagen unberücksichtigt, die von der Gesamthöhe der Verbindlichkeiten abzuziehen sind. Auf den ersten Blick kontraintuitiv wird damit das Abzugsrisiko, ein Kernelement des Refinanzierungsrisikos, ausgeschlossen. Einlagen stellen eine klassische Fremdkapitalfinanzierung dar, da sie ohne Einhaltung einer Mindestlaufzeit oder Kündigungsfrist zurückverlangt werden können. Speziell im Fall eines *bank run* können sich Gefahren für die Solvenz eines Instituts ergeben, zumal über eine informationelle Ansteckung gleichfalls ein Risiko für strukturell vergleichbare Institute, mithin ein systemisches Risiko, droht.[266]

Definitorisch erfassen „gedeckte Einlagen" gem. Art. 3 Abs. 1 Nr. 11 SRM-VO in Verbindung mit Art. 2 Abs. 1 Nr. 5 DGSD-RL nur diejenigen Einlagen, welche die Obergrenze von 100.000 Euro nicht übersteigen.

Insoweit sieht der Unionsgesetzgeber Einlagensicherungssysteme als wirksames Mittel, um insbesondere der Gefahr einer massenhaften Abhebung von Einlagen zu begegnen.[267] Diese Ermessensentscheidung des Unionsgesetzgebers[268] ist, speziell in Bezug auf das Regel-Ausnahme-Verhältnis bei der Überschreitung der Obergrenze, als sachgerecht zu bewerten.[269]

## b. *Bewertung von Verbindlichkeiten aus Derivatpositionen*

Eine Besonderheit stellt in diesem Zusammenhang die Bewertung von Verbindlichkeiten aus Derivatkontrakten dar.[270] Gem. Art. 5 Abs. 3 UAbs. 1 VO (EU) 2015/63 wird der auf Quartalsbasis berechnete durchschnittliche jährliche Betrag der in Art. 5 Abs. 1 VO (EU) 2015/63 genannten Verbindlichkeiten aus Derivatkontrakten im Einklang mit Art. 429, 429a und 429b CRR-VO

---

266 Vgl. *Wolfers/Voland*, in: Hopt/Wohlmannstetter (Hrsg.), Handbuch Corporate Governance von Banken, 2011, S. 330 f.

267 Vgl. Erwägungsgründe [7] und [33] DGSD-RL.

268 Vgl. Erwägungsgrund [22] DGSD-RL.

269 Krit. zur Effektivität von Einlagensicherungssystemen *Bryant*, Journal of Banking and Finance 1980, S. 343.

270 Zur Definition vgl. Art. 3 Nr. 22 VO (EU) 2015/63 i.V.m. Annex II der CRR-VO, ausgenommen sind insb. Kreditderivate.

bewertet, wobei konkret Art. 429a CRR-VO zur Bestimmung der Derivatpositionen Anwendung findet.[271]

Grundlegend werden für die Ermittlung der beitragsrelevanten Derivatpositionen somit die harmonisierten Normen für die Berechnung der Verschuldungsquote herangezogen; allein der so bestimmte Wert ist gem. Art. 5 Abs. 4 VO (EU) 2015/63 für die Ansetzung im Rahmen des Grundbeitrags maßgeblich.[272]

Über den Verweis des Art. 5 Abs. 3 UAbs. 1 VO (EU) 2015/63 werden den Instituten gegenüber einschlägigen Rechnungslegungsvorschriften (z.B. HGB, IFRS) insbesondere umfassende Möglichkeiten eröffnet, mittels Nettingvereinbarungen die Bewertung der resultierenden Verbindlichkeiten positiv zu beeinflussen[273], wobei der den Verbindlichkeiten zugewiesene Wert nicht unter 75 % des Werts liegen darf, der nach den national geltenden Rechnungslegungsvorschriften anzusetzen ist.[274]

Diese großzügige Behandlung wird vor dem Hintergrund, dass Derivate als Mitauslöser der Banken- und Finanzkrise angesehen werden, kritisch beurteilt.[275] Argumentiert wird, dass das Anerkenntnis der risikoreduzierenden Wirkung

---

271 Vgl. Art. 429 Abs. 9 CRR-VO; trotz des missverständlichen Wortlauts von Art. 5 Abs. 3 UAbs. 1 VO (EU) 2015/63 handelt es sich um eine Gesamtverweis auf alle Verbindlichkeiten Sinn des Art. 103 Abs. 2 BRRD-RL, was auch die Systematik in Gestalt des Abschnitts (Methodik der Berechnung) sowie der konkreten Norm (Risikoanpassung des jährlichen Grundbeitrags) nahelegt; detailliert zur Bewertung SRB, Ex-ante Contributions to the SRF 2017, Additional Guidance, S. 6 f., abrufbar unter https://www.fma.gv.at/download.php?d=2352, zuletzt abgerufen am 30.01.2019.

272 Vgl. *Brandt/Güth*, in: Jahn/Geier/Schmitt (Hrsg.), Handbuch der Bankenrestrukturierung, 2016, S. 562 Rn. 29; GVB, EU-Bankenabwicklung: Vorschlag der EU-Kommission zur Berechnung der EU-Bankenabgabe muss nachgebessert werden, Punkt 4 (Kap. D. Fn. 154); *Ferber*, Übersicht: Die Europäische Bankenabgabe, S. 2, Behandlung von Derivaten, abrufbar unter http://www.markus-ferber.de/fileadmin/Ferber_Daten/Pdf/%C3%9Cbersicht_Bankenabgabe1.pdf, zuletzt abgerufen am 30.01.2019; Berechnungsübersicht bei *Löyttyniemi*, Third Industry Dialogue, Contributions to the SRF, S. 6 (Kap. C. Fn. 197).

273 Vgl. Art. 429a Abs. 1 UAbs. 3 CRR-VO.

274 Vgl. Art. 5 Abs. 3 UAbs. 2 VO (EU) 2015/63; *Ferber*, Übersicht: Die Europäische Bankenabgabe, S. 2, Schätzungen der Kommission zum Verweis auf Art. 429 Abs. 6 und 7 CRR-VO a.F. gingen davon aus, dass diese Regelung eine Mehrbelastung von ca. 2 % für kleinere und mittlere Banken sowie eine Entlastung von ca. 1 % für die Großbanken bedeutet.

275 Vgl. BT-Drs. 17/4977, S. 8.

von Nettingvereinbarungen vor allem große Institute mit hohen Derivatbeständen ungerechtfertigt bevorzugen würde.[276]

Intensiviert hat sich die Kritik mit der Änderung des Art. 5 Abs. 3 VO (EU) 2015/63 durch die Delegierte Verordnung (EU) 2016/1434 der Kommission vom 14. Dezember 2015.[277] Begründet wurde die Modifikation u.a. mit der Korrektur „kleinerer Fehler der englischen Sprachfassung des Wortlauts" von Art. 5 VO (EU) 2015/63 a.F.[278]

Zugleich wurde jedoch eine technische Änderung vorgenommen, wonach Art. 5 Abs. 3 VO UAbs. 1 (EU) 2015/63 nun nicht mehr auf Art. 429 Abs. 6 und 7 CRR-VO a.F., sondern auf die aktuellen Art. 429, 429a sowie 429b CRR-VO verweist.[279] Im Vergleich zu Art. 429 CRR-VO a.F. lässt Art. 429a Abs. 1 UAbs. 3 S. 3 CRR-VO begrenztes produktübergreifendes Netting zu[280], womit auch unterschiedliche Derivatpositionen gegeneinander aufgerechnet werden können.

Neben der Art und Weise des Vorgehens der Kommission, die mit der Begründung einer bloßen sprachlichen Korrektur die Bewertung der Verbindlichkeiten aus Derivatkontrakten änderte, wird vor allem kritisiert, dass durch Art. 429a Abs. 1 UAbs. 3 S. 3 CRR-VO erneut und ungerechtfertigt nur Institute mit hohem Derivatbestand profitieren würden, da die erweiterten Nettingmöglichkeiten die anzusetzenden Verbindlichkeiten reduzieren und dementsprechend zu einem niedrigeren Grundbeitrag führen.[281]

---

276 GVB, EU-Bankenabwicklung: Vorschlag der EU-Kommission zur Berechnung der EU-Bankenabgabe muss nachgebessert werden, Punkt 4 (Kap. D. Fn. 154), welcher die ersatzlose Streichung von Art. 5 Abs. 3 VO (EU) 2015/63 fordert, wodurch auch Verbindlichkeiten aus Derivatkontrakten mit ihrem vollen Buchwert in die Bemessungsgrundlage einzubeziehen wären; *Brandt/Güth*, in: Jahn/Geier/ Schmitt (Hrsg.), Handbuch der Bankenrestrukturierung, 2016, S. 563 Rn. 30.

277 Delegierte Verordnung (EU) 2016/1434 der Kommission vom 14. Dezember 2015 zur Berichtigung der Delegierten Verordnung (EU) 2015/63 zur Ergänzung der Richtlinie 2014/59/EU des Europäischen Parlaments und des Rates im Hinblick auf im Voraus erhobene Beiträge zu Abwicklungsfinanzierungsmechanismen (EU) 2016/1434; im Folgenden VO (EU) 2016/1434.

278 Vgl. Erwägungsgrund [1] VO (EU) 2016/1434.

279 Die CRR-VO wurde durch die Delegierte Verordnung (EU) 2015/62 der Kommission vom 10. Oktober 2014 zur Änderung der Verordnung (EU) Nr. 575/2013 des Europäischen Parlaments und des Rates im Hinblick auf die Verschuldungsquote geändert.

280 Vgl. Art. 272 Abs. 11 und 25 CRR-VO.

281 Vgl. *Brandt/Güth*, in: Jahn/Geier/Schmitt (Hrsg.), Handbuch der Bankenrestrukturierung, 2016, S. 563 Rn. 30.

Durch den dann geringeren Grundbeitrag bei gleichbleibendem jährlichen Traget, würde sich die Belastung noch weiter auf die Banken verschieben, die von dieser Möglichkeit nur eingeschränkt Gebrauch machen können (Umverteilungseffekt).[282]

Zur weiteren Analyse der Problematik, ob der Verweis auf Art. 429a Abs. 1 CRR-VO eine ungerechtfertigte Bevorzugung bestimmter Institute darstellt, ist (i) im Detail zu untersuchen, wie die Bewertungsmethodik für Verbindlichkeiten aus Derivatkontrakten ausgestaltet ist.

Gleichheitsrechtlich soll (ii) analysiert werden, ob die weitreichende Berücksichtigung von Nettingvereinbarungen tatsächlich substanzielle Umverteilungseffekte für die Bemessungsgrundlage bedeutet und, soweit dies zutrifft, ob dies gerechtfertigt werden kann.

### *aa. Verweis auf die Vorschriften zur Berechnung der Verschuldungsquote*

Ratio des Verweises auf die aufsichtsrechtliche Bewertung der CRR-VO ist, dass die Rechnungslegungsvorschriften für Derivate in der Union im Hinblick auf individuelle Konten nicht harmonisiert sind, weshalb Befürchtungen laut wurden, dass dies Auswirkungen auf die Höhe der Verbindlichkeiten haben könnte, die bei der Berechnung der Beiträge der einzelnen Institute zu berücksichtigen sind.[283]

Insbesondere bei Zinsderivaten ist die Anwendung von Hedge-Accounting-Regelungen weit verbreitet, wobei das bilanzielle Regelungswerk in den verschiedenen Standards (z.B. IAS 39 ggü. § 254 HGB) eine unterschiedliche bilanzielle Abbildung bewirken kann.[284] Der Verweis auf die risikounabhängige Kennzahl der Verschuldungsquote soll dahingehend einheitliche Wettbewerbsbedingungen zwischen den beitragspflichtigen Instituten, mithin ein harmonisiertes Vorgehen für die Ermittlung der in den Grundbeitrag einfließenden Verbindlichkeiten aus Derivatkontrakten, sicherstellen.[285]

---

282 Vgl. *Ferber*, Börsenzeitung vom 10.2.2015 Nr. 27, S. 4, der von einem „Taschenspielertrick“ der Kommission spricht und eine materielle Ausweitung der sogenannten Netting-Regelungen befürchtet.

283 Vgl. *Brandt/Güth*, in: Jahn/Geier/Schmitt (Hrsg.), Handbuch der Bankenrestrukturierung, 2016, S. 557 Rn. 29.

284 Für Anwender des deutschen HGB kann zudem auch die Anwendung der verlustfreien Bewertung im Bankbuch im Sinn der IDW RS BFA 3 zu einem abweichenden Bilanzbild führen.

285 Vgl. Erwägungsgrund [12] und [22] VO (EU) 2015/63; *Stegmann*, in: Klauck/Stegmann (Hrsg.), Basel III, 2012, S. 3 ff., S. 15.

Praktisch erfolgt die Anpassung des Grundbeitrags hinsichtlich der Derivatpositionen in drei Schritten. Sämtliche Verbindlichkeiten aus Derivatkontrakten gem. dem nationalen Einzelabschluss werden zunächst aus den beitragsrelevanten Passiva herausgerechnet, um diesen in einem zweiten Schritt die aufsichtsrechtlichen Derivatpositionen hinzuzuaddieren, die sich aus der Bewertung gem. Art. 429a CRR-VO ergeben.[286]

Diese Bewertung nehmen die Institute anhand der Marktbewertungsmethode gem. Art. 274 CRR-VO vor[287], wonach sich der anzusetzende Wert aus der Summe aus aktuellem Wiedereindeckungsaufwand und potenziellem künftigem Wiederbeschaffungswert ergibt.[288] Der aktuelle Wiedereindeckungsaufwand ist durch die Zuweisung des aktuellen Marktwertes zu den jeweiligen Derivatpositionen zu ermitteln.[289] Der potenzielle künftige Wiederbeschaffungswert bestimmt sich demgegenüber durch Multiplikation der Nominalbeträge der Derivatpositionen mit den in Art. 274 Abs. 2 und Abs. 3 CRR-VO vorgegebenen Prozentsätzen, die sich an der Art des Basiswerts und der Restlaufzeit der Kontrakte orientieren.[290]

Existierende Nettingvereinbarungen werden dabei gem. Art. 429a Abs. 1 UAbs. 3 CRR-VO berücksichtigt. Für die Bestimmung des Risikopositionswerts anhand der Marktbewertungsmethode folgt, dass der aktuelle Wiedereindeckungsaufwand auf die Nettokosten der unter die Nettingvereinbarung fallenden Kontrakte reduziert werden kann[291] und dass ein ebenfalls reduzierter potenzieller künftiger Wiederbeschaffungswert herangezogen wird.[292]

Zur Sicherung der Mindestbelastung von Instituten mit hohem Derivatbestand wird die Berücksichtigung von Nettingvereinbarungen in einem abschließenden dritten Schritt beschränkt; die Summe der passivierten Verbindlichkeiten

---

286 Vgl. *Brandt/Güth*, in: Jahn/Geier/Schmitt (Hrsg.), Handbuch der Bankenrestrukturierung, 2016, S. 557 Rn. 30.

287 Vgl. Art. 429a Abs. 1 UAbs. 1 S. 1 CRR-VO.

288 Vgl. Art. 274 Abs. 4 CRR-VO; *Ludwig/Schramm/Siwik*, in: Boos/Fischer/Schulte-Mattler (Hrsg.), KWG, CRR-VO, 2016, Art. 274 CRR-VO Rn. 1; zum überarbeiteten Standardansatz („SA-CRR"), der Standard- und Marktbewertungsmethode ersetzen soll, vgl. *dies.*, Vorb Art. 271 ff. Rn. 3.

289 Vgl. Art. 274 Abs. 1 CRR-VO.

290 Vgl. *Ludwig/Schramm/Siwik*, in: Boos/Fischer/Schulte-Mattler (Hrsg.), KWG, CRR-VO, 2016, Art. 274 CRR-VO Rn. 2 ff.

291 Vgl. Art. 298 Abs. 1 lit. c) (i) CRR-VO; *Ludwig/Schramm/Siwik*, in: Boos/Fischer/Schulte-Mattler (Hrsg.), KWG, CRR-VO, 2016, Art. 298 CRR-VO Rn. 6.

292 Vgl. Art. 298 Abs. 1 lit. c) (ii) CRR-VO; *Ludwig/Schramm/Siwik*, in: Boos/Fischer/Schulte-Mattler (Hrsg.), KWG, CRR-VO, 2016, Art. 298 CRR-VO Rn. 7.

aus Derivatkontrakten im nationalen Einzelabschluss ist der Bewertung gem. Art. 429a CRR-VO gegenüberzustellen. Dabei darf der aufsichtsrechtlich zugewiesene Wert nicht unter 75 % des Werts liegen, der nach den national geltenden Rechnungslegungsvorschriften anzusetzen ist.[293]

### *bb. Berücksichtigung von Nettingvereinbarungen*

Um die vorgebrachte Kritik, speziell gegen die erweiterten Möglichkeiten des produktübergreifenden Netting, vor dem Hintergrund des Art. 20 GRCh validieren zu können, ist (i) zunächst detailliert auf die grundlegende Funktion von Nettingvereinbarungen einzugehend. Darauf aufbauend ist (ii) die Prämisse der risikomindernden Wirkung von Nettingvereinbarungen kritisch zu hinterfragen, um (iii) abschließend eine gleichheitsrechtliche Würdigung vornehmen zu können.

#### (1) Begriff und Konzept

Im bankaufsichtsrechtlichen Kontext wird „Netting"[294] als Reduzierung des Adressenausfallrisikos eines Instituts gegenüber einem Geschäftspartner durch Verrechnung zweier gegenläufiger Ansprüche bzw. Verpflichtungen qua Gesetz oder individualvertraglicher Vereinbarung definiert.[295]

Rechtlich wird dabei zwischen *set-off*, *netting (by novation)* und *close-out netting* differenziert.[296] Erhöhte Relevanz auf den Finanzmärkten kommt dabei dem *close-out netting* zu, weshalb sich die folgenden Ausführungen auf diese Variante beschränken werden.

---

293 Vgl. Art. 5 Abs. 3 UAbs. 2 VO (EU) 2015/63; *Brandt/Güth*, in: Jahn/Geier/Schmitt (Hrsg.), Handbuch der Bankenrestrukturierung, 2016, S. 563 Rn. 30.

294 Engl. „to net"; saldieren.

295 *Berger*, Der Aufrechnungsvertrag, 1996, S. 22 ff. mit Darlegung der Problematik rund um die Begrifflichkeit „Netting" für die allg. Zivilrechtsdogmatik; auch *Zimmer/Fuchs*, ZGR 2010, S. 616 grenzen ggü. der zivilrechtlichen Aufrechnung (§§ 387 ff. BGB) ab, da diese lediglich eine einseitige Gestaltungserklärung erfordert, wohingegen das Netting eine gesetzlich oder vertraglich bedingte Verrechnung darstellt; vgl. auch *Fuchs*, Close-out Netting, Collateral und systemisches Risiko, 2013, S. 46 f.; *Garcimartin/Saez*, in: Haentjens/Wessels (Hrsg.), Research Handbook on Crisis Management in the Banking Sector, 2015, S. 332.

296 *Garcimartin/Saez*, in: Haentjens/Wessels (Hrsg.), Research Handbook on Crisis Management in the Banking Sector, 2015, S. 331 ff.; *Paech*, WM 2010, S. 1966.

In Art. 2 Nr. 98 BRRD-RL hat der europäische Gesetzgeber jüngst eine eigene Definition des Netting und des close-out netting normiert. Demnach ist unter einer „Saldierungsvereinbarung" eine Vereinbarung zu verstehen,

> [...] der zufolge eine Reihe von Forderungen oder Verpflichtungen in eine einzige Nettoforderung umgewandelt werden kann, einschließlich Close-Out-Saldierungsvereinbarungen, bei denen bei Eintreten eines (gleich wie und gleich wo definierten) Durchsetzungsereignisses die Verpflichtungen der Parteien vorzeitig fällig werden oder beendet werden, und in eine einzige Nettoforderung umgewandelt oder durch eine solche ersetzt werden; hierunter fallen auch die „Aufrechnung infolge Beendigung" im Sinne von Artikel 2 Absatz 1 Buchstabe n Ziffer i der Richtlinie 2002/47/EG und die „Aufrechnung" im Sinne von Artikel 2 Buchstabe k der Richtlinie 98/26/EG.[297]

Entsprechende Vereinbarungen werden meist in Bezug auf ein Rahmenvertragswerk getroffen, wobei sich in der Praxis das amerikanische Vertragswerk, das ISDA MA 1992 vom 15. Juni 1992 sowie die Neufassung vom 9. Januar 2003, das ISDA MA 2002, durchgesetzt hat.[298]

Beim close-out netting handelt es sich im Detail um ein zweistufiges Abwicklungsverfahren, welches sich in Beendigung („close-out") und Verrechnung gliedert.[299] Im Rahmen der Beendigung werden, unter Anknüpfung an die entsprechenden Lösungsklauseln (*termination clauses*) des Rahmenvertrags[300], alle bislang unerfüllten Geschäfte beendet. Anschließend wird die Verrechnung dergestalt vollzogen, dass an die Stelle der beendeten Geschäfte sog. (Brutto-) Ersatz forderungen treten, welche dann saldiert werden, sodass letztlich nur eine (Netto-) Forderung zugunsten einer Partei verbleibt.[301]

Im Rahmen der Charakterisierung als Kreditminderungstechnik ist die wesentliche wirtschaftliche Funktion des Netting, das Gegenparteiausfallrisiko

---

297 Dahingehend weiter die Definition in Principle 2 of the UNIDROIT Principles on Close-Out Netting, abrufbar unter http://www.unidroit.org/english/principles/netting/netting-principles2013-e.pdf, zuletzt abgerufen am 30.01.2019; ähnl. *Paech*, WM 2010, S. 1970.

298 Vgl. *Ludwig/Schramm/Siwik*, in: Boos/Fischer/Schulte-Mattler (Hrsg.), KWG, CRR-VO, 2016, Art. 295 CRR-VO Rn. 2; ausfl. *Fuchs*, Close-out Netting, Collateral und systemisches Risiko, 2013, S. 38 ff.

299 Vgl. *Fuchs*, Close-out Netting, Collateral und systemisches Risiko, 2013, S. 45 ff.; *Paech*, WM 2010, S. 1966.

300 Vgl. sec. 5 (a) und (b) ISDA MA, wobei mit Blick auf das Gegenparteiausfallrisiko nur sec. 5 (a) ISDA MA interessiert, welcher „Events of Default" definiert, insb. Insolvenz, Nichterbringung von Leistungen sowie der Drittverzug.

301 Vgl. *Paech*, WM 2010, S. 1967 („Gesamtausgleichsforderung").

sowie Transaktionskosten im Bereich der Absicherung und des Zahlungsverkehrs zu reduzieren, wobei spiegelbildlich Liquiditätsrisiken der Fremdkapitalfinanzierung abgebaut werden.[302]

### (2) Risikomindernde Wirkung von Nettingvereinbarungen

Bei der praktischen Beurteilung des Netting liegt die Betonung stets vehement auf den positiven risikomindernden Wirkungen (*common knowledge*), während gegenteilige Aspekte oftmals ausgeblendet werden oder nicht eingehend Beachtung finden.[303] In der Rechtsetzung wird dieser verengende Blickwinkel als Grundlage für die Legitimation der rechtlichen Sonderbehandlung von Nettingregelungen herangezogen.[304]

Ein „Anwendungsfall" kann auch in der Bevorzugung von Nettingvereinbarungen im Rahmen des Grundbeitrags der Europäischen Bankenabgabe gesehen werden. Verbindlichkeiten aus Derivatkontrakten werden, unter Berücksichtigung etwaiger Nettingvereinbarungen, nur wertvermindert in den Grundbeitrag einbezogen. Eine Rechtfertigung der damit verbundenen faktischen Bevorzugung von Instituten mit hohem Derivatbestand käme allerdings nur dann in Betracht, wenn Nettingvereinbarungen tatsächlich ein risikominderndes Potential zukäme.

Tatsächlich reduziert close-out Netting die Exposition gegenüber dem Kontrahenten. Das Überspringen einer Insolvenz auf den solventen Geschäftspartner wird grundsätzlich verhindert, da eine nicht vertragsgemäße Erfüllung soweit ausgeschlossen wird, wie sich die unter den Parteien bestehenden Verbindlichkeiten im Saldierungsweg decken.[305] Auf diesem Weg sinken die

---

302 Vgl. *Berger*, Der Aufrechnungsvertrag, 1996, S. 25, der auf den S. 24 ff. einen Überblick über (weitere) abstrakte Funktionen und konkrete Anwendungsbereiche von Nettingvereinbarungen in der Praxis bietet; vgl. *Paech*, WM 2010, S. 1967, wonach der Nominalbetrag aller offener OTC-Finanzleistungen Ende Juni 2009 605 Billionen US-Dollar betrug, wobei sich das Bruttoausfallrisiko auf 25 Billionen US-Dollar belief; unter Berücksichtigung bestehender und wirksamer Close-out Nettingverträge ergab sich hingegen ein Nettoausfallrisiko von (nur) 3,7 Billionen USD.

303 Vgl. *Fuchs*, Close-out Netting, Collateral und systemisches Risiko, 2013, S. 73.

304 Dies gilt insb. in der Insolvenz (*safe harbor provisions*), vgl. z.B. Art. 12 Abs. 4 UAbs. 2 SRM-VO, Art. 77 BRRD-RL oder die deutschen § 104 Abs. 2 S. 1, Abs. 3 InsO oder § 119 InsO; krit. *Fuchs*, Close-out Netting, Collateral und systemisches Risiko, 2013, S. 109 ff.; vgl. *Paech*, WM 2010, S. 1967, wonach die Frage nach einer nettingfreundlichen Rechtsordnung wettbewerbsrechtlich einen Standortfaktor darstellt.

305 *Fuchs*, Close-out Netting, Collateral und systemisches Risiko, 2013, S. 70 f. m.w.N.; *Paech*, WM 2010, S. 1967 f.

Wiederbeschaffungskosten und etwaige Liquiditätslücken sowie -risiken werden reduziert.[306] Dieser Effekt ist auch im Rahmen des produktübergreifenden Nettings anerkannt.[307]

Die Komplexitätsreduzierung auf eine (Netto-)Forderung birgt für die Parteien speziell im Fall des close-out ergänzend zudem ein erleichtertes Risiko- und Positionsmanagement.[308] Im Detail ist es den Parteien durch den close out möglich, ihre wechselseitigen Verbindlichkeiten zum Zeitpunkt der vertraglich vorbestimmten Beendigungstatbestände festzuschreiben, sodass nur diejenigen Verbindlichkeiten (sicher) zur Verrechnungsgrundlage gemacht werden, die zum Zeitpunkt der Vertragsbeendigung bestehen. Marktteilnehmer können somit vermeiden, im Fall der Insolvenz der Gegenpartei an derivative Geschäfte mit starker Wertfluktuation gebunden zu sein. Bestünde im Rahmen des staatlicherseits bereitgestellten Krisenbewältigungsmechanismus eine unüberwindliche Bindung an die Gegenpartei, könnten entsprechende Wertfluktuationen der zugrundeliegenden Derivatkontrakte (schnell) zu einer erhöhten Nettoforderung gegen die solvente Partei führen.[309]

Ergänzend vermeiden Nettingvereinbarungen, dass solvente Gegenparteien versuchen müssen, entsprechende Saldierungsmöglichkeiten bei dritten Parteien zu eröffnen, um offene Positionen abzusichern (*rehedging*).[310] Die Anerkennung des close-out netting vermeidet daher auch eine unnötige Begründung von Kreditrisiken gegenüber dritten Marktteilnehmern.[311]

Der Eintritt des Beendigungstatbestands zeitigt insbesondere für die fallierende Partei jedoch auch gewichtige Nachteile, welche systemische Risiken begründen können.[312]

---

306 Vgl. *Berger*, Der Aufrechnungsvertrag, 1996, S. 25 m.w.N.; *Bliss/Kaufman*, Journal of Financial Stability 2006, S. 64 nennen für 2006, unter Einbezug von Collateral, eine Reduktion des Gegenparteiausfallrisiko um 93 %.

307 Vgl. BCBS, Die Anwendbarkeit von Basel II auf Handelsaktivitäten und die Behandlung von Double-Default-Effekten, S. 6 Rn. 21, abrufbar unter https://www.bundesbank.de/Redaktion/DE/Downloads/Aufgaben/Bankenaufsicht/Basel/basel2_anwendbarkeit_handelsaktivitaeten.pdf?__blob=publicationFile, zuletzt abgerufen am 30.01.2019.

308 Vgl. *Fuchs*, Close-out Netting, Collateral und systemisches Risiko, 2013, S. 71 f.

309 *Bliss/Kaufman*, Journal of Financial Stability 2006, S. 64.

310 *Ibd.*, S. 65.

311 *Fuchs*, Close-out Netting, Collateral und systemisches Risiko, 2013, S. 72.

312 Vgl. *Paech*, WM 2010, S. 1968; *Zimmer/Fuchs*, ZGR 2010, S. 616 ff.; *Fuchs*, Close-out Netting, Collateral und systemisches Risiko, 2013, S. 69.

Die gravierendste Folge ist die mögliche Konfrontation mit einer sofort fälligen Zahlungspflicht (vgl. sec. 6 (d) (ii) ISDA MA)[313], was insbesondere im Rahmen von Derivatkontrakten typischerweise eine beträchtliche Summe bedeutet (sog. Abkopplungseffekt).[314] Mit dem Verzicht auf eine Hierarchisierung der Gläubiger droht zudem ein Wettlauf, was den grundlegenden Prinzipien von Krisenbewältigungsmechanismen diametral entgegensteht.

Der Automatismus der unmittelbaren und gleichzeitigen Beendigung aller Verträge, welche in die Nettingabrede einbezogen wurden, kann somit zum (Total-)Ausfall eines, ggf. systemrelevanten, Instituts führen, was eine geordnete Abwicklung oder Restrukturierung unwahrscheinlich macht.[315]

Gleichzeitig müssen auch die solventen Gegenparteien die Menge an beendeter Derivatgeschäfte ersetzen, wobei hier der Bruttowert zählt. Eine Reproduktion mit entsprechendem Umfang kann, mangels entsprechender Marktteilnehmer, unmöglich sein oder bei Unternehmen mit (vermuteter) geringerer Bonität nur mit signifikanten Risikoaufschlägen umgesetzt werden und somit auch die Gegenpartei in Bedrängnis bringen.[316]

Ungeachtet etwaiger Nettingvereinbarungen sind die Bruttowerte zudem nach wie vor für die Marktbewertung von Relevanz, insbesondere wenn ein Ausfall eines Instituts befürchtet wird, was sich am Beispiel von Bear Stearns sowie Lehman Brothers beobachten ließ.[317]

Übergreifend ist letztlich zu beachten, dass die Rechtskraft getroffener Nettingvereinbarungen international nicht sicher vorhergesagt werden kann, was zu erheblichen Rechtsunsicherheiten führt und die angestrebte Risikoreduzierung unterminiert.[318]

---

313 Vgl. zur Berechnung ausfl. *Fuchs*, Close-out Netting, Collateral und systemisches Risiko, 2013, S. 56 ff.

314 Im Fall des [Dritt-]Verzugs erscheint selbst die Herbeiführung einer vormals nicht drohenden Insolvenz möglich, vgl. *Bliss/Kaufman*, Journal of Financial Stability 2006, S. 59.

315 *Fuchs*, Close-out Netting, Collateral und systemisches Risiko, 2013, S. 75 ff.; *Paech*, WM 2010, S. 1968; *Schelo*, Bank Recovery and Resolution, 2015, S. 27.

316 *Acharya/Ryan*, Journal of Accounting Research 2016, S. 293; *Fuchs*, Close-out Netting, Collateral und systemisches Risiko, 2013, S. 80.

317 *Admati/Hellwig*, Des Bankers neue Kleider, 2014, S. 401 Fn. 17.

318 *Ibd.*, S. 401 Fn. 16; *Paech*, WM 2010, S. 1969 f.

### (3) Gleichheitsrechtliche Würdigung

Von der gesetzlich dennoch positiven Bewertung von Nettingvereinbarungen und des einhergehenden reduzierten Ansatzes von Verbindlichkeiten aus Derivatkontrakten im Rahmen des Grundbeitrags profitieren vor allem Institute mit einem hohen Derivatbestand.[319]

Insbesondere das bisher prinzipiell ausgeschlossene produktübergreifende Netting ist nun in begrenztem Umfang zulässig.[320]

Im Detail darf zwischen den in Art. 272 Abs. 25 lit. c) CRR-VO genannten Produktkategorien (insb. zinsbezogene, fremdwährungsbezogene und ähnliche Geschäfte) aufgerechnet werden, sofern diese produktübergreifenden vertraglichen Nettingvereinbarungen nach Art. 295 Abs. 1 lit. c) CRR-VO unterliegen.

Eine risikomindernde Berücksichtigung der Nettingvereinbarungen gem. Art. 298 CRR-VO findet somit nur dann statt, wenn diese von der Aufsichtsbehörde gem. Art. 296 CRR-VO anerkannt wurden und die Institute ihre Überwachungspflichten aus Art. 297 CRR-VO erfüllen. Mit dem Verweis auf Art. 295 Abs. 1 lit. c) CRR-VO gilt die Neuregelung zudem nur für Institute, denen bereits für die Ermittlung des Gegenparteiausfallrisikos im Rahmen der Berechnung der Eigenmittelanforderungen die Verwendung einer Internen-Modell-Methode (IMM) gestattet wurde.[321]

Aus gleichheitsrechtlicher Sicht besteht die faktische Wirkung des Art. 5 Abs. 3 VO (EU) 2015/63 folglich darin, dass nur eine Gruppe von Instituten von dieser Regelung profitieren und ihren Grundbeitrag reduzieren kann, was

---

319 Vgl. *Brandt/Güth*, in: Jahn/Geier/Schmitt (Hrsg.), Handbuch der Bankenrestrukturierung, 2016, S. 563 Rn. 30; zu den Voraussetzungen des Gleichheitssatzes vgl. *Kokott/Dobratz*, in: Schön/Heber (Hrsg.), Grundfragen des Europäischen Steuerrechts, 2015, S. 34 f.; *Frenz*, Handbuch Europarecht, 2009, S. 961 Rn. 3219.

320 Vgl. Art. 429a Abs. 1 UAbs. 3 S. 3 CRR-VO.

321 Vgl. *Tschiltschke*, in: Boos/Fischer/Schulte-Mattler (Hrsg.), KWG, CRR-VO, 2016, Art. 429 Rn. 6; anzumerken ist, dass deren Anerkenntnis unterstellt, das Institute und die Regulierungsbehörden die gleiche Zielfunktion haben, was bei den zu bewertenden negativen Externalitäten gerade nicht der Fall ist, weshalb Standardansätze oftmals vergleichbarere und zuverlässigere Zahlen liefern, vgl. Handelsblatt vom 15.11.2016, abrufbar unter http://www.handelsblatt.com/unternehmen/banken-versicherungen/regulierung-bankenaufseher-kritisieren-interne-risikomodelle/14844802.html, zuletzt abgerufen am 30.01.2019; bereits die Beschränkung der Nutzung von produktübergreifendem Netting auf Institute mit IMM kann kritisiert werden, da somit nicht nur Anreize zur Nutzung dieser Modelle gesetzt werden, sondern auch nur große Institute profitieren, für die sich die Kosten der Einrichtung dieser Modelle lohnt.

eine mittelbare, strukturelle Ungleichbehandlung gegenüber jenen Abgabeschuldnern manifestiert, die den Grundbeitrag nicht in vergleichbarer Weise vermindern können.[322] Denn aufgrund des nicht beeinflussbaren Parameters des jährlichen Target, steigt die Beitragslast für diejenigen Institute, die keinen Pauschalbeitrag in Anspruch nehmen können, automatisch, soweit begünstigte Institute ihren Beitrag verringern können.

Dies wäre nur dann als gerechtfertigt anzusehen, wenn ein sachlich begründbares Differenzierungsziel vorliegt und die Regelung verhältnismäßig ist.[323]

Grundsätzlich verfolgt der Unionsgesetzgeber mit dem Verweis des Art. 5 Abs. 3 VO (EU) 2015/63 auf die CRR-VO das Ziel, „dass gleiche Derivatkontrakte, und insbesondere das Netting von Derivatkontrakten, unabhängig von den Rechnungslegungsvorschriften (…), gleich behandelt werden".[324]

Über den Einschub wird betont, dass insbesondere die einheitliche Berücksichtigung der risikominimierenden Wirkung von Nettingvereinbarungen angestrebt ist. Im Rahmen des weiten gesetzgeberischen Ermessens ist die einheitliche Bewertung als legitimes Ziel anzuerkennen, wobei die Bezugnahme auf die CRR-VO als geeignet und erforderlich einzustufen ist.[325]

Für die Verhältnismäßigkeit im engeren Sinne dürfte der Nutzen der Ungleichbehandlung hingegen in keinem Missverhältnis zum Ausmaß der Benachteiligung stehen.[326] Ersterer lässt sich unter der einheitlichen Berücksichtigung der Risikominimierung von Nettingvereinbarungen fassen. Auf der Gegenseite bedingt der Verweis auf Art. 429a CRR-VO die aufgezeigte mittelbare Ungleichbehandlung.

---

322 Vgl. zur Unterscheidung zwischen un- und mittelbarer Ungleichbehandlung Urteil *Defrenne/SABENA*, C-43/75, EU:C:1976:56, Rn. 16/20; *Zuleeg/Kadelbach*, in: Schulze/Zuleeg/Kadelbach (Hrsg.), Europarecht, 2014, § 8 Rn. 29; *Plötscher*, Der Begriff der Diskriminierung im Europäischen Gemeinschaftsrecht, 2003, S. 50.

323 Vgl. *Kokott/Dobratz*, in: Schön/Heber (Hrsg.), Grundfragen des Europäischen Steuerrechts, 2015, S. 35; *Jarass*, Charta der Grundrechte der Europäischen Union, 2013, Art. 20 Rn. 15; krit. bzgl. der Anwendbarkeit des Grundsatzes der Verhältnismäßigkeit *Kingreen*, in: Ehlers (Hrsg.), Europäische Grundrechte und Grundfreiheiten, 2014, § 21 Rn. 16 f.

324 Erwägungsgrund [12] VO (EU) 2015/63.

325 Vgl. zur breiten Fächerung der möglichen Ziele der Rechtfertigung im Rahmen einer mittelbaren Ungleichbehandlung Urteil *Parris*, C-443/15, EU:C:2016:897, Rn. 48, 140; *Jarass*, Charta der Grundrechte der Europäischen Union, 2013, Art. 20 Rn. 13: „(der) Gesetzgeber dürfte insoweit kaum Einschränkungen unterliegen."

326 *Jarass*, Charta der Grundrechte der Europäischen Union, 2013, Art. 20 Rn. 15; *Frenz*, Handbuch Europarecht, 2009, S. 961 Rn. 3209.

Ein Missverhältnis wäre insbesondere dann anzunehmen, wenn Nettingvereinbarungen tatsächlich keine risikoreduzierende Wirkung zukäme, der Nutzen der Ungleichbehandlung sich folglich faktisch nicht realisieren würde; einer harmonisierenden positiven Berücksichtigung würde dann bereits die Grundlage fehlen.

In Rückgriff auf die bisherigen Ausführungen stehen der risikoreduzierenden Wirkung von Nettingvereinbarungen erhebliche Bedenken entgegen, die sich insbesondere aus dem Automatismus des close-out ergeben.

An diesem Punkt ist jedoch die Beschränkung der Durchsetzungsereignisse gem. Art. 68 BRRD-RL sowie die Möglichkeit eines Moratoriums gem. Art. 71 BRRD-RL durch die nationalen Abwicklungsbehörden im Rahmen der Umsetzung eines Abwicklungsbeschlusses gem. Art. 29 Abs. 1 SRM-VO zu berücksichtigen[327], womit der close-out des gesunden Geschäfts vermieden werden kann.[328] Zudem wird den nationalen Abwicklungsbehörden gem. Art. 63 Abs. 1 lit. c) und d) BRRD-RL eine Übertragungsbefugnis eingeräumt, mit der sie alle oder bestimmte Verträge auf eine solvente dritte Partei übertragen können.

Um eine zeitgleiche Aufhebung der Vorteile des Netting sowie einen Vertrauensverlust zu verhindern, besteht für das Moratorium eine zeitliche Obergrenze gem. Art. 71 Abs. 1 BRRD-RL, wobei die Gegenpartei gem. Art. 71 Abs. 5 lit. a) BRRD-RL gegenüber einem Brückeninstitut nicht den identischen Beendigungsgrund geltend machen kann, wie gegenüber der fallierenden Bank. Vielmehr erfolgt das Netting nach Ablauf des Moratoriums gem. Art. 71 Abs. 5 lit. b) BRRD-RL grundsätzlich nur gegenüber der Rumpfbank.[329]

Wesentliche krisenverschärfende Aspekte des Netting werden somit abgefedert und können gegenüber der risikomindernden Wirkung zurückgestellt werden, weshalb Nettingvereinbarungen ein überwiegender Nutzen zuzusprechen ist, dessen einheitliche Berücksichtigung sachgerecht ist.[330]

Mit dieser Feststellung kann eine Unangemessenheit der Regelung nicht daraus gefolgert werden, dass sich Instituten mit hohem Derivatbestand eine erhöhte Nutzungsmöglichkeit bietet. Dass eine Gruppe mehr von einer Regelung

---

327 Vgl. *Binder*, ZHR 2015, S. 114; *Grundmann*, in: Canaris/Habersack/Schäfer (Hrsg.), Staub HGB, 2016, S. 93 Rn. 87.

328 *Paech*, WM 2010, S. 1970 f.; *Binder*, in: Binder/Singh (Hrsg.), Bank Resolution, 2016, S. 32 Rn. 2.11 m.w.N.

329 Vgl. *Benzler/Hissnauer*, in: Binder/Singh (Hrsg.), Bank Resolution, 2016, S. 88 Rn. 4.24 ff.

330 Vgl. *Paech*, WM 2010, S. 1967, wonach Nettingvereinbarungen das Gegenparteiausfallrisiko global auf ca. 15 % reduzieren.

profitiert, ist bei vielen Rechtssätzen unabdingbar oder sogar gewollt. Zumal der Derivatbestand der Abgabenschuldner nicht nur im Rahmen des Grundbeitrags eine Rolle spielt, sondern über das Risikofeld IV auch in die Risikogewichtung einfließt; dort hingegen mit dem Nominalvolumen, womit tendenziell kleinere Institute mit geringfügigen Handelsaktivitäten und Derivatpositionen profitieren.[331] Nach ersten Einschätzungen liegt der Umverteilungseffekt im niedrigen einstelligen Prozentbereich, womit auch faktisch keine kritische Grenze erreicht wird.[332]

(4) Fazit

Mit dem Verweis auf die Art. 429 ff. CRR-VO soll die einheitliche Bewertung von Verbindlichkeiten aus Derivatkontrakten, insbesondere der risikominimierenden Wirkung von Nettingvereinbarungen, sichergestellt werden.

Die dadurch bedingte mittelbare Ungleichbehandlung, dass überwiegend Institute mit hohen Derivatbeständen profitieren, ist demgegenüber gerechtfertigt. Das gesetzgeberische Ziel der einheitlichen Wettbewerbsbedingungen ist legitim. Zugleich stellt sich die Regelung des Art. 5 Abs. 3 VO (EU) 2015/63 nicht als unangemessen dar; der Nutzen der Ungleichbehandlung steht in keinem Missverhältnis zum Ausmaß der Benachteiligung. Vielmehr überwiegt, unter Berücksichtigung der Aussetzungsmöglichkeiten der nationalen Abwicklungsbehörden, der Nutzen der harmonisierten Berücksichtigung der risikominimierenden Wirkung von Nettingvereinbarungen den mittelbar resultierenden, marginalen Umverteilungseffekt.[333]

---

331 Vgl. Art. 6 Abs. 5 VO (EU) 2015/63; *Brandt/Güth*, in: Jahn/Geier/Schmitt (Hrsg.), Handbuch der Bankenrestrukturierung, 2016, S. 573 Rn. 45.

332 Vgl. Kap. F. Fn. 274.

333 Irritierend bleibt das Vorgehen der Kommission im Rahmen der Aktualisierung, die mit „kleineren Fehlern der englischen Sprachfassung" begründet wurde, ohne auf Auswirkungen hinsichtlich des produktübergreifenden Nettings näher einzugehen, vgl. Erwägungsgründe [1] und [3] (EU) 2016/1434; die Vermutung hintergründiger Lobbyarbeit liegt hier nahe; vgl. auch *Paech*, WM 2010, S. 1966, der in diesem Kontext auf „Bestrebungen der Finanzindustrie (…) „Netting-freundliche" Bedingungen zu schaffen" hinweist; zum sog. *regulatory capture* vgl. *Armour/Awrey/Davies u.a.*, Principles of Financial Regulation, 2016, S. 560 ff.; *Schick/Kern*, in: Everling/Goedeckemeyer (Hrsg.), Bankenrating, 2015, S. 507; *Admati/Hellwig*, Des Bankers neue Kleider, 2014, S. 316 ff.

### c. *Ausgenommene Verbindlichkeiten*

Wurden die Anpassungen bzgl. der Verbindlichkeiten aus Derivatkontrakten vorgenommen, werden in einem weiteren Schritt institutsspezifisch bestimmte Verbindlichkeiten bei der Berechnung des Grundbeitrags ausgeschlossen.[334] Auf diesem Weg soll eine sachgerechte Lastenverteilung gewährleisten werden, indem wirtschaftliche Doppelbelastungen vermieden, besondere Geschäftsmodelle berücksichtigt und länderspezifische Benachteiligungen verhindert werden.[335]

#### aa. *Gruppen- und systeminterne Verbindlichkeiten*

Primär ausgenommen sind gruppeninterne Verbindlichkeiten aus Transaktionen zwischen zwei Instituten, die derselben Gruppe angehören sowie Verbindlichkeiten, die aus einer Vereinbarung mit einem Institut erwachsen, wobei beide Institute demselben institutsbezogenen Sicherungssystem angeschlossen sind.[336] Intention ist es, den Verflechtungen zwischen gruppenangehörigen Unternehmen hinreichend Rechnung zu tragen und etwaigen Doppelzählungen gruppeninterner Risikopositionen entgegenzuwirken.[337]

Für den Ausschluss gruppeninterner Verbindlichkeiten sind jedoch die Bedingungen des Art. 5 Abs. 1 lit. a) i) bis iii) VO (EU) 2015/63 zu erfüllen, der mit den Kriterien der Unionsansässigkeit, identischer Vollkonsolidierung und angemessener Risikobewertung und -kontrolle sowie der im Grundsatz gesicherten Durchsetzbarkeit der fälligen Verbindlichkeiten gewährleisten soll, dass nur Verbindlichkeiten aus der Berechnungsgrundlage ausgenommen werden, denen kein Liquiditätsrisiko inhärent ist.[338]

Vergleichbare Überlegungen finden auf Verbindlichkeiten zwischen Instituten Anwendung, die Mitglieder desselben institutsbezogenen Sicherungssystems sind; derartig intern abgesicherte Risikopositionen sollen nicht zusätzlich für den Grundbeitrag der Europäischen Bankenabgabe herangezogen werden.

Die von Art. 5 Abs. 1 lit. a) und lit. b) VO (EU) 2015/63 erfassten Verbindlichkeiten werden für jedes einzelne Geschäft zu gleichen Teilen von der Summe der Verbindlichkeiten der an den Geschäften oder Vereinbarungen beteiligten

---

334 Vgl. SRB, Ex-ante Contributions to the SRF 2017, Additional Guidance, S. 7 (Fn. 271).

335 Vgl. *Brandt/Güth*, in: Jahn/Geier/Schmitt (Hrsg.), Handbuch der Bankenrestrukturierung, 2016, S. 559 Rn. 22.

336 Vgl. Art. 5 Abs. 1 lit. a) und b) VO (EU) 2015/63.

337 Vgl. Erwägungsgrund [8] VO (EU) 2015/63.

338 Vgl. Erwägungsgrund [9] VO (EU) 2015/63.

Institute abgezogen.[339] Sollte der Abzug ursächlich für einen negativen Wert der relevanten Passiva sein, ist der zu entrichtende Betrag konsequenterweise null.[340]

### *bb. Verbindlichkeiten aus Tätigkeiten als zentrale Gegenpartei, Zentralverwahrer oder Vermögensverwalter*

Gleichfalls nicht erfasst werden gem. Art. 5 Abs. 1 lit. c) VO (EU) 2015/63 Verbindlichkeiten, die einem Institut aus der Clearing-Tätigkeit als zentrale Gegenpartei[341] erwachsen, einschließlich etwaiger Verbindlichkeiten aus Maßnahmen, die getroffen werden, um Einschussanforderungen zu erfüllen, einen Ausfallfonds einzurichten oder ausreichende Finanzmittel zur Deckung potenzieller Verluste vorzuhalten bzw. diese anzulegen.

Auch der Abzug dieser Verbindlichkeiten beruht aus gleichheitsrechtlicher Sicht auf dem fehlenden Refinanzierungsrisiko der Verschuldung im Rahmen von Clearing und Abwicklung. Für die Ausklammerung sprechen konkret zwei Gesichtspunkte: Zunächst unterliegt bereits die Tätigkeit der betroffenen Institute als zentrale Gegenpartei strengen Aufsichtsanforderungen, wobei sie zugleich als CRR-Institute den Vorgaben der SRM-VO unterliegen.[342]

Das betriebene Geschäftsmodell soll zudem gerade dazu beitragen, systemische Risiken zu minimieren. Aufgrund der unzureichenden Informationen mit Blick auf außerbörslich gehandelte Derivatkontrakte (OTC-Derivate) war es im Vorfeld der Banken- und Finanzkrise kaum möglich, das komplexe Netz gegenseitiger Abhängigkeiten zu durchschauen. Speziell in Krisenzeiten zeigte sich, dass diese Unsicherheiten die Stabilität der Finanzmärkte und des Finanzsystems als Ganzes zusätzlich gefährden.[343] Mit der Clearingpflicht sollen Transparenz und Beaufsichtigung der Risiken von OTC-Derivate gestärkt werden.[344]

---

339 Vgl. Art. 5 Abs. 2 VO (EU) 2015/63.

340 Vgl. Leitfaden zur Bankenabgabe 2015 durch die FMSA vom 24. Februar 2015, S. 5, abrufbar unter https://www.idw.de/blob/26672/03f336dfdd24ce6103e1f9ada9ed3376/down-fmsa-leitfaden-bankenabgabe-data.pdf, zuletzt abgerufen am 30.01.2019.

341 Vgl. Art. 2 Abs. 3 Verordnung (EU) Nr. 648/2012 des Europäischen Parlaments und des Rates vom 4. Juli 2012 über OTC-Derivate, zentrale Gegenparteien und Transaktionsregister.

342 Vgl. *Brandt/Güth*, in: Jahn/Geier/Schmitt (Hrsg.), Handbuch der Bankenrestrukturierung, 2016, S. 560 Rn. 25.

343 Vgl. Erwägungsgrund [4] EMIR-VO.

344 Vgl. Erwägungsgrund [5] EMIR-VO.

Darüber hinaus sind Verbindlichkeiten ausgenommen, die einem Institut aus der Tätigkeit als Zentralverwahrer erwachsen, inklusive solcher Verbindlichkeiten mit einer Laufzeit von weniger als sieben Tagen, wenn diese aus Tätigkeiten resultieren, für die eine Genehmigung zur Erbringung von bankartigen Nebendienstleistungen erteilt wurde.[345]

Ebenso wie zentrale Gegenparteien tragen Zentralverwahrer zur Aufrechterhaltung von Nachhandelsinfrastrukturen bei. Insbesondere über die Meldung der Wertpapierbestände ihrer Teilnehmer sorgen sie dafür, dass eine unzulässige Schaffung von Wertpapieren oder Verringerung begebener Wertpapiere nicht stattfindet, sodass Wertpapiergeschäfte zum Fälligkeitszeitpunkt ordnungsgemäß durchgeführt werden können.[346] Insoweit manifestiert sich in ihrer Tätigkeit ein erhebliches Vertrauenselement für die Marktteilnehmer sowie für die Sicherheit der Finanzmärkte als Ganzes.[347]

Erwachsen einem Institut aus der Tätigkeit als Wertpapierfirma Verbindlichkeiten bei der Verwaltung von Kundenvermögen oder Kundengeldern, werden auch diese ausgenommen, sofern der betreffende Kunde nach dem geltenden Insolvenzrecht geschützt ist.[348] Auch für diese Verbindlichkeiten besteht dann kein Refinanzierungsrisiko, da dem Institut ein garantierter Rückgriff auf das Kundenvermögen möglich ist.

Gleichheitsrechtlich ist es demnach gerechtfertigt, Verbindlichkeiten auszunehmen, welche aus einem Geschäftsmodell folgen, das keine dem klassischen Kreditgeschäft vergleichbaren Risiken birgt, insbesondere wenn dieses gegenteilig auf Risikoreduktion ausgelegt ist.[349]

### *cc. Verbindlichkeiten aus Förderkreditvergaben*

Als letzte Fallgruppe normiert Art. 5 Abs. 1 lit. f) VO (EU) 2015/63, dass im Falle von Instituten, die Förderdarlehen[350] vergeben, die Verbindlichkeiten des

345 Art. 5 Abs. 1 lit. d) VO (EU) 2015/63.

346 Vgl. Erwägungsgrund [1] und [2] Verordnung (EU) Nr. 909/2014 des Europäischen Parlaments und des Rates vom 23. Juli 2014 zur Verbesserung der Wertpapierlieferungen und -abrechnungen in der Europäischen Union und über Zentralverwahrer sowie zur Änderung der Richtlinien 98/26/EG und 2014/65/EU und der Verordnung (EU) Nr. 236/2012; im Folgenden VO (EU) 909/2014.

347 Vgl. Erwägungsgrund [1] VO (EU) 909/2014.

348 Vgl. Art. 5 Abs. 1 lit. e) VO (EU) 2015/63.

349 Ähnliche Überlegungen gelten im Rahmen der Verschuldungsquote nach der CRR-VO, vgl. *Tschiltschke*, in: Boos/Fischer/Schulte-Mattler (Hrsg.), KWG, CRR-VO, 2016, Art. 429 Rn. 10.

350 Vgl. Art. 3 Nr. 28 VO (EU) 2015/63.

vermittelnden Instituts gegenüber der ursprünglichen oder einer anderen Förderbank oder einem anderen vermittelnden Institut ebenso ausgenommen sind wie die Verbindlichkeiten der Förderbank gegenüber ihren Finanzgebern, soweit entsprechende Förderdarlehen vergeben wurden.[351]

Einerseits soll auf diesem Weg dem Spezifikum der doppelten Bankdurchleitung im deutschen Fördergeschäft Rechnung getragen werden.[352] Vermittelnde Institute[353], welche ein Förderdarlehen von der Förderbank an die Hausbank des Endkreditnehmers durchleiten, können die gegenüber der Förderbank eingegangene Verbindlichkeit im Rahmen des Grundbeitrags abziehen. Verhindert werden soll eine wirtschaftliche Doppelbelastung der Verbindlichkeiten aus Fördergeschäften, zumal das vermittelnde Institut das Förderdarlehen unmittelbar weitervermittelt, ohne eigene wirtschaftliche Risiken gegenüber dem Endkreditnehmer einzugehen.[354]

Andererseits soll das besondere Geschäftsmodell und das geringe Risikoprofil von Förderbanken berücksichtigt werden. Förderbanken können daher Verbindlichkeiten aus dem Fördergeschäft, das im Rahmen der Bankdurchleitung gewährt wird, sowie aus der direkten Vergabe von Förderdarlehen an Endkreditnehmer in Abzug bringen, sofern die Definitionskriterien einer Förderbank erfüllt werden.[355] Auf Rechtsfolgenseite wird damit anerkannt, dass mit der

351 Zur geänderten Wortlautfassung des Art. 5 Abs. 1 lit. f) VO (EU) 2015/63 vgl. Erwägungsgrund [2] VO (EU) 2016/1434, wonach in der englischen Sprachfassung das Wort „original", welches in der deutschen, französischen und italienischen Sprachfassung jeweils mit „ursprünglich" übersetzt wurde, die Anwendbarkeit der Ausnahmeregelung nur auf Verbindlichkeiten gegenüber jenen ursprünglichen Förderbanken beschränkte; Wille der Kommission war es jedoch, die Verbindlichkeiten aller Förderbanken auszuschließen, denen entsprechende Förderdarlehen gegenüber stehen – die Anwendbarkeit sollte dabei nicht nur auf die Verbindlichkeiten gegenüber der „ursprünglichen" Förderbank beschränkt sein, vielmehr sollten alle Verbindlichkeiten aufgrund der Verfolgung von Gemeinwohlzielen ohne wettbewerbliche oder gewinnorientierte Ausrichtung ausgeklammert werden, weshalb eine (erweiternde) Korrektur des Wortlauts notwendig wurde; krit. zur ursprünglichen Fassung der GVB, EU-Bankenabwicklung: Vorschlag der EU-Kommission zur Berechnung der EU-Bankenabgabe muss nachgebessert werden (Kap. D. Fn. 154).

352 Vgl. Erwägungsgrund [13] VO (EU) 2015/63.

353 Vgl. Art. 3 Nr. 29 VO (EU) 2015/63.

354 *Brandt/Güth*, in: Jahn/Geier/Schmitt (Hrsg.), Handbuch der Bankenrestrukturierung, 2016, S. 561 Rn. 26 f.

355 Vgl. Art. 3 Nr. 27 VO (EU) 2015/63; *Brandt/Güth*, in: Jahn/Geier/Schmitt (Hrsg.), Handbuch der Bankenrestrukturierung, 2016, S. 561 Rn. 28.

Vergabe derartiger Darlehen ein wirtschafts- und sozialpolitischer Förderauftrag verfolgt wird, wobei die Liquidität der Förderbanken aufgrund ihrer nichtwettbewerblichen, nichtgewinnorientierten Ausrichtung staatlich garantiert wird.[356]

### d. *Risikoanpassung*

Die zweite wesentliche Säule des regulären Jahresbeitrags gem. Art. 70 Abs. 1 SRM-VO ist, neben dem auf den Verbindlichkeiten basierenden Grundbeitrag, die Risikogewichtung durch den Risikoanpassungsmultiplikator gem. Art. 70 Abs. 2 UAbs. 2 lit. b) SRM-VO.[357]

In verstärkter Anlehnung an das Pigou-Modell sollen negative Externalitäten der Institute über ein indikatorenbasiertes Verfahren treffgenauer erfasst werden, um entsprechend unterschiedlich strenge Rechtsfolgen formulieren zu können und speziell die lenkende Wirkung der Abgabe zu verbessern.[358]

#### aa. *Kritik am Regulierungsansatz*

Derartige finanzmathematische Ansätze der Risikomessung begegnen jedoch zunehmender Kritik, wobei vor allem Funktionalität und (Über-)Komplexität im Blickpunkt stehen.[359] Angeknüpft wird daran, dass eine derartige Risikomessung nach wie vor auf der Annahme basiert, dass (Markt-)Risiken genau bewertet und besichert werden können.[360] Entsprechende Modelle legen dabei als Voraussetzungen zugrunde, dass erstens Informationen über preisbildende Faktoren, unter Ausschluss von Asymmetrien, durch die handelnden Subjekte rational und nutzenmaximiert verarbeitet werden und dass zweitens eine bekannte Wahrscheinlichkeitsverteilung für zukünftige Umweltzustände besteht.[361]

---

356 Vgl. ausfl. Kap. F. II. 2. c. bb.; Erwägungsgrund [13] VO (EU) 2015/63.

357 Vgl. Kap. D. I. 2. B. aa. (2).

358 Vgl. *Pflock*, Europäische Bankenregulierung und das „Too big to fail-Dilemma", 2014, S. 145 spricht von einer „grundrechtsoptimalen Anknüpfung".

359 Vgl. *Caprio/Honohan*, in: Berger/Molyneux/Wilson (Hrsg.), The Oxford Handbook of Banking, 2014, S. 710 f.; *Beville*, Florida State University Law Review 2009, S. 265; *Schwarcz*, Georgetown Law Journal 2008, S. 224.

360 Grundlegend *Markowitz*, The Journal of Finance 1952, S. 77 ff.; *Sharpe*, The Journal of Finance 1964, S. 425 ff.; *Lintner*, The Review of Economics and Statistics 1965, S. 13 ff.; *Mossin*, Econometrica 1966, S. 768 ff. m.w.N.; *Ross*, Journal of Economic Theory 1976, S. 341 ff.

361 Vgl. *Schick/Kern*, in: Everling/Goedeckemeyer (Hrsg.), Bankenrating, 2015, S. 509; *Avgouleas*, Journal of Corporate Law Studies 2009, S. 29 ff.

Im Zuge der vergangenen Banken- und Finanzkrise ist jedoch bereits die unmodifizierte Theorie der rationalen Erwartung als untauglicher Ansatzpunkt zu verwerfen; jedes Krisenereignis ist sowohl auf faktisch bestehende Informationsasymmetrien als auch auf die eingeschränkte Rationalität der Marktteilnehmer zurückzuführen.[362] Auf der anderen Seite existieren Phänomene, die nicht riskant, sondern ungewiss oder vollkommen unsicher sind[363]; mithin sind Eintrittswahrscheinlichkeiten und/oder die möglichen Umweltzustände unbekannt.[364] Beispielsweise gab es im amerikanischen Immobilienmarkt über Dekaden kaum relevante Ausfälle, weshalb diese in einem risikoadäquaten System vor 2008 keine Beachtung fanden.[365]

Soweit finanzmathematische Modelle jedoch auf kritischen Annahmen beruhen bzw. nicht in der Lage sind, Ungewissheit oder vollkommene Unsicherheit abzubilden, werden auch erhöhte Datenmengen sowie komplexere Modellierungen keine belastbareren Vorhersagen erlauben, weshalb vermehrt heuristische Ansätze, unter Verzicht auf eine Risikogewichtung, favorisiert werden.[366]

Erschwerenden kommt hinzu, dass im Rahmen der Anwendung von Scoringmodellen empirisch weder validiert werden kann, ob eine Risikomessung anhand von drei, vier oder mehr Risikofeldern und -indikatoren vorzunehmen

---

362 Vgl. *Schick/Kern,* in: Everling/Goedeckemeyer (Hrsg.), Bankenrating, 2015, S. 509; *Pflock*, Europäische Bankenregulierung und das „Too big to fail-Dilemma", 2014, S. 131 f.; *Franke/Krahnen*, ZBB 2012, S. 401; *Avgouleas*, Journal of Corporate Law Studies 2009, S. 44, der bezweifelt, dass (auch) bei vollständiger Offenlegung der relevanten Informationen Investoren und Regulierungsbehörden eine zutreffende Risikobewertung der Kreditrisiken im Vorfeld der Banken- und Finanzkrise gelungen wäre.

363 Vgl. *Gilboa/Postlewaite/Schmeidler*, Journal of Economic Perspectives 2008, S. 173 ff.; *Nobel*, SZW 2016, S. 555; *Kleinow*, Systemrelevante Finanzinstitute, 2016, S. 99 f.

364 Vgl. *Armour/Awrey/Davies u.a.*, Principles of Financial Regulation, 2016, S. 302 f.

365 Vgl. *Farber*, Georgetown Law Journal 2011, S. 954 ff.; *Schick/Kern,* in: Everling/Goedeckemeyer (Hrsg.), Bankenrating, 2015, S. 509; *Rudolph*, ZGR 2010, S. 45 f.

366 Vgl. *Armour/Awrey/Davies u.a.*, Principles of Financial Regulation, 2016, S. 304; *Keen*, IMF Working Paper (206) 2011, S. 6 ff.; *Poledna/Thurner/Farmer/Geanakoplos,* Journal of Banking & Finance 2014, S. 210; *Giancarlo u.a.,* Taxation and Regulation of the Financial Sector, 2011, S. 155; *Schick/Kern,* in: Everling/Goedeckemeyer (Hrsg.), Bankenrating, 2015, S. 510; im Kontext der Eigenkapitalvorgaben vgl. *Hoening*, Back to Basics: A Better Alternative to Basel Capital Rules, 2012; *Haldane/Madouros,* Federal Reserve Bank of Kansas City, Economic Policy Symposium, 2012, S. 110 ff.

ist, um akkurate Ergebnisse zu erzielen, noch ob diese im Einzelnen überhaupt zutreffend sind.[367]

Ergänzend ist der verstärkten Orientierung der Europäischen Bankenabgabe am Pigou-Modell inhärent, dass eine Quantifizierung des externalisierten Risikos ohnehin stets nur näherungsweise gelingen kann.[368]

Doch nicht nur Punktesystem und -vergabe suggerieren funktional mehr Transparenz und Akkuratesse als tatsächlich existent ist, auch die konkrete Anwendung des Risikoanpassungsmultiplikators wird durch den hohen Grad an Komplexität erheblich erschwert.

Bezeichnend ist, dass bereits das SRB bei der praktischen Handhabung strauchelte.[369] In der erstmaligen Berechnung auf europäischer Ebene 2016 wurde durch das SRB der Risikoindikator der Mitgliedschaft in einem internen Sicherungssystem falsch gewichtet, was direkt 497 Institute in drei Mitgliedstaaten betraf, über die indirekte Berechnungsmethode jedoch Auswirkungen auf alle Institute zeitigte, die den risikogewichteten Jahresbeitrag zahlten.[370]

Finanziell fiel der Fehler zwar nicht gravierend aus; umverteilt werden mussten 22 Mio. Euro, wobei je Institut, welches den risikogewichteten Jahresbeitrag zu zahlen hatte, der Beitrag um durchschnittlich 0,68 % korrigiert wurde.[371]

---

367 Vgl. *Adolff/Eschwey*, ZHR 2013, S. 919, denenzufolge Auswahl und Gewichtung der Indikatoren Ergebnis einer diskretionären Entscheidung ist; *Kleinow*, Systemrelevante Finanzinstitute, 2016, S. 103.

368 Vgl. bereits *Pigou*, The Economics of Welfare, 1932 (Repr. 1952), S. 226; im Kontext der Bankenregulierung vgl. *Schön*, ECFR 2016, S. 432 ff.; *Zimmer*, Gutachten F zum 68. DJT, S. G 44; *Pflock*, Europäische Bankenregulierung und das „Too big to fail-Dilemma", 2014, S. 174; *Hansen*, CEMFI Working Paper (1305) 2013, S. 15 ff.; *Wolfers/Voland*, in: Hopt/ Wohlmannstetter (Hrsg.), Handbuch Corporate Governance von Banken, 2011, S. 330; *Perotti/Suarez*, International Journal of Central Banking 2011, S. 17 ff.; *Thadden*, International Journal of Central Banking 2011, S. 44 ff.; *Shackelford/Shaviro/Slemrod*, National Tax Journal 2010, S. 793; *Deutsche Bundesbank*, Ansätze zur Messung und makroprudenziellen Behandlung systemischer Risiken, 2011, S. 52; allg. zur Informationsasymmetrie zwischen Regulierer und regulierten Unternehmen vgl. *Armour/Awrey/Davies u.a.*, Principles of Financial Regulation, 2016, S. 82 ff.

369 Vgl. *Löw/Borgmann*, Recht der Finanzinstrumente 2017, S. 156.

370 Vgl. SRB, Ex-ante Contributions 2016 Key Facts, abrufbar unter http://srb.europa.eu/en/content/2016-ex-ante-contributions; Börsen-Zeitung vom 22.12.2016, Nr. 247, S. 6, zuletzt abgerufen am 30.01.2019.

371 Vgl. Handelsblatt vom 8.7.2016, abrufbar unter http://www.handelsblatt.com/finanzen/banken-versicherungen/europaeische-bankenabgabe-geldhaeuser-zahlen-hoehere-krisenvorsorge/13850292.html, zuletzt abgerufen am 30.01.2019.

Deutlich wurde jedoch, dass selbst für das SRB die Anwendung des Risikoanpassungsmultiplikators nicht unproblematisch ist, was Zweifel an der Zielsetzung desselben sät und aufgrund der relativen Berechnungsweise der Europäischen Bankenabgabe abträglich für Vorhersehbarkeit und Transparenz zulasten der Abgabenschuldner ist.

### *bb. Gleichheitsrechtliche Würdigung*

Mit Blick auf die vorgebrachten Kritikpunkte ist im Rahmen der gleichheitsrechtlichen Würdigung zu differenzieren. Festzustellen ist zunächst, dass eine präzise ex-ante Messung der Systemrelevanz individueller Institute auf Basis des gesetzlich normierten Scoringmodells nicht möglich ist.[372] Das starke Vertrauen auf klassische ökonomische Prämissen erscheint angesichts der vergangenen Banken- und Finanzkrise nicht zielführend, zumal der finanzmathematischen Modellierung Grenzen gesetzt sind. Exemplarisch ist die modellinhärente Festlegung und Gewichtung einzelner Indikatoren letztlich subjektiv, wobei keine Sicherheit über ihre Wirksamkeit herrscht.[373]

Die Aussagekraft der Risikogewichtung in Bezug auf die Europäische Bankenabgabe ist damit zu relativieren. Es zeigt sich, dass die im Rahmen des Risikoanpassungsmultiplikators aufgegriffenen Risikofelder und -indikatoren keine exakten Aussagen über die Systemrelevanz der Institute zulassen.

Aus gleichheitsrechtlicher Sicht ist dies hingegen unschädlich, da zumindest tendenzielle Rückschlüsse gezogen werden können.[374] Insoweit erfolgt eine, die Komponente des Grundbeitrags ergänzende, systemrisikoorientierte Anknüpfung strengerer Rechtsfolgen, weshalb von einem Ergänzungsverhältnis zwischen „simpel" orientiertem Grundbeitrag und „komplexer" Risikogewichtung gesprochen werden kann.[375]

---

372 *Pflock*, Europäische Bankenregulierung und das „Too big to fail-Dilemma", 2014, S. 132 m.w.N.

373 Vgl. *Admati/Hellwig*, Des Bankers neue Kleider, 2014, S. 282 ff., die im Kontext der Risikogewichtung von Basel II sogar von „Scheinwissenschaftlichkeit" sprechen (S. 284).

374 Vgl. *Zimmer*, Gutachten G zum 68. DJT, 2010, S. G 44; *Pflock*, Europäische Bankenregulierung und das „Too big to fail-Dilemma", 2014, S. 136.

375 Vgl. Art. 70 Abs. 2 UAbs. 3 SRM-VO.

Zudem finden auch im Rahmen der Risikogewichtung heuristische Elemente in Form der Verschuldungsquote sowie der MREL-Anforderung Berücksichtigung, um der angesprochenen Kritik Rechnung zu tragen.[376]

Gleichzeitig ist dem Unionsgesetzgeber ein weiter Ermessensspielraum zuzugestehen.[377] Das Ziel, über eine Risikogewichtung den jährlichen Beitrag weitergehend am individuellen systemischen Risiko der Institute orientieren zu wollen, ist legitim, wobei der Risikoanpassungsmultiplikator grundsätzlich als geeignet und erforderlich einzustufen ist.[378] Dass die Risikogewichtung zu einer unangemessenen Binnendifferenzierung innerhalb der Gruppe führt, ist ebenfalls nicht festzustellen.[379]

### e. *Pauschalbeiträge*

Gleichfalls stellt sich die Frage der fairen Lastenaufteilung innerhalb der Gruppe im Kontext der Pauschalbeiträge für kleine Institute.

Wären die festgelegten Pauschalsätze zu gering, könnte eine ungerechtfertigte Bevorzugung von Instituten in Frage stehen, die in den Anwendungsbereich der Pauschalen fallen. Eine verhältnismäßige Verteilung der Kostenlast erfordert, dass eine Gruppe nicht weitgehend verschont bleibt, die von den fondsfinanzierten Abwicklungsmaßnahmen ebenfalls profitiert.[380] Nach Zahlen des SRB wurden 2016 nur 20 % der Institute nach der Methode des Art. 70 SRM-VO veranlagt, trugen insgesamt jedoch 96 % der Gesamtsumme der Jahresbeiträge

---

376 Vgl. Art. 7 Abs. 2 lit. b) (EU) 2105/63; zur Verschuldungsquote vgl. *Armour/Awrey/Davies u.a.*, Principles of Financial Regulation, 2016, S. 304; zudem trägt der Unionsgesetzgber der Schwierigkeit bei der rechtlichen Erfassung der Systemrelevanz und der potenziellen Unzulänglichkeiten einzelner regulierungsrechtlicher Lösungen innerhalb der Europäischen Bankenunion durch einen breiten Verbund verschiedener Instrumente Rechnung, vgl. Kap. B. I. 2. und B. II. 3; vgl. auch *Shackelford/Shaviro/Slemrod*, National Tax Journal 2010, S. 794.

377 Vgl. *Kube*, Rechtliche Grundlagen und Grenzen der EU-Bankenabgabe, 2016, S. 43 Fn. 103; *Wolfers/Voland*, in: Hopt/Wohlmannstetter (Hrsg.), Handbuch Corporate Governance von Banken, 2011, S. 330; zur verbundenen Typisierungsbefugnis vgl. Kap. F. IV. 1. a. aa.

378 Vgl. *Pflock*, Europäische Bankenregulierung und das „Too big to fail-Dilemma", 2014, S. 128 ff.

379 Vgl. die Übersicht bei *Löyttyniemi*, Fourth Industry Dialogue, S. 14 (Kap. C. Fn. 181).

380 Vgl. *Schön/Hellgardt/Osterloh-Konrad*, WM 2010, S. 2199.

2016, allein der Anteil der 20 größten Institute der teilnehmenden Mitgliedstaaten betrug 62 %.[381]

Doch auch kleinere Institute können in ihrem Verbund potenziell systemrelevant sein und müssten demnach einen angemessenen Anteil des Fonds tragen. Ein nur „symbolischer" Beitrag ist mit dem Grundsatz der fairen Lastenverteilung nicht vereinbar.[382] Die konkretisierte Gruppenverantwortung, die sich im Grundbeitrag und der späteren Risikogewichtung unter Einbezug des jährlichen Target widerspiegelt, findet dahingehend auf eine Gruppe der Abgabenschuldner keine kohärente Anwendung.

Dass mit den Pauschalbeiträgen verfolgte Ziel des Unionsgesetzgebers ist es jedoch, der geringeren Wahrscheinlichkeit einer Inanspruchnahme des SRF durch kleinere Institute Rechnung zu tragen; ihnen soll angesichts ihres typischerweise geringeren systemischen Gewichts keine unzumutbare finanzielle Belastung auferlegt werden.[383] Das Verbundrisiko findet somit durch die grundsätzliche Beitragspflicht zwar Berücksichtigung auf Tatbestandsebene, die Regelungen der Pauschalbeiträge wirken demgegenüber kompensierend auf Rechtsfolgenseite, um die geringe Abwicklungswahrscheinlichkeit der individuellen Institute zu berücksichtigen.

Die Inanspruchnahme der Pauschalbeiträge orientiert sich dabei an den Verbindlichkeiten, wobei als Obergrenze Vermögenswerte von einer Mio. Euro definiert werden, um nicht eine Ausnahme für größere, ertragsschwache Institute zu schaffen. Übergreifend wird somit nicht gänzlich mit den konkretisierten Merkmalen der Gruppenverantwortlichkeit gebrochen, sondern typisiert auf das Merkmal der Verbindlichkeiten zur Bestimmung der Größe zurückgegriffen, wobei dem individuellen Risiko und der Verteilung innerhalb der Gruppe durch die progressive Staffelung der Pauschalen Rechnung getragen wird.

Dass die Entrichtung eines Pauschalbeitrags nicht zwingend zu einer Bevorzugung von kleineren und mittleren Instituten führen muss, zeigt sich zudem mit Blick auf Art. 10 Abs. 7 VO (EU) 2015/63, wonach Institute, deren Pauschalbeitrag den risikoadjustierten Jahresbeitrag übersteigt, nur den geringeren Beitrag zahlen müssen.

Gleichzeitig ist der Verzicht auf eine Risikogewichtung durch den Unionsgesetzgeber nicht absolut, wie Art. 10 Abs. 8 VO (EU) 2015/63 deutlich macht.

381 Vgl. Pressemitteilung des SRB vom 6.7.2016, S. 2, unter http://srb.europa.eu/sites/srbsite/files/srb_pr_srf_contributions_final_1.pdf, zuletzt abgerufen am 30.01.2019.

382 Vgl. Art. 70 Abs. 2 UAbs. 3 SRM-VO.

383 Vgl. Erwägungsgrund [16] VO (EU) 2015/63.

Stellt das SRB ein unverhältnismäßiges Risikoprofil eines Instituts fest, kann es auf die grundsätzliche Berechnungsmethode des Jahresbeitrags zurückgreifen, womit der Pauschalierung eine Grenze gesetzt wird und der Ausgleich zwischen der prinzipiellen Gruppenverantwortlichkeit einerseits und der individuell geringeren Abwicklungswahrscheinlichkeit kleinerer Institute andererseits als sachgerecht angesehen werden kann.

## 2. Sonderbeiträge

### *a. Zulässigkeit*

Reichen die verfügbaren Mittel des SRF zur Finanzierung der Abwicklungsmaßnahmen gem. Art. 76 SRM-VO nicht aus, hat das SRB nachträglich außerordentliche Beiträge zu erheben, wobei die Berechnung anhand der Regeln der Art. 69 und 70 SRM-VO erfolgt.[384]

Dabei ist die Zulässigkeit solcher ex-post Beiträge nicht unproblematisch. Festzustellen ist zunächst, dass diesen Beiträgen ein ausschließlicher Finanzierungszweck zukommt; ihrem Charakter nach ähnelt die Zahlungspflicht einem zwangsweise veranlagten Darlehen ohne Rückzahlungspflicht, wobei aufgrund des konkreten Mittelbedarfs bestimmter Institute eine gruppennützige Verwendung ausschließlich mittelbar festzustellen ist.[385]

Für die grundsätzliche Zulässigkeit ist maßgeblich, dass eine unzweckmäßige, existenzgefährdende Belastung ausgeschlossen ist.[386] Entscheidend ist, dass die Mittelerhebung unmittelbar nach der Feststellung des Bedarfs erfolgt und die Höhe dahingehend begrenzt ist, dass eine existenzgefährdende Belastung von (noch) gesunden Instituten und somit eine die Gesamtwirtschaft weiter beeinträchtigende Wirkung ausgeschlossen ist.[387]

Insoweit trifft der Unionsgesetzgeber eine Prognoseentscheidung und nimmt damit einen Beurteilungsspielraum war, bei der er zwar die Gebote der Transparenz und Gleichbehandlung zu beachten hat, im Übrigen jedoch nur einer

---

384 Vgl. Art. 71 Abs. 1 S. 1 und 2 SRM-VO.

385 Vgl. *Wolfers/Voland*, in: Hopt/Wohlmannstetter (Hrsg.), Handbuch Corporate Governance von Banken, 2011, S. 352 f.

386 Vgl. Urteil *Zuckerfabrik Süderdithmarschen und Zuckerfabrik Soest/Hauptzollamt Itzehoe und Hauptzollamt Paderborn*, C-143/88 und C-92/89, EU:C:1991:65, Rn. 61 ff.

387 Vgl. *Wolfers/Voland*, in: Hopt/Wohlmannstetter (Hrsg.), Handbuch Corporate Governance von Banken, 2011, S. 352 f.

eingeschränkten gerichtlichen Vertretbarkeitsprüfung unterliegt.[388] Nur in Extremfällen ist eine unzweckmäßige Belastung der Abgabenschuldner insgesamt festzustellen, die bereits die Zulässigkeit der nachträglichen Mittelerhebung ausschließen würde.

Eine solche Feststellung lässt sich anhand der SRM-VO nicht treffen. Zunächst legt Art. 71 Abs. 1 UAbs. 2 SRM-VO eine Obergrenze dergestalt fest, dass der Gesamtbetrag der nachträglich erhobenen Beiträge das Dreifache der jährlichen Summe der gem. Art. 70 SRM-VO festgelegten Beiträge nicht übersteigen darf. Zudem wird über Art. 71 Abs. 3 SRM-VO i.V.m. Art. 6 ff. VO (EU) 2017/747 eine Kohärenz zu den Eigenmittelvorgaben hergestellt, wonach ein Aufschub der ex-post Beiträge dann in Betracht kommt, wenn das Institut durch die außerordentliche Belastung Gefahr läuft, die Mindesteigenmittelanforderungen, die Mindestliquiditätsdeckungsanforderungen oder die besonderen Liquiditätsdeckungsanforderungen jeweils in den nächsten sechs Monaten nicht zu erfüllen.

### *b. Abgabenschuldner*

In Art. 71 Abs. 1 UAbs. 1 SRM-VO wird die Verpflichtung zur Zahlung der Sonderbeiträge für alle im Hoheitsgebiet der teilnehmenden Mitgliedstaaten zugelassenen Institute statuiert, womit der Unionsgesetzgeber an den Gedanken der fortgesetzten Gruppenverantwortlichkeit anknüpft und somit dem Erfordernis des sachgerechten Gruppenzuschnitts auch im Rahmen der Sonderbeiträge entspricht.

Insbesondere werden neu in den Markt eingetretene Institute gleichfalls zur Entrichtung der Sonderbeiträge herangezogen, was vom Eintrittsdatum abhängigen Wettbewerbsverzerrungen vorbeugt.

Ebenfalls nicht ausgeschlossen werden im Rahmen von Abwicklungsmaßnahmen gegründete Brückeninstitute. Eine solche Ausnahme wäre naheliegend, um den Begünstigten einer Abwicklungsmaßnahme nicht zeitgleich zu deren Finanzierung heranzuziehen. Auf der anderen Seite kann eine solche Ausnahme nur solange sachlich gerechtfertigt werden, wie eine wirtschaftliche Gefahr für das Brückeninstitut durch die Erhebung der Sonderbeiträge besteht.[389] Dass im Fall der wirtschaftlichen Überforderung auch die Regelungen zum Aufschub der Zahlungen angewandt werden können, spricht überwiegend dafür,

---

388 Vgl. Urteil *Arcelor*, C-127/07, EU:C:2008:728, Rn. 57; *Jarass*, Charta der Grundrechte der Europäischen Union, 2013, Art. 20, Rn. 18.

389 Vgl. zu Ausnahmeregelung im Rahmen der deutschen Bankenabgabe *Schön/Hellgardt/Osterloh-Konrad*, WM 2010, S. 2202.

Brückeninstitute nicht gänzlich aus der Verantwortung für die Fondsfinanzierung zu entlassen, wovon auch der europäische Gesetzgeber ausgeht, der zudem in Art. 75 Abs. 2 SRM-VO anordnet, dass alle Beträge, Zinsen und sonstigen Erträge aus Anlagen und etwaige weitere Einnahmen der Brückeninstitute ausschließlich dem Fonds zuzuführen sind.

Weiterhin begrenzt Art. 25 Abs. 2 lit. b) SRM-VO i.V.m. Art. 41 Abs. 5 BRRD-RL den Betrieb eines Brückeninstituts durch die nationale Abwicklungsbehörde auf max. 2 Jahre seit der letzten Übertragung von einem in Abwicklung befindlichen Institut, womit der Charakter des Brückeninstituts als Vehikel der Abwicklung betont wird und somit auch die vollständige Rückbindung an den Fonds bzw. dessen Finanzierung sachgerecht ist.

### *c. Beitragsbemessung*

Gem. Art. 71 Abs. 1 UAbs. 1 S. 2 SRM-VO erfolgt die Berechnung der Sonderbeiträge zum Zeitpunkt des Mittelbedarfs anhand der in Art. 69 und 70 SRM-VO festgelegten Regeln. Der Unionsgesetzgeber entscheidet sich somit weder für eine schlichte Orientierung an den vormals entrichteten Jahresbeiträgen noch wird an eine Verantwortlichkeit für den konkreten Mittelbedarf angeknüpft.

Vielmehr wird auch im Rahmen der Sonderbeiträge die bekannte Berechnungsmethode der Jahresbeiträge angewandt.[390] In diesem Zusammenhang können Änderungen seit der letztmaligen Festsetzung der Jahresbeiträge berücksichtigt werden, wodurch insbesondere erfolgreich wirtschaftende Institute, die Risikopositionen abbauen konnten, von verringerten Sonderbeiträgen profitieren können. Insoweit bleibt auch der Zusammenhang zwischen dem Beitrag des jeweiligen Instituts für die gruppenspezifische Verantwortlichkeit erhalten.

## 3. Alternativen Finanzierungsmöglichkeiten

Auf die Möglichkeiten der Kreditaufnahme der Art. 72 bis 74 SRM-VO kann erst subsidiär zurückgegriffen werden, wenn sowohl Jahres- als auch Sonderbeiträge erhoben worden sind, jedoch nicht ausreichen, um den Mittelbedarf zu decken.[391]

Um dabei eine willkürliche Benachteiligung wirtschaftlich erfolgreicher Institute auszuschließen, ist die Nachrangigkeit der Kreditaufnahme mit einem sachlichen Grund zu unterlegen, denn in Jahren mit erhöhter Sonderbelastung kann

---

390 Vgl. *Löw/Borgmann*, Recht der Finanzinstrumente 2017, S. 157.

391 Vgl. Kapitel D. I. 2. c.

bei finanzschwachen Abgabenschuldnern die Beitragserhebung der Sonderbeiträge über die Härtefallregelung ausgesetzt werden, wohingegen bei wirtschaftlich erfolgreichen Instituten der jährliche Sonderbeitrag bis zur Maximalgrenze der dreimaligen Höhe des Jahresbeitrags erhoben werden kann.[392]

Ein detaillierter Blick auf die Härtefallregelung zeigt jedoch, dass bereits eine Benachteiligung wirtschaftlich erfolgreicher Institute nicht erfolgt. Denn Institute, deren Sonderbeiträge aufgeschoben werden, müssen diese prinzipiell zu einem späteren Zeitpunkt entrichten, wenn die Finanzlage des Instituts durch die Zahlung des Betrags nicht mehr gefährdet wird.[393] Dabei gilt für die Berechnung, dass der Aufschub der Zahlungsverpflichtung keine persönliche Ausnahme bei der Festsetzung der Sonderzahlungen bedeutet, weshalb eine einseitige Lastentragung der (direkt) zahlungspflichtigen, solventen Institute nicht zu konstatieren ist, da der Mittelbedarf nicht auf eine reduzierte Zahl von Abgabenschuldnern verteilt wird. Vielmehr erfolgt die Berechnung der Beiträge unter Einbezug aller beitragspflichtigen Institute, wobei nur der Vollzug der Bescheide für die bestandsgefährdeten Institute aufgeschoben wird.[394]

## V. Vorgaben der Grundfreiheiten

Neben den Grundrechten stellen die Grundfreiheiten eine zweite, wesentliche Säule des europäischen Primärrechts dar. In Abgrenzung zu ersteren gilt, dass Grundrechte und (Binnenmarkt-)Grundfreiheiten grundsätzlich nicht das gleiche Recht regeln, weshalb sie als Teil des Primärrechts gleichrangig nebeneinander stehen.[395]

Da auch EU-Organe, im Rahmen ihrer rechtssetzenden Tätigkeit, als Adressaten der Grundfreiheiten gelten, ist die Europäische Bankenabgabe an diesen Voraussetzungen zu messen.[396]

### 1. Niederlassungsfreiheit / Kapital- und Zahlungsverkehrsfreiheit

Im Kontext der Europäischen Bankenabgabe stellen insbesondere die Niederlassungsfreiheit gem. Art. 49 AEUV sowie der freie Kapital- und Zahlungsverkehr

392 Krit. *Schön/Hellgardt/Osterloh-Konrad*, WM 2010, S. 2202 f. zur identischen Regelung im Rahmen der deutschen Bankenabgabe.

393 Vgl. Art. 71 Abs. 2 S. 3 SRM-VO.

394 Vgl. zur deutschen Bankenabgabe *Bacher*, BKR 2007, S. 144 f.

395 Vgl. *Jarass*, Charta der Grundrechte der Europäischen Union, 2013, Einl. Rn. 25.

396 *Fischer*, in: Lenz/Borchardt (Hrsg.), EU-Verträge Kommentar, 2012, Art. 49 AEUV Rn. 8.

wichtige Gewährleistungen für das Funktionieren des einheitlichen Binnenmarktes in der EU dar.[397]

Die Bedeutung dieser Grundfreiheiten hat sich, im Zuge der Ausweitung von einem Diskriminierungsverbot in ein allgemeines Beschränkungsverbot durch den EuGH zu Beginn der 1990er Jahre, exponentiell gesteigert.[398] Als Eingriff werden seither alle Maßnahmen, die die Ausübung der Freiheit verbieten, behindern oder weniger attraktiv machen, aufgefasst.[399]

Außer in Fällen mit Drittstaatbezug ist dabei die tatbestandliche Abgrenzung beider Freiheiten voneinander nicht zu überschätzen, da aufgrund der wesentlich identischen Beschränkungsmöglichkeiten materiell keine divergierenden Ergebnisse drohen.[400] Gefundene Resultate können vielmehr auf die jeweils andere Grundfreiheit übertragen werden.[401]

Mit Blick auf die Europäische Bankenabgabe steht als relevante Beschränkung die besondere Anpassung der Berechnung in der achtjährigen Aufbauphase gem. Art. 8 Abs. 1 VO (EU) 2015/81 in Frage.[402]

Angeführt wird[403], dass es für Institute in Folge der nationalspezifischen Zielgrößen nach Art. 102 Abs. 1 S. 1 BRRD-RL weniger attraktiv ist, ihren Sitz zwischen den teilnehmenden Mitgliedstaaten zu verlegen oder eine Tochtergesellschaft in einem teilnehmenden Mitgliedstaat zu gründen[404], sofern dort der

---

397 *Pache*, in: Schulze/Zuleeg/Kadelbach (Hrsg.), Europarecht, 2014, § 10 Rn. 167 und 203; *Wolfers/Voland*, in: Hopt/Wohlmannstetter (Hrsg.), Handbuch Corporate Governance von Banken, 2011, S. 355 f.

398 Grundlegend Urteil *Kraus*, C-19/92, EU:C:1993:125, Rn. 32; Urteil *Gebhard*, C-55/94, EU:C:1995:411, Rn. 37; Urteil *CaixaBank France*, C-442/02, EU:C:2004:586, Rn. 11; zur Niederlassungsfreiheit vgl. *Reimer*, in: Englisch/Schaumburg (Hrsg.), Europäisches Steuerrecht, 2015, S. 189 Rn. 7.71.

399 Urteil *CaixaBank France*, C-442/02, EU:C:2004:586, Rn. 11.

400 Vgl. *Schürmann*, in: Lenz/Borchardt (Hrsg.), EU-Verträge Kommentar, 2012, Art. 63 AEUV Rn. 7, zur konkreten Abgrenzung Rn. 9 ff.; *Bröhmer*, in: Calliess/Ruffert (Hrsg.), EUV/AEUV, 2016, Art. 63 AEUV Rn. 27; Schlussantrag GA Kokott, *Oy AA*, C-231/05, EU:C:2006:551, Rn. 72; *Schön*, EBOR 2016, S. 236; *Reimer*, in: Englisch/Schaumburg (Hrsg.), Europäisches Steuerrecht, 2015, S. 194 Rn. 7.88; *Frenz*, Handbuch Europarecht, 2012, S. 1145 Rn. 3657; *Tietje*, in: Ehlers (Hrsg.), Europäische Grundrechte und Grundfreiheiten, 2014, § 10 Rn. 33.

401 *Schön*, EBOR 2016, S. 259; die folgenden Ausführungen beschränken sich daher auf die Niederlassungsfreiheit.

402 Vgl. Kapitel D. I. 2. b. aa. (5) (b).

403 Vgl. *Kube*, Rechtliche Grundlagen und Grenzen der EU-Bankenabgabe, 2016, S. 57.

404 Vgl. Art. 49 Abs. 1 S. 1 und 2 i.V.m. Art. 54 AEUV.

Beitrag zur Europäischen Bankenabgabe durch den Einfluss der nationalen Einlagenhöhe höher ausfällt, als im Heimatstaat.[405]

## 2. Allgemeine rechtliche Rahmenbedingung

Demgegenüber kann bereits auf Eingriffsebene argumentiert werden, dass, nach den Grundsätzen der Keck-Rspr. des EuGH, durch Art. 8 Abs. 1 VO (EU) 2015/81 nicht der Marktzugang behindert, sondern nur eine bloße Modalität der Ausübung der Niederlassungsfreiheit betroffen ist.[406]

Eine Beschränkung liegt jedoch nur dann vor, wenn sich die betreffende Maßnahme in hinreichend substantiierter und spezifischer Weise auf den Marktzugang auswirkt, wohingegen eine allgemein geltende, rechtliche Rahmenbedingung keine Beschränkung darstellt.[407]

Im Sinne der letzteren ist Art. 8 Abs. 1 VO (EU) 2015/81 zu qualifizieren; eine wesentliche Erschwernis oder gar die Unmöglichkeit speziell der Niederlassung ist durch diese Regelung nicht gegeben.

Auch eine starke Zusatzbelastung durch die in der Aufbauphase abweichende Berechnungsmethodik steht nicht in Frage; die grundsätzliche Beitragslast besteht unabhängig vom Ort der Niederlassung. Zudem sind alle Institute in einem teilnehmenden Mitgliedstaat, unabhängig von Nationalität und Gesellschaftsstatut, gleichermaßen, mithin unterschiedslos, betroffen.[408]

Abschließend ist darauf hinzuweisen, dass die Berechnungsmethodik sich bereits im Beitragsjahr 2017 zugunsten der SRM-VO verschiebt; ab diesem Zeitpunkt berechnet sich der Jahresbeitrag nur noch zu 40 % nach den Art. 102,

---

405 Auch wenn Art. 8 Abs. 1 VO (EU) 2015/81 keinen spezifischen Fall der Niederlassung regelt, sondern vielmehr allgemeinen Regelungsanspruch erhebt, die Kapitalverkehrsfreiheit vorliegend somit parallele Anwendung finden kann, tendiert der EuGH zur vorrangigen Prüfung der Niederlassungsfreiheit, vgl. *Schürmann*, in: Lenz/Borchardt (Hrsg.), EU-Verträge Kommentar, 2012, Art. 63 Rn. 14, vgl. auch Urteil *CaixaBank France*, C-442/02, EU:C:2004:586, Rn. 11 ff.

406 Urteil *Keck*, C-267/91, EU:C:1993:905, Rn. 16; zur Übertragbarkeit auf die Niederlassungsfreiheit vgl. Urteil *Kommission/Portugal*, C-171-08, EU:C:2010:412, Rn. 65 ff.; Urteil *Kommission/Frankreich*, C-89/09, EU:C:2010:772, Rn. 45; *Pache*, in: Schulze/Zuleeg/Kadelbach (Hrsg.), Europarecht, 2014, § 10 Rn. 188; *Ehlers*, in: ders. (Hrsg.), Europäische Grundrechte und Grundfreiheiten, 2014, § 7 Rn. 104.

407 Vgl. Urteil, *Kommission/Deutschland*, C-112/05, EU:C:2007:623, Rn. 42 ff.

408 Vgl. *Wolfers/Voland*, in: Hopt/Wohlmannstetter (Hrsg.), Handbuch Corporate Governance von Banken, 2011, S. 356 f.

103 BRRD-RL, hingegen zu 60 % nach den Art. 69, 70 SRM-VO, was den Übergangscharakter der Regelung betont.[409]

### 3. Zulässigkeit schrittweiser Harmonisierung

Auch bei Annahme eines rechtfertigungsbedürftigen Eingriffs hat der EuGH im Kontext der Grundfreiheiten schrittweise Lösungsansätze bei der Verfolgung des Harmonisierungsziels mehrmals als verhältnismäßig erachtet.[410]

In Ausübung seiner Zuständigkeit hat der Unionsgesetzgeber ein weites Ermessen, wenn seine Tätigkeit politische, wirtschaftliche und soziale Entscheidungen beinhaltet und wenn er komplexe Beurteilungen und Prüfungen vornehmen muss.[411] Dies ermöglicht, insbesondere bei der Schaffung eines komplexen Systems und erheblichen tatsächlichen oder rechtlichen Unterschieden zwischen den Mitgliedstaaten, eine schrittweise Harmonisierung.[412] Zu beachten ist stets die Besonderheit der Materie und des zu koordinierenden Bereichs, wie sie sich in den Erwägungsgründen der Regelung darstellen.[413]

Dahingehend muss im konkreten Fall berücksichtigt werden, dass es die Intention des Unionsgesetzgebers ist, mit Art. 8 Abs. 1 VO (EU) 2015/81 die Dissonanz der schrittweisen Zusammenführung der nationalen Kammern des SRF einerseits und der grundsätzlich einheitlichen Berechnung der Beiträge seit 2016 andererseits zu beseitigen.

Normiert wurde daher eine mit der Zusammenführung der nationalen Kammern des SRF gleichlaufende Berechnung, mithin eine Spaltung nach nationalen Referenzen (Art. 102, 103 BRRD-RL) und Referenzen der Bankenunion (Art. 69, 70 SRM-VO). Auf diese Weise wird die Bedeutung der Institute für die Stabilität des Finanzsystems des Mitgliedstaats, in dem das Institut niedergelassen ist, also den erwarteten Verlust für den Teil der Kammer, der nicht Gegenstand der gemeinsamen Nutzung ist, und für die Stabilität des Finanzsystems der Bankenunion als Ganzes, somit den erwarteten Verlust für den Teil der Kammer, der Gegenstand der gemeinsamen Nutzung ist, erfasst.[414]

---

409 Vgl. Art. 8 Abs. 1 lit. b) VO (EU) 2015/81.

410 Vgl. Urteil *Rewe-Zentrale*, C-37/83, EU:C:1984:89, Rn. 20; Urteil *Assurances du Crédit/Rat und Kommission*, C-63/89, EU:C:1991:152, Rn. 11.

411 Vgl. Urteil *Agrana Zucker*, C-365/08, EU:C:2010:283, Rn. 31; Urteil *Vodafone*, C-58/08, EU:C:2010:321, Rn. 52.

412 Vgl. Urteil *Deutschland/Parlament und Rat*, C-233/94, EU:C:1997:231, Rn. 43; Urteil *Skanavi und Chryssanthakopoulos*, C-193/94, EU:C:1996:70, Rn. 27.

413 Vgl. Kap. F. Fn. 410.

414 Vgl. Erwägungsgründe [14] und [15] VO (EU) 2015/81.

Zeitgleich wird der Effekt abgemildert, dass Institute eines Mitgliedstaats, die über ein hohes Volumen gedeckter Einlagen verfügen, zu einer hohen Zielausstattung des Fonds beitragen, zugleich aber in besonderer Weise vom Abzug der gedeckten Einlagen im Rahmen der Berechnung der individuellen Beitragslast profitieren und somit die Kostenlast auf Institute in den Mitgliedstaaten verschieben, die ein geringes gedecktes Einlagenniveau aufweisen.[415]

Drohende Moral Hazard-Effekte einer Haftungsvergemeinschaftung stellen insoweit die besondere Natur des in Frage stehenden, zu koordinierenden Bereichs dar. Gleichzeitig manifestiert sich eine erhebliche Komplexität bei der Etablierung und Errichtung eines einheitlichen Abwicklungsfonds. Orientiert am Verhältnismäßigkeitsgrundsatz und unter Beachtung der Besonderheiten der jeweiligen Strukturen der Mitgliedstaaten dienen die schrittweise Zusammenführung und die akzessorisch gespaltene Berechnung gerade der Umsetzung einer binnenmarktspezifischen Harmonisierungsregelung.

Neben dem Umstand, dass es sich um eine zeitlich begrenzte Maßnahme handelt, wird letztlich eine wirtschaftspolitische Entscheidung getroffen, soweit eine sofortige Haftungsvergemeinschaftung abgelehnt und dies auf der Ebene der Beitragsberechnung weiterverfolgt wird.

## VI. Vorgaben des Rechtsstaatsprinzips

Letztlich muss die Europäische Bankenabgabe dem grundlegenden Prinzip der Rechtsstaatlichkeit im Sinn des Art. 2 S. 1 EUV genügen. Ein aus diesem Prinzip folgender konkreter Grundsatz ist insbesondere die Rechtssicherheit, welche durch den EuGH richterrechtlich entwickelt und präzisiert wurde.[416]

### 1. Anforderungen

Elementarer Aspekt der Rechtssicherheit ist demzufolge der Bestimmtheitsgrundsatz.[417] Er verlangt, dass eine Regelung klar und deutlich ist; Rechte und Pflichten müssen eindeutig zu erkennen sein, damit durch den Betroffenen

---

415 Vgl. *Kube*, Rechtliche Grundlagen und Grenzen der EU-Bankenabgabe, 2016, S. 57.

416 Vgl. Urteil *Gollnisch/Parlament*, T-346/11, EU:T:2013:23, Rn. 115; Urteil *Plantanol*, C-201/08, EU:C:2009:539, Rn. 46; *Schmahl*, in: Schulze/Zuleeg/Kadelbach (Hrsg.), Europarecht, 2014, § 6 Rn. 39; vgl. *Pechstein*, in: Streinz (Hrsg.), EUV/AEUV, 2012, Art. 2 EUV Rn. 6.

417 Vgl. Urteil *Gondrand und Garancini*, C-169/80, EU:C:1981:171, Rn. 17; *Röthel*, Normkonkretisierung im Privatrecht, 2004, S. 336 f. m.w.N.

Vorkehrungen getroffen werden können.[418] Insbesondere wenn eine Regelung nachteilige Folgen für Einzelne hat, muss ihre Anwendung voraussehbar sein.[419]

Drohen finanzielle Konsequenzen, beispielsweise in Form einer Abgabepflicht, sind diese Anforderungen strikt zu handhaben. Betroffene müssen in der Lage sein, die auferlegte Verpflichtung genau erkennen und absehen zu können.[420] Gefordert wird Bestimmtheit im Sinne einer Vorhersehbarkeit und Transparenz.[421] Fehlt es diesbezüglich an einer hinreichend bestimmten Regelung, so ist die Erhebung einer Abgabe rechtswidrig.[422]

## 2. Bestimmtheit der Europäischen Bankenabgabe

Dass die Europäische Bankenabgabe diese Vorgaben für die Berechnung der regulären Jahresbeiträge verfehlt, ist ein wesentlicher Kritikpunkt der Institute, welcher auch durch das SRB anerkannt wird.[423]

Ein kritischer Punkt im Rahmen der Beitragsberechnungsmethodik gem. Art. 70 SRM-VO in Verbindung mit der VO (EU) 2015/63 ist zunächst die Ermittlung der tatsächlichen Höhe der gedeckten Einlagen, nach denen sich die Zielausstattung des SRF bemisst. Intensiviert wird dieses Problem durch die dargelegte gemischte Berechnung gem. Art. 8 VO (EU) 2015/81 während der Aufbauphase, wonach auch die nationalen Referenzen Einfluss gewinnen und die relevanten Informationen durch die nationalen Abwicklungsbehörden bereitgestellt werden müssen.

---

418 Vgl. Urteil *Alcoa Trasformazioni/Kommission*, C-194/09 P, EU:C:2011:49, Rn. 71; Urteil *Aventis Pasteur*, C-358/08, EU:C:2009:744, Rn. 47; Urteil *ASM Brescia*, C-347/06, EU:C:2008:416, Rn. 69.

419 Vgl. Urteil *VEMW u.a.*, C- 17/03, EU:C:2005:362, Rn. 80 m.w.N.

420 Vgl. Urteil *Opel Austria/Rat*, T-115/94, EU:T:1997:3, Rn. 124 m.w.N.; *Schillig*, Konkretisierungskompetenz und Konkretisierungsmethoden im Europäischen Privatrecht, 2009, S. 196; *Schmahl*, in: Schulze/Zuleeg/Kadelbach (Hrsg.), Europarecht, 2014, § 6 Rn. 40.

421 *Kube*, Rechtliche Grundlagen und Grenzen der EU-Bankenabgabe, 2016, S. 55; *Korn*, Unionsrechtlich induzierte Rechtssetzung im Abgabenrecht, 2015, S. 43.

422 Vgl. Urteil *ArcelorMittal Luxembourg/Kommission*, C-201/09 P, EU:C:2011:190, Rn. 68; Urteil *Jakubowska*, C-225/09, EU:C:2010:729, Rn. 42.

423 Vgl. *Löyttyniemi*, Fourth Industry Dialogue, S. 11 ff. (Kap. C. Fn. 181): "Based on the calculation methodology defined in the Delegated Act 2015/63, institutions can not fully recalculate their ex-ante contributions"; aufgrund des Verweises gem. Art. 71 Abs. 1 SRM-VO gelten die Überlegungen entsprechend für die Berechnung der Sonderbeiträge.

Gleichzeitig sorgt der nicht beeinflussbare Parameter des jährlichen Target in Verbindung mit der relativen Berechnungsmethodik dafür, dass sich je nach Anteil der anderen Institute die Jahresbeiträge verändern können, obwohl das individuelle Institut kaum veränderte Kennzahlen aufweist. Im Hinblick auf die Vorhersehbarkeit ist dies ein neuralgischer Punkt, denn es wird den Abgabenschuldnern praktisch unmöglich sein, die jeweiligen Bilanzzahlen und sonstigen Kennziffern untereinander einzusehen. Bis zur Bescheidung bleibt daher nur die Möglichkeit einer vorsorglichen Rückstellung.[424]

Problematisch ist letztlich auch die Nichtanwendung bestimmter Risikoindikatoren, solange die benötigten Informationen nicht der aufsichtlichen Meldepflicht gem. Art. 14 VO (EU) 2015/63 unterliegen.[425]

Infolgedessen verschiebt sich innerhalb der Risikofelder die Gewichtung der Risikoindikatoren gem. Art. 20 Abs. 1 S. 2 VO (EU) 2015/63, was ebenfalls relative Verschiebungen der Beitragslast bedingen kann.[426]

Die dargelegten Vorgaben an Vorhersehbarkeit und Transparenz werden somit, entgegen der ursprünglichen Intention des Unionsgesetzgebers[427], nicht erreicht. Im Rahmen der Berechnung können die Abgabenschuldner nicht sicher vorhersehen, wie hoch die jährliche Abgabenlast ausfällt bzw. welche Verhaltensmodifikationen in welchem Maß begünstigend wirken.

Gegen die Feststellung einer Rechtswidrigkeit sprechen dennoch mehrere Aspekte. Zunächst ist festzuhalten, dass eine hinreichende Bestimmtheit genügt.[428] Speziell im Rahmen einer komplexen Regelungsmaterie ist eine nach Sachgründen mögliche Bestimmtheit ausreichend.

Dahingehend liegen die Vorgaben an die konkrete Beitragsberechnung nicht im Ermessensspielraum des SRB, sondern werden in der VO (EU) 2015/63 detailliert gesetzlich festgelegt, womit die Abgabenschuldner die relevanten Parameter erkennen und nachvollziehen können.[429]

---

424 Vgl. *Löw/Borgmann*, Recht der Finanzinstrumente 2017, S. 160; *Henkel/Schneider/Tüns*, WPg 2017, S. 23.

425 Vgl. *Löyttyniemi*, Fourth Industry Dialogue, S. 7 (Kap. C. Fn. 181); vgl. *ders.*, Fourth Industry Dialoge, State of Play on MREL, wonach der MREL-Indikator aus diesem Grund für das Beitragsjahr 2017 (noch) keine Rolle spielt, abrufbar unter https://srb.europa.eu/sites/srbsite/files/20161128_slides_industry_dialogue_mrel.pdf, zuletzt abgerufen am 30.01.2019.

426 Vgl. *Brandt/Güth*, in: Jahn/Geier/Schmitt (Hrsg.), Handbuch der Bankenrestrukturierung, 2016, S. 557 Rn. 18.

427 Vgl. Erwägungsgrund [25] VO (EU) 2015/63.

428 *Röthel*, Normkonkretisierung im Privatrecht, 2004, S. 337 m.w.N.

429 *Kube*, Rechtliche Grundlagen und Grenzen der EU-Bankenabgabe, 2016, S. 56.

Dennoch bleiben die Einwände aufgrund der relativen Berechnungsmethodik der Jahresbeiträge gewichtig. Um der besonderen Schwierigkeit der Regelungsmaterie gerecht zu werden, ist jedoch ein Übergangszeitraum einzuräumen, in dem gesetzliche Anpassungen und Veränderungen vorgenommen werden können.

Insoweit ist zu konstatieren, dass die relevanten Probleme erkannt wurden und bereits gegengesteuert wird.[430] Orientierungsgrößen bietet das SRB nunmehr über die Bereitstellung statistischer Daten für die erstmalige Berechnung der Jahresbeiträge 2016 in Bezug auf die Größe der nationalen Kammern, die gedeckten Einlagen per Jurisdiktion sowie die jeweiligen Anteile der nationalen Institute.[431]

Mit dieser anonymisierten Veröffentlichung der Vergleichsgrößen und der individuellen Beitragshöhe 2016 ist eine Abschätzung für die folgenden Beitragsjahre möglich, weshalb ein Verstoß gegen Vorhersehbarkeit und Transparenz nicht eindeutig festgestellt werden kann.

## VII. Rechtsschutzfragen

Als prozessuales Spiegelbild der in diesem Kapitel angestellten Überlegungen sollen abschließend Rechtsschutzfragen bzgl. der Europäischen Bankenabgabe untersucht werden.

Institute werden, im Gegensatz zu Rechtsschutzfragen gegen existenzielle Abwicklungsmaßnahmen[432], häufig vor der Entscheidung stehen, sich gegen Beitragsbescheide für Jahres- oder Sonderbeiträge zu wehren, weshalb der Erörterung hohe praktische Relevanz zukommt. Dabei ist im Kontext der europäischen Verbundverwaltung insbesondere das komplexe Zusammenspiel von nationalem und europäischem Rechtsschutz zu klären.[433]

Grundlegend kann differenziert werden zwischen (i) dem durch Art. 85 SRM-VO unmittelbar eingeräumten außergerichtlichen Rechtsbehelf der Beschwerde sowie (ii) den nationalen und (iii) den primärrechtlichen Rechtsbehelfen.

---

430 Vgl. *Löyttyniemi*, SRB Press breakfast, 11.1.2017, S. 5 f. abrufbar unter https://srb.europa.eu/sites/srbsite/files/11012017_pressbreakfast_-_tl_final.pdf, zuletzt abgerufen am 30.01.2019.

431 *Ibd.*

432 Vgl. ausfl. *Kämmerer*, WM 2016, S. 9 ff.

433 Vgl. *Gärditz*, in: Rengeling/Middeke/Gellermann (Hrsg.), Handbuch des Rechtsschutzes in der Europäischen Union, 2014, § 35 Rn. 28.

## 1. Außergerichtlicher Rechtsbehelf

Gem. Art. 85 Abs. 3 UAbs. 1 SRM-VO besteht für Institute die strukturell besondere Möglichkeit, Beschwerde beim Beschwerdeausschuss des SRB einzureichen.[434]

Diese eigene Rechtsschutzinstanz des SRB soll gem. Art. 85 Abs. 5 SRM-VO unabhängig arbeiten, wobei eine indirekte Einflussnahme durch die strukturelle Angliederung an das SRB, beispielsweise durch das Direktorium, nicht völlig ausgeschlossen scheint.[435] Außerhalb der Möglichkeit der eigenen Geschäftsordnung fehlen zudem Regelungen zur Befangenheit oder Amtsenthebung der Mitglieder.

Gegen eine ablehnende Entscheidung des Beschwerdeausschusses steht jedoch, unter den Voraussetzungen des Art. 263 AEUV, die Einreichung einer Nichtigkeitsklage offen.[436]

Die Möglichkeit der Beschwerde besteht allerdings nur für die Berechnung und Festsetzung der außerordentlich erhobenen nachträglichen Beiträge gem. Art. 71 SRM-VO.[437] Die Erhebung der Beschwerde hat zudem gem. Art. 85 Abs. 6 UAbs. 1 SRM-VO keine aufschiebende Wirkung; eine solche kann zwar zusätzlich beantragt werden, steht dann jedoch im Ermessen des Beschwerdeausschusses.[438] Da das SRB bereits im Rahmen der Erhebung über eine Aufschiebung entscheiden kann[439], sind die Erfolgschancen eines solchen Antrags jedoch gering einzuschätzen.

## 2. Nationale Rechtsbehelfe

Im Rahmen der Verbundverwaltung gelten für Verfahrenshandlungen der mitgliedstaatlichen Abwicklungsbehörden die allgemeinen Grundsätze, die auch für den indirekten Vollzug des Unionsrechts durch mitgliedstaatliche Behörden

434 Vgl. allg. zum agenturinternen Beschwerdeverfahren *Sonder*, BKR 2012, S. 7 f.

435 Vgl. *Groß*, Die Legitimation der polyzentralen EU-Verwaltung, 2015, S. 73 ff.

436 Vgl. Art. 86 Abs. 1 und 2 SRM-VO; *Kämmerer*, WM 2016, S. 10; weigert sich der Beschwerdeausschuss, tätig zu werden, kann auch eine Untätigkeitsklage gem. Art. 86 Abs. 3 SRM-VO in Betracht kommen. Erstinstanzlich ist dabei das Gericht der Europäischen Union sachlich zuständig, vgl. Art. 256 Abs. 1 S. 1 AEUV i.V.m. Art. 51 EuGH-Satzung.

437 Vgl. *Kämmerer*, WM 2016, S. 10; *Kube*, Rechtliche Grundlagen und Grenzen der EU-Bankenabgabe, 2016, S. 59.

438 Vgl. Art. 85 Abs. 6 UAbs. 2 SRM-VO.

439 Vgl. Art. 71 Abs. 2 SRM-VO i.V.m. Art. 6 VO (EU) 2017/747.

gelten.[440] Gegen Beitragsberechnung und -erhebung wird Rechtsschutz daher grundsätzlich durch die nationalen Gerichte gewährt.[441]

Im deutschen Kontext erlässt die FMSA den Beitragsbescheid nach Berechnungen des SRB[442], gegen den die betroffenen Institute Widerspruch sowie (bei Erfolgslosigkeit) Anfechtungsklage erheben können. Da keinem der Rechtsbehelfe gem. § 12f Abs. 5 RStruktFG n.F. aufschiebende Wirkung zukommt, ist zudem die Möglichkeit eines Antrags gem. § 80 Abs. 5 S. 1 Alt. 1 VwGO gegeben.

Begründet werden kann der jeweilige Rechtsbehelf insbesondere mit der falschen Berechnung durch das SRB oder der Rechtswidrigkeit der der Europäischen Bankenabgabe zugrundeliegenden Rechtsakte.[443]

Zu bedenken ist jedoch, dass der nationale Rechtsschutz der Einschränkung des Verwerfungsmonopols des EuGH unterliegt.[444] Demnach hat das (letztinstanzliche) nationale Gericht die Frage der Gültigkeit eines europäischen Gesetzesakts oder der entsprechenden Handlung des SRB gem. Art. 267 Abs. 1 und 3 AEUV dem EuGH vorzulegen und kann, aufgrund des Grundsatzes des effet utile, auch nur unter qualifizierten Voraussetzungen einstweiligen Rechtsschutz gewähren.[445]

Aufgrund der besonderen Beschwerdemöglichkeit gem. Art. 85 SRM-VO ist zudem zu erwägen, dass das Rechtsschutzbedürfnis zu versagen sein könnte, soweit die Begründung allein auf die fehlerhafte Berechnung der Sonderbeiträge durch das SRB gestützt wird.

---

440 *Gärditz*, in: Rengeling/Middeke/Gellermann (Hrsg.), Handbuch des Rechtsschutzes in der Europäischen Union, 2014, § 35 Rn. 29.

441 *Ibd.*

442 Vgl. Art. 4 S. 1 VO (EU) 2015/81.

443 *Kube*, Rechtliche Grundlagen und Grenzen der EU-Bankenabgabe, 2016, S. 59.

444 Vgl. Urteil *Lucchini*, C-119/05, EU:C:2007:434, Rn. 53; Urteil *Melki und Abdeli*, C-188/10, EU:C:2010:363, Rn. 54; *Gundel*, in: Ehlers (Hrsg.), Europäische Grundrechte und Grundfreiheiten, 2014, § 27 Rn. 68; *Gärditz*, in: Rengeling/Middeke/Gellermann (Hrsg.), Handbuch des Rechtsschutzes in der Europäischen Union, 2014, § 35 Rn. 29.

445 Vgl. Urteil *Zuckerfabrik Süderdithmarschen und Zuckerfabrik Soest/Hauptzollamt Itzehoe und Hauptzollamt Paderborn*, C-143/88 und C-92/89, EU:C:1991:65, Rn. 23 ff.; *Gärditz*, in: Rengeling/Middeke/Gellermann (Hrsg.), Handbuch des Rechtsschutzes in der Europäischen Union, 2014, § 35 Rn. 29; *Kube*, Rechtliche Grundlagen und Grenzen der EU-Bankenabgabe, 2016, S. 59, der den einstweiligen Rechtsschutz bereits vor dem Hintergrund der aktuellen Niedrigzinsphase in Gegenüberstellung mit möglichen Prozesszinsen für wenig erstrebenswert hält.

Grundsätzlich fehlt das Rechtsschutzbedürfnis, wenn das Rechtsschutzziel auf andere Weise ebenso gut oder sogar einfacher, schneller und besser erreicht werden kann.[446]

Dies kann mit dem formellen Verweis auf die durch den Unionsgesetzgeber geschaffene Beschwerdemöglichkeit und der folgend möglichen Erhebung der Nichtigkeitsklage bejaht werden; materiell bestünde eine parallele Prüfung der Richtigkeit der Berechnung, die das nationale Gericht, gerade im Verfahren des einstweiligen Rechtsschutzes, mangels Fachkompetenz und Datenmaterial kaum leisten kann. Doch nicht nur die Fachkompetenz des SRB überwiegt an dieser Stelle, auch ist die nationale Gerichtsbarkeit in ihren tatsächlichen Handlungsmöglichkeiten beschränkt, zumal sich über diesen Lösungsweg widersprechende Entscheidungen bis zur letztendlichen Klärung durch den EuGH verhindern ließen.

Die Versagung des Rechtsschutzbedürfnisses würde sich jedoch auf die Rüge der falschen Beitragsberechnung der Sonderbeiträge beschränken. Wird das Begehren auf die behauptete Primärrechtswidrigkeit gestützt oder die Berechnung der Jahresbeiträge angefochten, greifen diese Erwägungen, mangels gleichlaufender Prüfungskompetenz des Beschwerdeausschusses, nicht.

Auch wenn diese Argumentation den Vorteil einer klaren Entscheidungslinie hat, kann der strukturell besondere außergerichtliche Rechtsbehelf der Beschwerde bei einer EU-Agentur nicht das Rechtsschutzbedürfnis aufheben, auch wenn der nationale Rechtsschutz nur eine faktisch limitierte Reichweite hat.

Dafür spricht, dass mit dieser Argumentation, aufgrund der gem. Art. 86 Abs. 1 SRM-VO direkt möglichen Nichtigkeitsklage, auch bei angefochtenen Jahresbeiträge das Rechtsschutzbedürfnis vor nationalen Gerichten versagt werden könnte, wovon der nationale Gesetzgeber jedoch nicht ausgeht (§ 12f Abs. 5 RStruktFG n.F.). Der Verwaltungsverbund zwischen SRB und nationaler Abwicklungsbehörde bedingt vielmehr einen kumulativen Rechtsschutz, weshalb in Bezug auf die Berechnung der Sonder-, aber auch der Jahresbeiträge das Rechtsschutzbedürfnis im nationalen Verfahren erst dann zu versagen ist, wenn der EuGH über die jeweilige Sachfrage abschließend entschieden hat.

## 3. Primärrechtliche Rechtsbehelfe

Den bisherigen Ausführungen folgend, kann der EuGH bzw. das EuG grundsätzlich auf zwei Wegen mit der Europäischen Bankenabgabe befasst werden. Einerseits über die Vorlagefragen nationaler Gerichte[447], andererseits über die

---

446 Vgl. *Schoch*, in: Schoch/Schneider/Bier (Hrsg.), VwGO, 2013, § 80 Rn. 582.

447 Vgl. *Kube*, Rechtliche Grundlagen und Grenzen der EU-Bankenabgabe, 2016, S. 59.

Nichtigkeitsklage gegen Entscheidungen des SRB sowie seines Beschwerdeausschusses.[448]

### a. *Nichtigkeitsklage gegen die Berechnung und Festsetzung von Jahres- und Sonderbeiträgen*

Eine Nichtigkeitsklage gegen die Beitragsberechnung von Sonderbeiträgen durch das SRB kann nach dem Wortlaut des Art. 86 Abs. 1 SRM-VO nur gegen eine Entscheidung des Beschwerdeausschusses erfolgen, womit die Einlegung einer Beschwerde obligatorisch wird.[449]

Diese Möglichkeit entfällt beim Beschluss des SRB über die Festsetzung der Jahresbeiträge, womit direkt die Nichtigkeitsklage erhoben werden kann.[450]

Geklärt werden muss dahingehend jedoch, ob die Beitragsberechnung durch das SRB unmittelbar an die Institute gerichtet ist oder ob sie dadurch unmittelbar und individuell betroffen sind (vgl. Art. 263 Abs. 4 AEUV).

Die Beitragsberechnungen werden durch das SRB den jeweils zuständigen nationalen Abwicklungsbehörden mitgeteilt.[451] Diese „übersetzen" diese Mitteilung in einen nationalen Verwaltungsakt, weshalb ein direkt an die Institute gerichteter Beschluss des SRB fraglich erscheint.[452]

Eine Klagebefugnis kann hingegen alternativ über die unmittelbare und individuelle Betroffenheit der Institute begründet werden. Die Unmittelbarkeit erfordert dahingehend eine ipso facto Beeinträchtigung; es genügt nicht, wenn weitere hoheitliche Umsetzungsakte hinzutreten müssen.[453] Besteht hingegen eine Pflicht der nationalen Behörde, die Handlung umzusetzen und kommt ihr dabei kein weiterer Ermessensspielraum zu, wie im vorliegenden Fall die

---

448 Vgl. Art. 86 Abs. 1 SRM-VO; die sachliche Zuständigkeit für die Nichtigkeitsklage richtet sich grds. nach Art. 256 Abs. 1 S. 1 AEUV, mithin ist das EuG zuständig, abweichend davon bleibt der EuGH in den Fällen des Art. 51 Satzung des EuGH zuständig.

449 *Kämmerer*, WM 2016, S. 10.

450 *Ibd.*; *Arons*, in: Busch/Ferrarini (Hrsg.), European Banking Union, 2015, S. 459 Rn. 13.58.

451 Vgl. Art. 5 Abs. 1 VO (EU) 2015/81.

452 *Kube*, Rechtliche Grundlagen und Grenzen der EU-Bankenabgabe, 2016, S. 60; vgl. allg. *Calliess*, in: Calliess /Ruffert (Hrsg.), EUV/AEUV, 2016, Art. 263 AEUV Rn. 31 f.

453 *Calliess*, in: Calliess/Ruffert (Hrsg.), EUV/AEUV, 2016, Art. 263 AEUV Rn. 35 und 38.

Verbescheidung auf Basis der Beitragsberechnung gem. Art. 4 und 5 VO (EU) 2015/81, ist die Unmittelbarkeit zu bejahen.[454]

Auch die Individualität ist, selbst unter Anwendung der restriktiven Plaumann-Formel, gegeben, wonach „wer nicht Adressat einer Entscheidung ist, nur dann geltend machen (kann) von ihr individuell betroffen zu sein, wenn die Entscheidung ihn wegen bestimmter persönlicher Eigenschaften oder besonderer, ihn aus dem Kreis der übrigen Personen heraushebender Umstände berührt und ihn daher in ähnlicher Weise individualisiert wie den Adressaten."[455]

Bei der Berechnung der Jahresbeiträge steht der Kreis der Betroffenen zum Zeitpunkt der Entscheidung konkret fest, weitergehend erfolgt die Berechnung individuell für jedes Institut, weshalb die Zulässigkeit der direkten Nichtigkeitsklage gegen die Berechnung der Jahresbeiträge zu bejahen ist.

### *b. Nichtigkeitsklage gegen die Europäische Bankenabgabe*

Auch wenn ein Abgabenschuldner aufgrund der behaupteten Primärrechtswidrigkeit der Europäischen Bankenabgabe direkt Nichtigkeitsklage erheben möchte, steht die Klagebefugnis gem. Art. 263 Abs. 4 Alt. 2 AEUV in Frage.[456]

Dabei müssten die SRM-VO sowie die verbundenen Rechtsakte wie die VO (EU) 2015/63 oder die VO (EU) 2015/81 Rechtsakte mit Verordnungscharakter darstellen, welche die Institute unmittelbar betreffen und keine weiteren Durchführungsmaßnahmen nach sich ziehen.

Anders als im Fall der unmittelbaren Betroffenheit durch eine Handlung soll eine Direktklage gegen Rechtsakte der Europäischen Union gem. Art. 263 Abs. 4 Alt. 2 AEUV nur dann möglich sein, wenn eine inzidente Überprüfung des europäischen Rechtsakts vor dem nationalen Gericht, mit einer etwaigen Vorabentscheidung gem. Art. 267 AEUV, nicht möglich ist.[457]

---

454 Vgl. *Ibd.*, Art. 263 AEUV Rn. 36; bejahend mit Blick auf die vergleichbare Situation einer Abwicklungsentscheidung des SRB *Arons*, in: Busch/Ferrarini (Hrsg.), European Banking Union, 2015, S. 459 Rn. 13.59.

455 Urteil *Plaumann/Kommission*, C-25/62, EU:C:1963:17; seitdem ständige Rspr., vgl. Urteil *Iberdrola/Kommission*, T-221/10, EU:T:2012:112, Rn. 23; Urteil *Telefónica/Kommission*, C-274/12 P, ECLI:EU:C:2013:852, Rn. 46.

456 Im Rahmen der inhaltlichen Überprüfung müssen Delegierte Verordungen und Durchführungsverordnungen zudem mit den Zielesetzungen und dem System des Basisrechtsakts, vorliegend BRRD-RL und SRM-VO, vereinbar sein, vgl. Urteil *Spanien und Frankreich/Kommission*, C-6/88 und C-7/88, EU:C:1989:420, Rn. 14 und 24 f.

457 Vgl. Urteil *Unión de Pequeños Agricultores/Rat*, C-50/00 P, EU:C:2002:462, Rn. 26; Urteil *Microban International und Microban (Europe)/Kommission*, T-262/10,

Unabhängig davon, ob eine Verordnung, die im ordentlichen oder besonderen Gesetzgebungsverfahren angenommen wurde, überhaupt einen Rechtsakt mit Verordnungscharakter darstellen kann[458], erfordert die Beitragserhebung eine Berechnung durch das SRB sowie einen mitgliedstaatlichen Ausführungsakt in Form der Verbescheidung durch die nationalen Abwicklungsbehörden.

Insoweit ist bzgl. der relevanten Rechtsakte der Europäischen Bankenabgabe die unmittelbare Betroffenheit nicht gegeben, wobei die SRM-VO als Gesetzgebungsakt bereits keinen Rechtsakt mit Verordnungscharakter darstellt.

Möglich bleibt für betroffene Institute, im Rahmen einer Nichtigkeitsklage gegen Entscheidungen des SRB sowie seines Beschwerdeausschusses, eine inzidente Normenkontrolle gem. Art. 277 AEUV anzuregen, um zumindest die Anwendung des gerügten Rechtsakts im konkreten Rechtsstreit zu suspendieren.[459]

## VIII. Zusammenfassung

Die materiell-rechtliche Würdigung der Europäischen Bankenabgabe basiert elementar auf der Differenzierung zwischen Tatbestands- und Rechtsfolgenseite. Erstere wirft dabei die Frage auf, aufgrund welcher Voraussetzungen bestimmte Abgabenschuldner zur Zahlung parafiskalischer Abgaben herangezogen werden können.

Anhand der Vorgaben des Primärrechts und der am Gedanken der Gruppenäquivalenz orientierten Rechtsprechung des EuGH kristallisieren sich drei Zulässigkeitsvoraussetzungen heraus.

---

EU:T:2011:623, Rn. 33 f.; *Calliess*, in: Calliess/Ruffert (Hrsg.), EUV/AEUV, 2016, Art. 263 AEUV Rn. 73.

458 Ablehnend Urteil *Inuit Tapiriit Kanatami u.a./Parlament und Rat*, C-583/11 P, EU:C:2013:625, Rn. 52 ff., wonach Gesetzgebungsakte im Sinn des Art. 289 Abs. 3 AEUV nicht umfasst werden (Rn. 61); vgl. auch *Calliess*, in: Calliess/Ruffert (Hrsg.), EUV/AEUV, 2016, Art. 263 AEUV Rn. 56 m.w.N.

459 Vgl. *Calliess*, in: Calliess/Ruffert (Hrsg.), EUV/AEUV, 2016, Art. 277 AEUV Rn. 8; auf diesem Weg versuchen auch die bislang eingereichten erstinstanzlichen Klagen der spanischen Banco Cooperativo Español (T-323/16, eingereicht am 24.6.2016) sowie der italienischen Credito Fondiario (T-661/16, eingereicht am 19.9.2016) gegen Teilaspekte der VO (EU) 2015/63, insbesondere deren Art. 5 Abs. 1, vorzugehen, wobei insbesondere die bereits angesprochenen Verstöße gegen die unternehmerische Freiheit sowie gegen die Gleichbehandlung gerügt werden.

Neben einer strikten gesetzlichen Zweckbindung der Fondsmittel muss aus gleichheitsrechtlicher Perspektive ein besonderer Sachgrund durch eine entsprechend besonders verantwortliche Gruppe finanziert werden.

Diesen Voraussetzungen genügt die Europäische Bankenabgabe, wobei der europäische Gesetzgeber auf eine tatbestandliche Differenzierung anhand der Systemrelevanz verzichtet. Vielmehr werden alle CRR-Institute im Hinblick auf den dominierenden Finanzierungszweck herangezogen, demgegenüber lassen sich zwingende Argumente für eine Erweiterung oder Beschränkung des Gruppenzuschnitts anhand der öffentlich diskutierten Beispiele nicht finden.

Auf Rechtsfolgenseite stellen freiheits- und gleichheitsrechtliche Vorgaben die wesentlichen Schranken dar.

Erstere manifestieren sich im Rahmen der unternehmerischen Freiheit, konkret im Verhältnismäßigkeitsgrundsatz. Dahingehend formuliert der europäische Gesetzgeber hinreichende Vorgaben an eine Belastungsobergrenze, wobei die gruppennützige Verwendung über Art. 76 Abs. 1 SRM-VO sichergestellt ist. Auch die Orientierung der Zielausstattung des SRF an den gedeckten Einlagen der Eurozone begründet keine unangemessene Abgabenerhebung.

Im Rahmen der gleichheitsrechtlichen Vorgaben orientiert sich der jährliche Grundbeitrag an der Bilanzsumme der Passiva. Dabei lässt die Höhe der Fremdkapitalfinanzierung aufgrund des inhärenten Liquiditätsrisikos nicht nur Rückschlüsse auf die Ausfallwahrscheinlichkeit zu, sie bietet auch einen pragmatischen Indikator für Größe und Vernetzung, mithin zwei wesentlichen Faktoren der Systemrelevanz der jeweiligen Institute, und damit für die Abwicklungswahrscheinlichkeit unter Nutzung des SRF.

Konsequenterweise werden diejenigen Passiva ausgeklammert, denen keine dem Fremdkapital vergleichbaren Risiken innewohnen, wie dauerhafte Eigenmittel, gedeckte Einlagen oder gesicherte Verbindlichkeiten.

Mangels harmonisierter Rechnungslegungsvorschriften für Derivate im Hinblick auf individuelle Konten werden Verbindlichkeiten aus Derivatkontrakten gem. Art. 429 ff. CRR-VO bewertet und angesetzt. Gleichheitsrechtlich nicht unproblematisch ist dabei die weitreichende Berücksichtigung von Nettingvereinbarungen, die zu einer Verschiebung der relativen Beitragslast auf Institute mit geringem Derivatbestand führen kann. Aufgrund der anzuerkennenden risikominimierenden Wirkung von Nettingvereinbarungen ist die mittelbare Benachteiligung jedoch als gerechtfertigt anzusehen, zumal Derivatkontrakte nicht nur im Rahmen des Grundbeitrags eine Rolle spielen, sondern auch im Rahmen der Risikoanpassung; dort hingegen mit dem Nominalvolumen, womit tendenziell kleinere Institute mit geringfügigen Handelsaktivitäten und Derivatpositionen profitieren.

Die Risikoanpassung, als zweite Säule des jährlichen Beitrags, soll in verstärkter Anlehnung an das Pigou-Modell eine treffgenauere Orientierung der Beitragshöhe an die Systemrelevanz des jeweiligen Instituts ermöglichen, um so den Lenkungszweck der Abgabe zu verstärken. Das angewandte Scoringmodell steht jedoch sowohl bzgl. seiner Funktionalität als auch seiner Komplexität in der Kritik, wobei aus gleichheitsrechtlicher Perspektive zumindest tendenziell auf eine erhöhte Systemrelevanz geschlossen werden kann. Unter Beachtung des weiten gesetzgeberischen Spielraums, erlaubt die Risikoanpassung eine systemrisikoorientierte Anknüpfung strengerer Rechtsfolgen, was nicht zu einer unangemessenen Binnendifferenzierung innerhalb der Gruppe führt.

Die Erhebung von Sonderbeiträgen im Fall nicht ausreichender Fondsmittel ist angesichts der ausgeschlossenen unsachgemäßen Belastung zulässig und in ihrer konkreten Ausgestaltung auch angemessen, da zum Zeitpunkt des konkreten Mittelbedarfs an die besondere Gruppenverantwortlichkeit angeknüpft wird. Die in diesem Fall nachrangige Kreditaufnahme belastet nicht einseitig erfolgreiche Institute, da Sonderbeiträge zwar aufgeschoben werden können, die Veranlagung der Beiträge jedoch unter Einbeziehung aller Abgabenschuldner stattfindet.

Mit Blick auf die Niederlassungsfreiheit ist ein rechtfertigungsbedürftiger Eingriff aufgrund der teilweisen Bezugnahme auf nationale Einlagen im Rahmen der Berechnungsformel abzulehnen, da die in Frage stehende Regelung des Art. 8 Abs. 1 VO (EU) 2015/81 als allgemein geltende, rechtliche Rahmenbedingung zu qualifizieren ist. Doch auch bei gegenteiliger Auffassung ist ein Eingriff als verhältnismäßig anzusehen, da dem Gesetzgeber bei komplexen Sachverhalten die Möglichkeit einer schrittweisen Harmonisierung zuzugestehen ist, zumal die Berechnungsformel somit konsequent an die schrittweise Haftungsvergemeinschaftung innerhalb des SRF gem. Art. 5 IGA angepasst wird.

Kritisch zu sehen sind demgegenüber die rechtsstaatlich zu fordernden Voraussetzungen der Vorhersehbarkeit und Transparenz. Bedingt durch die relative Berechnungsmethodik lässt sich für die Institute nicht genau vorhersehen, wie hoch die Abgabenbelastung ausfällt, da sie die notwendigen Informationen, insbesondere die relevanten Parameter der anderen Abgabenschuldner ex-ante, nicht einsehen können.

Gegen die Feststellung einer Rechtswidrigkeit spricht jedoch die Komplexität der Regelungsmaterie, bei der ein Übergangszeitraum einzuräumen ist, um derartigen Problemen abzuhelfen. Dabei hat das SRB bereits reagiert und im Anschluss an die erstmalige Beitragserhebung zum SRF 2016 mit einer anonymisierten Veröffentlichung der Vergleichsgrößen und der individuellen Jahresbeiträge begonnen.

Rechtsschutz gegen Beitragsbescheide gewähren, dem Grundsatz des indirekten Vollzugs des Unionsrechts folgend, die nationalen Gerichte. Im Fall der Rüge der fehlerhaften Beitragsberechnung durch das SRB tritt für Sonderbeiträge kumulativ die interne Beschwerdemöglichkeit gem. Art. 85 Abs. 3 SRM-VO hinzu. In ihren Handlungsmöglichkeiten sind nationale Gerichte jedoch durch das Verwerfungsmonopol des EuGH beschränkt.

Gegen die Beitragsberechnung durch das SRB ist, für die Jahresbeiträge direkt, für die Sonderbeiträge erst gegen die Entscheidung des Beschwerdeausschusses, auch die Nichtigkeitsklage gem. Art. 263 AEUV zulässig. Daher sind, wenn ausschließlich gegen die Beitragsberechnung durch das SRB vorgegangen werden soll, nationale Rechtsbehelfe praktisch subsidiär.

Für eine direkte Nichtigkeitsklage aufgrund der behaupteten primärrechtswidrigen Ausgestaltung der Europäischen Bankenabgabe fehlt hingegen der statthafte Klagegegenstand, zumindest jedoch die Klagebefugnis der betroffenen Abgabenschuldner gem. Art. 263 Abs. 4 Alt. 2 AEUV, weshalb sie in diesem Fall auf den nationalen Rechtsschutz mit der Möglichkeit der Vorlage gem. Art. 267 AEUV oder im Rahmen der Nichtigkeitsklage auf eine inzidente Normenkontrolle gem. Art. 277 AEUV zu verweisen sind.

# G. Gesamtergebnis

Staatliche Rettungshilfen zur Abwendung systemischer Risiken verursacht durch das Scheitern eines „systemrelevanten“ Instituts führen zu einer Externalisierungserwartung bzgl. der Haftungsrisiken bei den Instituten bzw. ihren Gläubigern und begründen somit ein gravierendes Moral Hazard-Problem. Um den Rettungsdruck für politische Entscheidungsträger zu senken, ist ein „Sonderinsolvenzrecht“ für systemrelevante Institute gerechtfertigt, mit dem Ziel, systemkritische Funktionen zu erhalten und öffentliche Mittel weitestgehend zu schonen.

Nationale Regulierungslösungen sind dabei angesichts globaler Bankenmärkte nicht zielführend, es bedarf vielmehr übernationaler Normsetzung, die mangels internationaler Bereitschaft auf supranationaler Ebene zu suchen ist und dort als Korrelat zum einheitlichen Finanzbinnenmarkt aufgefasst werden kann.

Unter dem Banner der Europäischen Bankenunion vollzog die EU dahingehend wesentliche Zentralisierungsschritte innerhalb der Eurozone mit der Verabschiedung des einheitlichen Aufsichts- sowie des einheitlichen Abwicklungsmechanismus.

Kernelement des letzteren ist die Abwicklungsfinanzierung über eine vorrangige Gläubigerbeteiligung sowie einen subsidiär möglichen Beitrag des neu geschaffenen einheitlichen Abwicklungsfonds, welcher seinerseits über die Europäische Bankenabgabe finanziert wird.

Die verfolgte Grundkonzeption zur Wiederherstellung der Marktdisziplin ist dabei der richtige Weg, jedoch leidet die Glaubwürdigkeit des Bail-in-Instruments erheblich unter politisch beeinflussbaren Ausnahmebestimmungen wie der vorbeugenden Rekapitalisierung sowie Möglichkeiten der diskretionären Ausnahme von Forderungen vom Bail-in.

Demgegenüber kann der SRF, neben den überarbeiteten Eigenmittelvorgaben, als weiteres finanzielles Sicherungsnetz gesehen werden, welches im Rahmen der schnellen Zwischenfinanzierung für die effektive Anwendung der Abwicklungsinstrumente eine wesentliche Rolle spielen kann.

Speziell mit Blick auf die angestrebte und kritisierte Zielgröße ist der SRF nicht als Bail-out-Fonds zu verstehen. Eine un- oder mittelbare Verlusttragung ist grundsätzlich nicht gewollt bzw. begrenzt, da in derartigen Fällen die Inanspruchnahme stets an die Voraussetzungen des Bail-in-Instruments, insbesondere die vorgeschaltete Gläubigerbeteiligung sowie die normierte Obergrenze der Beteiligung, gebunden ist, weshalb die angestrebte Zielausstattung von ca.

55 Mrd. Euro als im Regelfall ausreichend zu beurteilen ist, zumal dem SRF subsidiär zu Sonderbeiträgen auch alternative, insbesondere öffentliche Finanzierungsmöglichkeiten zur Verfügung stehen.

Damit steht gleichzeitig fest, dass, wenn eine weitergehende Verlusttragung in Frage steht, öffentliche Mittel als ultima ratio eingesetzt werden müssen. Subsidiär zu nationalstaatlicher Hilfe könnten insbesondere ESM-Mittel über das Instrument der direkten Bankenrekapitalisierung den Instituten zur Verfügung gestellt werden.

Der Europäischen Bankenabgabe kommt neben dem Finanzierungs-, in verstärkter Anlehnung an das klassische Pigou-Modell, ein Lenkungszweck zu. Auf europäischer Ebene wird dabei versucht, von vormaligen nationalen Bankenabgaben zu profitieren, die ihren Lenkungszweck nicht kohärent verfolgten, wobei insbesondere die britische bank levy unter der mangelnden Abstimmung mit den Eigenkapitalvorgaben litt.

Neben dem an der Bilanzsumme der Passiva orientierten Grundbeitrag erfolgt daher eine umfassende Risikogewichtung, unter Einbezug vielfältiger Risikofelder und -indikatoren, um Ausfall- und Abwicklungswahrscheinlichkeit der Institute Rechnung zu tragen. Über die Risikoadjustierung des Jahresbeitrags sollen systemische Risiken präventiv begrenzt werden, indem negative Externalität preislich möglichst treffgenau internalisiert werden, womit insbesondere systemrelevante risikoaffine Institute stärker durch die Abgabe belastet werden.

Die Etablierung der SRM-VO, speziell des SRF und der Europäischen Bankenabgabe, auf Basis der Binnenmarktkompetenz stößt nicht auf wesentliche rechtliche Bedenken. Dabei unterfällt die Europäische Bankenabgabe als parafiskalische Abgabe, mit Blick auf den Telos der Norm, nicht der Bereichsausnahme des Art. 114 Abs. 2 AEUV. Auch wenn Aufbau und Haftungsvergemeinschaftung innerhalb des SRF ebenfalls auf Art. 114 AEUV hätten gestützt werden können, stellt der Rückgriff auf ein völkerrechtliches Übereinkommen rechtlich keinen Verstoß gegen die Kompetenzordnung dar.

Trotz der zulässigen kompetenzrechtlichen Verankerung ist langfristig eine hinreichende primärrechtliche Rechtsgrundlage zu schaffen, um die Kompetenzproblematik zu entschärfen und der immensen Bedeutung des Projekts gerecht zu werden. Andernfalls droht die Europäische Bankenunion bei einem negativen gerichtlichen Urteil zu zerfallen.

Materiell-rechtlich betrifft die Frage der Vereinbarkeit der Europäischen Bankenabgabe mit Primärrecht sowohl die Tatbestands- als auch die Rechtsfolgenseite der Abgabe.

Tatbestandliche Zulässigkeitsanforderungen ergeben sich, neben der finanzrechtlich erforderlichen Zweckbindung der Mittelverwendung, vor allem aus der gleichheitsrechtlich basierten Rechtsprechung des EuGH, mithin muss ein besonderer Sachgrund durch eine entsprechend besonders verantwortliche Gruppe finanziert werden. Ein aus Art. 114 Abs. 2 AEUV abgeleiteter übergreifender normativer Maßstab im Sinne eines „Distanzgebots“ zur Steuer zur Beurteilung der materiellen Zulässigkeit ist dabei abzulehnen, da hier kompetenz- und materiell-rechtliche Erwägungen vermischt werden. Zumal eine „Pendantfunktion“ zum föderal ausgefeilten Finanzierungssystem der Art. 104a ff. GG weder systematisch noch teleologisch überzeugen kann.

Mit Blick auf die Gruppe der Agabenschuldner verzichtet der Gesetzgeber auf Tatbestandsebene jedoch auf eine weitergehende Differenzierung anhand der Systemrelevanz und zieht alle CRR-Institute als besonders verantwortliche Abgabenschuldner heran, womit die konkrete Messung der systemischen Relevanz auf die Rechtsfolgenseite verlagert wird. Eine derartige Differenzierung auf Tatbestandsebene ist gleichheitsrechtlich nicht zu fordern, da dem Gesetzgeber im Rahmen einer Prognoseentscheidung ein Ermessensspielraum einzuräumen ist, um Schwierigkeiten bei der ex-ante Bestimmung der Systemrelevanz sowie dem Gedanken der Krisenprävention Rechnung zu tragen.

Das Problem, belastbare Aussagen über die Systemrelevanz der einzelnen Institute zu treffen, stellt sich somit auf Rechtsfolgenseite. Aus Perspektive der GRCh ist es jedoch ausreichend, wenn objektiv hinreichende, indikatorenbasierte Maßstäbe zugrunde gelegt werden. Diesen Anforderungen genügt der bilanzsummenorientierte Grundbeitrag ebenso wie der Risikoanpassungsmultiplikator der Europäischen Bankenabgabe. Auch wenn die Ausgestaltung des letzteren keinesfalls unkritisch zu sehen ist, erlaubt er dennoch tendenziell einen Schluss auf eine erhöhte Systemrelevanz und demnach eine stärkere Abgabenbelastung systemrelevanter Institute. Im Rahmen weiterer primärrechtlicher Problemfelder wie der Niederlassungsfreiheit sowie der Bestimmtheit ist der Komplexität der Regelungsmaterie Rechnung zu tragen und dem Gesetzgeber sowie dem SRB ein Übergangszeitraum für die Harmonisierung und Feinjustierung einzuräumen.

Rechtsschutzmöglichkeiten gegen Beitragsbescheide existieren im Kontext der Verbundverwaltung sowohl auf nationaler als auch auf europäischer Ebene. Eine tatsächliche Subsidiarität der letzteren zeigt sich jedoch nur in Bezug auf das Vorgehen gegen die grundlegenden Rechtsakte der Europäischen Bankenabgabe, wobei auch hier zumindest die Möglichkeit einer inzidenten Normenkontrolle offensteht.

Übergreifend ist festzuhalten, dass allein die Europäische Bankenabgabe künftige systemische Krisen nicht verhindern kann. Gefahren der Fehlsteuerung, beispielsweise durch die Verlagerung der Kosten auf Kunden sowie

Ausweichreaktionen in nicht erfasste Risikobereiche können ex-ante nicht ausgeschlossen werden und bedürfen der stetigen Überwachung sowie Anpassung. Europäische Bankenabgabe und SRF sind innerhalb der Europäischen Bankenunion, in Verbindung mit überarbeiteten Eigenkapitalvorgaben sowie einer einheitlichen Aufsicht und Abwicklung, vielmehr als Teil eines Gesamtsteuerungs- und Vorsorgekonzepts zum Abbau systemischer Risiken im Bankensektor zu sehen.

# Literaturverzeichnis


*Acharya, Viral V./Pedersen, Lasse/Philippon, Thomas/Richardson, Matthew*, Regulating Systemic Risk, in: Acharya, Viral V./Richardson, Matthew (Hrsg.), Restoring Financial Stability: How to Repair a Failed System, New York 2009, S. 283–303.

*Acharya, Viral V./Ryan, Stephen G.*, Banks' Financial Reporting and Financial System Stability, Journal of Accounting Research 2016, S. 277–340.

*Acharya, Viral V./Schnabl, Philipp/Suarez, Gustavo*, Securitization without risk transfer, Journal of Financial Economics 2013, S. 515–536.

*Acharya, Viral V./Thakor, Anjan*, The Dark Side of Liquidity Creation - Leverage and Systemic Risk, Journal of Financial Intermediation 2016, S. 4–21.

*Admati, Anat R./Hellwig, Martin*, Des Bankers neue Kleider – Was bei Banken wirklich schief läuft und was sich ändern muss, 2. Aufl., München 2014.

*Adolff, Johannes/Eschwey, Claudius*, Lastenverteilung bei der Finanzmarktstabilisierung, ZHR 2013, S. 904–973.

*Adrian, Tobias/Shin, Hyun Song*, Liquidity and leverage, Journal of Financial Intermediation 2010, S. 418–437.

*Albin, Silke*, Das Subsidiaritätsprinzip in der EU Anspruch und Wirklichkeit, NVwZ 2006, S. 629–635.

*Alexander, Kern*, Bail-in: a regulatory critique, Butterworths Journal of International Banking in Financial Law 2017, S. 28–29.

—, Rebuilding International Financial Regulation and Basel III, ZBB 2011, S. 337–344.

*Allen, Franklin/Beck, Thorsten/Carletti, Elena/Lane, Philip R./Schoenmaker, Dirk/Wagner, Wolf*, Cross-Border Banking in Europe: Implications for Financial Stability and Macroeconomic Policies, London 2011.

*Allen, Franklin/Carletti, Elena/Gu, Xian*, The Roles of Banks in Financial Systems, in: Berger, Allen N./Molyneux, Philip/Wilson, John O.S. (Hrsg.), The Oxford Handbook of Banking, 2. Aufl., Oxford 2014, S. 27–46.

*Allen, Linda/Saunders, Anthony*, Risk Managment in Banking, in: Berger, Allen N./Molyneux, Philip/Wilson, John O.S. (Hrsg.), The Oxford Handbook of Banking, 2. Aufl., Oxford 2014, S. 160–183.

*Anabtawi, Iman/Schwarcz, Steven L.*, Regulating Ex Post: How Law Can Address the Inevitability of Financial Failure, Texas Law Review 2013, S. 76–131.

*Ang, Andrew/Gorovyy, Sergiy/van Inwegen, Gregory B.*, Hedge fund leverage, Journal of Financial Economics 2011, S. 102–126.

*Angelkort, Asmus/Noack, Harald*, Ist die Bankenunion nur ein Placebo?, Berlin 2014.

*Angeloni, Ignazio/Lenihan, Niall*, Competiton and state aid rules in the time of banking union, in: Faia, Ester/Hackethal, Andreas u.a. (Hrsg.), Financial Regulation – A Transatlantic Perspective, Cambridge 2015, S. 89–124.

*Angkinand, Apanard P.*, Banking regulation and the output cost of banking crises, Journal of International Financial Markets, Institutions and Money 2009, S. 240–257.

*Armour, John*, Making Bank Resolution Credible, in: Moloney, Niamh/Ferran, Eilís/Payne, Jennifer (Hrsg.), The Oxford Handbook of Financial Regulation, Oxford 2015, S. 454–486.

*Armour, John/Awrey, Daniel/Davies, P. L./Enriques, Luca/Gordon, Jeffrey N./Mayer, C. P./Payne, Jennifer*, Principles of Financial Regulation, Oxford 2016.

*Arons, Tomas M.C.*, Judicial Protection of Supervised Credit Institutions in the European Banking Union, in: Busch, Danny/Ferrarini, Guido (Hrsg.), European Banking Union, Oxford 2015, S. 433–474.

*Arrow, Kenneth J./Debreu, Gérard*, Existence of an Equilibrium for a Competitive Economy, Econometrica 1954, S. 265–290.

*Avgouleas, Emilios*, The Global Financial Crisis, Behavioural Finance and Financial Regulation in Search of a New Orthodoxy, Journal of Corporate Law Studies 2009, S. 23–59.

*Bach, Wolfgang/Nguyen, Tristan*, Zur normativ-ökonomischen Fundierung einer makroprudenziellen Versicherungsregulierung, ZVersWiss 2012, S. 175–190.

*Bacher, Urban*, Sonderbeiträge von Finanzdienstleistern zur EdW, deren Rückstellungspflicht und Aufwandsverrechnung – Konsequenzen aus der Phönix-Pleite, BKR 2007, S. 140–145.

*Baglioni, Angelo*, The European banking union – A critical assessment, London 2016.

*Benzler, Marc/Hissnauer, Christian*, Derivatives and Bail-in under the EU Bank Recovery and Resolution Directive, in: Binder, Jens-Hinrich/Singh, Dalvinder (Hrsg.), Bank Resolution – The European Regime, Oxford 2016, S. 77–92.

*Berger, Allen N./Molyneux, Philip/Wilson, John O.S.*, Banking in a Post-Crisis World, in: dies. (Hrsg.), The Oxford Handbook of Banking, 2. Aufl., Oxford 2014, S. 1–23.

*Berger, Klaus Peter*, Der Aufrechnungsvertrag, Tübingen 1996.

*Bergfeld, Katarina*, Lenkungsabgaben im Europäischen Finanzrecht, Baden-Baden 2008.

*Beville, Matthew*, Financial Pollution: Systemic Risk and Market Stability, Florida State University Law Review 2009, S. 245–274.

*Billio, Monica/Getmansky, Mila/Lo, Andrew W./Pelizzon, Loriana*, Measuring Systemic Risk in the Finance and Insurance Sectors – MIT Sloan School of Management Working Paper 4774-10, Cambridge MA 2010.

*Binder, Jens-Hinrich*, Auf dem Weg zu einer europäischen Bankenunion? Erreichtes, Unerreichtes, offene Fragen, ZBB 2013, S. 297–312.

—, Ausgestaltung und Umsetzung der aufsichtsrechtlichen Restrukturierung, ZBB 2012, S. 417–426.

—, Bankeninsolvenzen im Spannungsfeld zwischen Bankaufsichts- und Insolvenzrecht – Regelungsziele, Anwendungsprobleme und Reformansätze, dargestellt am Beispiel des deutschen und englischen Rechts, Berlin 2005.

—, Gleichung mit (zu?) vielen Unbekannten: Nachhaltige Bankenstrukturen durch Sanierungs- und Abwicklungsplanung?, ZBB 2015, S. 153–164.

—, Institutionalisierte Krisenbewältigung bei Kreditinsituten, ZBB 2009, S. 19–32.

—, Komplexitätsbewältigung durch Verwaltungsverfahren, ZHR 2015, S. 83–133.

—, Resolution: Concepts, Requirements, and Tools, in: Binder, Jens-Hinrich/-Singh, Dalvinder (Hrsg.), Bank Resolution – The European Regime, Oxford 2016, S. 25–59.

—, The European Banking Union – Rationale and Key Policy Issues, in: Binder, Jens-Hinrich/Gortsos, Christos V. (Hrsg.), The European Banking Union – A compendium, München 2016, 1–16.

*Bliss, Robert R./Kaufman, George G.*, Derivatives and systemic risk: Netting, collateral, and closeout, Journal of Financial Stability 2006, S. 55–70.

*Bohlken, Lars*, Waldschadensfonds im EG-Recht – Die rechtlichen Rahmenbedingungen für einen Fonds zur Regulierung neuartiger Waldschäden auf gemeinschaftsrechtlicher Ebene, Berlin 1999.

*Bornemann, Alexander*, Germany, in: Haentjens, Matthias/Wessels, Bob (Hrsg.), Research Handbook on Crisis Management in the Banking Sector, Cheltenham 2015, S. 452–494.

*Börner, Christoph J.*, Beurteilung der Eigenkapitalqualität von Banken, in: Everling, Oliver/Goedeckemeyer, Karl-Heinz (Hrsg.), Bankenrating – Normative Bankenordnung in der Finanzmarktkrise, 2. Aufl., Wiesbaden 2015, S. 249–266.

*Bouwman, Christa H.*, Liquidity – How Banks Create it and How It Should Be Regulated, in: Berger, Allen N./Molyneux, Philip/Wilson, John O.S. (Hrsg.), The Oxford Handbook of Banking, 2. Aufl., Oxford 2014, S. 184–218.

*Brandt, Florian/Güth, Simon*, Bankenabgabe, in: Jahn, Uwe/Geier, Bernd/-Schmitt, Christian (Hrsg.), Handbuch der Bankenrestrukturierung, München 2016, S. 545–580.

*Brandt, Florian/Ilgmann, Cordelius*, Beteiligung der Anteilsinhaber und Gläubiger, insbesondere Bail-in, in: Jahn, Uwe/Geier, Bernd/Schmitt, Christian (Hrsg.), Handbuch der Bankenrestrukturierung, München 2016, S. 310–334.

*Bröhmer, Jürgen*, Art. 63 AEUV, in: Calliess, Christian/Ruffert, Matthias (Hrsg.), EUV/AEUV – Das Verfassungsrecht der Europäischen Union mit Europäischer Grundrechtecharta: Kommentar, 5. Aufl., München 2016.

*Brown, Stephen J./Kacperczyk, Marcin/Ljungqvist, Alexander/Lynch, Anthony W./Pedersen, Lasse W./Richardson, Matthew*, Hedge Funds in the Aftermath of the Financial Crisis, in: Acharya, Viral V./Richardson, Matthew (Hrsg.), Restoring Financial Stability: How to Repair a Failed System, New York 2009, S. 157–178.

*Brunetti, Aymo*, Risiken bei systemrelevanten Institutionen: wirtschaftspolitische Analyse am Beispiel der Schweiz, SZW 2016, S. 583–591.

*Brunnermeier, Markus/Crocket, Andrew/Goodhart, Charles/Persaud, Avinahs D./ Shin, Hyun*, The Fundamental Principles of Financial Regulation, Geneva Reports on the World Economy, Genf 2009.

*Brunnermeier, Markus K./Pedersen, Lasse H.*, Market liquidity and funding liquidity, Review of Financial Studies 2009, S. 2201–2238.

*Bryant, John*, A Model of Reserves, Bank Runs, And Deposit Insurance, Journal of Banking and Finance 1980, S. 335–344.

*Buch, Claudia M./Hilberg, Björn/Tonzer, Lena*, Taxing banks: an evaluation of the German bank levy, Journal of Banking and Finance 2016, S. 52–66.

*Bullard, James/Neely, Christopher J./Wheelock, David C.*, Systemic Risk and the Financial Crisis: A Primer, Federal Reserve Bank of St. Louis Review 2009, S. 403–417.

*Burghof, Hans-Peter/Rudolph, Bernd*, Bankenaufsicht – Theorie und Praxis der Regulierung, Wiesbaden 1996.

*Busch, Danny*, Governance of the Single Resolution Mechanism, in: Busch, Danny/Ferrarini, Guido (Hrsg.), European Banking Union, Oxford 2015, S. 281–335.

*Calliess, Christian*, Art. 1 EUV / Art. 5 EUV, in: Calliess, Christian/Ruffert, Matthias (Hrsg.), EUV/AEUV – Das Verfassungsrecht der Europäischen Union mit Europäischer Grundrechtecharta: Kommentar, 5. Aufl., München 2016.

—, § 20 Eigentumsgrundrecht, in: Ehlers, Dirk (Hrsg.), Europäische Grundrechte und Grundfreiheiten, 4. Aufl., Berlin 2014, S. 707–734.

*Calliess, Christian/Schoenfleisch, Christopher*, Die Bankenunion, der ESM und die Rekapitalisierung von Banken Europa- und verfassungsrechtliche Fragen, JZ 2015, S. 113–121.

*Calomiris, Charles W.*, Bank Failures, the Great Depression, and other "Contagious" Events, in: Berger, Allen N./Molyneux, Philip/Wilson, John O.S. (Hrsg.), The Oxford Handbook of Banking, 2. Aufl., Oxford 2014, S. 721–736.

*Campbell, Andrew/Moffatt, Paula*, Large scale bank insolvencies and the challenges ahead, in: Haentjens, Matthias/Wessels, Bob (Hrsg.), Research Handbook on Crisis Management in the Banking Sector, Cheltenham 2015, S. 55–80.

*Cannas, Giuseppina/Cariboni, Jessica/Marchesi, Massimo/Nicodème, Gaëtan/Giudici, Marco Petracco/Zedda, Stefano*, Financial Activities Taxes, Bank Levies and Systemic Risk, European Commission Working Paper No. 43, Luxemburg 2014.

*Capelle-Blancard, Gunther/Havrylchyk, Olena*, Incidence of Bank Levy and Bank Market Power, CEPII Working Paper No. 2013-21, Paris 2013.

*Caprio, Gerard Jr./Honohan, Patrick*, Banking Crisis – Those Hardy Perennials, in: Berger, Allen N./Molyneux, Philip/Wilson, John O.S. (Hrsg.), The Oxford Handbook of Banking, 2. Aufl., Oxford 2014, S. 700–720.

*Ceyssens, Jan*, Teufelskreis zwischen Banken und Staatsfinanzen – Der neue Europäische Bankenaufsichtsmechanismus, NJW 2013, S. 3704–3708.

*Chattopadhyay, Robi*, Der Vorschlag für eine Richtlinie zur Sanierung und Abwicklung von Kreditinstituten, WM 2013, S. 405–415.

*Chaudhry, Sajid M./Mullineux, Andrew W./Agarwal, Natasha*, Balancing the Regulation and Taxation of Banking, Cheltenham 2015.

*Cihak, Martin/Nier, Erlend*, The Need for Special Resolution Regimes for Financial Institutions, The Case of the European Union, IMF Working Paper 09/200, Washington D.C. 2009.

*Claessens, Stijn/Keen, Michael/Pazarbasioglu, Ceyla*, Financial Sector Taxation – The IMF's Report to the G-20 and Background Material, Washington D.C. 2010.

*Classens, Stijin/Herring, Richard J./Schoenmaker, Dirk*, A Safer World Financial System: Improving the Resolution of Systemic Institutions, Geneva Reports on the World Economy, Genf 2012.

*Claussen, Carsten Peter*, Bankrechtliche Fragen zur Finanzmarktkrise, in: Grundmann, Stephan (Hrsg.), Festschrift für Klaus J. Hopt zum 70. Geburtstag am 24. August 2010 – Band 2 – Unternehmen, Markt und Verantwortung, Berlin 2010, S. 1695–1712.

*Coffee, John C.*, Bail-ins versus Bail-outs: Using Contingent Capital To Mitigate Systemic Risk, Columbia Law and Economics Working Paper No. 380, New York 2010.

*Conlon, Thomas/Cotter, John*, Anatomy of a bail-in, Journal of Financial Stability 2014, S. 257–263.

*Cooley, Thomas F./Philippon, Thomas*, The Bailout, in: Acharya, Viral V./ Richardson, Matthew (Hrsg.), Restoring Financial Stability: How to Repair a Failed System, New York 2009, S. 323–326.

*Correa, Ricardo/Sapriza, Horacio*, Sovereign Debt Crises, in: Berger, Allen N./ Molyneux, Philip/Wilson, John O.S. (Hrsg.), The Oxford Handbook of Banking, 2. Aufl., Oxford 2014, S. 737–755.

*Cullen, Jay*, The Repo Market: Collateral and Systemic Risk: In Search of Regulatory Coherence, in: Chiu, Iris H./MacNeil, Iain (Hrsg.), Research Handbook on Shadow Banking, Cheltenham 2017 (im Erscheinen).

*D'Souza, Chris/Gravelle, Toni/Orsi, Liane/Engert, Walter*, Contingent Capital and Bail-In Debt: Tools for Bank Resolution, Bank of Canada Financial System Review 2010, S. 51–56.

*De Bandt, Olivier/Hartmann, Philipp/Alcalde, José-Luis Peydró*, Systemic Risk in Banking After the Great Financial Crisis, in: Berger, Allen N./Molyneux, Philip/Wilson, John O.S. (Hrsg.), The Oxford Handbook of Banking, 2. Aufl., Oxford 2014, S. 667–699.

*De Groen, Willem Peter/Gros, Daniel*, Estimating the Brdige Financing Needs of the Single Resolution Fund: How expensive is it to resolve a bank? CEPS Special Report No. 122, Brüssel 2015.

*De Mooij, Ruud A. /Keen, Michael/Orihara, Masanori*, Taxation, Bank Leverage, and Financial Crisis, in: de Mooij, Ruud A./Nicodème, Gaëtan (Hrsg.), Taxation and Regulation of the Financial Sector, Cambridge MA 2014, S. 229–252.

*De Nicolò, Gianni/Favara, Giovanni/Ratnovski, Lev*, Externalities and Macroprudentail Policy, IMF Staff Discussion Note 12/05, Washington D.C. 2012.

*Demirgüç-Kunt, Asli/Huizinga, Harry*, Are Banks Too Big to Fail or Too Big to Save? – Internationale Evidence from Equity Prices and CDS Spreads, The World Bank Policy Research Working Paper 5360, Washington D.C. 2010.

Deutsche Bundesbank, Ansätze zur Messung und makroprudenziellen Behandlung systemischer Risiken – Monatsbericht März, Frankfurt am Main 2011.

—, Die neuen europäischen Regeln zur Sanierung und Abwicklung von Kreditinstituten – Monatsbericht Juni 2014, Frankfurt am Main 2014.

—, Finanzstabilitätsbericht 2014, Frankfurt am Main 2014.

*Devereux, Michael P.*, Will the bank levy meet its objectives?, British Tax Review 2011, S. 33–39.

*Devereux, Michael P./Vella, John/Johannesen, Niels*, Can taxes tame the banks – Evidence from European bank levies, Oxford University Centre for Business Taxation Working Paper 13/25, Oxford 2013.

*Dewatripont, Mathias*, European banking: Bailout, bail-in and state aid control, International Journal of Industrial Organization 2014, S. 37–43.

*Deyoung, Robert*, Banking in the United States, in: Berger, Allen N./Molyneux, Philip/Wilson, John O.S. (Hrsg.), The Oxford Handbook of Banking, 2. Aufl., Oxford 2014, S. 825–848.

*Diamond, Douglas W./Dybvig, Philip H.*, Bank Runs, Deposit Insurance, and Liquidity, Journal of Political Economy 1983, S. 401–419.

*Dohrn, Thomas*, Der Richtlinienvorschlag zur Festlegung eines Rahmens für die Sanierung und Abwicklung von Kreditinstituten und Wertpapierfirmen, WM 2012, S. 2033–2040.

*Doluca, Hasan/Klüh, Ulrich/Wagner, Marco/Weder di Mauro, Beatrice*, Reducing Systemic Relevance, Sachverständigenrat zur Begutachtung der gesamtwirtschaftlichen Entwicklung, Working Paper April 2010, Berlin 2010.

*Dombret, Andreas*, Are banks different – do we need special rules for bank resolution, in: Kenadjian, Patrick S. (Hrsg.), Too big to fail – Brauchen wir ein Sonderinsolvenzrecht für Banken?, Berlin 2012, S. 27–34.

*Donges, Juergen B.*, Systemstabilität für Finanzmärkte, Berlin 2011.

*Dowell-Jones, Mary/Buckley, Ross P.*, Bank Levies – An Innovation in Post-Crisis Bank Taxation, Nottingham 2015.

*Drehmann, Mathias/Nikolaou, Kleopatra*, Funding liquidity risk: Definition and measurement, Journal of Banking & Finance 2013, S. 2173–2182.

*Drehmann, Mathias/Tarashev, Nikola*, Measuring the systemic importance of interconnected banks, Journal of Financial Intermediation 2013, S. 589–607.

*Dürrschmidt, Daniel*, „Europäisches Steuerrecht" nach Lissabon, NJW 2010, S. 2086–2090.

*Duve, Christian/Wilmalasena, Philip*, Who decides wheter bail-in is legal? What comes after Cyprus and Greece?, Law and Financial Markets Review 2015, S. 177–186.

*Ehlers, Dirk*, § 14 Allgemeine Lehren der Unionsgrundrechte, in: ders. (Hrsg.), Europäische Grundrechte und Grundfreiheiten, 4. Aufl., Berlin 2014, S. 513–580.

*Eidenmüller, Horst*, Restrukturierung systemrelevanter Finanzinstitute, in: Grundmann, Stephan (Hrsg.), Festschrift für Klaus J. Hopt zum 70. Geburtstag am

24. August 2010 – Band 2 – Unternehmen, Markt und Verantwortung, Berlin 2010, S. 1713–1732.

*Engelbach, Sascha/Friedrich, Till*, Die Umsetzung der BRRD in Deutschland, WM 2015, S. 662–671.

*Englisch, Joachim*, Kapitel 6: Diskriminierungs- und Beschränkungsverbote im Recht der Steuern auf Waren und Dienstleistungen, in: Englisch, Joachim/Schaumburg, Harald (Hrsg.), Europäisches Steuerrecht, Köln 2015, S. 113–155.

*Espinosa-Vega, Marco A./Kahn, Charles/Matta, Rafael/Solé, Juan*, Systemic Risk and Optimal Regulatory Architecture, IMF Working Paper 11/193, Washington D.C. 2011.

*Farber, Daniel A.*, Uncertainty, Georgetown Law Journal 2011, S. 903–959.

*Ferran, Eilis*, European Banking Union: Imperfect, But It Can Work – Legal Studies Research Paper No. 30, University of Cambridge, Cambridge 2014.

*Ferstl, Eva-Maria*, Die Auswirkungen der „Bankenabgabe" auf die Unternehmensberichterstattung deutscher Kreditinstitute, Hamburg 2014.

*Fichardt, Liesl*, Taxing the Financial Sector – Bank Levies in the United Kingdom, in: Weber, Dennis/Marres, Otto (Hrsg.), Taxing the Financial Sector – Financial Taxes, Bank Levies and More, Amsterdam 2012, S. 71–86.

*Fischer, H.G.*, Art. 49 AEUV, in: Lenz, Carl Otto/Borchardt, Klaus-Dieter (Hrsg.), EU-Verträge Kommentar – EUV AEUV GRCh, 6. Aufl., Köln 2012.

*Franke, Günter/Krahnen, Jan Pieter*, Marktkräfte und Finanzstabilität: Desiderata und Anreizwirkung eines institutionellen Rahmens für Bankenrestrukturierung, ZBB 2012, S. 399–412.

*Freixas, Xavier/Parigi, Bruno M.*, Lender of Last Resort and Bank Closure Policy – A Post-Crisis Perspective, in: Berger, Allen N./Molyneux, Philip/Wilson, John O.S. (Hrsg.), The Oxford Handbook of Banking, 2. Aufl., Oxford 2014, S. 474–504.

*Frenz, Walter*, Handbuch Europarecht – Handbuch Europarecht – Band 1: Europäische Grundfreiheiten, 2. Aufl., Berlin 2012.

—, Band 4: Europäische Grundrechte, 4. Aufl., Berlin 2009.

*Frenz, Walter/Ehlenz, Christian*, Rechtsangleichung über Art. 114 AEUV und Grenzen gem. Art. 5 EUV nach Lissabon, EuZW 2011, S. 623–626.

*Freytag, Georg*, Europarechtliche Anforderungen an Umweltabgaben – Dargestellt am Beispiel von Abgaben zur Reduzierung der Umweltbelastung durch den Straßenverkehr, Baden-Baden 2000.

*Fuchs, Florian*, Close-out Netting, Collateral und systemisches Risiko – Rechtsansätze zur Minderung der Systemgefahr im außerbörslichen Derivatehandel, Tübingen 2013.

*Furfine, Craig H.*, Interbank Exposures: Quantifiying the Risk of Contagion, Journal of Money, Credit and Banking 2003, S. 111–128.

*Ganter, Gerhard*, § 47 InsO, in: Kirchhof, Hans-Peter/Stürner, Rolf/Eidenmüller, Horst (Hrsg.), Münchener Kommentar zur Insolvenzordnung, 3. Aufl., München 2013.

*Garcimartin, Francisco/Saez, Maria Isabel*, Set-off, netting and close-out netting, in: Haentjens, Matthias/Wessels, Bob (Hrsg.), Research Handbook on Crisis Management in the Banking Sector, Cheltenham 2015, S. 331–344.

*Gardella, Anna*, Bail-in and the Financing of Resolution within the SRM Framework, in: Busch, Danny/Ferrarini, Guido (Hrsg.), European Banking Union, Oxford 2015, S. 373–407.

*Gärditz, Klaus Ferdinand*, § 35, in: Rengeling, Hans-Werner/Middeke, Andreas/Gellermann, Martin (Hrsg.), Handbuch des Rechtsschutzes in der Europäischen Union, 3. Aufl., München 2014.

*Geier, Bernd*, Überblick Abwicklung unter besonderer Berücksichtigung nicht systemrelevanter Institute, in: Jahn, Uwe/Geier, Bernd/Schmitt, Christian (Hrsg.), Handbuch der Bankenrestrukturierung, München 2016, S. 147–233.

*Gerlach, Stefan*, Defining and Measuring Systemic Risk – Directorate General For Internal Policies, Brüssel 2009.

*Giancarlo, Corsetti/Devereux, Michael P./Hassler, John /Saint-Paul, Gilles/Sinn, Hans-Werner/Sturm, Jan-Egbert/Vives, Xavier*, Taxation and Regulation of the Financial Sector 2011.

*Gilboa, Itzhak/Postlewaite, Andrew W./Schmeidler, David*, Probability and Uncertainty in Economic Modeling, Journal of Economic Perspectives 2008, S. 173–188.

*Gleeson, Simon*, Legal Aspects of Bank Bail-Ins, LSE Financial Markets Group Paper Series 205, London 2012.

*Gleeson, Simon/Guynn, Randall*, Bank Resolution and Crisis Management – Law and Practice, Oxford 2016.

*Göbel, Henning/Henkel, Knut/Lantzius-Benninga, Berthold*, Berechnung der Bankenabgabe, WPg 2012, S. 27–39.

*Goddard, John/Molyneux, Philip/Wilson, John O.S.*, Banking in the European Union, in: Berger, Allen N./Molyneux, Philip/Wilson, John O.S. (Hrsg.), The Oxford Handbook of Banking, 2. Aufl., Oxford 2014, S. 849–872.

*Goel, Anand M./Song, Fenghua/Thakor, Anjan V.*, Correlated leverage and its ramifications, Journal of Financial Intermediation, S. 471–503.

*Goodhart, Charles/Avgouleas, Emilios*, Critical reflections on bank bail-ins as Bank Recaptialisation Mechanisms, Journal of Financial Regulation 2015, S. 3–29.

*Gordon, Jeffrey N./Ringe, Wolf-Georg*, Bank Resolution in the European Banking Union: A Transatlantic Perspective on What it Would Take, Columbia Law Review 2015, S. 1297–1369.

*Gordy, Michael B./Heitfield, Erik A./Wu, Jason J.*, Risk-Based Regulatory Capital and the Basel Accords, in: Berger, Allen N./Molyneux, Philip/Wilson, John O.S. (Hrsg.), The Oxford Handbook of Banking, 2. Aufl., Oxford 2014, S. 550–567.

*Gortsos, Christos V.*, The two main pillars of the European Banking Union: the legal framework in a "nutshell", in: Binder, Jens-Hinrich/Gortsos, Christos V. (Hrsg.), The European Banking Union – A compendium, München 2016, S. 17–68.

*Götz, Christian/Burkert, Uwe*, Der einheitliche europäische Bankenabwicklungsmechanismus – Praxistauglichkeit offen, in: Everling, Oliver/Goedeckemeyer, Karl-Heinz (Hrsg.), Bankenrating – Normative Bankenordnung in der Finanzmarktkrise, 2. Aufl., Wiesbaden 2015, S. 405–424.

*Götz, Volkmar*, Parafiskalische Abgabgen im europäischen Gemeinschaftsrecht, in: Wendt, Rudolf (Hrsg.), Staat, Wirtschaft, Steuern – Festschrift für Karl Heinrich Friauf zum 65. Geburtstag, Heidelberg 1996, S. 37–54.

*Grabitz, Eberhard/Hilf, Meinhard/Nettesheim, Martin* (Hrsg.), Das Recht der Europäischen Union, München 2010.

*Grieser, Simon G./Mecklenburg-Guzmán, Christian Alexander/Schenk, Janine*, Europäische Regulierung zur Bankenrestrukturierung, in: Grieser, Simon G./Heemann, Manfred (Hrsg.), Europäisches Bankaufsichtsrecht, Frankfurt am Main 2016, S. 965–1002.

*Gropp, Reint*, How Important Are Hedge Funds in a Crisis? SAFE Policy Papers No. 23, Frankfurt am Main 2014.

*Gros, Daniel/Schoenmaker, Dirk*, European Deposit Insurance and Resolution in the Banking Union, Journal of Common Market Studies 2014, S. 529–546.

*Groß, Thomas*, Die Legitimation der polyzentralen EU-Verwaltung, Tübingen 2015.

*Grundmann, Stephan*, Bankenunion und Privatrecht – Spannungspunkte, Einflusslinien, Beispiele, ZHR 2015, S. 563–600.

—, Erster Teil: Organisation und Kreditwesen, in: Canaris, Claus-Wilhelm/-Habersack, Mathias/Schäfer, Carsten (Hrsg.), Staub HGB – Bankvertragsrecht, 5. Aufl., Berlin u.a. 2016, S. 1–122.

*Gundel, Jörg*, Der Schutz der unternehmerischen Freiheit durch die EU-Grundrechtecharta, ZHR 2016, S. 323–357.

—, § 27 Justiz- und Verfahrensgrundrechte, in: Ehlers, Dirk (Hrsg.), Europäische Grundrechte und Grundfreiheiten, 4. Aufl., Berlin 2014.

*Haag, Hendrik*, Ent-Nationalisierung der Bankenaufsicht inklusive Zentralbank, ZVglRWiss 2014, S. 484–495.

*Hadjiemmanuil, Christos*, Bank Resolution Financing in the Banking Union, in: Binder, Jens-Hinrich/Singh, Dalvinder (Hrsg.), Bank Resolution – The European Regime, Oxford 2016, S. 177–209.

*Hansen, Lars Peter*, Challenges in Indentifying and Measuring Systemic Risk, CEMFI Working Paper 1305, Madrid 2013.

*Hanten, Mathias/München, Andrea*, Rechtsfragen der Bankenabgabe, WM 2011, S. 1925–1935.

*Hellgardt, Alexander*, Comparing Apples and Oranges? Public, Privat, Tax and Criminal Law Instruments in Financial Markets Regulation, in: Ringe, Wolf-Georg/Huber, Peter M. (Hrsg.), Legal Challenges In The Global Financial Crisis – Bail-outs, the Euro and Regulation, Oxford 2014, S. 157–176.

*Hellwig, Hans-Jürgen*, Die Finanzkrise – Fragen und Anmerkungen, in: Grunewald, Barbara (Hrsg.), Festschrift für Georg Maier-Reimer zum 70. Geburtstag, München 2010, S. 201–217.

*Hellwig, Martin*, Capital Regulation after the Crisis: Business as Usual? Preprints of the Max Planck Institute for Research in Collective Goods, Working Paper 2010/31, Bonn 2010.

—, Finanzmarktregulierung – Welche Regelungen empfehlen sich für den deutschen und europäischen Finanzsektor?, München 2010.

—, Stellungnahme für den Finanzausschuss des Deutschen Bundestags zum Entwurf eines Gesetzes zur Umsetzung der Richtlinie 2014/59/EU des Europäischen Parlaments und des Rates vom 15. Mai 2014 zur Festlegung eines Rahmens für die Sanierung und Abwicklung von Kreditinstituten und Wertpapierfirmen (BRRD-Umsetzungsgesetz), Berlin 2014.

—, Systemic Risk in the Financial Sector: An Analysis of the Subprime-Mortgage Financial Crisis, De Economist 2009, S. 129–207.

*Hemmelgarn, Thomas*, Steuern und Abgaben im Finanzsektor – Abgabenrechtliche Regulierung und neue Finanzmarktsteuern in der Europäischen Union, IFSt-Schrift Nr. 468, Köln 2011.

*Henkel, Knut/Schneider, Wilhelm/Tüns, Isabel*, Wie ist die europäische Bankenabgabe zu berechnen?, WPg 2017, S. 22–28.

*Herdegen, Matthias*, Der Verordnungsvorschlag der EU-Kommission zur Schaffung eines Europäischen Einlagenversicherungssystems: Würdigung aus europa- und staatsrechtlicher Sicht – Teil I, WM 2016, S. 1857–1865.

—, Der Verordnungsvorschlag der EU-Kommission zur Schaffung eines Europäischen Einlagenversicherungssystems: Würdigung aus europa- und staatsrechtlicher Sicht – Teil II, WM 2016, S. 1905–1911.

*Herring, Richard J./Carmassi, Jacopo*, Complexity and Systemic Risk – What's Changed Since the Crisis?, in: Berger, Allen N./Molyneux, Philip/Wilson, John O.S. (Hrsg.), The Oxford Handbook of Banking, 2. Aufl., Oxford 2014, S. 77–112.

*Herrmann, Christoph*, Pringle v. Ireland, American Journal of International Law 2013, S. 410–416.

*Herrmann, Christoph/Rosenfeldt, Herbert*, Europarechtliche Grundlagen und Grenzen der Errichtung eines einheitlichen Bankenabwicklungsmechanismus (SRM), abgedruckt in BT-Drs. 18/1340, S. 3 ff., Passau 2014.

*Heselhaus, F. Sebastian M*, Abgabenhoheit der Europäischen Gemeinschaft in der Umweltpolitik – Eine Untersuchung unter besonderer Berücksichtigung der Möglichkeiten und Grenzen einer Ertragshoheit der Europäischen Gemeinschaft, Berlin 2001.

—, Eigentumsgrundrecht, § 32, in: Heselhaus, F. Sebastian M/Nowak, Carsten (Hrsg.), Handbuch der Europäischen Grundrechte, München u.a. 2006.

*Heuer, Dennis/Gosejacob, Ulf*, Eingriffe in Rechte von Gläubigern nach deutschem und europäischem Bankenrestrukturierungsrecht, ZfgK 2011, S. 720–722.

*Heun, Werner*, Der Staat und die Finanzkrise, JZ 2010, S. 53–62.

*Hilf, Meinhard*, Umweltabgaben als Gegenstand von Gemeinschaftsrecht und -politik, NVwZ 1992, S. 105–113.

*Hirdina, Ralph*, Die neuen europäischen Regeln zur Sanierung und Abwicklung von Kreditinstituten – OTH Diskussionspapier Nr. 43, Amberg-Weiden 2014.

*Höche, Thorsten*, Das Restrukturierungsgesetz Neue Wege in der Bankenaufsicht (mit Seitenblicken auf die Schweiz und das Vereinigte Königreich), WM 2011, S. 49–58.

*Hoening, Thomas M.*, Back to Basics: A Better Alternative to Basel Capital Rules, The American Banker Regulatory Symposium, Washington, D.C. 2012.

*Höfling, Wolfram*, Finanzmarktregulierung – Welche Regelungen empfehlen sich für den deutschen und europäischen Finanzsektor?, München 2010.

*Hoggarth, Glenn/Reis, Ricardo/Saporta, Victoria*, Costs of banking system instability: Some empirical evidence, Journal of Banking & Finance 2002, S. 825–855.

*Höpfner, Clemens*, Die systemkonforme Auslegung – Zur Auflösung einfachgesetzlicher, verfassungsrechtlicher und europarechtlicher Widersprüche im Recht, Tübingen 2008.

*Hopt, Klaus/Fleckner, Andreas/Kumpan, Christoph/Steffek, Felix*, Kontrollerlangung über systemrelevante Banken nach den Finanzmarktstabilisierungsgesetzen (FMStG/FMStErgG), WM 2009, S. 821–840.

*Howarth, David/Quaglia, Lucia*, The Steep Road to European Banking Union: Constructing the Single Resolution Mechanism, Journal of Common Market Studies 2014, S. 125–140.

*Huertas, Thomas*, Too big to fail: A policy's beginning, middle and end (?), in: Haentjens, Matthias/Wessels, Bob (Hrsg.), Research Handbook on Crisis Management in the Banking Sector, Cheltenham 2015, S. 3–23.

*Ismer, Roland*, Grundfragen der Besteuerung des Finanzsektors, in: Schön, Wolfgang/Röder, Erik (Hrsg.), Zukunftsfragen des deutschen Steuerrechts II, Berlin 2014, S. 96–124.

*Jaeger, Thomas*, Beihilfen durch Steuern und parafiskalische Abgaben, Wien 2006.

*Jarass, Hans D.*, Charta der Grundrechte der Europäischen Union – Unter Einbeziehung der vom EuGH entwickelten Grundrechte, der Grundrechtsregelungen der Verträge und der EMRK; Kommentar, 2. Aufl., München 2013.

—, Nichtsteuerliche Abgaben und lenkende Steuern unter dem Grundgesetz – Eine systematische Darstellung verfassungsrechtlicher Probleme mit Anwendungsfällen aus dem Bereich der Umweltabgaben, Köln 1999.

*Jobs, Thorsten A.*, Energiebesteuerung als Instrument der ökologischen Steuerreform und das verfassungsrechtliche Prinzip der Besteuerung nach wirtschaftlicher Leistungsfähigkeit, in: Lange, Klaus (Hrsg.), Gesamtverantwortung statt Verantwortungsparzellierung im Umweltrecht, Baden-Baden 1997, S. 273–320.

*Joosen, Bart P.M.*, Regulatory capital requirements and bail in mechanism, in: Haentjens, Matthias/Wessels, Bob (Hrsg.), Research Handbook on Crisis Management in the Banking Sector, Cheltenham 2015, S. 175–235.

*Kaminsky, Graciela L./Reinhart, Carmen M.*, The Twin Crises – The Causes of Banking and Balance-of-Payments Problems, American Economic Review 1999, S. 473–500.

*Kämmerer, Jörn Axel*, Rechtsschutz in der Bankenunion (SSM, SRM), WM 2016, S. 1–12.

*Kane, Edward J.*, Regulation and Supervision – An Ethical Perspective, in: Berger, Allen N./Molyneux, Philip/Wilson, John O.S. (Hrsg.), The Oxford Handbook of Banking, 2. Aufl., Oxford 2014, S. 505–549.

*Keen, Michael*, Rethinking the Taxation of the Financial Sector, CESifo Economic Studies 2011, S. 1–24.

—, The Taxation and Regulation of Banks, IMF Working Paper 11/206, Washington D.C. 2011.

*Kemper, Markus*, Die Europäische Bankenunion und die Sparkassen, Stuttgart 2017.

*Kempny, Simon/Reimer, Philipp*, Die Gleichheitssätze – Versuch einer übergreifenden dogmatischen Beschreibung ihres Tatbestands und ihrer Rechtsfolgen, Tübingen 2012.

*Kersting, Christian*, Combating the Financial Crisis: European and German Corporate and Securities Laws and the Case for Abolishing Sovereign Debtors' Privileges, Texas International Law Journal, S. 270–324.

*Keuschnigg, Christian/Kogler, Michael*, Besteuerung und Regulierung der Banken – Von der Finanzkrise zu stabilem Wachstum, Wirtschaftspolitisches Zentrum, Politikanalyse Nr. 2, Wien 2014.

*Khan, Daniel-Erasmus/Eisenhut, Dominik*, Art. 114 TFEU, in: Geiger, Rudolf/Khan, Daniel-Erasmus/Kotzur, Markus (Hrsg.), European Union treaties – Treaty on European Union, treaty on the functioning of the European Union, München, Oxford 2015.

*Kieser, Timo*, Sonderabgaben als Steuern, Frankfurt am Main 2000.

*Kingreen, Thorsten*, § 21 Gleichheitsgrundrechte, in: Ehlers, Dirk (Hrsg.), Europäische Grundrechte und Grundfreiheiten, 4. Aufl., Berlin 2014, S. 735–756.

*Kirchhof, Ferdinand*, Die Tauglichkeit von Abgaben zur Lenkung des Verhaltens, DVBl. 2000, S. 1166–1175.

*Kirchhof, Paul*, Die Sonderabgaben, in: Wendt, Rudolf (Hrsg.), Staat, Wirtschaft, Steuern – Festschrift für Karl Heinrich Friauf zum 65. Geburtstag, Heidelberg 1996, S. 669–682.

—, § 88 Staatliche Einnahmen, in: Isensee, Josef/Kirchhof, Paul (Hrsg.), Handbuch des Staatsrechts – Band IV, Heidelberg 1990, S. 87–229.

*Kischel, Uwe*, Rechtsvergleichung, München 2015.

*Kleinow, Jacob*, Systemrelevante Kreditinstitute – Systemrisiko und Regulierung im europäischen Kontext, Wiesbaden 2016.

*Kofler, Georg*, Kapitel 13: Auslegung und Anwendung des harmonisierten Steuerrechts, in: Englisch, Joachim/Schaumburg, Harald (Hrsg.), Europäisches Steuerrecht, Köln 2015, S. 565–580.

*Köhler, Christian*, Die Zulässigkeit derivativer Finanzinstrumente in Unternehmen, Banken und Kommunen – Eine ökonomische und rechtliche Analyse, Tübingen 2012.

*Kohtamäki, Natalia*, Die Reform der Bankenaufsicht in der Europäischen Union, Tübingen 2012.

*Kogler, Michael*, On the Incidence of Bank Levies: Theory and Evidence, SEPS Working Paper No. 1606, St. Gallen 2016.

*Kokott, Juliane/Dobratz, Lars*, Der unionsrechtliche allgemeine Gleichheitssatz im Europäischen Steuerrecht, in: Schön, Wolfgang/Heber, Caroline (Hrsg.), Grundfragen des Europäischen Steuerrechts, Berlin 2015, S. 25–40.

*Koller, Robert/Kotzur, Wolfgang*, Bail-in und Folgefragen, Recht der Finanzinstrumente 2014, S. 121–129.

*Konesny, Peter/Glaser, Jessica*, Vorb. Art. 25 CRR-VO / Vorb. Art. 62 CRR-VO / Art. 52 CRR-VO, in: Boos, Karl-Heinz/Fischer, Reinfrid/Schulte-Mattler, Hermann (Hrsg.), KWG, CRR-VO – Kommentar zu Kreditwesengesetz, VO (EU) 575/2013 (CRR) und Ausführvorschriften, 5. Aufl., München 2016.

*Korf, Ralph*, Der essbare Blindenhund und der Wallach als Zuchthengst – Betrachtungen zum Sprachfaktor im europäischen Steuerrecht, in: Lang, Michael/Weinzierl, Christine (Hrsg.), Europäisches Steuerrecht, Wien 2010, S. 459–480.

*Korn, Juhani M.V*, Unionsrechtlich induzierte Rechtssetzung im Abgabenrecht – Am Beispiel einer europäischen Emissionsreduzierungsabgabe für die Hochseeschifffahrt, Berlin 2015.

*Korte, Stefan*, Art. 114 AEUV, in: Calliess, Christian/Ruffert, Matthias (Hrsg.), EUV/AEUV – Das Verfassungsrecht der Europäischen Union mit Europäischer Grundrechtecharta: Kommentar, 5. Aufl., München 2016.

*Kotz, Hans-Hartmut*, Nach der Krise: Neue Herausforderungen für die Bankenregulierung, ZBB 2012, S. 322–331.

*Krahnen, Jan-Pieter/Moretti, Laura*, Bail-in clauses, in: Faia, Ester/Hackethal, Andreas u.a. (Hrsg.), Financial Regulation – A Transatlantic Perspective, Cambridge 2015, S. 125–149.

*Krahnen, Jan-Pieter/Siekmann, Helmut*, Rettungsstrategie ohne Moral Hazard – Versuch eines Gesamtkonzepts zu Bankkrisenvermeidung, IMFS Working Paper Series No. 38, Frankfurt am Main 2010.

*Krassin, Annika/Tran, Thi Mai Yen/Lieven, Theo*, Asset Backed Securities (ABS) und ihr Einfluss auf die Entwicklung der Finanzkrise, in: Elschen, Rainer/Lieven, Theo (Hrsg.), Der Werdegang der Krise – Von der Subprime- zur Systemkrise, Wiesbaden 2009, S. 70–95.

*Kreibohm, Philipp*, Der Begriff der Steuer im Europäischen Gemeinschaftsrecht, Köln 2004.

*Kube, Hanno*, Rechtliche Grundlagen und Grenzen der EU-Bankenabgabe, Berlin 2016.

*Kube, Hanno/Reimer, Ekkehart/Spengel, Christoph*, Tax Policy: Trends in the Allocation of Powers Between the Union and Its Memeber States, EC Tax Review 2016, S. 247–261.

*Kuntze, Christian*, Die Kompetenzen der Europäischen Gemeinschaft auf dem Gebiet des Steuerrechts, Frankfurt am Main 1999.

*Kunze, Frederik/Windels, Torsten/Dill, Steffen*, Basel III und die Risikotragfähigkeit von Banken nach der Finanzkrise, in: Everling, Oliver/Goedeckemeyer, Karl-Heinz (Hrsg.), Bankenrating – Normative Bankenordnung in der Finanzmarktkrise, 2. Aufl., Wiesbaden 2015, S. 291–321.

*Laeven, Luc/Valencia, Fabián*, Systemic Banking Crises Database: An Update, IMF Working Paper 163, Washington D.C. 2012.

*Levitin, Adam J.*, In Defense of Bailouts, Georgetown Law Journal 2011, S. 435–514.

*Li, Larry*, Liquidity Risk, in: Tian, Weidong (Hrsg.), Commercial Banking Risk Management – Regulation in the Wake of the Financial Crisis, New York 2017, S. 103–120.

*Lienemeyer, Max*, Die Finanzverfassung der Europäischen Union – Ein Rechtsvergleich mit bundesstaatlichen Finanzverfassungen, Baden-Baden 2002.

*Lindenlauf, Jan*, Staatliche Zuwendungen an Banken und Versicherungen im Zeichen der Finanzkrise, Baden-Baden 2014.

*Lindner, Fabian*, Banken treiben Eurokrise – IMK Report Nr. 82, Düsseldorf 2013.

*Lindner, Fabian/Soemer, Nicolas/Theobald, Thomas*, Chancen und Risiken der Europäischen Bankenunion – IMK Policy Brief, Düsseldorf 2014.

*Lintner, John*, The Valuation of Risk Assets and the Selection of Risky Investments in Stock Portfolios and Capital Budgets, The Review of Economics and Statistics 1965, S. 13–37.

*Lopez-Espinosa, German/Moreno, Antonio/Rubia, Antonio/Valderrama, Laura*, Short-term Wholesale Funding and Systemic Riks: A Global CoVaR Approach, IMF Working Paper 12/46, Washington D.C. 2012.

*Ludwig, Sven/Schramm, Gunnar/Siwik, Thomas*, Art. 274 CRR-VO / Art. 298 CRR-VO / Art. 299 CRR-VO, in: Boos, Karl-Heinz/Fischer, Reinfrid/Schulte-Mattler, Hermann (Hrsg.), KWG, CRR-VO – Kommentar zu Kreditwesengesetz, VO (EU) 575/2013 (CRR) und Ausführvorschriften, 5. Aufl., München 2016.

*Lüttringhaus, Jan D.*, Die risikolose Welt der Staatsanleihen unter Solvency II und Basel III, EuZW 2012, S. 321–322.

*Maier, Steffen*, Regulatorische Eigenmittel nach Basel III, in: Klauck, Kai-Oliver/Stegmann, Claus (Hrsg.), Basel III – Vom regulatorischen Rahmen zu einer risikoadäquaten Gesamtbanksteuerung, Stuttgart 2012, S. 55–79.

*Manger-Nestler, Cornelia*, Die Bankenunion – Einheitliche Mechanismen zur Bankenaufsicht und -abwicklung, in: Blanke, Hermann-Josef/Pilz, Stefan (Hrsg.), Die „Fiskalunion" – Voraussetzungen einer Vertiefung der politischen Integration im Währungsraum der Europäischen Union, Tübingen 2014, S. 299–345.

—, Lehren aus dem Leerverkauf? Zum Verbot von Leerverkäufen durch ESMA – Anmerkung zu EuGH, RS. C-270/12 – Vereinigtes Köngireich ./. Rat und Parlament, GPR 2014, S. 141–143.

*Markowitz, Harry*, Portfolio Selection, The Journal of Finance 1952, S. 77–91.

*Martens, Sebastian A.E.*, Methodenlehre des Unionsrechts, Tübingen 2013.

*Martini, Mario*, Zur Kasse bitte ...! Die Bankenabgabe als Antwort auf die Finanzkrise – Placebo, Heilmittel oder Gift?, NJW 2010, S. 2019–2023.

*McAndrews, James J/Morgan, Donald P./Santos, João A.C./Yorulmazer, Tanju*, What Makes Large Bank Failures So Messy, and What Should Be Done About It?, Federal Reserve Bank of New York Economic Policy Review 2014, S. 229–244.

*McDonald, Robert/Paulson, Anna*, AIG in Hindsight, Journal of Economic Perspectives 29 (2015), S. 81–106.

*Meng, Werner*, Die Bankabwicklungsregelung der EU – eine Fallstudie zur Unionsmethode, in: Calliess, Christian (Hrsg.), Festschrift für Torsten Stein zum 70. Geburtstag, Baden-Baden 2015, S. 757–778.

*Merton, Robert K.*, The Self-Fulfilling Prophecy, The Antioch Review 1948, S. 193–210.

*Moore, Kyle/Zhou, Chen*, Identifying systemically important financial institutions: size and other determinants, DNB Working Paper, Amsterdam 2012.

*Möslein, Florian*, Steuerrecht und Marktstabilität, JZ 2012, S. 243–251.

*Mossin, Jan*, Equilibrium in a Capital Asset Market, Econometrica 1966, S. 768–783.

*Mugler, Andreas*, Das deutsche Bankensystem im internationalen Vergleich – Vergleich der Bankensysteme Deutschlands, der USA, Japans und Großbritanniens, Hamburg 2014.

*Mülbert, Peter O.*, Managing Risk in the Financial System, in: Moloney, Niamh/Ferran, Eilís/Payne, Jennifer (Hrsg.), The Oxford Handbook of Financial Regulation, Oxford 2015, S. 364–408.

—, Systemrelevanz, in: Burgard, Ulrich (Hrsg.), Festschrift für Uwe H. Schneider zum 70. Geburtstag, Köln 2011, S. 855–872.

*Müller, Christian*, Möglichkeiten und Grenzen der indirekten Verhaltenssteuerung durch Abgaben im Umweltrecht, Köln 1994.

*Müller, Thomas*, Wettbewerb und Unionsverfassung – Begründung und Begrenzung des Wettbewerbsprinzips in der europäischen Verfassung, Tübingen 2014.

*Nicolo, Gianni de/Kwast, Myron L.*, Systemic risk and financial consolidation: Are they related?, Journal of Banking & Finance 2002, S. 861–880.

*Nobel, Peter*, Risikobegriff in der Ökonomie und im Recht, Schweizerische Zeitschrift für Wirtschaftsrecht 2016, S. 551–557.

*Nußbaum, Ulrich J.*, Parafiskalische Abgaben und EG-Wettbewerbsrecht 1993.

*Oebbecke, Janbernd*, Sparkassenaufsicht und Bankenaufsicht, ZBB 2016, S. 336–342.

*Ohlendorf, Lutz*, Grundrechte als Maßstab des Steuerrechts in der Europäischen Union, Tübingen 2015.

*Ohler, Christoph*, Europäische Bankenunion Deutscher Landesbericht, EuR – Beiheft 2 – 2016, S. 7–32.

—, Die Finanzierung des IASB durch EG-Sonderabgaben, EuZW 2006, S. 679–685.

—, Die fiskalische Integration in der Europäischen Gemeinschaft, Baden-Baden 1997.

*Pache, Eckhard*, § 10 Grundlagen, in: Schulze, Reiner/Zuleeg, Manfred/Kadelbach, Stefan (Hrsg.), Europarecht – Handbuch für die deutsche Rechtspraxis, 3. Aufl., Baden-Baden 2014.

*Paech, Philipp*, Netting, Finanzmarktstabilität und Bankenrestrukturierung – Die Notwendigkeit eines internationalen zivilrechtlichen Standards zum Netting, WM 2010, S. 1965–1972.

*Page, Richard T.*, Follish Revenge or Shrewd Regulation? Financial-Industry Tax Law Reforms Proposed in the Wake of the Financial Crisis, Tulane Law Review 2010, S. 192–214.

*Papathanassiou, Chryssa/Zagouras, Georgios*, Mehr Sicherheit für den Finanzsektor: der Europäische Ausschuss für Systemrisiken und die Rolle der EZB, WM 2010, S. 1584–1588.

*Paul, Stephan*, Bankenabgabe, WiSt 2011, S. 599–602.

*Paul, Stephan/Neumann, Sascha*, Finanzmarktregulierung: Einführung einer Bankenabgabe und Finanztransaktionsteuer auf deutscher und europäischer Ebene, Berlin 2011.

*Perotti, Enrico C./Suarez, Javier*, A Pigovian Approach to Liquidity Regulation, International Journal of Central Banking 2011, S. 3–41.

*Pflock, Thomas Martin*, Europäische Bankenregulierung und das „Too big to fail-Dilemma", Berlin 2014.

*Pigou, Arthur Cecil*, The Economics of Welfare, 4. Aufl., London 1932 (Nachdruck 1952).

*Plötscher, Stefan*, Der Begriff der Diskriminierung im Europäischen Gemeinschaftsrecht – Zugleich ein Beitrag zur einheitlichen Dogmatik der Grundfreiheiten des EG-Vertrages, Berlin 2003.

*Poelzig, Dörte*, Anreize und Desiderate der Bankenrestrukturierung aus einer jurisitschen Perspektive, ZBB 2012, S. 412–416.

*Poledna, Sebastian/Thurner, Stefan/Farmer, J. Doyne/Geanakoplos, John*, Leverage-induced systemic risk under Basel II and other credit risk policies, Journal of Banking & Finance 2014, S. 199–212.

*Rebhan, Robert*, Zur Methodenlehre des Unionsrechts – insbesondere im Privatrecht, ZfPW 2016, S. 281–305.

*Reimer, Ekkehart*, Kapitel 7: Diskriminierungs- und Beschränkungsverbote im direkten Steuerrecht, in: Englisch, Joachim/Schaumburg, Harald (Hrsg.), Europäisches Steuerrecht, Köln 2015, S. 162–206.

*Reimer, Ekkehart/Waldhoff, Christian*, Verfassungsrechtliche Vorgaben für Sonderabgaben des Banken- und Versicherungssektors, Berlin 2011.

*Reinhart, Carmen M./Rogoff, Kenneth S.*, This time is different – Eight centuries of financial folly, Princeton 2009.

*Repasi, Rene*, Gutachten zur rechtlichen Machbarkeit eines „Single Resolution Mechanism" (SRM), Heidelberg 2013.

*Rocholl, Jörg*, Eigentum und Haftung zusammenbringen, Vierteljahreshefte zur Wirtschaftsforschung DIW 2013, S. 149–156.

*Ross, Stephen A.*, The Arbitrage Theory of Capital Asset Pricing, Journal of Economic Theory 1976, S. 341–360.

*Röthel, Anne*, Normkonkretisierung im Privatrecht, Tübingen 2004.

*Rottländer, Franz*, Haushaltspolitische Bedeutung und Verfassungsmäßigkeit von Sonderabgaben, Baden-Baden 1988.

*Rudolph, Bernd*, Die internationale Finanzkrise: Ursachen, Treiber, Veränderungsbedarf und Reformansätze, ZGR 2010, S. 1–47.

*Ruffert, Matthias*, § 19 Berufsfreiheit und unternehmerische Freiheit, in: Ehlers, Dirk (Hrsg.), Europäische Grundrechte und Grundfreiheiten, 4. Aufl., Berlin 2014, S. 688–706.

*Rupprecht, Manuel*, Bankenregulierung und Auslandsbanken – Theorie und empirische Evidenz, Frankfurt am Main 2010.

*Sachverständigenrat zur Begutachtung der gesamtwirtschaftlichen Entwicklung*, Jahresgutachten 2010/11 – Chancen für einen stabilen Aufschwung, Wiesbaden 2010.

—, Jahresgutachten 2012/13 – Stabile Architektur für Europa – Handlungsbedarf im Inland, Wiesbaden 2012.

—, Jahresgutachten 2013/14 – Gegen eine rückwärtsgewandte Wirtschaftspolitik, Wiesbaden 2013.

—, Jahresgutachten 2014/15 – Mehr Vertrauen in Marktprozesse, Wiesbaden 2014.

—, Jahresgutachten 2015/16 – Zukunftsfähigkeit in den Mittelpunkt, Wiesbaden 2015.

*Schaap, Heinz-Udo/van Dülme, Anne*, Steuerpolitik – Mittel zur Krisenbewältigung?, Die Bank 2011, S. 8–13.

*Schäfer, Alexander/Schnabel, Isabel/Weder di Mauro, Beatrice*, Getting to Bail-in: Effects of Creditor Particiaption in European Bank Restructuring, Background Paper for the German Council of Economic Experts 2014.

*Schäfer, Thomas/Rolker, Andreas*, Bankenaufsicht im Spannungsfeld von Regulierung und Wettbewerb, in: Grieser, Simon G./Heemann, Manfred (Hrsg.), Bankenaufsicht nach der Finanzmarktkrise, Frankfurt am Main 2011, S. 3–22.

*Schaumburg, Harald*, Kapitel 24: Umsetzung von Entscheidungen des EuGH und der Kommission, in: Englisch, Joachim/Schaumburg, Harald (Hrsg.), Europäisches Steuerrecht, Köln 2015, S. 957–990.

*Schelo, Sven*, Bank Recovery and Resolution, Alphen aan den Rijn 2015.

*Schick, Gerhard/Kern, Florian*, Too complex to work? Finanzmarktregulierung aus einer politischen Perspektive, in: Everling, Oliver/Goedeckemeyer, Karl-Heinz (Hrsg.), Bankenrating – Normative Bankenordnung in der Finanzmarktkrise, 2. Aufl., Wiesbaden 2015, S. 499–516.

*Schieber, Jörg*, Die Aufsicht über Finanzkonglomerate – Das Aufsichtsrecht der Finanzdienstleistungsunternehmen im Spannungsverhältnis zwischen Gruppen- und Einzelinstitutsaufsicht, Berlin 1998.

*Schillig, Michael*, Konkretisierungskompetenz und Konkretisierungsmethoden im Europäischen Privatrecht, Berlin 2009.

—, The EU resolution toolbox, in: Haentjens, Matthias/Wessels, Bob (Hrsg.), Research Handbook on Crisis Management in the Banking Sector, Cheltenham 2015, S. 81–102.

*Schinasi, Garry J.*, Defining Financial Stability, IMF Working Paper 04/187, Washington D.C. 2004.

*Schlimbach, Friedrich*, Leerverkäufe – Die Regulierung des gedeckten und ungedeckten Leerverkaufs in der Europäischen Union, Tübingen 2015.

*Schmahl, Stefanie*, § 6, in: Schulze, Reiner/Zuleeg, Manfred/Kadelbach, Stefan (Hrsg.), Europarecht – Handbuch für die deutsche Rechtspraxis, 3. Aufl., Baden-Baden 2014.

*Schmieszek, Hans-Peter*, Gesetzgebung zur Finanzmarktkrise, in: Kempf, Eberhard/Lüderssen, Klaus/Volk, Klaus (Hrsg.), Ökonomie versus Recht im Finanzmarkt?, Berlin 2011, S. 183–194.

*Schneck, Ottmar*, Reform der Finanzmarktregulierung – Institutionen, Normen und Standards, in: Everling, Oliver/Goedeckemeyer, Karl-Heinz (Hrsg.), Bankenrating – Normative Bankenordnung in der Finanzmarktkrise, 2. Aufl., Wiesbaden 2015, S. 485–497.

*Schneider, Uwe H.*, Inconsistencies and unsolved Problems in the European Banking Union, EuZW 2013, S. 452–457.

—, Zwischenruf – Was ist eine systemisch relevante Bank?, ZRP 2009, S. 119–121.

*Schoch, Friedrich*, § 80, in: Schoch, Friedrich/Schneider, Jens-Peter/Bier, Wolfgang (Hrsg.), Verwaltungsgerichtsordnung – Kommentar, 25. Aufl., München 2013.

—, Flexibilisierung der Sonderabgabendogmatik durch das Bundesverfassungsgericht, in: Jochum, Heike/Elicker, Michael u.a. (Hrsg.), Freiheit, Gleichheit, Eigentum – Öffentliche Finanzen und Abgaben – Festschrift für Rudolf Wendt zum 70. Geburtstag, Berlin 2015, S. 983–997.

*Schoenmaker, Dirk*, A fiscal backstop to the banking system, in: Haentjens, Matthias/Wessels, Bob (Hrsg.), Research Handbook on Crisis Management in the Banking Sector, Cheltenham 2015, S. 42–53.

—, On the need for a fiscal backstop to the banking system – DSF Policy Paper No. 44, Amsterdam 2014.

—, The Financial Trilemma, Economics Letters 2011, S. 57–59.

*Schön, Wolfgang*, Gemeinschaftskonforme Auslegung und Fortbildung des nationalen Steuerrechts – unter Einschluss des Vorlageverfahrens nach Art. 177 EGV -, in: Lehner, Moris (Hrsg.), Steuerrecht im europäischen Binnenmarkt – Einfluss des EG-Rechts auf die nationalen Steuerrechtsordnungen, Köln 1996, S. 167–200.

—, Regulation and Taxation of the Financial Markets, ECFR 2016, S. 424–452.

—, Free Movement of Capital and Freedom of Establishment, EBOR 2016, S. 229–260.

*Schön, Wolfgang/Hellgardt, Alexander/Osterloh-Konrad, Christine*, Bankenabgabe und Verfassungsrecht Teil I, WM 2010, S. 2145–2156.

—, Bankenabgabe und Verfassungsrecht Teil II, WM 2010, S. 2193–2204.

*Schorkopf, Frank*, Methodenpluralismus in der europäischen Integration – Zur Errungenschaft der Gemeinschaftsmethode und zur Notwendigkeit der Unionsmethode, in: Kadelbach, Stefan (Hrsg.), Die Europäische Union am Scheideweg: mehr oder weniger Europa?, Baden-Baden 2015, S. 93–114.

*Schröer, Thomas*, Aktuelle Probleme der Einführung einer gemeinschaftlichen Klimasteuer, RIW 1993, S. 914–920.

*Schroeter, Ulrich G.*, Ratings – Bonitätsbeurteilungen durch Dritte im System des Finanzmarkt-, Gesellschafts- und Vertragsrechts – Eine rechtsvergleichende Untersuchung, Tübingen 2014.

*Schulte-Mattler, Hermann/Manns, Thorsten*, CRD-IV-Regulierungspaket zur Stärkung der Widerstandsfähigkeit des Bankensektors, WM 2011, S. 2069–2116.

*Schürmann, Thomas*, Art. 63 AEUV, in: Lenz, Carl Otto/Borchardt, Klaus-Dieter (Hrsg.), EU-Verträge Kommentar – EUV AEUV GRCh, 6. Aufl., Köln 2012.

*Schwarcz, Steven L.*, Systemic Risk, Georgetown Law Journal 2008, S. 194–249.

*Schwartz, Ivo E.*, EG-Kompetenzen für den Binnenmarkt: Exklusiv oder konkurrierend/subsidiär?, in: Due, Ole/Lutter, Marcus/Schwarze, Jürgen (Hrsg.), Festschrift für Ulrich Everling – Band II, Baden-Baden 1995, S. 1331–1354.

*Schweikhard, Frederic A./Wahrenburg, Mark*, The Internalization of Systemic Risk: An Analysis of Bank Levy Schemes, Oxford 2015.

*Seel, Gennadij*, Das Liquiditätsrisiko der Banken in der Finanzkrise – Künftige Regulierungsvorschriften und ihre Auswirkungen, Wiesbaden 2013.

*Seiler, Christian*, Kompetenz- und verfahrensrechtliche Maßstäbe europäischer Umweltabgaben – Die Versteigerung von CO2-Emissionszertifikaten und die Überschreitungsabgabe auf CO2-Emissionen von Neuwagen im Lichte der europäischen Zuständigkeitsordnung, EuR 2010, S. 67–88.

—, Konsolidierung der Staatsfinanzen mithilfe der neuen Schuldenregel, JZ 2009, S. 721–728.

*Shackelford, Douglas A./Shaviro, Daniel N./Slemrod, Joel*, Taxation and the Financial Sector, National Tax Journal 2010, S. 781–806.

*Sharpe, William F.*, Capital Asse Prices: A Theory of Market Equilibrium under Conditions of Risk, The Journal of Finance 1964, S. 425–442.

*Shin, Hyun Song*, Reflections on Northern Rock: The Bank Run That Heralded the Global Financial Crisis, Journal of Economic Perspectives 2009, S. 101–109.

*Shirvani, Foroud*, Klimaschutz und Unternehmensgrundrechte im EU-Recht, VerwArch 2013, S. 83–103.

*Sinn, Hans-Werner*, Casino capitalism – How the financial crisis came about and what needs to be done now, Oxford 2010.

*Sjöberg, Gustaf*, Banking Special Resolution Regimes as a Governance Tool, in: Ringe, Wolf-Georg/Huber, Peter M. (Hrsg.), Legal Challenges In The Global Financial Crisis – Bail-outs, the Euro and Regulation, Oxford 2014, S. 187–207.

*Sonder, Nicolas*, Rechtsschutz gegen Maßnahmen der neuen europäischen Finanzaufsichtsagenturen, BKR 2012, S. 8–12.

*Stanghellini, Lorenzo*, The Implementation of the BRRD in Italy and its First Test: Policy Implications, Journal of Financial Regulation 2016, S. 154–161.

*Staub, Markus*, Regulierung in der Krise – Schweizerische Bankenregulierung und Finanzkrise – ökonomische Lagebeurteilung und kritische Synopsis, Zürich 2014.

*Stegmann, Claus*, Aufsicht und internationale Rechnungslegung, in: Klauck, Kai-Oliver/Stegmann, Claus (Hrsg.), Basel III – Vom regulatorischen Rahmen zu einer risikoadäquaten Gesamtbanksteuerung, Stuttgart 2012, S. 3–21.

*Stern, Gary H./Feldman, Ron J.*, Too big to fail – The hazards of bank bailouts, Washington, D.C. 2009.

*Stewing, Clemens*, Enteignung und Systemrelevanz von Finanzunternehmen, EWS 2009, S. 303–310.

— (Hrsg.), EUV/AEUV – Vertrag über die Europäische Union und Vertrag über die Arbeitsweise der Europäischen Union, 2. Aufl., München 2012.

*Tarashev, Nikola/Borio, Claudio/Tsatsaronis, Kostas*, Attributing systemic risk to individual institutions, BIS Working Papers No. 308, Basel 2010.

*Taylor, Alan M.*, The Great Leveraging, NBER Working Paper 18290, Cambridge MA 2012.

*Thadden, Ernst-Ludwig von*, Discussion of "A Piguvian Approach to Liquidity Regulation", International Journal of Central Banking 2011, S. 43–48.

*Thole, Christoph*, Bankenabwicklung nach dem SAG, ZBB 2016, S. 57–67.

*Tietje, Christian*, § 10 Niederlassungsfreiheit, in: Ehlers, Dirk (Hrsg.), Europäische Grundrechte und Grundfreiheiten, 4. Aufl., Berlin 2014, S. 383–416.

*Trainar, Philippe*, Assuarnce, Stabilité et Risque Systémique, Revue d'économie financière 2011, S. 29–36.

*Trötscher, Daniela/Weber, Max*, Bankenabgabe, in: Grieser, Simon G./Heemann, Manfred (Hrsg.), Bankenaufsicht nach der Finanzmarktkrise, Frankfurt am Main 2011, S. 291–305.

*Tschiltschke, Jana*, Art. 429 CRR-VO, in: Boos, Karl-Heinz/Fischer, Reinfrid/Schulte-Mattler, Hermann (Hrsg.), KWG, CRR-VO – Kommentar zu Kreditwesengesetz, VO (EU) 575/2013 (CRR) und Ausführvorschriften, 5. Aufl., München 2016.

*van Oordt, Maarten/Zhou, Chen*, Systemic Risk of European banks: Regulators and markets, DNB Working Paper No. 478, Amsterdam 2015.

*Vella, John*, Regulatory Choice: Observations on the Recent Experience with Corrective Taxes in the Financial Sector, in: Ringe, Wolf-Georg/Huber, Peter M. (Hrsg.), Legal Challenges In The Global Financial Crisis – Bail-outs, the Euro and Regulation, Oxford 2014, S. 177–186.

*Völkl, Clemens/Vertneg, Michael*, Der neue Abwicklungsrahmen für Kreditinsititute, in: Braumüller, Peter/Ennöckl, Daniel/Gruber, Michael/Raschauer, Nicolas (Hrsg.), Europäisches Finanzmarktrecht vor neuen Herausforderungen – Band zur ZFR-Jahrestagung 2012; Reform der EU-Einlagensicherung, Bankenabwicklung, MiFID II, Harmonisierung Kapitalmarktstrafrecht, Wien 2013, S. 42–83.

*Voßkuhle, Andreas*, Das Kompensationsprinzip – Grundlagen einer prospektiven Ausgleichsordnung für die Folgen privater Freiheitsbetätigung, zur Flexibilisierung des Verwalyungsrechts am Beispiel des Umwelt, und Planungsrechts, Tübingen 1999.

*Waldhoff, Christian*, Art. 310 AEUV / Art. 311 AEUV, in: Calliess, Christian/Ruffert, Matthias (Hrsg.), EUV/AEUV – Das Verfassungsrecht der Europäischen Union mit Europäischer Grundrechtecharta: Kommentar, 5. Aufl., München 2016.

*Waschbusch, Gerd/Rolle, Andrea*, Die Bankenabgabe – ein Placebo zur Beruhigung des Steuerzahlers?, in: Jochum, Heike/Elicker, Michael u.a. (Hrsg.), Freiheit, Gleichheit, Eigentum – Öffentliche Finanzen und Abgaben – Festschrift für Rudolf Wendt zum 70. Geburtstag, Berlin 2015, S. 1033–1052.

*Wasmeier, Martin*, Umweltabgaben und Europarecht – Schranken des staatlichen Handlungsspielraumes bei der Erhebung öffentlicher Abgaben im Interesse des Umweltschutzes, München 1995.

*Weber, Rolf H./Arner, Douglas W.*, Toward a New Design for International Financial Regulation, University of Pennsylvania Journal of International Law 2007, S. 391–453.

*Weckler, Birgit*, Überblick: Sanierung und frühzeitiges Eingreifen, in: Jahn, Uwe/Geier, Bernd/Schmitt, Christian (Hrsg.), Handbuch der Bankenrestrukturierung, München 2016, S. 1–27.

*Weder di Mauro, Beatrice/Klüh, Ulrich*, Reshaping Systemic Risk Regulation in Europe – Sachverständigenrat zur Begutachtung der gesamtwirtschaftlichen Entwicklung, Berlin 2010.

*Wieland, Andreas*, Die neuen Regeln zur Bankensanierung und -abwicklung und deren Einfluss auf das Rating von Banken, in: Everling, Oliver/Goedeckemeyer, Karl-Heinz (Hrsg.), Bankenrating – Normative Bankenordnung in der Finanzmarktkrise, 2. Aufl., Wiesbaden 2015, S. 425–444.

*Winter, Stefan*, Intragruppenforderungen im Lichte der kommenden Europäischen Bankenaufsicht, ZfgK 2013, S. 348–350.

*Wojcik, Karl-Philipp/Ceyssens, Jan*, Der einheitliche EU-Bankenabwicklungsmechanismus: Vollendung der Bankenunion, Schutz des Steuerzahlers, EuZW 2014, S. 893–897.

*Wolfers, Benedikt/Voland, Thomas*, Der Weg aus der Krise?, WM 2011, S. 1159–1168.

—, Sanierung und Insolvenz von Banken unter besonderer Berücksichtigung der Vorgaben des Verfassungs- und Europarechts, in: Hopt, Klaus J./Wohlmannstetter, Gottfried (Hrsg.), Handbuch Corporate Governance von Banken, München 2011, S. 316–367.

*Wörner, Inge*, Europäische Bankenregulierung im Spannungsverhältnis zwischen Regulierungsbewerb und Harmonisierungsbemühung, Baden-Baden 2000.

*Wulfken, Jörg*, Die EU-Richtlinie für die Sanierung und Abwicklung und ihre Auswirkung auf die Refinanzierung von Banken, Kreditwesen 2012, S. 1054–1057.

*Zavvos, George S./Kaltsouni, Stella*, The Singel Resolution Mechanism In The European Banking Union: Legal Foundation, Governance Structure And Financing, in: Haentjens, Matthias/Wessels, Bob (Hrsg.), Research Handbook on Crisis Management in the Banking Sector, Cheltenham 2015, S. 117–147.

*Zech, Sarah/Rudolph, Bernd*, Bail-in als stumpfes Schwert zur Bankenrettung? Sanierung und Abwicklung in der europäischen Bankenunion, ifo Schnelldienst 2015, S. 25–34.

*Zimmer, Daniel*, Finanzmarktregulierung – Welche Regelungen empfehlen sich für den deutschen und europäischen Finanzsektor, München 2010.

*Zimmer, Daniel/Fuchs, Florian*, Die Bank in Krise und Insolvenz – Ansätze zur Minderung des systemischen Risikos, ZGR 2010, S. 597–661.

*Zimmer, Daniel/Rengier, Lukas*, Entflechtung, Fusionskontrolle oder Sonderregulierung für systemrelevante Banken? Ansätze zur Lösung des „Too-big-to fail"-Problems, ZWeR 2010, S. 105–138.

*Zuleeg, Manfred/Kadelbach, Stefan*, § 8 Individuelle Rechte und Pflichten, in: Schulze, Reiner/Zuleeg, Manfred/Kadelbach, Stefan (Hrsg.), Europarecht – Handbuch für die deutsche Rechtspraxis, 3. Aufl., Baden-Baden 2014.